KB049758

THE SMART MARKET ECONOMY

SMART 시장경제

세계로 가는 한국경제

김경준·김승욱·배상근·송병락
손정식·안재욱·조장옥·조준모

자유와창의교육원 박영사

CONTENTS

제2장

**시장경제, 최소한의
기초 상식 10가지**

제3장

글로벌 경제 시대,
전쟁은 기업이 한다

제5장

다시 보는
금융상식과
한국 금융경쟁력

제6장

글로벌 경제 시대를
준비하는 노동과
인적자원

총 목차

PROLOGUE

"한국의 살길은 대만처럼 중소기업형 경제를 추진하는 것이다."

한때 우리 경제의 미래와 현실에 대한 대안을 두고 이렇게 생각하는 사람들이 많았다. 과연 옳은 말일까?

"대만 중소기업들은 중국 본토에 진출해 저임금 노동력을 활용, 20여 년간 열심히 기업 활동을 했다. 그러다 보니 기술은 거의 이전되어버린 반면, 한국은 그동안 반도체, 스마트폰, 조선, 가전 산업 등을 일으켜 해당 분야에서 세계 최고 수준이 되었다. 자동차산업도 미·일·독 등 세계 최강대국들과 경쟁하는 수준으로 올라섰다."

최근 대만에서 개최된 한국·대만경제회의2016 때 만난 대만 경제학자는 이런 말을 했다.

"글로벌 메가기업들 간의 경쟁시대에 이런 국가대표 기업들이 한국의 국력이다. 대만은 한국의 삼성, 현대, LG, SK 같은 국가대표 기업들이 없는 것이 문제이다. 그렇게 크고 우수한 회사들을 만들고 키워낸 한국의 경제전략이 정말 놀랍다."

우리는 4차 산업혁명을 치르는 중이다. 4차 산업혁명은 가상세계, 실물세계뿐만 아니라 자연환경, 인간세계에까지 전에 없던 혁명적인 변화를 일으킨다. 사람이 기술을 바꾸고 기술이 사람을 바꾸는 시대가 된다.

조셉 나이 하버드대 교수가 말했듯, 인류 역사에서 전쟁은 군사전, 경제전, 소프트파워전 및 사이버전쟁 이렇게 4가지로 나뉜다. 4차 산업혁명이 불러오는 전쟁은 군사력, 경제력, 문화, 사이버파워 등을 바탕으로 한 전쟁이다. 피 흘리지 않고 보이지도 않지만 그 어느 때보다도 치열한 전쟁이다. 이 전쟁은 밤낮을 가리지 않는다. 우리는 네트워크로 모두 연결된 시대를 살고 있다. 정보와 기술의 보급에 따라 전쟁에서도 신분과 지위와 빈부 격차가 점차 사라진다. 군사전쟁이 따로 없다 해도 다른 3가지 전쟁은 늘 현재 진행 중이다. 그러므로 지금은 전시이다. 단순한 전시가 아니라 이 모든 전쟁이 융합된 '하이

브리드 전쟁' 시대인 것이다.

　IMF에 따르면 한국은 2012년 기준, 1인당 국민소득구매력 평가에서 EU 평균을 넘어섰다. 앞으로 한국의 경쟁상대는 제3세계나 개발도상국이 아니라 일류선진국이라는 의미이기도 하다. 4차 산업혁명에 성공하려면, 미래에 살아남으려면 그런 선진국들과의 소리 없는 전쟁에 이겨야 한다. 보이지 않지만 그 어느 때보다 무시무시한 이 전쟁과 4차 산업혁명에 대해 어떤 전략을 세워야 할까?

　먼저, 한국도 시장경제를 선진국 수준으로 정비하고 발전시켜야 한다. 세계 속의 일류 선진국들은 모두 시장경제를 채택해 발전시킨 국가들이다. 무엇보다 각계각층에서 중요한 일을 하고 결정을 내리는 리더들이 시장경제라는 게임의 기본 규칙을, 최소한 선진국 리더들만큼 잘 알아야 한다. 축구도 야구도 마찬가지이다. 게임을 잘치르고 이기려면, 최소한 선수들이 그 기본적인 경기 규칙을 제대로 잘 알아야 한다. 그렇다면 시장경제의 기본 원리가 게임의 규칙인 경제교육은 어떻게 해야 할까?

　예를 들어보자. 영덕에서 안동에 대게를 판매하고 안동에서 영덕에 안동포를 판매하는 이유는 자원을 바탕으로 한 비교우위 때문이다. 그렇다면 안동이 간고등어를 판매하는 이유는 무엇인가. 경쟁우위 때문이다. '안동 간고등어' 같은 브랜드를 만들고 명품을 만들어 수익을 경쟁자보다 높이는 것이 경쟁우위의 원칙이다. 국가경쟁력 8년 연속 세계 1위, 브랜드 왕국인 스위스는 경쟁우위, 즉 산업에서 경쟁력을 가장 중시하는 나라이다. 우리나라 대학 경제원론 교과서들은 대부분 비교우위만 설명하고 경쟁우위나 이를 결정하는 경쟁전략은 도외시한다. 앞으로는 한국도 이 두 개념을 모두 균형 있게 가르쳐야 한다. 자유와창의교육원은 이처럼 필수적인 경제 개념과 원리를 제대로 전달하려고 한다.

　비교우위·경쟁우위와 마찬가지로, 대단히 중요한 기본 개념이면서도 제외되거나 소홀히 또는 잘못 다루는 시장경제의 주제는 수두룩하다. 이러하니, 긴박하고 일상적인 글로벌 경쟁 시대에, 올바른 경제교육의 방향은 무엇이어야 할까?

이러한 주제를 연구하기 위해 자유와창의교육원은 설립과 동시에 학계전문가들과 더불어, 시장경제교육에서 다루어야 할 근본 주제들을 고민하게 되었다. 자유창의교육원은 현재 140여 명의 교수진들이 육해공군 정훈장교, 경찰간부, 고급공무원, 초중고 교사 및 교장, 신문기자, 사법연수원생 등 사회지도층 대상으로 경제교육을 하고 있다. 학생이 아니라 학생을 가르치는 교사, 병사가 아니라 병사를 지도하는 장교 대상의 교육, 이른바 소매교육이 아니라 도매교육이다. 이 책은 자유창의교육원에서 교육 받는 그 많은 리더들의 필요로 인해 만들게 된 책이다.

먼저 시장경제 교육에 필요한 핵심 주제들을 선정하고, 각 주제마다 각계각층의 리더들이 알아야 할 문제를 10개씩 선정해 원고를 작성하기로 했다. 그리고 한국의 사례를 한국의 주된 교역대상국이자 경쟁대상국이며, 지향해야 할 세계적인 강대국 G4, 즉 미·중·일·독, 그리고 국가경쟁력 8년 연속 세계 제일인 스위스의 경우와 비교해 논의하기로 했다. 주제별로 주장이 상반되지 않도록 여러 차례 검토회의를 거쳤다. 각 주제별로 주요 저자가 있으나, 여러 차례에 걸친 열띤 논의 과정에서 더 많은 견해가 반영되었다. 다양한 집필자들의 집필 방향을 통일하고 일치하기 위해, 앞으로 나아가야 할 방향을 연구하는 과정에서 한국경제의 새로운 비전을 정하게 되었다. 전원일치로 합의에 도달한 한국경제 1·3·5비전이다. 세계 1위의 삶의 질, 3위의 개인소득, 5위의 경제력 달성이 그 핵심이다. 현대 사회에서 정신적인 행복은 물질적인 행복과 결코 분리될 수 없다. 물질적인 행복만을 좇는 피폐한 삶도 행복과는 거리가 멀다. 진정으로 삶의 질을 높이려면 물질과 정신을 함께 고양해야 한다. 4차 산업혁명을 통과하는 인간상과 행복상은 G4와 스위스의 경우와 비교해도 다르지 않다.

자유와창의교육원 설립과 더불어 시작된 이 책을 만드는 작업이 결실을 맺기까지 많은 도움을 주신 분들께 깊은 감사를 드린다. 집필진 외에도 김병연 서울대교수, 이지순 서울대 교수전 한국경제학회 회장 등 이 책이 세상의 빛을 보기까지 뒤에서 수고해 주신 모든 관계자 분들께 깊은 감사를 드린다.

한국경제
1-3-5비전을 향하여

한국경제 1-3-5비전을 향하여

정신적인 행복은 물질과 완전히 분리될 수 없다. 삶의 질, 개인 소득, 경제력의 국가경쟁력을 끌어올리기 위해 함께 노력하기 위한 '한국 경제 1-3-5비전'을 선언한다. 또한 시장경제와 계획경제의 선택에 따라 공동체와 개인의 삶이 어떻게 나뉘는지 돌아보자. 국가경쟁력이 높은 스위스와 미국, 독일, 일본, 중국을 벤치마킹하여 현재 우리 경제가 지향할 지점을 고민해 보자.

#계획경제 #시장경제 #한국경제 1-3-5비전 #스위스의 힘 #글로벌경쟁력 #삶의 질 #대외무역 #FTA #한강의 기적 #히든챔피언 #태어날 때는 선택할 수 없지만 사회적 선택과 발전은 가능한 인간이라는 존재

01 개방과 수출의 기적, 도움받는 나라에서 돕는 나라로

우리나라의 산업화와 경제발전은 1960년대부터 본격적으로 시작되었다. 초기에 풍부한 숙련노동에 기반한 경공업으로 시작해, 조선, 기계, 전자, 화학 등 중화학 공업에서 글로벌 경쟁력을 확보한 뒤 세계 10대 경제강국으로 도약하였다. 70년 전 외국에서 원조를 받던 가난한 나라 대한민국은 오늘날 아시아, 아프리카의 다른 가난한 나라들을 원조하는 국제사회의 당당한 일원으로 우뚝 섰다.

경제강국 도약의 원동력은 대외무역

1945년 해방 후 우리나라 최초의 무역은 1947년 2월 소금과 생고무를 실은 '페리우드'호가 인천항에 들어오면서 시작되었다. 우리나라 수출액은 1948년 1천 9백만 달러로 세계 수출 점유율 0.03%에 불과해 수출 순위 100위였으나, 2015년 수출액은 5,324억 달러로 세계수출시장 점유율 3.2%를 기록하며 수출 순위 6위권으로 도약했다. 1948년 이후 67년 동안 세계시장 수출점유율은 100배 이상, 수출 금액은 2만 8,000배 증가하면서 1964년 수출 1억 달러를 기록한 이후 2011년 무역 1조

그림 1 한국무역 70년

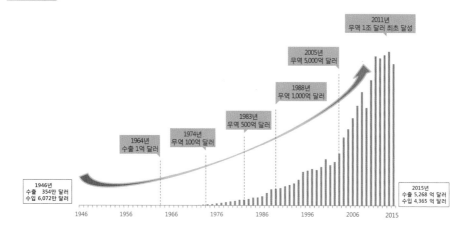

2011년
무역 1조 달러 최초 달성

2005년
무역 5,000억 달러

1988년
무역 1,000억 달러

1983년
무역 500억 달러

1974년
무역 100억 달러

1964년
수출 1억 달러

1946년
수출 354만 달러
수입 6,072만 달러

2015년
수출 5,268 억 달러
수입 4,365 억 달러

자료: 한국무역협회, WTO

표 1 세계 수출국 순위 비교 (단위: 억 달러)

순위	1948년		2015년	
	국가	수출	국가	수출
1	미국	127	중국	22,805
2	영국	66	미국	15,046
3	캐나다	32	독일	13,289
4	프랑스	20	일본	6,248
5	벨기에	17	네덜란드	5,669
6	오스트리아	16	한국	5,324
7	아르헨티나	16	프랑스	5,056
8	인도	13	영국	4,597
	...			
99	피지	0.30	브루나이	60
100	한국	0.19	콩고	57

자료: WTO, 한국무역협회

달러에 도달했다.

　해방 이후 최초로 무역통계를 산출한 1946년 기준, 수출 354만 달러에 수입 6,072만 달러로 5,718만 달러의 무역적자를 기록한다. 1960년대 초반부터 시작된

그림 2 우리나라 무역수지 및 외환보유액 추이

(단위:억 달러)

자료: 한국은행, 한국무역협회

산업화 단계에서도 석유 등 원자재와 생산 설비를 수입해야 했기 때문에 무역적자는 지속되었고, 외국으로부터 받은 원조와 차관으로 적자를 충당한다. 1970년대 중반부터 시작된 중화학공업 투자가 1980년대에 결실을 거두고 저금리, 저유가인 국제경제 환경도 우호적으로 전개되어 1986년 사상 최초로 무역수지 흑자를 기록한다. 1997년 아시아 외환 위기 이후인 1998년부터는 안정적인 흑자 기조가 유지되고 있다. 우리나라는 무역을 통해 세계 역사상 유례없이 단기간에 빈곤과 저개발을 탈피하고 세계에서 7번째로 '20-50클럽'국민소득 2만 달러, 인구 5천만 명에 가입하는 나라가 되었고, 외화자금 부족국에서 잉여국으로 변모했다. 이는 대외투자 증가, 국민들의 해외여행 확대, 수입 소비재 증가 등의 효과로 이어졌고, 대외 원조를 확대하는 계기가 된다.

FTA를 통해 경제 영토 확장하다

FTA자유무역협정, Free Trade Agreement는 양자 간 관세와 수출입제도를 더욱 자유화하는 협정으로, 두 나라 간에 무관세나 낮은 관세를 적용하기 때문에 사실상 내수

GATT와 WTO의 탄생

1945년 제2차 세계대전이 끝나고 세계질서를 재편하면서 국제무역은 GATT(관세 및 무역에 관한 일반협정, General Agreement on Tariffs and Trade) 체제로 출발했다. 20세기 초반 강대국들의 식민지 확보경쟁과 경제블록 위주의 교역구조로 전쟁까지 발발했던 역사적 배경을 감안해, 국가의 부가 전쟁이 아닌 무역을 통해 형성되는 평화 체제를 구축하려는 목적이었다. 1947년 제네바에서 23개국으로 출범한 후 1990년대까지 120개국이 가입하면서 세계무역확대와 평화체제유지에 크게 공헌했다. 그러나 정식 국제기구가 아니었고 범위도 공산품에 제한되어 있어서 이를 농산물과 서비스 분야로 확대 발전시킨 다자간 무역협상인 우루과이라운드가 1986년에 시작되어 1994년 타결되었다. 이어서 우루과이라운드의 합의에 따라 1995년 세계무역기구(World Trade Organization, WTO)가 출범하면서 다자주의 원칙의 세계무역체제가 출범하였다.

• GATT: 국가 간 자유로운 무역을 촉진하기 위해 관세장벽과 수출입 규제를 없애고 국가 간 경제 교류를 증진하기 위한 협정이다.
• WTO: 국제 무역분쟁 중재권, 관세인하 요구, 반덤핑 규제 등 세계무역 자유화 역할을 보다 강화한 다자주의 원칙의 세계무역기구이다.

시장이 통합되는 효과가 나타난다. FTA를 여러 나라와 체결하면 무역장벽이 사라진다. 따라서 내수시장이 크게 확대되어 비교우위에 있는 상품의 수출과 투자가 늘

그림 3 우리나라와 자유무역협정(FTA)을 발효한 교역국의 경제규모

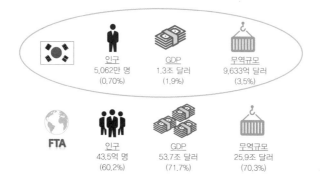

주: 1) (   )는 전 세계에서 차지하는 비중
    2) 한국은 2015년, 그 외 FTA 체결국(52개국)은 2014년 기준
자료: IMF, World Bank

어나지만, 경쟁력이 낮은 산업은 쇠퇴하게 된다. 그러나 경제 국경이 없어지면서 국가 간 분업이 지역 간 분업형태로 바뀌기 때문에, 무역증가를 통한 국가 전체의 경제는 발전하게 된다.

우리나라는 1967년 GATT 가입으로 세계무역체제에 편입되면서 대외개방을 통한 경제발전의 제도적 계기를 마련하였고, 우루과이라운드 협상과정과 세계무역기구 WTO의 출범에도 참여하여 세계무역질서 재편의 주요국가로서 활동하였다. 1990년대 이후 글로벌 개방경제의 주역으로 부상한 우리나라는 1998년 11월 대외경제조정위원회에서 FTA 체결을 추진하기 시작하여 2004년 4월 1일 최초의 FTA가 한국-칠레 간에 발효되었다. 이후 2006년 싱가포르와 유럽연합, 2007년 ASEAN 동남아시아국가연합, 2012년 미국, 2015년에 중국, 캐나다, 뉴질랜드, 베트남의 가입이 이어졌다. 현재 우리나라는 52개국과 FTA가 발효된 상태이며, 미국, EU, 중국, ASEAN 등 세계 거대 경제권과 FTA를 체결한 국가로는 유일하다. 우리나라와 FTA를 발효한 52개국의 무역 규모는 전 세계의 70%를 차지하고 있다. FTA를 통해 협소한 국내시장의 한계를 극복하고 세계시장을 우리의 내수시장으로 바꾼 것이다.

일상다반사 경제학

한미FTA에 대한 괴담과 진실

우리나라에서는 미국과 FTA를 체결하는 과정에서 괴담으로 증폭되기도 했지만 국가 경제적으로 이익이 되었다. 역설적으로 2016년 11월의 미국 대통령 선거에서 당선된 공화당 소속 도널드 트럼프가 한미FTA에 반대하는 점에서 확인할 수 있는 부분이다.

TV쇼 '어프렌티스'로 대중적 인지도를 높인 부동산 재벌은 트럼프는, '미국을 다시 위대하게'Make America Great Again라는 슬로건과 좌충우돌 언행으로 공화당 후보가 되었다. 그는 "한국과의 무역에서 우리는 엄청난 적자를 본다. 그런데 우리가 공짜로 안보를 해준다는 게 말이 되느냐"며 한국의 안보무임승차론을 내세웠다. 한미 FTA를 통해 한국만 이익을 보고, 특히 미국 제조업의 상징인 자동차를 수출해 돈을 번다는 사실에 노골적으로 불만을 드러냈다. 미국 대통령 선거 후보가 애국심에 호소하면서 한국에 대한 무역 불균형을 주장한 부분이 흥미롭다.

FTA는 자유무역을 통해 상호이익을 증진시키지만, 개별 산업 차원에서는 경쟁력이 떨어져 비교우위가 없는 산업일 경우 난관에 처하기도 한다. 일종의 지역 간 분업구조가 재편되는 과정에서 나타나는 현상으로, 개별 국가 차원에서 불이익을 받는 산업에 대해서는 보완조치를 취해 부작용을 최소화한다. 그러나 때때로 국내 정치사회 문제와 결부되어 갈등을 유발하기도 한다.

1948년 대한민국 건국 이후 우리나라는 개방을 통해 발전의 역사를 만들어 왔다. 1960년대 수출입국은 세계를 우리의 시장으로 바라보는 관점의 전환이었고, 이후 FTA는 물론 문화 교류, 국내 가전, 화장품, 유통 시장 개방, 해외영화사 직배 등이 이어졌다.

원조받는 입장에서 원조하는 나라로 발전하다

우리나라는 1945년 해방 이후 선진국들로부터 원조를 많이 받아서 경제발전의 기반을 닦았다. 1950년대 미국의 무상원조 위주에서 1960년 1월 외자도입촉진법이 제정되면서 미국 이외 선진국으로부터도 적극적으로 외자를 도입했다. 1945년부터 1999년까지 127억 달러의 원조를 받았으며, 1995년 세계은행의 차관 졸업국이 되면서 사실상 원조를 받는 나라에서 졸업하게 되었다. 나아가 2009년 11월에 OECD 원조공여국 모임인 DACDevelopment Assistance Committee 가입이 결정되고 2010년 1월 1일부터 정식회원으로서 활동하게 되었다. DAC 가입으로 우리나라는 세계 역사상 유일하게, 원조를 받던 가난한 나라에서 원조 공여국으로 도약한 국가가 되었다.

우리나라가 대외공적개발원조를 시작한 시기는 1980년대 후반부터이다. 사상 최초 무역흑자를 기록한 1986년 이듬해인 1987년, 한국수출입은행을 통해 300억 원을 출연하여 대외경제협력기금Economic Development Cooperation Fund, EDCF을 조성하면

수출입국(輸出立國)
예전 한국경제의 제1의 목표는 수출입국이었다. 조금이라도 수출을 늘려 외화를 획득하는 것은 오랜 한국경제의 지상과제였다. 자원이 극히 부족한 한국이 잘살기 위한 방법은 수출을 통해 외화를 벌어들이는 방법뿐이었다.

DAC
개발원조위원회는 1960년에 설립된 개발원조그룹을 OECD 설립과 함께 개편하여 산하기관으로 한 것으로 개발원조의 효과적 추진을 위한 정보의 교환, 개발의 조정 등을 목적으로 한다.

한국의 대외원조 대상국
우리나라가 활발히 무상원조를 하고 있는 나라로 아시아 지역에서는 중앙아시아의 우즈베키스탄, 아제르바이잔, 몽골, 베트남, 스리랑카, 방글라데시, 인도네시아, 필리핀이, 아프리카 지역은 가나, 에티오피아와 오세아니아의 솔로몬군도, 남미 지역 볼리비아 등이 있다.

GNI

국민총소득(Gross National Income, GNI)은 가계, 기업, 정부 등 한나라의 모든 경제주체가 일정기간에 생산한 총 부가가치를 시장가격으로 평가하여 합산한 소득지표이다.

서 유상원조를 시작했고, 1991년에는 정부 차원에서 실시하던 무상원조 사업을 통합한 한국국제협력단KOICA이 설립되면서 무상원조도 본격적으로 이루어졌다. 이후 1996년 선진국 클럽인 OECD에 가입하면서 원조 금액이 증가하였는데, 1991년 5,700만 달러 규모에서 1997년 1억 8,500만 달러로 3배가 넘게 증가했고, 2000년대에는 이라크전쟁, 아프간 내전 지역에 대한 재건 복구, 긴급구호 사업이 증가하면서 원조 규모가 10억 달러를 초과하게 되었다. 2014년에는 18억 6천만 달러를 기록했고 GNI 대비 공적개발 원조 규모는 2010년 이후 0.12%를 유지하고 있다.

02 국가경쟁력 비교를 통해 돌아본 우리의 위상

글로벌 경제 시대의 개막

일반인들이 일상생활에서 실감할 수 있는 전 지구적 차원의 글로벌 경제는 1989년 공산주의 종주국 소련의 붕괴에 따른 냉전 종식, 20세기 후반 컴퓨터와 인터넷을 보급시킨 정보혁명으로 촉발되었다. 과거에는 국가권력자들도 접하기 어려웠던 고급 정보들을 일반인들이 컴퓨터와 모바일 디바이스, 인터넷을 통한 간단한 검색으로 접할 수 있게 되었고, SNS를 통해 지구 반대편과도 실시간으로 의사소통을 진행한다. 우리들이 일상에서 매일 대하는 식탁 위의 음식들도 글로벌 세계의 축소판이다. 동남아시아와 아프리카 바다에서 잡은 조기, 도미, 갈치 등의 생선들, 미국과 중국에서 수입한 옥수수와 콩, 밀가루, 칠레와 필리핀에서 들여온 포도와 바나나, 호주산 쇠고기, 그리스산 올리브, 이탈리아의 포도주를 먹고 마신다.

과거 정치경제적으로 단절되었던 국가들이 긴밀히 연결되고 상호작용도 더 활발해지면서 지구온난화, 열대우림 보전, 야생동물 보호, 소말리아 해적 퇴치 등 다양하고 중요한 주제들이 범지구적 차원에서 제기되고 논의된다. 또한 생산과 판매,

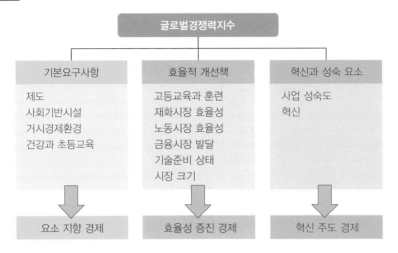

그림 4   글로벌경쟁력지수(Global Competitiveness Index, GCI)

투자도 전 지구적으로 진행되면서 국가 위험과 국가경쟁력의 개념이 출현, 산업경쟁력, 제도경쟁력, 사회 안정성, 부정부패와 투명성 등 다양한 척도로 국가 단위 공동체가 평가되고 있다. 글로벌 경제산업계 리더들에게 권위 있는 평가로 인정받는 세계경제포럼World Economic Forum, WEF의 국가 경쟁력 비교를 통해 글로벌경쟁력의 분포와 우리나라의 위상을 파악해 보자.

스위스의 국가경쟁력 분석

글로벌경쟁력 측정 지수Global Competitiveness Index, GCI는 국가경제의 발전단계에

Point 경제학

세계경제포럼(World Economic Forum)의 창설

세계경제포럼은 1971년 독일 출신의 스위스 제네바대학 경영학교수 클라우스 슈바브(Klaus Schwab)에 의해 창설되었다. 경제발전 없이 사회발전은 불가능하고, 사회발전 없이 경제발전이 지속되지 못한다는 취지의 포럼으로 글로벌 경쟁력 보고서, 글로벌 위험 보고서, 글로벌 성별격차 보고서를 공식 발표한다.

따라 1단계 요소 견인factor-driven, 2단계 효율성 견인efficiency-driven, 3단계 혁신 견인innovation-driven으로 분류한다. 1단계는 경쟁력 확보를 위한 기본 요소에 대한 평가로, 제도, 인프라, 거시경제환경, 공중보건과 기초교육 공급 수준이며, 2단계는 고등교육과 직업교육, 상품시장 효율성, 노동시장 효율성, 자본시장 발전 수준, 기술수용성과 시장 규모를 평가한다. 3단계는 사업 복합성과 혁신능력으로, 정량적인 요소보다는 정성적인 요소가 중요하다.

스위스는 WEF의 국제경쟁력 평가에서 2009년부터 8년 연속 1위에 올라 있으며, 최근 40년간 선진국 평균을 상회하는 우수한 경쟁력을 유지하고 있다. 글로벌 최고 수준인 공공과 민간 연구소가 산업계와 성공적으로 협력, 지속적으로 산업 고도화를 추진하는 역동적인 혁신 생태계가 형성되어 있다. 국민들에게 질 높은 교육을 제공하고 직업교육 체계도 효과적으로 구성되어 있다. 따라서 산업계에 필요한 인재를 공급하면서도 노동유연성을 확보하고 있어, 노사 간 불협화음이 적다. 통신, 금융, 법률 등 인프라가 완비되어 있는 데다 정부의 정책 수준도 높고 사회가 투명하며 금융시장도 발달되어 있다. 기업들이 불필요한 사회적 비용을 지불하지 않고 경영할 수 있는 여건이 조성되어 있는 것이다. 알프스 산맥에서 생산되는 치

그림 5   스위스의 국가경쟁력

즈 등 유제품, 시계와 은행, 관광 등으로 상징되지만, 스위스 산업의 글로벌 경쟁력
은 자원 거래, 음식료, 제약, 바이오 등 다방면에 걸쳐 있다.

스위스가 확보한 전 세계 최고의 국가경쟁력은 하늘이 내린 선물이 아니라 인간
들의 꾸준한 노력과 성취에 기인한다. 프랑스, 이탈리아, 독일 등 강대국에 둘러싸
인 육지 속의 섬 같은 스위스는, 나폴레옹이 라이프치히에서 패전한 후인 1815년
빈 회의에서 영세중립국으로 인정받고 22개 주의 연방국가로 출범한다. 이후로도
줄곧 정치적 독립을 유지할 수 있었던 이유는 영세중립국이면서도 용병의 전통에
따라 예비군을 중심으로 한 강력한 군사력을 구축하고 있기 때문이다.

우리나라 국가경쟁력의 현재와 위상

WEF의 GCI 기준으로 스위스에 이어 싱가포르, 미국, 네덜란드, 독일이 5위까
지로 평가되며 우리나라는 26위, 중국은 28위이다. 우리나라는 2008년 13위를 기
록한 이후 지속적으로 하락하여 최근 3년 연속으로 26위에 머물러 있다.

표 2   2016년 WEF 국가경쟁력 순위

순위	2015 순위	국가	순위	2015 순위	국가
1	1	스위스	16	17	아랍에미리트
2	2	싱가포르	17	19	벨기에
3	3	미국	18	14	카타르
4	5	네덜란드	19	23	오스트리아
5	4	독일	20	20	룩셈부르크
6	9	스웨덴	21	22	프랑스
7	10	영국	22	21	호주
8	6	일본	23	24	아일랜드
9	7	홍콩	24	27	이스라엘
10	8	핀란드	25	18	말레이시아
11	11	노르웨이	26	26	한국
12	12	덴마크	27	29	아이슬란드
13	16	뉴질랜드	28	28	중국
14	15	대만	29	25	사우디아라비아
15	13	캐나다	30	30	에스토니아

그림6　한국의 국가경쟁력

영토와 인구 등 양적 측면으로 대-소를 구분해 스위스, 싱가포르, 네덜란드를 선진 강소국으로 분류하면 미국, 독일, 일본은 선진 강대국이며, 중국과 러시아는 강대국이지만 선진국으로 보기는 어렵다. 우리나라는 중국처럼 일정한 규모는 이루었지만 사회적 효율성이 낮고 산업 전반의 경쟁력은 높지 않다고 평가된다.

　우리나라의 분야별 경쟁력은 선진국 기준, 12개 항목 중 4개가 우수하고 8개가 뒤진다. 인구 5천만의 내수시장과 인접한 중국시장이 성장하면서 거시경제환경과 시장 규모에서 높은 평가를 받고, 인프라와 혁신 역량에서 소폭 앞선다. 그러나 기업 관련 제도, 금융시장 발달 수준과 노동시장 효율성에서 아주 낮은 평가를 받고 있다. 우리나라의 경쟁력을 저하하는 주요 항목은 정부정책의 불안정성, 비효율적인 관료주의 행정조직, 과도한 노동 관련 규제, 자본시장의 낙후성 등 4가지로, 공공부문의 비효율성과 제도적 후진성에 해당하는 항목이다. 전반적으로 경제를 둘러싼 환경적 요인은 비교적 긍정적이나 내부 제도가 따라가지 못하는 한계를 지녔다고 평가된다.

03 우리나라 경제의 1-3-5비전 선언

21세기 우리나라가 글로벌 최고 수준의 국가경쟁력을 확보해 세계적인 초일류 기업들을 많이 배출하여 경제적 번영을 이어나가고, 국민의 자유와 권리가 보장되며 삶의 질이 상승하고 사회 안정성도 높아지는 선진국가가 되기 위한 1-3-5비전을 본서 집필진이 공동으로 도출하였다.

1은 G1 = 삶의 질 기준 세계 최고
3은 G3 = 1인당 GNI인구 3천만 이상 국가 기준 및 국가경쟁력 세계 3위
5는 G5 = GNI 규모 세계 5위

- G1: 삶의 질 기준은 사회발전지수Social Progress Index, SPI 개념에서 핀란드, 덴마크, 스위스 수준의 생활환경 확보를 의미한다. 청정한 환경, 높은 수준의 교육 및 의료서비스와 함께 제도와 문화적 요소인 투명성, 다양성, 수용성, 개방성을 동시에 추구해야 하는 영역이다.
- G3: 1인당 GNI인구 3천만 이상 국가 및 국가경쟁력 세계 3위 수준으로 올라서는 것을 의미한다. 현재 정체된 상황을 탈피하기 위해 경제는 물론 정치사회 전반에 걸친 혁신이 필요하다. 비대하고 비효율적인 공공부문을 가치 있는 서비스를 제공하는 효율적인 21세기 스마트형으로 변화시키고, 정책의 투명성과 일관성을 높이며 노동시장을 개혁해야 한다. 사회적으로는 법치를 확립하고 합리적 절차를 통해 갈등을 해소할 수 있는 제도적 장치를 강화해야 한다.
- G5: 경제규모 세계 5위로의 상승이다. 산업의 관점에서는 현재의 20세기형 주력산업을 21세기형 스마트 산업으로 재편해 경쟁력을 높이고, 미래에 부상할 인공지능, 바이오, 로봇, 우주항공 산업에서 글로벌 기업들을 배출하는 것이다.

이는 우리나라의 인구, 영토, 경제력을 감안했을 때 현실적으로 추구할 수 있는 범위이다. 향후 자유민주주의 원칙에 입각한 남북통일이 실현되어 정치적인 통합이 순조롭게 진행되고 북한이 시장경제로 편입된다면, 시기는 지연될지라도 실현 가능성은 더욱 높아질 수 있다.

현재 한국의 위치는 26-9-13

1-3-5비전의 기준으로 볼 때 2015년 우리나라의 위치는 26-9-13이다.

사회발전지수 기준 26위, 국가경쟁력 기준 26위에 1인당 GNI 전 세계 9위이며 인구 3천만 이상 국가 기준 GNI 규모는 13위이다.

표 3	2015년 기준 국가별 GNI	(단위: 억 달러)

순위	국가명	국민총소득
1	미국	17조 6,636
2	중국	10조 7,240
3	일본	4조 6,564
4	독일	3조 7,278
5	영국	2조 8,230
6	프랑스	2조 7,114
7	인도	2조 844
8	브라질	2조 471
9	이탈리아	1조 9,939
10	캐나다	1조 7,029
11	러시아	1조 6,687
12	호주	1조 4,287
13	대한민국	1조 3,890
14	스페인	1조 3,241
15	멕시코	1조 2,337
16	인도네시아	8,870
17	네덜란드	8,288
18	터키	7,830
19	사우디아라비아	7,427
20	스위스	6,976

자료: World Bank

경제적 지표인 GNI에서 1인당 기준 9위, 총량 기준 13위에 위치하고 있는 우리나라는 세계 10위권의 경제대국이다. 1인당 기준과 총량 기준에서 모두 우리나라를 앞선 국가는 미국, 일본, 독일, 영국, 프랑스, 이탈리아, 캐나다, 스페인으로 총 8개국이다. 1인당 GNI 기준 3위인 독일은 우리나라의 1.7배이며, GNI 기준 5위인 영국은 우리나라의 2배 수준이다. 성숙기에 접어든 우리나라 경제 상황에서 쉽게 따라잡을 수 있는 간격은 아니지만, 그렇다고 완전히 불가능한 수준은 아님을 알 수 있다. 다만 사회발전지수와 국가경쟁력 기준 26위에 머물러 있다는 점은 역설적으로 우리나라가 아직 많은 발전 가능성을 지녔음을 나타낸다. 경제력이라는 필요조건을 확보한 상태에서 충분조건인 자유민주주의와 시장경제원리에 입각해 법과 제도, 사회적 관행을 선진화한다면, 한 단계 도약하고 발전하는 계기를 마련할 수 있을 것이다.

1-3-5비전은 양적 필요조건과 질적 충분조건을 갖추는 지향점

개인 차원에서 경제적 여유가 행복한 삶을 보장하지는 않지만, 최소한의 경제적 기반이 없는 상태에서 행복하게 살기란 더 어려운 법이다. 자력으로 생활할 수 있는 기초적인 물질적 기반을 확보한다는 것은, 행복한 삶을 위한 필요조건이다. 공동체도 마찬가지이다. 구성원들 개개인이 행복하게 살아가려면 기본적인 생활을

표 4   2015년 1인당 GNI 기준 국가별 순위(인구 3천만 명 이상 국가 기준)

인구 3천만 이상국 순위	순위	국명	1인당 GNI	인구
1	15	미국	54,960	321,418,820
2	22	캐나다	47,500	35,851,774
3	26	독일	45,790	81,413,145
4	29	영국	43,340	65,183,232
5	34	프랑스	40,580	66,808,385
6	39	일본	36,680	126,958,472
7	43	이탈리아	32,790	60,802,085
8	44	스페인	28,520	46,418,269
9	46	대한민국	27,440	50,617,045

유지할 수 있는 경제 기반을 확보하는 것이 필요조건이고, 기타 비경제적인 요소를 추구하는 것은 충분조건이다. 이런 점에서 1-3-5비전은 경제적인 기반을 확보하기 위한 산업경쟁력, 국민소득 등의 양적인 필요조건과 함께 삶의 질, 투명성과 다양성 등 질적인 충분조건을 포괄해 그 목표를 설정했다.

"행복한 가정은 모두 같은 이유로 행복하다. 그러나 불행한 가정은 각기 다른 이유로 불행하다." 톨스토이의 소설 안나 카레니나의 표현처럼 행복한 가정이란 경제적 기반, 가족의 건강, 화목한 분위기, 각자의 충실한 역할 수행 등 다양한 부분에서 일정한 수준에 이르러야 가능하다. 그러나 불행한 가정은 경제, 건강 등의 특정한 분야에서 한 가지만 부족해도 생겨난다. 1-3-5비전으로 제시하는 국가경쟁력과 선진사회의 핵심요소들도 마찬가지이다. 자유롭고 창의적인 개인, 시장경제와 자유민주주의, 효율적 요소시장, 기업가정신과 혁신 기업은 모두 필요한 요소이며 단 한 가지라도 부족하면 병목현상이 일어난다. 따라서 1-3-5비전의 추구는 시민의식, 노동윤리, 법률, 제도, 정부 등 사회전반적 발전과 개선이 필요한 과제이다. 국가경쟁력이란 결국 기업은 물론 개인의 역량, 사회제도와 문화 등이 모두 결집되어 종합적으로 확보되기 때문이다.

04 우리나라 경제의 1-3-5비전 구성

1-3-5비전의 근본, 개인의 자유와 창의

1-3-5비전의 가장 근본은 개인의 자유와 창의이다. 사회와 경제의 기본 단위인 자유롭게 행동하고 창의적으로 사고하는 개인들의 존재가 1-3-5비전을 추진하고 실현하기 위한 출발점이다. 선천적 재능을 후천적인 교육과 훈련을 통해 사회경제적 가치를 창출하는 역량으로 계발하고, 도덕과 윤리를 갖춘 건전한 시민으로서의 소양을 갖춘 개인들이 사회의 근간을 이루어야 한다.

과거 산업화 시기에 우리 국민들은 석유 한 방울 나지 않는 나라의 운명을 한탄

그림 7   우리나라 경제의 1-3-5비전 구성

하고, 북한과 대치하며 막대한 재원을 국방비에 투입해야 하는 입장을 답답해 했다. 그러나 천연자원이 없었기에 인적자원을 적극적으로 활용했고, 분단국으로 대륙과의 연결 통로를 잃어버린 사실상 섬나라였기에 바다를 통한 해외무역에 나서서 오늘날의 성공을 이루었다.

올바른 사회경제 체제의 유지

자유롭고 창의적인 개인이 활동하는 공간인 올바른 사회경제 체제는 동전의 양면이다. 체제가 올바른 방향을 지향하고 합리적으로 운영될 때, 개인의 역량이 사회적으로 구성되어 국가경쟁력으로 연결될 수 있다. 체제의 핵심은 자유민주주의와 시장경제이다. 개인의 자유와 사유재산을 보장하고 합리적인 인센티브를 인정하는 시장경제에 기반을 두고, 언론의 자유가 보장되고, 국가가 개인의 권리를 침해하지 않는 자유민주주의 체제의 유지와 발전이 필수적이다.

자원의 효율적 배분

개인과 기업이 경제활동을 하려면 다양한 자원들이 필요하다. 따라서 효율적으로 자원을 조달할 수 있어야 개인과 기업은 필요한 시점에 적절한 가격을 지불하고 자

번영과 발전의 근본 '자유와 창의성'

우리가 부러워했던 산유국 가운데 '자원의 저주'에 빠진 국가로 베네수엘라가 대표적이다. 자원 판매로 인한 수입을 무작정 소비하다가 산업경쟁력을 갖추지 못하고 국가경제와 일반시민의 생활 전반이 국제 원자재 가격변동의 종속변수로 전락했다. 이러한 사례는 하늘이 내린 자원과 환경보다는 주어진 여건에서 새로운 가능성을 찾아 나가는 인간의 자유와 창의성이 곧 번영과 발전의 근본임을 일깨운다.

원을 구입해 재화와 서비스를 생산할 수 있다. 특히 핵심자원인 돈과 사람을 조달하는 금융시장과 노동시장이 효율적이고 합리적인 경제원리에 따라 조직되어야 한다. 금융업의 특성상 적절한 수준의 규제는 필요하지만 과도한 규제는 자금 배분의 효율성을 떨어뜨리고 자유로운 경제활동을 제약한다. 시장원리가 적용되고 변화와 혁신을 수용하는 역동적이고 개방적인 금융산업이 존재할 때 산업 혁신이 활발해진다.

노동시장은 정치사회적인 역학관계에 영향을 많이 받는 속성이 있다. 조직화되어 사회적인 영향력을 확보한 노동자들은 집단의 이익을 보호하기 위해 혁신을 유발하는 제도 변화에 대해 부정적인 입장을 취하는 경우가 많다. 노동 관련 제도가 시대 변화를 따라가지 못하고 노동시장이 경직되면, 사회적으로 효율이 떨어지고 기업의 경쟁력도 하락한다. 소비시장의 변화에 따라 생산요소인 고용도 변화시켜야 하는 기업 입장에서 경직된 노동시장에서는 그 대응력이 떨어지기 때문이다. 또한 기존 노동자들의 권리를 과도하게 보호하면 노동시장에 신규 진입하는 구직자들이 일자리를 얻기 어려워진다.

정부의 규제도 중요한 생산요소이다. 과도한 규제와 간섭은 민간의 창의력을 저하시키고 혁신을 방해한다. 따라서 정부는 시장에 개입하거나 개인의 권리를 침해하지 않고 선량하고 유능한 심판이 되어야 한다. 법과 제도를 정비하고 불공정한 거래를 감시하는 본연의 역할에 충실해야 한다.

비전과 원칙

공동체의 비전이나 원칙은 추상적 개념으로 나타내기도 하고 구체적 숫자로 제시하기도 한다. 어떤 방식이든 무방하나 숫자로 제시하면 더 명확해지는 장점이 있다.

- 소프트 뱅크(일본의 글로벌 정보통신 기업, 중국 알리바바의 대주주)

    '정보혁명을 통해 사람들을 행복하게'

    30년 후 사람들이 가장 필요로 하는 세계 10위권 이내의 기업이 된다.

- 도레이(일본의 글로벌 첨단소재기업, 유니클로 소재 공동개발)

    1-3-10 경영원칙

    10년 앞을 내다보는 장기전망을 갖고 3년 단위로 중기과제를 설정해 매년 수익 목표를 위해 속도감을 가지고 경영한다.

혁신적 기업

개인의 창의와 효율적인 생산요소는 결국 기업에 집약되어 가치를 산출한다. 기업은 시장에서 조달한 생산요소를 내부적으로 관리하고 결합해 시장에서 소비자에게 가치를 제공하고 이익을 얻는다. 시장에서 소비자들의 선택을 받고 성장을 지속하려면 끊임없는 혁신이 필수이다. 혁신적인 제품과 서비스를 공급하는 기업은 성장을 통해 규모를 키우고, 이를 통해 고용을 창출한다. 우수한 기업들이 산업생태계를 형성하면서 국가적으로 경쟁력 높은 산업이 발전한다. 이는 다시 자유로운 개인, 올바른 체제, 합리적인 요소시장, 혁신적인 기업들과 상호작용하면서 확대되고 발전하는 선순환의 구조를 형성한다.

05 개인 역량과 사회환경이 만나 삶을 이룬다

인간은 사회적 여건과 분리될 수 없다

인간은 각각의 개인 그 자체로 천부 인권을 지닌 고귀한 존재로서 특별한 가치를 지닌다. 근대 인권의 개념이 확립된 국가에서는 국가권력, 종교적 권위, 사회적 영향력을 비롯한 어떠한 명목으로도 독립적인 개인의 자유와 권리를 침해할 수 없다는 사회적 합의와 법률적 기반이 형성되어 있다. 이러한 환경에서 개인은 자신의 독자적인 판단에 따라 교육, 직업, 거주, 결혼, 재산 등 삶에 대한 다양한 의사결정을 실행하면서 살아간다. 그러나 이러한 개인적 삶은 동시에 자신이 소속된 사회적 여건에 큰 영향을 받는다.

사회적 조건이 삶을 바꾼다

인생이란 수많은 선택으로 이루어지는 과정이다. 인간의 삶은 선택과 운명이라는 두 가지 측면을 가진다. 선택할 수 있는 사항도 있지만, 주어진 운명으로 받아들여야 하는 부분도 많다. 개인적 삶의 초기조건을 결정하는 출생의 시간과 공간은 스스로는 선택할 수 없는 운명으로 시작한다. 지구상에 존재했던 사람은 누구도 출생시기와 지역, 부모를 선택할 수 없었지만 사회적 조건은 삶의 양상을 바꾼다. 탁월한 예술가 기질을 타고난 사람이 조선시대에 태어났다면 양반과 평민, 천민이라는 구조의 신분제도에서 사회적으로 천대받는 천민 광대에 불과했을지도 모른다. 그러나 오늘날이라면 K-Pop의 글로벌 스타로 활약할 수 있다. 또한 같은 20세기 후반에 한반도에서 출생했다 해도 남한과 북한은 완전히 다른 사회적 환경이다.

이런 배경에서 만약 개인들이 출생시대, 국가와 가족을 선택할 수 있다면 동서고금을 막론하고 비교적 일관된 방향성을 보이지 않을까 싶다. 경제 면에서 빈곤하지 않고 사회적으로 교육 기회가 열려 있고 기본적 의료서비스를 제공받을 수 있으며 치안이 확보된 상태에서, 법적으로 개인적 자유와 권리를 보장받을 수 있는 시대와 국가를 선택할 것이다. 플라톤plato의 이데아, 토마스 모어Thomas More의 유토피아 등 관념적 이상향을 실제로 구현하는 것은 불가능할지라도 불완전한 현실을 개선해 이상향에 가깝게 나아가도록 하는 것은 인간문명의 본질이다. 특히 근대에 들어와 개인의 인권과 자유의 확립, 과학기술의 발달과 지식의 확장, 경제발전이 진행되면서 빈곤과 무지, 불합리를 탈피하여 개인과 사회가 조화를 이루는 바람직한 공동체를 향해 나아가는 지향점을 설정하는 것은 의미가 깊다.

06 잘사는 나라와 바람직한 사회는 동전의 양면이다

물질과 정신은 함께 삶을 만든다

'생존과 번식'은 생명체의 본능이다. 모든 생물은 먹이를 구해 개체를 보존하고 번식을 통해 자손을 퍼뜨린다. 생물계의 일원인 인간도 마찬가지로 식량을 구해 생명을 유지하고, 출산을 통하여 세대를 이어간다. 문명을 이루고 예술과 철학을 발전시키고 숭고한 이상을 추구하는 인간이지만, 식량과 잠자리를 구해야 하는 현실은 같다. 기초적인 생존 조건을 확보하지 못하면 생명을 유지해 나갈 수 없다. 따라서 물질적인 조건은 삶의 필요조건, 정신적인 추구는 충분조건이다. 그러나 물질적 조건의 확보가 정신적 조건의 성취를 의미하지는 않는다. 이 점에 인간세상과 우리 삶의 복잡한 측면이 있다. 개인은 물론 공동체 차원에서도 물질적인 조건의 확보와 숭고한 이상의 추구는 별개가 아니라 동전의 양면이다.

바람직한 삶의 조건-개인 차원

개인 차원에서 잘사는 사람, 풍요로운 물질적 조건을 갖춘 사람이라고 해서 항상 바람직한 삶을 살아가지는 않는다. 재산의 축적과 삶의 완성은 비례하지 않는 별개의 문제이다. 그러나 최소한의 생활을 영위할 수 있는 물질적 자립기반은 바람직한 삶을 추구할 수 있는 기초조건이다. 건강한 신체를 지닌 성인이 되어서도 가치 있는 사회활동을 통해 경제적으로 독립하지 못하고 타인에게 의존해 생활한다면, 아무리 고귀한 이상을 추구한들 정당성을 인정받기 어렵다. 그러나 경제적 자립을 이룬 이후의 정신적인 추구는 개인의 취향이자 선택이다. 경제적 자립의 기반 위에 정신적 가치를 추구하는 바람직한 삶에 필요한 조건을 생각해 보면 다음과 같다.

- 사회경제적 가치를 창출하는 정상적 직업으로 생활에 필요한 소득을 얻는다.
- 공동체가 요구하는 법률과 규정을 준수하고 병역, 납세 등 의무를 다한다.
- 절제된 생활을 통해 건강한 신체를 유지한다.
- 가족의 일원으로서 본연의 역할을 충실히 한다.
- 직업과 사회에서 요구하는 변화를 흡수하고 필요한 학습을 지속한다.

바람직한 삶의 조건-국가 차원

국가단위에서도 물질적 조건의 확보는 필요조건이고, 고차원적 가치의 추구는 충분조건이다. 국가단위 공동체도 가치를 창출하는 경쟁력 있는 산업과 정치사회적 제도의 합리성을 확보하고, 산업과 제도의 혁신을 통해 시대변화를 따라가는 유연성이 있다면 바람직한 사회일 것이다. 잘사는 나라와 바람직한 사회는 동전의 양면이다. 국가 차원에서 바람직한 삶의 조건도 생각해 보자.

- 글로벌 시장에서 가치를 제공하고 수입을 얻을 수 있는 산업경쟁력
- 교육, 의료 등 국민생활의 기초조건을 확보할 수 있는 물질적, 제도적 기반
- 선천적·후천적 요인으로 경제력이 취약한 구성원에 대한 사회안전망
- 국제사회의 일원으로서 규정을 준수하고 의무를 다하는 책임의식
- 타국의 침공에 대처할 수 있는 안보역량
- 군사외교적인 우위를 남용해 불필요한 분쟁을 일으키지 않는 절제력
- 사회경제적 시대변화를 따라가는 혁신성
- 경쟁의 패자가 재도전의 기회를 가질 수 있는 역동성
- 다양한 문화와 관습, 인종을 수용하는 개방성

07 경제체제는 공동체의 흥망을 결정한다

시장경제와 계획경제의 차이점

공동체의 경제적 성과는 개인들의 역량과 노력에서 출발하여 사회적 제도와 법률이라는 경제체제와 만나 발현된다. 개인의 경제적인 활동과 경제체제는 동전의 양면처럼 불가분인 관계이다. 경제성장률, 국민소득, 국제수지, 산업경쟁력, 소득

선장의 자비심이 아니라 이기심(self-interest)이 죄수들을 구원했다

시장경제에서 이익을 추구하는 이기심의 본질은, 나의 이익을 위해 노력하면 궁극적으로 타인에게도 이익이 된다는 점에 있다. 당위적인 이타심보다 시장의 이기심이 구성원 모두에게 혜택을 주는 흥미로운 사례를 호주 개척 시절의 역사에서 찾아볼 수 있다.

1770년 4월, 영국의 탐험가인 제임스 쿡 선장이 유럽인으로 처음 호주를 발견하였고, 영국은 호주를 중죄인들의 유형지로 삼았다. 당시 죄수들은 형기를 마치면 자유인이 될 수 있다는 조건으로 호주행을 선택하였는데, 오랜 항해를 견디지 못한 많은 죄수들이 사망하는 문제가 발생했다. 1790년부터 3년간 죄수 4,082명 중 498명(12%)가 항해 도중 죽었고, 이송 과정이 너무 가혹하다는 비판이 거세지면서 영국정부는 대책 마련에 부심했다. 죄수들의 처우를 개선하고 신앙심 깊은 선장을 선발하는 등 다양한 대책이 나왔지만, 실제로 효과를 거둔 방법은 의외였다. 영국 정부가 죄수 사망률을 획기적으로 낮춘 묘안은 인센티브 원리였다. 선장에게 주는 죄수 호

송비를 '죄수 1인당 지급'에서 '살아서 도착한 죄수 1인당 지급'으로 바꾸었다. 죄수들이 살아서 도착해야 약속된 운임을 받을 수 있었던 선장들은 자연히 죄수들에게 관심을 가졌고, 그 결과 1793년 422명의 죄수가 이송되었는데 사망자는 단 1명이었다. 이후 영국은 약 16만 명의 죄수를 안전하게 호주로 보내면서, 서양인들에 의한 호주 개척사는 시작되었다.

죄수들을 구원한 것은 애덤 스미스가 『국부론』에서 '우리가 저녁식사를 기대할 수 있는 것은 빵집 주인의 자비심 때문이 아니라 이익을 추구하는 그들의 생각 덕분이다'라고 통찰한 이기심이었다.

분배 등의 경제적인 성과들은 시장경제 자유도, 사유재산권 인정, 정부개입 수준 등 체제의 기본방향에 따라 차이를 나타낸다. 경제체제는 개인들의 경제활동을 사회적으로 조직화하는 제도와 법률의 총합이다. 공동체가 지향하는 사회경제적 가치와 구체적 방법들이 반영되어 있고, 공동체의 빈곤과 풍요를 결정하는 핵심적 요인이기도 하다. 기후가 온화하고 천연자원이 풍부해도 빈곤한 나라가 있는 반면, 혹독한 자연환경에 부존자원이 없어도 경제발전을 이루고 선진국에 진입한 나라가 있다. 그 차이는 바로 경제체제의 문제이다. 경제체제가 개인의 역량과 노력을 뒷받침하고 합리적인 인센티브 구조로 보상하면 번영하게 되지만, 반대인 경우에는 역동성이 떨어져 쇠퇴한다.

오늘날 경제체제의 기본 유형은 시장경제와 계획경제의 두 가지로, 정치사회적인 특징에 따라 자본주의 시장경제와 사회주의 계획경제로 대별할 수 있다. 시장경제는 개인의 사유재산, 자유선택, 영리추구라는 세 가지 기둥 위에 성립된다. 개인들이 재산을 보유하고 자유롭게 직업을 선택해 시장에서 경쟁하여 이익을 추구하는 체제에서, 국가는 개인 재산과 자유를 보호하고 효율적인 시장을 형성하는 역할에 주력한다. 누구나 자신의 재능과 재산을 활용해 가치 있는 제품과 서비스를 만들어 시장에 참여하여 소비자들에게 선택받고 이익을 얻을 수 있다. 시장의 경쟁은 치열하고 모두가 성공할 수는 없지만, 실패한 원인을 분석하고 새로운 가치를 담아 다시 시장에 참여해 평가를 받을 수 있는 구조이다.

시장경제에서 개인들이 하는 경제적 의사결정을 계획경제에서는 국가가 담당한다. 가장 강력한 계획경제체제인 공산주의 국가는 토지, 설비, 자금에서 개인의 재능과 노동력에 이르는 모든 생산수단과 생산자원을 소유한다. 국가는 경제운영 계획을 세우고 이에 따라 생산품목과 수량을 지시하며, 생산된 재화와 서비스는 국가가 국민 각자에게 필요한 물량을 판단해 배급한다. 개인 재산을 소유할 수 없고, 교육과 직업을 선택할 자유가 없으며, 국가의 명령에 따라 일하고 똑같이 배급받는 체제이다.

공산주의 체제의 근본적인 문제는 인센티브의 부정과 계획경제의 한계에 있다. 개체의 생존과 번식이라는 본능에 기반한 인간의 건전한 이기심을 발전적인 방향으로 제도화하는 것이 아니라, 관념적인 이타심이라는 시각에서 부정한다. 개인의

길거리 노점상도 의사도 같은 월급

란디는 쿠바의 수도 아바나 혁명광장 입구 조그만 노점상에서 엠파나디이야(쿠바식 튀김만두)를 1개 1쿠바페소(60원)에 팔고 있다. 하루 종일 무더운 길거리에서 음식을 튀겨서 팔지만 벌어들인 돈을 가져가지 못한다. 하루 매상은 모두 국가로 귀속되고 월급으로 700쿠바페소(4만 2,000원)을 받는 공무원이다.

—EBS 세계테마기행, 쿠바편

국가는 그에게 공원 앞에서 노점상을 운영하도록 명령하고 월급을 준다. 음식이 많이 팔릴수록 일만 많아지고 수입은 그대로인 공무원이 손님에게 관심이 없는 것은 당연하다. 그는 매일 지정된 자리에서 노점을 열고 음식을 만들 뿐이다. 사회주의 체제인 쿠바에서 모두 공무원인 의사들의 월급은 공원 노점상 공무원과 같은 수준이다. 개인의 재능과 역량에 상관없이 전 국민이 공무원이 되어 국가의 명령에 따라 직업을 가지고 월급을 받는 쿠바의 체제에서 개인들의 삶은 평등하지만 모두 평등하게 가난하다.

역량과 창의성을 공산당이 주도하는 국가명령체제에 귀속시켜 역동성을 제거해 버렸다. 또한 국민들이 필요로 하는 자동차에서 신발에 이르는 모든 품목의 생산과 소비를 국가의 공무원들이 최적화한 계획을 수립하고 장기적으로 운영할 수 있다고 믿은 것도 인간의 능력에 대한 과신이었다. 20세기 초반에 등장한 공산주의 체제는 이러한 자체 모순으로 결국 1989년, 소련의 붕괴를 기점으로 소멸되었다.

계획경제가 정체된 동물원이라면, 시장경제는 역동적 생태계이다

'인생은 가까이서 보면 비극이지만, 멀리서 보면 희극이다'라고 유명한 코미디언 찰리 채플린charles chaplin이 말했듯, 멀리서 보는 피상과 가까이에서 보는 실제는 거리가 있다. 자연도 멀리에서 보면 평화롭지만 가까이에서 보면 경쟁이다. 풍경사진으로 보는 아프리카의 초원은 평화롭지만 자연물 다큐멘터리에서 보듯, 가까이

그림 8 경제문제의 근본

생산의 근본문제?	생산의 해결방법은?
무엇을 생산해야 하는가 어떻게 생산해야 하는가 누구를 위해 생산해야 하는가	조상이 시키는 대로 하는 전통적 방법 국가가 시키는 대로 하는 계획경제적 방법 세상사람들이 시키는 대로 하는 시장경제적 방법

에서 관찰한 생태계는 치열한 경쟁의 현장이다. 땅, 하늘, 바다 등 지구의 모든 공간에서 생존경쟁이 일어나면서 개체 차원에서는 희비가 엇갈리지만, 전체 종과 생태계 차원의 역동성과 건강성을 유지한다. 인간 사회에서도 마찬가지로 개인과 집단 차원의 경쟁은 자연스러운 현상으로 경쟁 자체보다는 경쟁의 성격이 관건이다. 합리적인 규범에 따라 경쟁하고 노력과 성과에 따른 보상을 받는 경쟁은, 공동체를 풍요롭게 하는 바람직한 경쟁이다. 경제활동에서 경쟁하는 것은 거지 같지만 경쟁하지 않으면 거지가 된다.

경제문제의 근본인 '무엇을 어떻게 누구를 위해 무엇을 생산해야 하는가'라는 문제에서 세상 사람들인 소비자들이 원하는 대로 하기 위해 경쟁하는 것이 시장경제이고, 국가와 당의 명령대로 하는 것이 계획경제의 방법이다. 따라서 시장경제에서는 세상사람들이 원하는 가치를 만들어 내기 위해 시장의 가치경쟁이 일어나지만, 계획경제에서는 권력을 확보하기 위한 정치적 권력투쟁이 벌어진다.

지구상에서 가축이 아닌 동물들이 살아가는 공간은 동물원, 사파리, 야생의 세 가지 환경이다. 개체의 안전성, 생태계의 역동성이라는 측면에서 명확한 특징을 보인다. 동물원은 사육사들이 먹이를 주고 병이 나면 치료해 주는 안전한 공간인 반면, 야생에서는 먹이를 스스로 구하고 천적을 피해 목숨을 보존하며 치열한 경쟁을 거쳐야 한다. 사파리는 동물원과 야생의 중간 형태로 인간이 전체 생태계의 균형을 조절한다.

동물원은 개체의 안전성은 가장 높으나 생태계의 역동성은 떨어진다. 먹이와 잠자리 등이 확보된 안전한 공간에서 개체들의 생존은 보장되지만 생태계 변화의 에너지는 미약하다. 반면 야생에서는 개체의 안전성은 낮으나 생태계의 역동성은 높다. 절박한 생존을 위한 경쟁과 노력으로 생겨난 에너지로 가득한 역동적인 공간에서 전체 종의 생명은 계속된다. 또한 우량한 개체가 번식하면서 변종이 출현하고 진화가 일어난다. 야생의 생존경쟁은 개체단위에서는 고달프지만, 생태계를 역동적으로 유지시키고 집단 차원의 생존력을 높이는 보이지 않는 메커니즘이다.

경제활동을 통해 형성되는 시장도 생태계와 유사한 특징을 가진다. 다양한 수요와 공급이 만나서 가격을 신호로 거래하는 시장에서 참여자들은 모두 치열하게 경쟁한다. 이러한 과정에서 개인과 기업, 국가 등 개별 경제주체 단위에서는 성공과 실패가 교차하지만, 시장 자체는 품목과 거래조건이 다양해지고 참여자가 늘어나는 방향으로 진화한다.

만약 경제활동으로 자연스럽게 형성된 시장을 인간이 규칙을 내세워 동물원처럼 변화시킨다면, 즉 모든 것을 통제하고 관리하는 계획경제로 변화시키면 당장은 참가자들이 만족할 수도 있다. 국가가 필요한 재화와 서비스의 공급자와 소비자를 정해주고, 국민들은 국가가 명령하는 직업을 갖고 필요한 물건을 배급받아 살아간다. 선의를 가진 유능한 정부가 최선을 다해 노력한다면 최소한 굶지는 않을 수 있고, 의료와 교육 등 필요한 최소한의 서비스도 받을 수 있을 것이다. 그러나 안정성이 높아졌지만 역동성이 떨어진 동물원처럼, 계획경제는 자체적으로 변화하고 진화할 수 없는 숙명을 갖는다. 시간이 흐를수록 정부는 부패하고 효율이 떨어지면서 활력은 사라진다. 시장이 사라진 경제는 동물원의 동물처럼 역동성을 상실한 화석이 되어 쇠퇴의 길을 걷는다.

08 주요 국가들의 특성을 벤치마킹하라

부자 나라는 모두 선진국일까?

국가를 분류하는 일반적인 방법은 선진국, 개발도상국, 저개발국이며 통상 국민소득이 기준이다. 그러나 소득이 높지만 선진국으로 분류하기는 어려운 경우도 있다.

카타르, 쿠웨이트, 사우디아라비아 등 아랍 산유국들이 대표적인 사례이다. 카타르는 2015년 1인당 GDP 74,667달러로 전 세계 5위이하 IMF, 2016년 4월의 잘사는 나라이다. 인구 80만 명의 소국이 원유와 천연가스 위에 떠 있는 육지라고 불리는 천연자원이 풍부한 경제부국이다. 그러나 자원을 제외한 다른 산업의 국제경쟁력이 취약하고 정치사회 체제도 전근대적인 이슬람 종교법의 영향이 강하다. 또한 국제 에너지 가격에 민감하여 내부의 산업경쟁력이 아니라 국제시장의 자원가격이라는 외생변수로 급변하는 취약한 경제구조이다.

사우디아라비아는 인구 2,800만 명의 아라비아 반도 대국이며 세계 석유시장에서 큰 영향력을 행사하고 있다. 국제원유가 하락으로 2015년 1인당 GDP가 2만 813달러로 떨어져 개발도상국 수준에 있다. 2000년대 중반의 고유가 시대에는 미국과 어깨를 나란히 하는 10위권이었지만 전성기에도 선진국으로 간주되지는 않았다. 절대왕정의 엄격한 이슬람법에 의한 통치로 시민 자유와 인권이 제한되었고, 종교경찰이 규율을 잡는 가운데 여성이라면 자동차 운전도 할 수 없는 전근대적 사회구조를 유지하고 있기 때문이다.

룩셈부르크는 1인당 GDP 10만 3,187달러로 전 세계 1위국이다. 중세시대 성채가 정치적으로 독립해 1867년 영구중립국으로 출발했다. 은행-보험 등 주변 국가에 대한 금융서비스 산업을 발전시킨 경제부국이지만, 제주도 크기의 작은 면적에 인구 50만의 소국으로 선진국 모델이라고 하기에는 부족하다. 인구와 영토, 경제력이 일정 규모 이상이 되어야 국력을 바탕으로 외교, 군사적 역량을 확보하여 정치적 독립을 유지하면서 사회경제적 혁신을 지속할 수 있기 때문이다.

글로벌 경쟁력과 정치사회적 안정성을 성취한 강소국 스위스

룩셈부르크에 이어 1인당 GDP 전 세계 2위인 스위스는 주목해야 할 국가이다. 남한 절반 정도의 면적에 800만 명의 인구로, 2015년 GDP 6,770억 달러의 세계 19위 경제규모를 자랑한다. 영세중립국이지만 제2차 세계대전 당시 독일 나치의 히틀러도 침공하지 못했던 강력한 군사력을 유지하며 정치사회적으로 강한 통합성과 안정성을 유지하고 있기 때문이다.

스위스는 15세기의 르네상스 시절 알프스 고산지대에서 별다른 산업 기반과 천연자원이 없는 가난한 나라로, 서유럽의 각종 전쟁에 스위스 남자들이 용병으로 참전해 벌어들인 돈으로 연명한 변방의 약소국이었다. 1789년 프랑스 혁명 이후 나폴레옹이 일반 국민을 징집해 편성한 시민군이 유럽의 전통적인 군사강국들을 격파하면서 용병의 시대는 저물고 스위스 용병들도 직업을 잃었다. 본국으로 귀환한 그들은 무기 대신 작업도구를 손에 들고 국가를 재건했다. 정치적 안정을 바탕으로 우수한 인력을 길러내고, 스위스 시계로 상징되는 정밀기계, 화학과 제약, 금융업을 발전시키며 변방의 험준한 산악지대를 관광자원으로 탈바꿈시켰다. 이러한 역사 자체가 정치종교적 자유와 사회경제적 창의 및 혁신의 산물이다. 스위스는 세계경제포럼의 국가경쟁력 평가에서 최근 8년간 연속 1위를 기록, 21세기에도 혁신을 통해 경쟁력을 유지하고 있다는 평가를 받는다. 2016년 〈포춘〉 글로벌 500대 기업 명단에 15개 스위스 기업이 포함되었다. 14위에 오른 세계 1위의 자원 거래기업 글렌코어를 비롯, 식음료 분야의 네슬레, 제약-바이오 분야의 노바티스와 로슈, 첨단기계 분야의 ABB 및 금융산업의 크레딧 스위스, UBS 등이 스위스에 본사를 두고 있다. 경제는 물론 정치사회 측면에서도 우리나라가 벤치마킹할 부분이 많은 국가이다.

포춘 500대 기업 명단
1930년 미국에서 창간된 경제경영 잡지인 포춘은 1955년 매출기준 미국 500대 기업 명단을 발표하였고, 1995년부터 글로벌 500대 기업명단으로 확장되었다. 글로벌 대기업들의 동향파악에 권위를 인정받고 있다.

자유와 창의에 기반한 혁신으로 글로벌 리더로 부상한 미국

양적인 측면에서 우리나라의 현재를 비추어 보고 미래를 모색하는 벤치마킹의 대상들은 규모가 크고 산업 경쟁력을 확보해 세계 경제를 주도하는 국가들이다. IMF가 2015년 GDP 기준으로 산정한 전 세계 국가순위는 미국 17조 9,470억 달러, 중국 10조 9,830억 달러, 일본 4조 1,230억 달러, 독일 3조 3,580억 달러, 영국 2조 8,490억 달러, 프랑스 2조 4,220억 달러의 순이다. 인구 변수를 감안한 달러기준 1인당 GDP는 미국 5만 5,837달러, 중국 8,280달러, 일본 3만 2,477달러, 독일 4만 1,219달러, 영국 4만 3,734달러, 프랑스 3만 6,248달러이다. 이들은 모두 우리나라의 주요 교역대상국으로 산업구조의 특징을 파악하고 장점을 배울 필요가 있는 나라들이다. 우리나라의 GDP는 1조 3,770억 달러로 세계 11위, 1인당 GDP는 2만

7,195달러이다.

　미국은 자유와 창의에 기반한 혁신을 통해 정치적 독립 이후 200여 년 만에 세계의 정치경제를 주도하는 나라로 발전했다. 1492년 스페인에서 출발한 콜럼버스가 신대륙에 도착했을 때 아메리카 대륙의 기존 문명은 중남미에서 발달하고 있었다. 중남미는 천연자원과 입지조건이 북미보다 좋았으나, 오늘날 아메리카 대륙의 선진국은 북미의 미국과 캐나다이고 중남미는 그에 훨씬 못 미치는 상황이다. 스페인과 포르투갈의 식민지였던 중남미는 유럽의 전근대적 종교지배 체제가 이식된 반면, 북미는 정치종교적 자유를 찾아 1620년 신대륙으로 이주한 청교도의 메이플라워호가 상징하듯 국가와 종교의 지배를 탈피해 르네상스 이후 유럽에서 발전한 개인의 자유와 인권의 개념을 기반으로 새로운 체제가 형성되었기 때문이다. 인류의 역사시대에는 국가가 만들어진 후 국민이 있었지만, 미국은 국민이 먼저 있고 국가가 만들어지면서 유럽의 관습과 전통에서 벗어난 개인들의 자유로운 활동과 이를 뒷받침하는 근대정치와 시장경제의 새로운 시대를 열었다.

　1776년 독립 이후 미국이 2세기 남짓한 단기간에 강대국으로 부상한 핵심 성공 요인은 개방성과 혁신이다. 영국, 프랑스, 아일랜드, 이탈리아 등 다양한 국가와 배경의 이민자들이 모여들고, 아프리카 출신 노예들이 해방되면서 시민으로 편입되

표 5　포춘 글로벌 500대 기업 국가별 숫자

국가	2011년	2016년	증감
미국	133	134	1
중국	61	103	41
일본	68	52	−16
프랑스	35	29	−6
영국	30	20	−10
독일	34	20	−14
스위스	15	15	0
대한민국	14	15	1
네덜란드	12	12	0
캐나다	1 1	11	0

표 6	포춘 글로벌 500대 기업 상위 20개 명단(2016년 7월 발표기준)	
순위	기업명(소속 국가)	매출액(2015년)
1	월마트 (미국)	4,821억 달러
2	국가전력망공사 (중국)	3,296억 달러
3	중국석유천연가스 (중국)	2,992억 달러
4	중국석유화공 (중국)	2,943억 달러
5	로열더치셸 (네덜란드)	2,721억 달러
6	엑슨모빌 (미국)	2,462억 달러
7	폭스바겐 (독일)	2,366억 달러
8	도요타 (일본)	2,365억 달러
9	애플 (미국)	2,337억 달러
10	브리티시 페트롤리엄 (영국)	2,259억 달러
11	버크셔 헤서웨이 (미국)	2,108억 달러
12	메케슨 (미국)	1,924억 달러
13	삼성전자 (한국)	1,774억 달러
14	글렌코어 (스위스)	1,704억 달러
15	공상은행 (중국)	1,672억 달러
16	다임러 (독일)	1,658억 달러
17	유나이티드 헬스케어 (미국)	1,571억 달러
18	CVS 헬스 (미국)	1,532억 달러
19	엑소르 그룹 (이탈리아)	1,525억 달러
20	제너럴 모터스 (미국)	1,523억 달러

어 형성된 개방적인 문화는, 다양한 요소가 융합하며 혁신으로 이어져 사회적 활력을 생성하고 확대했다. 19세기 후반 철도산업에서 시작해 20세기에 금융, 자동차, 화학, 전기전자와 컴퓨터 산업이 발전했다. 뒤이어 21세기에도 모바일, 인터넷, 인공지능, 바이오 등 신산업을 주도하는 미국의 기초 체력은 혁신 역량이다. 20세기 초반 GM, 포드, GE, 보잉, 듀퐁 등 세계적인 제조기업들을 배출했고 후반기에는 마이크로소프트, 애플, 구글, 페이스북 등 IT기업들이 등장하면서 글로벌 산업의 주도권을 유지하고 있다. 미국의 유통기업인 월마트는 세계 최대 기업으로 2015년 4,821억 달러550조 원의 매출을 기록하면서 작은 나라의 전체 국민숫자를 상회하는 220만 명을 고용하고 있는 거대 회사이다.

개혁과 개방으로 단기간에 빈곤을 탈피한 중국

중국은 1949년 중국공산당이 국민당과의 내전에서 승리하고 국가를 수립한 이후, 극좌노선의 사회개조 운동인 문화혁명1966~1976을 거치며 덩치만 크고 가난한 후진국에 머물렀다. 그러나 1980년 실력자로 부상한 덩샤오핑鄧小平이 개혁개방을 시작하면서 30여 년 만에 강대국으로 부상했다.

1989년 소련이 붕괴한 이후 공산국가들은 일제히 체제 전환을 진행하는 가운데, 중국은 경제발전에서 성공적인 사례로 평가된다. 덩샤오핑이 추진한 발전전략에 따라 선전 등 제한된 특별지역에서 새로운 시스템을 안착시킨 후 여타 지역으로 확산시키는 식의 단계적인 추진을 통해 사회적인 충격을 최소화했고, 방대한 내수시장과 파격적인 정부지원을 내세워 외국 자본과 기술을 적극 유치하는 데 성공했으며, 수천 년 동안 축적된 높은 수준의 문화와 전통이 잘 접목되었기 때문이다. 중국은 풍부한 노동력을 바탕으로 경공업 수출제품 생산과 외국기업의 생산기지로 경제개발을 시작했고, 공산체제의 특성을 반영해 국가기간산업을 국영기업들이 운영하면서 거대기업들이 탄생했다. 2016년 발표된 〈포춘〉 글로벌 500대 기업의 10위권 이내에 3개, 500대 기업 내에 103개가 포함되어 있다.

중국기업의 숫자는 2008년 29개에서 2016년 103개로, 8년 만에 3배 이상 증가했다. 그러나 중국의 70대 기업 중 65개가 국영기업이며, 사장 위에 공산당에서 파견된 당서기가 있는 지배구조로서 경제규모에 비해 국가계획경제의 성향이 강하게 남아있다. 최근에는 알리바바, 화웨이 및 전 세계 드론시장 1위인 DJI다장창신, 大疆創新 등 첨단 분야에서도 글로벌 리더들이 등장하면서 내부혁신의 역량도 보여 주고 있다. 그러나 공산당 주도의 정치구조와 민간주도 시장경제 간에 발생하는 체제 자체의 모순 극복이 당면과제이다.

장수기업의 풀뿌리 경쟁력에 기반한 기술력의 일본

일본은 16세기 전국시대의 혼란을 평정하고 임진왜란을 일으킨 도요토미 히데요시의 사망 후 실권을 잡은 도쿠가와 이에야스가 수립한 막부 봉건체제1603~1867에서 정치 안정을 이루고 쇄국정책을 유지해 왔다. 그러나 1854년 미국의 페리 제

시대변화에 부응한 일본의 기술력

간장업체 기꼬만의 경우 전통 발효기술을 응용, 반딧불 체내에서 생성되는 특수효소(루시페라제)를 인공생산해 개발한 미생물 검사장치가 NASA의 화성탐사 우주선 검사에 사용되었다. 1899년 일본의 전통 화투를 생산하며 창업된 닌텐도 또한 휴대용 게임기 시대에 슈퍼마리오 등 히트작을 내놓은 이후 최근에는 스마트폰을 이용한 증강현실 게임 포케몬 고로 다시 인기를 끌고 있다.

독이 함대를 이끌고 와서 개항을 요구하면서 근대화가 촉발되었다. 하급 사무라이들이 주도해 막부정권을 퇴진시킨 뒤 메이지유신으로 1867년 천황제가 수립되고 본격적으로 체제전환을 시작해 단기간에 경제발전을 이루었다. 군국주의자들이 주도한 대외팽창 정책은 제2차 세계대전의 패전으로 이어졌지만, 이후 재건에 성공한다. '모노즈쿠리'로 일컬어지는 전통적 장인정신에 입각한 고도의 제조업을 발전시켜 도요타, 혼다, 히타치 등 다수의 글로벌 기업들을 탄생시켰다. 선대 가업계승의 전통이 강한 일본은 장수기업이 많아 풀뿌리 경쟁력이 높다. 창업 후 200년이 넘은 기업은 전 세계에서 6,000여 개로 추산되는데, 일본에 3,000여 개가 있고 심지어 1,000년 이상 된 기업도 7개가 존재한다. 일본에서 '시니세老鋪', 즉 '노포'라고 지칭하는 100년 이상 된 5만 개 기업이 평균 100여 명을 고용, 총 580만

모노즈쿠리(物作)

물건을 뜻하는 '모노'와 만들기를 뜻하는 '즈쿠리'가 합성된 용어로, '혼신의 힘을 쏟아 최고의 물건을 만든다'는 뜻이다. 장인정신을 바탕으로 한 일본의 독특한 제조문화를 일컫는 대명사로. 일본 제조업의 혼(魂)이자 일본의 자존심을 상징하기도 한다.

명에게 일자리를 제공하는 일본경제의 중추 역할을 수행하고 있다. 이들 중에는 삭은 가게뿐만 아니라 기꼬만, 미쓰이 금속, 스미토모 금속, 신일본제철, 아사히글라스 등 세계시장에서 활약하는 간판기업들도 적지 않다. 단순한 과거사업 계승 차원을 넘어, 시대변화에 부응하는 혁신을 통해 사업 영역을 확장하기 때문에 가능한 일이다.

히든 챔피언으로 상징되는 제조업 강국 독일

독일은 19세기 초반까지도 정치적 통합을 이루지 못하고 수십 개의 소규모 영방국가들이 할거하는 구조였다. 그러나, 프로이센의 빌헬름 1세Wilhelm I와 철혈재상 비스마르크Bismarck가 주도하여 1871년 독일 제국으로 통일을 이룬다. 영국보다 100여 년 늦게 산업혁명을 시작했으나 루르, 자르 지대의 풍부한 석탄과 높은 수준의 과학기술이 만나 단기간에 경제발전을 견인했다. 대포, 총기 등 무기를 만드는 철강산업과 화학산업이 발달한 기반에서 1886년 다임러 벤츠가 최초의 내연기관 자동차를 발명하면서 설립한 벤츠는 폭스바겐, BMW와 함께 글로벌 자동차 시장을 주도하고 있다. 정밀기계 분야의 지멘스와 보쉬, 화학의 BASF, 금융의 알리안츠 등 글로벌 대기업들 이외에도 소위 '히든 챔피언'이라 불리는 중견기업들이 독특한 경쟁력을 확보하고 있다.

독일의 경영 전문가 헤르만 지몬Hermann Simon은 히든 챔피언을, 대중에게 잘 알려져 있지 않은 기업, 각 분야에서 세계시장 점유율 1~3위 또는 소속 대륙에서 1위를 차지하는 기업, 매출액이 50억 유로7조원 내외 이하인 기업으로 규정했다. 특정 영역에서 세계시장 지배자라는 의미의 강소기업强小企業: 작지만 강한 기업으로는 250

히든 챔피언이 독일에 많을 수밖에 없는 정치경제적 배경

히든 챔피언이 독일에 많은 이유는 19세기 소국분립주의, 지방분권적인 특징과 독일이 보유한 전통적인 역량에서 찾을 수 있다. 영국, 프랑스 등 유럽의 여타 강대국에 비해서 수백 년 늦은 정치적 통일로 지방분권적인 전통이 강하게 남아 있었던 상태에서 통일독일의 국가적 산업정책과 고도화된 과학기술이 결합되어 지역별로 독특한 시장에 집중, 글로벌 경쟁력을 갖춘 히든 챔피언들이 탄생하였다. 독일과 인접하여 근대 역사를 공유하고 있는 스위스(110개), 오스트리아(116개)도 인구에 대비한 히든 챔피언의 수가 대략 독일과 비슷한 수준이고 한국은 23개가 존재한다.

년 역사를 가진 필기구 제조사인 파버카스텔, 프리미엄 가전시장의 밀레, 풍력발전 기술집약기업 에네르콘, 자동차 케이블의 최강자 레오니 등이 대표적 사례이다. 헤르만 지몬Hermann Simon이 2012년 기준으로 파악한 독일의 히든 챔피언은 1,307개 기업으로 전 세계의 70%를 차지하고 있으며, 미국 366개, 일본220개보다 훨씬 더 많은 숫자이다. 〈포춘〉 500위에 등재되는 대기업 숫자는 독일이 영국과 프랑스에 약간 뒤지지만, 독일 고용의 80%를 담당하는 히든 챔피언의 활약으로 글로벌 제조업에서 강력한 경쟁력을 확보하고 있다.

후발주자로서 국가주도형 산업화 단계를 거친 독일은 금융기관과 기업 간 독특한 관계가 형성되어 있다. 최대은행인 도이체방크와 대형 보험회사인 알리안츠 AG가 50여 개 주요 상장기업의 주요주주로서 지분을 보유하고 경영에 참여하고 있으며, 기타 금융기관들도 기업들의 지분 보유를 통해 긴밀한 관계를 형성하고 있다. 금융계와 산업계가 지배구조로 연결되어 있고, 기업들이 넓은 범위의 다양한 이해관계자의 요구를 감안해 경영하는 구조는 장단점이 있다. 관련 당사자들의 상호이해와 협력의 전통에서 안정적이고 장기적인 운영을 할 수 있는 장점이 있는 반면, 각자의 입장만을 주장하는 갈등의 원인이 되는 단점도 존재한다. 공동체를 중시하는 유럽 대륙의 전통과 역사의 맥락에서 독일은 독특한 지배구조를 형성하고 운영하고 있다.

주요 선진국의 경제 산업 비전

21세기 글로벌 차원에서 발생하는 경제와 산업 분야의 경쟁은 기업은 물론 국가 차원에서도 진행된다. 시장에 제품을 출시하고 소비자에게 판매하는 주역은 기업이지만, 국가 차원에서도 기업활동을 지원하는 유무형의 인프라를 구축하고 장기 프로그램을 실행한다.

미국은 2009년에 제시한 '리메이킹 아메리카Remaking America'를 통해 제조업 부활과 제조기업들의 미국 유턴을 추진하고 있다. 미국은 1970년대까지 제조업 강국이었으나 오일쇼크 등을 겪으면서 1980년대부터는 자동차로 상징되는 일본과 독일의 제조업에 밀려났다. 이후 서비스와 금융 분야의 경쟁력으로 산업 전체의 우위를 유지해 왔으나, 2000년대 들어서 제조업 부활의 기회가 찾아왔다. 과거 상업적인 시추가 불가능했던 셰일가스의 채굴방식이 미국에서 개발되면서 에너지 가격의 안정을 이루었고 제조업 경쟁력이 회복되었다. 또한 실리콘밸리를 중심으로 발달한 정보기술 산업이 사물인터넷IoT을 매개체로 전통 제조업에 접목되면서 생산성이 상승하여, 해외로 진출했던 미국 기업들 유턴하는 현상이 나타났다. 이러한 배경에서 미국의 산업은 정보기술과 융합한 제조업의 부활을 비전으로 제시하고 있다.

중국은 20세기 후반의 경제발전으로 의식주가 해결되고 부유한 사회로 진입하기 이전의 단계인 중국식 현대화를 의미하는 '소강사회小康社會'의 구현을 비전으로 삼고 있다. 사회주의 시장경제체제를 완비하고 대외개방을 확대하는 중요한 단계로, 수출 중심의 고도성장 시대를 지나 내수시장을 확대하고 중산층 육성을 목표로 한다.

일본은 '일본재흥전략'으로 '아베노믹스'로 통칭되는 제도개혁과 기술발전을 통

일상다반사 경제학

주요 선진국의 경제산업 비전

국가명	경제산업 비전	내용
미국	리메이킹 아메리카 (Remaking America) (2009)	– 제조업 복귀 지원 – 국가수출구상(National Export Initiative) – Select USA(외국기업 유치) 등을 통한 제조업 재육성
중국	샤오캉(小康 · 소강)사회 따통(大同)사회 건설 (2012)	– 2021년 전면적인 샤오캉(小康 · 소강)사회 건설 – 신중국 성립 100주년(2049년)까지 부강한 사회주의를 완성하는 '따통(大同) 사회' 건설
일본	일본재흥전략(Japan is back) (2013)	– 아베노믹스의 3번째 화살 – 민간의 투자 확대를 위한 제도 개혁 – 국민 모두가 참여할 수 있는 경제환경 구축 – 기술발전을 통한 신시장 개척
독일	인더스트리 4.0(Industry 4.0) (2010)	– IoT 기반 제조업의 완전한 자동생산체계 구축 – 생산 과정의 최적화가 이루어지는 4차 산업혁명
영국	High Value Manufacturing (2011)	– 고부가가치 제조 전략으로 제조업 부활 목표
EU	유럽 혁신전략 '유럽 2020' (Europe 2020) (2010)	– 스마트한 성장(Smart Growth) – 지속 가능한 성장(Sustainable Growth) – 함께하는 성장(Inclusive Growth)

한 신시장 개척이 비전이다. 1990년대 이후 장기간 경기침체를 겪으면서 일본은 저금리와 저환율, 재정확대를 통한 경기부양과 함께 주요 산업의 재편을 추진하는 방향을 진행 중이다.

전통적인 제조업 강국인 독일은 제조업 혁신 개념의 '산업 4.0'을 중점과제로 추진하고 있다. 제조업이 정보기술과 융합되면서 나타나는 개념으로 사물인터넷 IoT 기반에서 기존 제조업의 개발, 생산, 판매에 이르는 전 과정을 스마트팩토리의 개념으로 재구성하겠다는 접근이다. 최근 사용되고 있는 '4차 산업혁명'과 유사한 개념으로, 21세기의 새로운 환경에서도 제조업의 경쟁력을 유지해 나가겠다는 정책방향을 분명하게 설정하고 있다.

09 1-3-5비전, 국가경쟁력을 넘어 사회발전을 지향한다

사회발전지수(Social Progress Index, SPI)의 등장

국가경쟁력은 공동체를 유지하고 발전시키기 위한 물적 기반을 형성하는 핵심 요인이다. 그러나 물적 기반이 형성되었다고 해서 사회 안정과 개인적 자유가 확보되지는 않는다. 전근대적인 종교와 구습의 지배를 탈피하여 근대적인 인권과 법률에 근거한 제도의 기반 아래 공동체의 통합성과 안정성이 확보되고, 기본석 교육과 의료서비스에 접근하는 최소한의 삶의 질이 지원되어야 한다.

사회발전지수 평가의 구조는 인간 생활의 기본적 욕구충족 수준, 웰빙을 위한 기반 구축 정도, 개인적 권리와 자유의 보장 수준의 세 가지 범주를 기준으로 하부항목들로 구성되어 있다. 국가는 경제력에 근거하여 기초생활 수준을 확보하고, 웰빙을 위한 사회적 인프라를 구축해 유형적 필요조건을 충족

사회발전지수란?
국가경쟁력에서 한 걸음 더 나아가, 사회적 발전척도(Social Progress Imperatives, SPI)라는 넓은 관점에서 파악한 국가별 평가기준이다. 2009년 WEF 다보스 포럼에서 국가경생력 지수(GCI)를 확장한 사회발전지수에 대한 아이디어가 도출되어 2012년 미국에서 출범한다. 록펠러 재단이 후원하고 1980년대 경쟁전략으로 유명해진 하버드 대학의 마이클 포터 교수가 주도해 2013년부터 국가별로 SPI 평가 결과를 공개하고 있다.

시키며, 나아가 자유와 권리, 다양성, 고등교육, 개방성이라는 무형적 충분조건을 충족시켜야 바람직한 사회로 지속 가능할 수 있다는 관점이다.

사회발전과 1인당 GDP의 관계

SPI에서 주목할 점은 1인당 GDP와 사회발전 척도가 비례하지 않는다는 점이다. 소득이 낮은 상태에서 경제력이 상승하면 사회발전이 급격히 이루어지지만, 1인당 GDP 2만 달러를 넘어서면 경제력 상승과 사회발전과의 상관성은 감소한다. 즉 빈곤한 상태에서 경제적 여유가 생기면 영양공급, 공중위생과 보건, 전기보급, 교통사고와 범죄율이 하락하면서 기본적인 생활여건이 급격히 개선된다. 교육기회 확대, 통신망 보급, 평균수명 증가 등 전반적인 삶의 질 향상을 위한 하드웨어가 마련된다. 그러나 1인당 GDP 2만 달러 이상에서는 경제력보다 넓은 개념에서 자유와 권리의식, 법치의 확립, 종교의 자유, 다양성과 개방성, 고등교육 수준 등 소프트웨어 요소들이 사회 내부적으로 형성되어야 바람직한 사회로 발전한다. 사회발전에서 경제적 번영은 필요조건이고 비경제적 제도와 문화는 충분조건이라는 점을 나타낸다. 달리 말하면 국가경쟁력 확보를 통한 경제적 번영의 토대 위에 성숙한 선진사회로의 발전을 추구하는 것이 현실적인 국가 발전의 경로이다. 나라별로는 스위스, 핀란드, 네덜란드, 노르웨이, 덴마크 등 유럽의 강소국들이 수위권을 형성하고, G7 국가들 중에서는 캐나다, 영국이 10위권 이내, 일본, 독일, 프랑스, 미국이 20위권 이내이다.

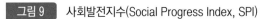

그림 9 사회발전지수(Social Progress Index, SPI)

| 그림 10 | 2016 세계 사회발전지수(SPI) 현황 |

세계 133개국 대상. 53개 지표를 토대로 국가발전정도를 순위로 매김

(▨ :집계 미완료)

높음 ◀━━━━━▶ 낮음

순위		국가	SPI점수
①	🇫🇮	핀란드	90.09
②	🇨🇦	캐나다	89.49
③	🇨🇭	스위스	88.87
⑨	🇬🇧	영국	88.58
⑭	🇯🇵	일본	86.54
⑲	🇺🇸	미국	84.62
㉖	🇰🇷	한국	80.92
㉘	🇨🇳	중국	62.10

한국
80.92점
(26위)

SPI: 사회발전지수(Social Progress Imperative) 100점 만점

SPI지수 2016년도 평가에 따르면 우리나라는 133개국 중 26위로, WEF의 국가 경쟁력 평가 26위와 공교롭게 동일하다. 소득이 일정 수준에 이르렀기에 기초생활 조건은 확보되었고 삶의 질 향상을 위한 인프라도 확립되었으나, 환경의 질적 요소에서 낮은 평가를 받았다. 사회의 소프트웨어에 해당하는 개인의 기본권, 자유와 책임, 내부 갈등을 흡수하고 해결하는 능력 또한 미흡해 안정성과 통합성에서도 평가가 낮다.

10 1-3-5비전의 추진방향

20세기의 혁신적 추격에서 21세기의 창조적 혁신으로 전환해야

1960년대부터 산업화가 본격적으로 진행된 우리나라의 경우, 저개발 빈곤국이라는 후발 주자의 입장에서 국가 주도 형태로 선발주자인 선진국을 보고 배우고 따라가는 방식이었다. 1990년대 후반에 정보화 혁명의 기회와 IMF구제금융이라는 초유의 위기를 동시에 맞았으나 국내 대표기업들은 글로벌 리더로서 올라서는 전환점으로 활용하였다. 자동차, 반도체, 스마트폰 분야에서 글로벌 경쟁력을 확보하는 가운데 화장품, 라면, 빵, 과자, 치킨을 비롯한 전통적 내수산업부터 온라인 게임과 싸이의 강남스타일이 상징하는 K-pop 등 소프트 분야까지 글로벌 시장진출이 가속화되고 있다. 하지만 우리나라 산업에서 기존의 성공방식이었던 후발주자가 선발주자를 따라잡는 캐치업Catch up 전략은 한계에 직면하고 있다. 우리나라의 많은 기업들이 선두권으로 올라선 데다 선진기업들도 산업경계의 종말이 가져오는 도전에 직면해 있기는 마찬가지이기 때문이다. 우리나라 기업들이 선진국의 글로벌 초일류 기업에서 배울 부분은 아직 많이 남아있지만 자체적으로 미래의 흐름을 이해하고 사업방향을 설정하고 운영하는 능력의 확보가 중요해지고 있는 상황이다.

포춘 500대 기업에 우리나라 기업으로는 삼성전자13위, 현대자동차84위, 포스코173위, LG전자180위, 현대중공업 237위, 한화 277위, SK홀딩스294위, 롯데쇼핑414위 등 15개가 포함되어 국가별 순위로 7위이다. 우리나라와 GDP가 비슷한 스페인9개, 호주8개에 비하면 두 배에 가까운 숫자로 국가경쟁력 평가 26위임을 감안하면 우리나라 대기업들이 글로벌 시장에서 선전하고 있는 결과이다. 이는 다른 각도에서 생각하면 국가경쟁력을 높인다면 포춘 500대 기업에 포함되는 국내 대기업의 숫자가 늘어남은 물론 우리나라에도 글로벌 경쟁력을 갖춘 중견기업인 히든 챔피언들이 더욱 많아질 것이다.

20세기 후반 산업화 시대에 우리나라는 혁신적 추격Innovative Catch-up을 통해 경제발전을 이루었다. 디지털, 소프트, 융합, 플랫폼이라는 패러다임 전환의 21세기에 한국경제 1-3-5비전을 추진하는 성공전략은 창조적 혁신Creative Innovation이다. 이를 위해 축적된 사회경제적 역량을 결집시키고 발휘할 수 있는 자유와 창의, 시장경제 원칙에 입각한 사회경제적 제도개선을 통해 국가와 기업의 경쟁력을 높이고 개인적 삶의 질도 향상시키는 전망과 노력이 필요하다.

글로벌 경제시대 우리의 미래, 스마트한 제조업과 글로벌한 서비스업

20세기 후반 산업계의 두 가지 큰 흐름은 국경의 종말과 경계의 종말이다. 1989년 소련이 붕괴한 이후 세계시장은 단일 시장으로 재편되었고, 디지털 혁명으로 산업 간 경계가 희미해지고 경계선에서 새로운 산업들이 출현하고 있다. 지난 산업화 시대에 변화에 적절히 대응하여 글로벌 시장에서 위상을 확보한 우리나라 기업들이 21세기 글로벌 초일류로 도약하려면, 융합, 플랫폼, 디지털, 소프트의 관점에서 사업모델을 혁신해야 한다. 글로벌 시장에서 융합-디지털 혁명의 새로운 지평이 열리는 시점에서 우리나라 기업들은 이를 선도하는 사업모델로 전환해 적극적으로 대응해야 미래를 열어갈 수 있다. '산업화는 늦었지만 정보화는 앞서가자'라는 과거의 슬로건을 '정보화에 앞서간 만큼 융합-디지털을 선도하자'로 업그레이드해서 21세기 글로벌 시장의 초일류 기업으로 도약해야 한다. 기본 방향은 플랫폼 사업모델을 기초로 한 제조업의 스마트화와 서비스업의 글로벌화이다.

소프트 경쟁력
20세기 산업사회 경쟁력의 원천은 토지, 설비, 자금 등 하드웨어에 기반했다면 21세기 정보혁명의 시대 경쟁력의 원천은 기술, 특허, 문화, 디자인, 감성 등 소프트웨어적 요소이다. 소프트 관점의 사업모델 혁신은 미래 경쟁력의 원천인 무형자산의 확충과 강화를 의미한다.

제조업을 스마트화하려면 제품과 제조방식이라는 두 가지 접근이 모두 필요하다. 먼저 제품 차원에서 살펴보면, 앞으로는 일상생활에서 사용하는 모든 제품이 스마트 기기로 변모할 것이다. 과거에는 독립적으로 기능하던 냉장고, 세탁기, TV 등 가전제품들이 지능형 스마트 제품으로 진화하면서 네트워크를 통해 데이터를 공유하고 스마트폰으로 제어하는 방식이다.

제조방식의 스마트화는 '스마트 팩토리'를 의미한다. 제조업의 생산방식 차원에서 살펴보면, 20세기 초반 헨리 포드가 시카고의 한 도축장에서 아이디어를 얻어 자동차 생산에 컨베이어 벨트 시스템을 적용하면서 프로세스의 개념이 도입되어 제조 원가를 획기적으로 낮추었고, 1980년대부터 정보혁명으로 IT기술이 프로세스에 접목되면서 제조비용이 큰 폭으로 하락했다. 앞으로는 센서와 로봇, 사물인터넷과 빅데이터를 활용한 스마트 공장이 제조 원가 구조를 완전히 바꾸게 될 것이다.

서비스업의 글로벌화는 제품과 서비스의 융합으로, 글로벌 시장에 새로운 고객가치를 제안하고 사업을 확장하는 것이다. 민간항공기용 제트엔진, 대형트럭, 대형화물선에 센서를 장착하여 출고 후 가동시점 이후 데이터를 수집하고 분석하여 운영효율성을 높여주면서 시장을 창출하는 융합서비스는 냉장고, 반려동물 사료 등 제조업과 유통업 전반으로 확산되고 있다.

글로벌 서비스 시장의 대응은 교육, 의료 등 인프라 서비스 사업을 내수용에서

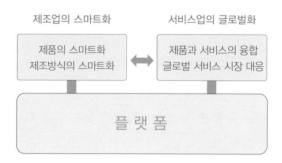

그림 11　글로벌 경제시대, 우리의 미래

제조업의 스마트화　　　　　서비스업의 글로벌화

제품의 스마트화
제조방식의 스마트화　⟷　제품과 서비스의 융합
글로벌 서비스 시장 대응

플 랫 폼

글로벌 산업으로 전환하는 것이다. 우리나라의 가요, 영화, 드라마, 음식, 게임 등 소프트 산업이 글로벌 시장에서 좋은 반응을 얻고 있듯이, 글로벌 경쟁력을 확보할 수 있는 영역에 대해 제도적인 기반을 정비하고 육성하는 방향이다. 우리나라 의료산업은 인구, 소득, 인력, 역량 등 의료산업 발전의 기본 여건을 확보하고 있다. 소득이 높아도 인구가 적으면 의료 산업 발달에 한계가 있고 인구가 많아도 소득이 적으면 당장 먹고 살기 급급해 의료 산업도 낮은 수준에 머무르게 마련이다. 그러나 지난 수십 년간 우수한 인력 자원들이 의대, 약대, 간호대 등에 진학함으로써 풍부한 전문 인력이 육성되었고, 5,000만 명의 인구와 1인당 국민소득 3만 달러라는 조건에서 글로벌 경쟁력을 확보했다. 최근 의료비 지출이 급속하게 증가하는 중국이라는 거대 시장에 인접해 있으면서 의료가 정보기술IT과 결합해 융합 산업으로 재편되고 있는 상황에서, 우리나라는 스마트폰과 통신장비 등 IT 분야에서 이미 글로벌 경쟁력을 보유하고 있다. 의료서비스가 글로벌 산업의 관점에서 국내 제도를 개선하고 글로벌 시장 진출이 본격적으로 시작되면 국가 차원에서 신성장 동력을 확보하고 청년실업 문제도 해결할 만한 잠재력이 있다.

시장경제, 최소한의 기초 상식 10가지

시장경제, 최소한의 기초 상식 10가지[1]

시장경제 이해하기. 가장 현실적이면서도 가장 어렵게 느껴지는 실용학문인 경제학 세계로 들어가는 지름길이다. 시장경제를 구성하는 가계, 기업, 정부, 외국 등 경제 주체가 어떻게 서로 순환하며 경제 활동을 하는지 알아보자. 시장경제의 사용설명서라 할 수 있는 애덤 스미스의 『국부론』, 수요와 공급의 법칙, 글로벌 경쟁력의 원천인 비교우위와 경쟁우위까지 훑어보고 나면, 어느새 자유 시장경제의 거대한 흐름을 한눈에 파악하게 될 것이다.

#시장경제 #경제주체 #가계 기업 정부 외국 #국부론 #보이지 않는 손 #토지 노동 자본 기업 #사유재산 #수요와 공급의 법칙 #비교우위와 경쟁우위 #시장개혁 #시장은 오늘도 돌고 내일도 돈다 #일한 만큼 벌고 일한 만큼 쓰는 똑똑한 시장경제

01 시장경제는 살아 움직이는 거대한 시스템이다

시장, 시장경제란 무엇일까?

시장은 우리의 일상에 있어 없어서는 안 될 매우 중요한 요소이다. 시장이 없는 일상은 쉽게 그려지지 않는다. 그러나 막상 시장을 정의하려고 하면 쉽지 않다는 것을 곧 깨닫게 된다. 오늘날 시장은 매우 다양한 형태로 존재하고 또 서로 중첩되어 있어, 한마디로 정의 내리기 어렵다. '시장'을 그토록 자주 접하고 많이 입에 올리지만 막상 실제로 시장 자체와 그 본질에 대한 연구는 흔치 않기 때문이다.

시장이라는 단어는 가장 먼저 재래시장, 백화점, 마트 등 상품이 거래되는 장소를 떠올리게 한다. 매일 아침 남대문시장에서는 활발히 거래가 이루어지지만, 그런 거래가 가능하려면 누군가 상품을 생산해야 한다. 또한 생산된 상품은 시장까지 배달되어야 한다. 상품은 특정 장소에서만 거래되는 것이 아니다. 우리나라에서 만

---

1) 본 원고는 「자유와 창의교육원」에서 개발한 교육자료 「시장경제 펀더멘탈 10가지」에 기초하고 있음을 밝혀둔다.

든 삼성전자의 스마트폰은 세계 여러 나라로 수출되어 판매되고, 중동에서 생산된 원유는 단 하루도 수입되지 않는 날이 없다. 인터넷을 통해 거래되는 상품의 수량도 나날이 더 빠르게 증가하고 있다. 주식거래도 남대문시장의 상거래와 마찬가지다. 누군가 보이지 않는 곳에서 기업의 수익성과 장래성을 분석해 투자의 기초가 되는 정보를 생산해야 한다. 이처럼 시장이란 좁은 특정 공간에 한정되는 개념이 아니다.

시장을 정의할 때 장소만이 문제가 아니다. 시간도 복잡하게 얽혀 있다. 시간이 중요한 거래는 자산시장에서 일어난다. 채권이나 주식을 매입하는 경우 수익은 미래에 발생하게 되어 있다. 따라서 미래에 대한 예상, 곧 기대가 중요하다. 많은 시장거래는 계약이라는 형태로 나타난다. 계약 또한 늘 미래에 완료된다. 따라서 시장 거래에서 현재와 미래를 분리해 생각할 수 없다. 면접을 보고 연봉 계약서를 작성하는 등 노동계약에서 임금을 정하면 역시 그 지급은 미래에 일어난다. 수출 계

Point 경제학

시장경제의 중요한 특징

- 분업(分業, division of labor): 분업이란 각 노동자가 일정한 작업에 종사하여 그 노동에만 전문화하는 일로 정의할 수 있으며 사회적 분업과 기술적 분업, 두 가지로 나누어진다.
  사회적 분업은 하나의 생산부문이 개인 또는 개인집단에 의하여 전담되는 것으로, 남녀가 각자 자신에 적합한 생산을 담당하는 성적(性的) 분업이라든가, 원료의 산지나 상품시장 부근에서 일정한 생산이 집중적으로 행하여지는 지역적 분업 등이다.
  기술적 분업은 일생산(一生産)을 여러 과정으로 분할하여 각 과정을 별개인 또는 별개인의 집단이 분담하는 경우이며, 이것은 결국 여러 과정을 결합하는 협업이 뒤따르게 된다.
- 특화(特化, specialization): 한 나라의 어떤 산업 또는 수출상품이 상대적으로 큰 비중을 차지하는 상태, 또는 그 부분에서 전문화하는 것을 말한다. 특화가 행하여지는 것은 생산효율을 높이고 보다 싼 비용으로 생산을 할 수 있도록 하기 때문이다.
- 분권화(分權化, decentralization): 분권화는 의사결정 권한의 위임을 통해 이루어지며 조직 환경의 변화에 신속하게 적응할 필요가 있을 때, 이루어진다. 분권화의 장점은 환경변화에 신속하게 대응할 수 있고, 각 업무에 창의성을 발휘할 수 있으며 그 결과 구성원의 사기가 진작되고 동기부여가 가능하다. 분권화와 반대되는 개념으로는 통제력을 집중시키는 것을 의미하는 집중화(centralization)가 있다.

애덤 스미스

애덤 스미스(Adam Smith)는 경제와 사회 시스템을 서로 연결되어 있는 거대한 기계로 비유했다. 영국의 정치 경제학자이자 철학자로, 고전 경제학을 창시했으며 근대경제학, 마르크스 경제학의 출발점이 된 『국부론』을 썼다.

그는 일상생활 속 계약이나 규칙 등 형식적인 정의만 지킨다면, 사회는 각 개인의 자유로운 행위를 통해 조화롭게 유지된다고 보았다. 이러한 개인이 자연스럽게 만들어내는 질서는 『국부론』의 세계로 고스란히 이어진다.

약도 마찬가지다. 제품 인도와 대금 결제는 미래에 완료된다. 미래를 예측하고 고려해 계약해야 하는 거래들이다.

시장경제의 가장 중요한 특징은 '분업', '특화' 그리고 '분권화'이다. 분업은 애덤 스미스Adam Smith가 『국부론』에서 핀 공장을 예로 들어 설명했듯, 노동생산성을 향상시키는 무척 중요한 방식이다. 현대의 생산은 매우 특화되어 있다. 누군가는 빵만을, 누군가는 구두만을, 또 다른 누군가는 모자만을 생산한다. 이때 생산자들이 생산하는 재화는 스스로 소비하기 위한 것이 아니다. 단 한 번도 만난 적 없는 시장의 누군가를 위해 생산한다. 곧 시장생산이다.

시장생산은 분권화된 의사결정을 통해 이루어진다. 오늘 시장에 공급되는 빵과 구두와 옷을 생각해 보자. 각 생산자들은 팔릴 것이라 예상하는 만큼 만든다. 시장 참가자들이 구매를 원한다고 짐작되는 만큼만 생산해 공급한다. 누구도 생산자에게 생산량과 공급량을 강요하지 않는다. 소비자는 시장에 공급되는 재화와 서비스 가운데 본인의 만족을 극대화할 수 있는 방식으로 구매량을 결정한다. 역시 누구도 소비자에게 특정 재화와 서비스를 얼마나 소비할지 강요하지 않는다. 이처럼 시장경제에서 생산과 소비는 각 경제주체가 독립적으로 분권화된 방식으로 결정한다. 과거 전통 사회에서는 조상의 방식대로 생산하고 소비했고, 공산주의 사회에서는 당이 지시하는 대로 생산하고 소비한다. 그러나 자유 시장경제에서는 누구의 지시도 없이 다양하고 분권화된 방식으로 생산과 소비가 이루어진다.

시장경제를 움직이는 동력 "인센티브"

그렇다면 이 분권화된 시장경제를 움직이는 동력은 무엇일까? '인센티브'이다. 다시 말해 시장경제는 유인경제이다. 생산자는 지시가 없어도 이윤의 기회를 포착해 생산할 제품과 생산량을 결정한다. 소비자가 선택하는 재화는 스스로의 만족_{효용}을 극대화하기 위한 것이다. 오늘 점심에 먹은 자장면은 중국 음식점 주인이 이윤을 위해 생산했다. 자장면을 소비한 고객은 만족을 얻는다. 택시기사는 궁극적으로 택시 요금 때문에 고객을 태우지만, 목적지에 무사히 도착한 고객은 역시 만족을 얻는다. 이처럼 시장에서 모든 거래와 선택은 인센티브, 곧 유인에 의해 결정된다. 시장 참여자들이 각각 인센티브를 좇아 의사를 결정하면 사회적으로 최선의 결과가 나타난다. 그것이 시장경제다.

시장경제는 특화되고 분권화된 거대한 기계 같은 순환 시스템이다. 시장경제는 누구의 지시에 의하지 않고 순환 시스템을 통해 무엇을, 어떻게, 누구를 위해 생산할지 결정한다. 애덤 스미스가 말한 '보이지 않는 손'이 작용하는 순간이다. 심지어 현대 자본주의 경제는 성장_{소득 증가}, 고용, 물가, 국제수지 안정, 기회 형평성까지도 시장경제의 순환 시스템을 통해 추구한다. 시장경제의 궁극적인 목표는 시장 참가자의 삶의 질 향상, 즉 개인의 자유와 행복이다.

경제적 유인(incentive)
사람들은 여러 가지 것들 중 선택을 할 때 최소의 비용으로 최대의 만족을 주는 선택을 한다. 이때 사람들은 선택에 따른 이득과 비용을 비교하여 의사결정을 하기 때문에 경제적 유인에 반응을 한다. 경제적 유인이란 사람들이 행동하도록 만드는 그 무엇으로 시장경제의 기본적인 원리 중 하나이다.

인간개발지수
삶의 질 향상을 드러내는 지표로 UN이 개발한 인간개발지수(human development index, HDI)가 있다. 1인당 소득, 교육, 평균수명을 기초로 만든 삶의 질을 국가별로 측정하는 지수이다. 삶의 질이란 얼마나 잘살고, 얼마나 많이 알고, 얼마나 건강하게 사느냐에 따라 결정된다는 사실을 보여 주는 듯하다.

시장참가자와 시장의 유형

시장경제는 이처럼 국내거래뿐만 아니라 해외거래까지 모두 포함한다. 슈퍼컴퓨터와 같은 순환 시스템인 셈이다. 애덤 스미스의 비유처럼, 쉴 새 없이 자동으로 움직이는 거대한 기계 같기도 하다.

시장경제라는 이름표를 단 이 거대하고 영리한 순환 시스템은 여러 얼굴을 가진다. 다양한 형태의 시장과 그만큼 수많은 형태로 거래하는 다양한 유형의 경제주체들이 시장경제를 구성하고 있는 것이다. 가계, 기업, 정부, 외국. 시장경제에 참가하는 그 경제주체들의 이름은 이렇게 크게 4개로 나뉜다.

▮ 시장참가자, 가계 · 기업 · 정부 · 외국

가계는 생산요소인 노동과 자본을 소유한 경제 단위이다. 평범한 가정의 모습을 떠올려 보자. 부모와 자녀 모두 집안일이든 공부든 회사에서든 일, 즉 노동을 한다. 그 노동으로 벌어들인 돈, 소득을 저축하거나 소비한다. 그렇게 시장경제는 돌고 돌아간다. 가장 작은 단위의 생산요소인 가계는 이처럼 생산요소 시장에서 노동과 자본을 공급하고, 그 대가로 노동소득과 자본소득 곧 '요소소득'을 얻는다.

가계는 기업을 소유하지만 원칙적으로 소유와 경영은 분리되어 있다. 따라서 가계는 기업의 경영에는 관여하지 않고 기업이 벌어들인 이윤을 배당소득의 형태로 분배받는다. 현실에서는 대부분 기업이 자본을 소유하고, 기업은 다시 가계가 소유한다. A기업은 거대 자본을 지니고 있지만 A기업의 소유주는 가계인 것이다. 따라서 가계는 기업으로부터 자본에 대한 수익인 자본소득과 이윤을 '소유주로서' 배분받는 것이다.

그러나 가계가 자본을 최종적으로 갖는 소유주라 해도, 실제 소유하고 더 활발히 운용하는 경제주체는 기업이다. 따라서 기업은 자본소득을 따로 구분해 가계에 지급하는 것이 아니라, 이윤과 자본소득을 합해 '배당소득'의 형태로 지급하는 것이다.

가계는 요소소득과 배당소득의 합으로 나타나는 총소득 가운데 일부를 정부에 납부한다. 세금, 즉 조세이다. 그런 다음, 나머지 세후소득 또는 가처분소득을 자유로이 소비하는 형태로 지출하거나, 미래의 소비와 지출을 위해 저축하는 방법을 선택하기도 한다.

기업은 가장 활발하고 크게 생산활동을 하는 경제 단위이다. 기업은 생산요소시장에서 '노동'을 고용해 스스로 이미 갖고 있는 기계 설비, 즉 '자본'과 결합해 어떤 결과물을 생산해 낸다. 그 노동을 사용하고 노동자를 고용한 대가로 자본을 사용해

요소소득
생산활동에 참여한 개개의 생산요소에 지불된 소득과 기업가의 이윤

배당소득
주식 및 출자금에 대한 이익의 분배로 지급받아 발생하는 소득으로, 소득세법에 따라 과세되는 종합소득의 한 종류

가처분소득
개인소득 가운데 소비 또는 저축을 자유롭게 할 수 있는 소득이다. 다시 말하면 개인소득에서 일체의 개인세를 뺀 나머지

임금을 지급한다. 이윤이 발생하면 자본소득과 함께 가계에 배당으로 지급한다.

한편 기업은 이렇게 생산한 재화와 서비스를 다시 노동을 샀던 경제 요소인 가계에, 재화와 자본의 교환 의사가 있는 또 다른 기업에, 재화와 서비스를 필요로 하는 정부에, 심지어 해외시장인 외국에 판매한다. 이렇게 판매된 재화와 서비스는 또다시 가계와 정부의 소비 및 지출에 사용되고, 기계와 설비나 새로운 서비스를 개발해야 하는 기업의 투자와 소비에 사용된다. 물론 수출되어 외국의 투자와 소비에 사용되기도 한다. 돌고 도는 순환 시스템인 시장경제는 이렇듯 끝없는 자본과 생산과 교환이 만나는 장이다.

정부라는 경제 요소는 시장경제에서 그 성격이 조금 독특하다. 경제학에서는 이러한 정부의 성격을 두고 시장경제의 '외생적인' 존재라고 표현한다. 문자 그대로, 다른 경제 주체로부터 독립적이라는 뜻이다.

외생적 vs. 내생적
어떤 현상이 발생했을 때, 한 경제 시스템 안에서 발생한 경우에는 내생적이라 하고 시스템 밖에서 결정되었다면 외생적이라고 한다.

시장경제에서 정부는 당당하고 상대적으로 자유롭다. 스스로 판단하고 결정할 때 자유를 얻듯, 정부의 의사결정은 가계나 기업의 의사결정 또 시장경제의 순환시스템과 조금 떨어져 독립적으로 이루어지기 때문이다. 정부는 다른 경제 요소와는 달리 스스로 마련한 운용 기준에 따라 소비 지

일상다반사 경제학

우리나라의 기업 수

기업의 경영은 기업가가 맡는다. 현대 경제에서 기업가는 혁신을 통해 경제성장을 이끄는 주역이다. 이때 기업의 소유주인 자본가와 기업가는 분리해서 고려해야 한다. 그런데 많은 기업의 소유주가 경영까지 담당하곤 한다. 그런 경우에도 자본가로서의 역할과 기업가로서의 역할을 분리해서 고려할 필요가 있다.

2014년 기준 우리 경제에는 약 381만 개의 기업이 존재하고, 기업에 종사하고 있는 인원은 약 1,990만 명이다. 이 가운데 3,456개 기업이 종업원 300인 이상의 대기업으로, 종사자 수는 약 272만 명이고 나머지 기업은 종업원 300인 미만의 중소기업으로, 종사자 수는 1,718만 명이었다. 2016년 대기업 집단의 수는 65개로 1,736개 기업이 속해 있으며 자산총액은 2,337조 원이다.

출을 결정한다. 조세 수입은 의회를 통과한 법률에 따라 결정된다. 물론 정부가 경제 상황을 완전히 무시하며 늘 멋대로, 독단적으로 의사결정을 하고 집행한다는 의미는 아니다. 모든 자유와 독립에는 책임과 대가가 따르는 법이다. 정부는 경제 상황이 좋지 않을 때 지갑을 열어 정부지출^{구매}을 늘린다. 시장에 돈을 푸는 것이다. 반대의 경우에는 물론 지갑을 닫아 정부 지출을 줄일 수 있다. 마찬가지로 이 같은 의사결정은 근본적으로 정부의 독립적인 판단에 따른다. 정부가 주머니가 가볍다고 느낄 때, 즉 거두어들인 조세가 정부지출보다 적을 때면, 정부공채를 발행해 시장에서 빚을 내 쓰기도 한다. 이렇게 축적된 빚이 정부부채이다.

외국은 우리나라와 세 가지 교류를 한다. 첫째, 재화와 서비스를 무역을 통해 거래한다. 그러나 수입과 수출이 항상 같을 수는 없다. 때로는 수출보다는 수입을 많이 할 수 있고^{무역수지 적자} 반대로 수입보다는 수출을 많이 할 수도^{무역수지 흑자} 있다. 수출에서 수입을 뺀 것을 무역수지흑자 또는 순수출이라고 하며, 수출과 수입을 합해 국내총생산의 비율로 나타낸 것을 대외의존도라고 한다.

외국과의 무역에 대해 다음 사실에 주목해야 한다.

대외의존도
대외의존도=[(수출+수입)/총소득)]×100

① 대외의존도가 높다는 것은 해외 부문의 충격에 대한 노출 정도가 높다는 뜻이다. 해외에서 전파되는 여러 위기에 취약하다는 의미이다. 다른 면으로는 해외로부터의 경쟁을 높임으로써 국가경쟁력을 향상시킬 여지가 크다는 사실을 의미하기도 한다.

일상다반사 경제학

우리나라의 수출, 무역흑자, 대외의존도 현황

2015년 수출은 미화로 6,336.5억 달러였고 이는 국내총생산의 46%에 해당한다. 같은 해 수입은 5,372.3억 달러로 이는 국내총생산의 39%이었다. 2015년 무역흑자는 964.2억 달러였다.
2015년 기준 우리나라의 대외의존도는 85%로 세계적으로도 높은 편에 속한다. 참고로 2014년 기준, 홍콩(349.9%), 싱가폴(252.0%), 네덜란드(124.5%), 대만(111.0%), 폴란드(80.5%), 독일(70.7%) 등은 대외의존도가 높은 편이고 미국(23.2%), 일본(32.6%), 호주(32.9%), 영국(38.8%), 중국(41.6%) 등은 낮은 편이다.

② 수출에 비해 수입은 무조건 나쁘다는 인식은 옳지 않다. 2015년 우리나라의 경우 수입 가운데 51.5%는 원유를 비롯한 원자재, 33.3%는 기계류를 포함한 자본재, 나머지 15.2%가 소비재였다. 즉 수입 가운데 84.8%는 우리 경제에 필수적인 재화였다. 우리가 수출하는 이유는 수입을 위한 것이라는 말도 된다. 수입이 수출에 비해 중요하지 않다는 인식은 잘못된 것이다.

둘째, 외국은 우리나라와 자본 거래를 한다. 우리나라의 투자 수익률이 높으면 외국의 자본이 우리나라로 유입되고 반대의 경우 우리나라의 자본이 외국으로 유출된다. 자본유입이 유출보다 많으면 그 차이는 자본수지 흑자로 나타난다.

셋째, 외국은 우리나라와 인력을 교류한다. 우리나라의 노동자들이 외국에 나가 일을 하여 소득을 얻을 수도 있고 외국인이 우리나라에 들어와 소득을 벌 수 있다. 물론 인력의 국가 간 이동은 각국의 이민법 때문에 재화나 자본의 거래만큼 자유롭진 못하다. 우리나라 노동자가 외국에서 벌어들인 금액보다 외국인 노동자가 우리나라에서 외국으로 송금한 금액이 크면 소득수지 적자로 나타난다.

시장의 종류, 재화·생산요소·금융

시장경제에는 크게 재화시장, 생산요소시장, 금융시장 등 세 개의 시장이 존재한다. 재화시장은 기업이 생산한 재화와 서비스가 거래되는 시장이다. 재화시장의 균형에 의해 생산량과 상품 및 서비스의 가격이 결정된다. 생산요소시장은 기업의 생산활동에 투입되는 노동과 자본 등 생산요소가 거래되는 시장이다. 생산요소시장에서 각각의 생산요소의 고용량과 노동의 가격인 임금 및 자본의 임대가격 등이 결정된다. 금융시장은 국내 화폐가 거래되는 화폐시장, 외국 화폐가 거래되는 외환시장, 주식이나 채권 등 자산이 거래되는 여러 형태의 자산시장으로 구성된다. 화폐시장에서는 이자율이 결정되고, 외환시장에서는 자국 화폐와 외국 화폐의 교환 비율인 환율이 결정된다.

정리하자면, 가계, 기업, 정부, 외국 등 경제주체들이 참가하는 시장은 크게 재화시장, 생산요소시장, 금융시장으로 분류할 수 있다. 금융시장은 다시 화폐시장, 외환시장, 자산시장으로 나뉜다.

시장경제의 순환

시장경제의 순환은 경제주체가 각각의 시장을 통해 서로 거래하는 과정으로 모형화할 수 있다.

[그림 1]에는 세 가지 시장이 사각형으로 표시되어 있다. 네 부류의 경제주체들은 원으로 나타나 있다. [그림 1]의 바깥 흐름 윗부분부터 보자. 가계는 생산요소시장에 생산요소를 공급하고 기업은 같은 시장에서 생산요소를 고용한다. 기업은 생산요소를 고용하는 대가로 요소비용을 지급하고 이는 가계의 요소소득이 된다.

다음으로 가계는 소비를 위한 재화를 구매하기 위해 요소소득을 소비지출로 재화시장에 지출하거나바깥쪽 원의 아래 부분, 저축해 금융시장에 자본을 공급한다가계로부터 금융시장으로의 방향. 이때 저축에 대해 이자 소득이 발생한다. 기업은 생산요소를 고용하고 생산기술과 결합해 재화를 생산한 다음 재화시장에 공급하고 그 대가로 판매수입을 얻는다. 기업은 판매수입 가운데 일부를 생산요소에 대한 요소비용, 정부에 조세로 지불하고 나머지는 이윤으로 가계에 배당 지급한다. 한편 기업은 금

그림 1   시장경제의 순환

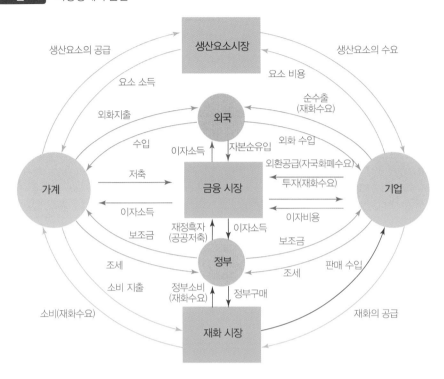

융시장에서 자금을 빌려 생산 설비 등에 투자한다. 즉, 투자는 생산 요소의 하나인 자본생산설비나 공장시설을 증가시키기 위한 기업의 재화수요이다. 기업은 금융시장에서 차입한 자금에 대하여 이자 비용을 지급한다.

　기업부문에서 각 기업은 생산 활동을 위해 다른 기업으로부터 중간재를 사기도 하고 팔기도 한다. 가계부문에서 가계들은 다른 가계로부터 채권, 주식, 토지 등과 같은 자산을 사기도 하고 팔기도 한다. 이와 같은 기업부문과 가계부문 안에서의 거래는 실제 경제에 있어 중요한 역할을 한다. 그러나 그러한 거래들은 각각의 부문에서 매입과 매각의 대차를 합산하면 0이 되므로, [그림 1]에 나타나 있는 시장경제의 순환에는 보이지 않는다.

중간재
소비재나 생산재를 생산하는 과정에서 쓰이는 원료나 부속품과 같이 중간에 소요되는 재화를 말한다. 기업활동과 밀접하여 기업에 원가부담으로 작용하는 품목이라 할 수 있다.

절약의 역설(paradox of thrift)

거시경제 순환도는 여타 조건이 일정한 가운데, 가계부문의 저축이 증가할 때 국민소득이 감소하는 것을 보여 주고 있다. 이렇듯 저축이 국가 전체적(거시적)으로는 국민소득을 감축하는 바람직하지 못한 악덕이 되는 역설적 현상을 '절약의 역설'이라 한다.

저축은 보다 잘살기 위해 하는 것이다. 그러나 저축은 국민경제의 순환에서 '유출'이기 때문에 순환의 크기, 곧 소득을 감소시킨다. 따라서 보다 잘살기 위해 하는 저축이 오히려 소득을 감소시키는 역할을 하게 된다. 그러나 절약의 역설은 저축의 역할을 지나치게 단기적으로 보기 때문에 나타난다. 장기적으로 저축이 다시 투자로 연결되고 자본이 증가하면, 경제성장의 원동력이 된다. 장기적으로도 각종 규제 때문에 기업가정신이 저하되거나 투자에 대한 정부의 규제가 존재하는 경우, 저축이 투자로 연결되지 못하고 누출로 머무를 수도 있다.

한편, 금융시장으로 유입되는 저축은 생산요소에 대한 수요도 아니고 재화에 대한 수요도 아니다. 또한 소득은 소비되거나 저축되는 두 가지의 용도 가운데 하나로 사용되므로, 저축이 많아지면 소비를 위한 재화의 수요가 감소한다. 따라서 저축은 단기적으로 산출량을 감소시키는 효과를 갖는다. 이와 같이 단기적으로 소비 저축를 감소증가시키면 수요와 소득이 감소하기 때문에, 불황인 경우 과도한 소비를 자제하자는 주장은 합리적이라 할 수 없다. 다시 말해 저축이 늘어나면 [그림 1]의 가장 바깥쪽 원의 크기 곧 생산요소시장과 재화시장의 규모가 줄어든다. 이처럼 저축은 국민소득의 순환과정에서 빠져나가는 변수로서, 때로는 '누출'이라고 한다.

그러나 저축이 단기적으로 '누출'이기 때문에 경제적으로 해롭다는 의미는 아니다. 오히려 저축은 투자의 재원이 되므로, 장기적으로 경제의 자본량생산설비을 증가시켜 경제성장의 기초가 된다. 우리 경제의 성장에도 저축이 매우 중요한 역할을 했다. 다만 저축은 투자의 재원으로 사용되기 전까지는 재화에 대한 수요를 감소시키기 때문에, 단기적으로 '누출'이라고 표현하는 것이다.

투자는 금융시장에 있던 자금이 생산 설비와 같은 자본의 축적에 새로이 사용됨을 의미한다. 이처럼 생산 설비를 설치하기 위해 기업이 자금을 이용한다는 것은, 재화를 그만큼 새로이 구매한다는 사실을 의미한다. 이렇듯 투자는 재화에 대한 수요를 증가시키므로 [그림 1]의 가장 바깥쪽 원, 곧 재화시장과 생산요소시장의 규모를 증대시킨다. 따라서 투자는 국민소득의 순환과정에 새로이 더해지는 변수로서, '유입'이라고 한다.

지금까지 살펴본 [그림 1]에 나타나 있는 세 가지의 시장에서, 두 경제주체인 가계와 기업이 유기적으로 연결되어 있다. 다시 말해 세 시장에 주어지는 충격은 경제주체들의 의사결정에 영향을 미치고, 가계나 기업과 같은 경제주체에 주어지는 충격은 시장균형에 영향을 미친다. 예를 들어 원유 가격이 상승하면 기업의 수익성이 악화하고, 생산요소의 고용과 재화 공급에 부정적인 영향을 미친다. 그렇게 다시 가계 소득을 감소시키고, 그에 따라 소비와 저축이 감소한다. 금융시장 또한 원유가격 상승의 부정적인 효과로부터 자유롭지 못하다. 따라서 시장경제의 연구는 필연적으로 모든 시장을 동시에 고려해야 한다. 경제학에서 모든 시장의 동시균형을 연구하는 분야를 '일반균형이론'이라고 한다. 이렇듯, 시장경제의 순환은 자동화된 거대한 기계의 전체 시스템과 같다.

정부는 가계와 기업으로부터 조세를 징수하고 재화시장에서 소비를 위해 재화를 구매한다. 그리고 재화 구매의 대가로 지출을 한다. 다시 말해 정부지출은 재화에 대한 구매를 증가시켜 재화시장과 생산요소시장, 곧 [그림 1]의 가장 바깥쪽 원의 규모를 크게 한다. 이는 정부지출이 투자와 유사한 역할을 한다는 사실을 보여준다. 따라서 정부지출은 국민소득의 순환에 있어 유입의 한 형태이다. 나아가 정부는 조세수입 가운데 일부를 가계나 기업에 소득 또는 투자 보조금으로 지급

Point 경제학

일반균형이론(Theory of General Equilibrium)

일반균형은 여러 여건(생산의 기술적 조건, 기호, 재화 및 생산요소의 부존량 등)이 주어져 있을 때 완전경쟁과 효용 및 이윤극대화원리가 작용한다는 가정 아래에서 가격을 포함한 모든 변수가 경제에 존재하는 모든 시장의 동시균형에 의하여 결정되는 것을 말한다. 일반균형이 달성되면 어떤 경제주체도 현재의 의사결정을 변경할 유인이 없게 되므로 다른 충격이 주어지지 않는 한 어떤 시장에서도 가격변화의 압력이 발생하지 않아 일정한 가격이 유지된다.

한다.

　물론 정부도 가계와 마찬가지로 예산의 제약을 받는다. 정부가 구매, 곧 지출을 증가시키려면 세 가지 방법으로 그 재원을 마련할 수 있다. 첫째, 정부는 가계로부터 세금을 거두어들일 수 있다. 세금은 법령에 의해 결정되므로 의회의 승인을 받아야 한다. 둘째, 만일 정부 지출이 조세수입을 초과하면 이를 정부의 재정적자라고 한다. 이 경우 정부는 금융시장에서 정부공채를 발행해 자금을 빌릴 수 있다. 반대로 정부의 조세수입이 지출을 초과하면 정부의 재정흑자라고 한다. 이 경우 정부저축 또는 공공저축이 증가하며, 이는 금융시장에서 자금의 공급으로 나타난다. 셋째, 정부재정이 적자일 때 조세 증가나 공채 발행이 여의치 못하면, 정부는 화폐를 발행해 재원을 마련하기도 한다. 정부재정 적자를 화폐 발행으로 보전하는 것을 "화폐화한다"고도 한다. 재정적자를 화폐화하면 극심한 인플레이션인 超인플레이션hyperinflation이 나타나기도 한다. 따라서 선진국에서는 중앙은행이 정부지출을 결정하는 재정당국과 독립되어 있다. 또 비상시국이 아닌 한 재정적자를 화폐를 발행해 보전하지 않는다.

　앞에서 설명한 바와 같이 우리나라는 외국과 재화와 서비스, 자본 및 인력의 세 가지 교역을 한다. 그러나 인력 교류에는 법적 제약이 따르므로, 여기서는 인력 교류를 제외하고 나머지 교역을 살펴보자.

　먼저 우리나라는 외국에 재화와 서비스를 수출하고 외국으로부터 재화와 서비스를 수입한다. 재화와 서비스의 교역이 일어나는 이유는 각국이 재화를 생산할 때

Point 경제학

초인플레이션 상태에 빠진 위기의 경제

초(超)인플레이션(hyperinflation)이란 인플레이션이 하루 1% 이상 발생하는 경우이다. 하루 1% 이상의 인플레이션이 발생하면 한 달에 물가가 35% 상승하고 일 년에 3,778% 상승한다. 초인플레이션은 정부가 화폐를 계속하여 발행하기 때문에 발생한다. 극심한 물가상승은 화폐의 사용을 어렵게 하고 극단적인 경우에는 경제가 물물교환으로 돌아간다.

자본순유입과 환율과의 관계

자본순유입이 +라면 국내 금융시장에서 외환 공급이 증가하고 자국 화폐와 외국 화폐의 교환비율인 환율이 하락한다. 반대로 자본순유입이 −라면 국내 금융시장에서 외환의 공급이 감소하고 환율이 상승한다.

다른 비용 조건을 지니기 때문이다. 즉 어떤 나라는 넓은 국토와 풍부한 자연자원을 보유한 반면, 다른 나라는 많은 인구 즉 풍부한 노동력을 자랑한다. 따라서 각 나라가 더 싼 가격에 생산할 수 있는 재화가 다르다. 이처럼 나라마다 생산비용에 있어 유리한 재화 생산에 '특화'가 이루어지기 때문에 국제무역이 일어난다.

수출과 수입의 차이를 '순수출net export'이라 한다. 순수출이 0보다 크면 외국 화폐인 외환이 자국 기업으로 유입된다. 자국 기업은 외환 수입을 금융시장에 내다 팔아 자국 화폐로 교환한다. 따라서 수출에 종사하는 국내기업은 외환시장에서 외환의 공급자 가운데 하나가 된다. 반대로 수입에 종사하는 국내기업은 외환시장에서 외환의 수요자 가운데 하나이다.

한편, 우리나라와 외국의 금융투자자들은 자국과 외국의 투자수익률을 비교해 만일 국내 투자수익률이 외국의 투자수익률보다 높으면 국내에 투자하고, 반대인 경우에는 외국으로 자금을 이동시켜 투자한다. 이때 외국에서 자국으로 유입되는 외환을 '자본유입'이라 하고 반대로 자국에서 외국으로 유출되는 외환을 '자본유출'이라 한다. 자본유입과 자본유출의 차이가 '자본순유입'이다.

이처럼 외국과 거래가 이루어지는 개방경제에서는 재화와 서비스 그리고 외환의 국가 간 이동이 일어난다. 재화시장의 일부로서 수출입시장이, 금융시장의 일부로서 외국 화폐의 매매가 일어나는 외환시장이 나타난다. 그런데 현재 세계는 나날이 국제화되고 교역의 장벽을 낮추는 추세를 따라가고 있다. 우리나라의 경우도 예외가 아니다.

지금까지 본 바와 같이 시장경제는 스스로 자원을 투입하여 상품을 만들어 내는

국민소득(국부)의 측정

한 나라의 총생산, 곧 국민소득(국부)을 측정하는 방법에는 네 가지가 존재한다.

① 생산접근방법: 기업부문이 일정 기간 동안 생산한 재화와 서비스의 시장가치로 총생산량을 구할 수 있다. 이때 부가가치의 개념을 이용하기도 한다. 즉, 한 생산자의 부가가치는 그 생산자의 산출물의 가치-다른 생산자로부터 구입해 생산과정에서 투입한 중간재의 가치이다. 그리고 국민소득은 모든 생산자의 부가가치의 합으로 구할 수 있다.

② 소득접근방법: 기업이 생산요소를 사용해 재화와 서비스를 생산하면 이는 다시 가계 소득으로 배분된다. 이처럼 한 경제의 모든 가계가 얻는 소득을 집계하면 한 경제의 총소득 또는 국민소득이 된다. 이는 곧 총생산과 동일하다. 이렇게 각각의 경제주체가 벌어들이는 소득을 합해 총생산량을 측정한다.

③ 소득사용처접근방법: 가계는 소득의 일부를 정부에 조세로 납부하고 나머지를 소비하거나 저축한다. 따라서 소비와 민간저축, 조세를 합하면 가계부문의 소득과 같다. 그리고 가계부문의 소득은 곧 총생산과 같으므로 총생산은 소비, 저축 그리고 조세의 합으로 구할 수 있다. 이렇게 총생산을 구할 수 있다.

④ 지출접근방법: 가계의 소비, 정부의 소비, 기업의 투자 그리고 순수출을 합하면 총생산과 같다. 그런데 이 네 가지의 목적에 재화를 사용하려면 각각의 해당 경제주체들은 재화와 서비스에 대한 대가를 지불해야 한다. 이를 지출이라고 한다. 따라서 가계 소비, 정부소비, 기업 투자, 순수출과 같은 지출의 합은 총생산과 같아야 한다.

자동화된 거대 시스템이다. 예를 들어 스위스 경제는 전체가 고성능 시계처럼 작동한다. 스위스의 경우 장관 7명이 돌아가면서 임기 1년간 대통령직을 수행하고 연임은 금지되어 있다. 대통령이 간여하지 않아도 스위스 시장경제는 시계처럼 잘 순환한다. 중요한 것은 순환 시스템이라는 점이다. 인간이 건강하기 위해서는 인체에 피가 잘 순환해야 하듯, 시장경제가 번성하기 위해서는 돈과 재화 그리고 서비스가 잘 순환해야 한다.

시장경제의 순환과 경제발전의 동력

시장경제의 순환은 모든 자본주의 시장경제에서 일어난다. 그러나 모든 자본주의 경제에서 1인당 소득이 서로 같지는 않다. 자본주의를 지향하면서도 짐바브웨나 아이티처럼 극도로 가난한 나라가 있는가 하면, 미국이나 스위스처럼 매우 부

GDP와 GNI

GDP(Gross Domestic Product, 국내총생산)는 한 나라 안에서 가계, 기업, 정부 등 경제 주체에 의해 일정 기간 생산된 모든 최종 재화와 서비스를 시장 가격으로 평가한 것을 말한다.

GNI(Gross National Income, 국민총소득)는 한 나라의 국민이 생산 활동에 참여한 대가로 받은 소득의 합계로서, 해외로부터 국민(거주자)이 받은 소득(국외수취 요소소득)은 포함되고 국내총생산 중에서 외국인에게 지급한 소득(국외지급 요소소득)은 제외된다.

유한 나라 또한 존재한다. 즉 높은 1인당 소득높은 생활수준은 시장경제의 순환이 존재한다고 해서 반드시 달성되는 것은 아니다. 지리적 위치나 문화적 특성에 의해서도 아니다. 소득 증가를 위해서는 국민소득의 순환 과정에서 생산요소를 업그레이드하고 기술을 혁신해, [그림 1]에 나타나 있는 순환의 크기를 키우는 것이 중요하다. 이를 위해 먼저 제도가 갖추어져 있어야 한다.[2] 가장 중요한 제도는 정치 안정성과 사유재산 보호이다. 법치와 계약의 보호도 중요하다. 나아가 경제할 의지를 고양하는 리더십 또한 필요하다. 이 같은 제도는 시장경제의 순환이 원활이 이루어지고, 혁신을 통해 그 크기가 증대되기 위해 필수적이다.

시장경제와 그 순환이 경제의 모든 문제를 원활히 해결하지는 못한다. 자본주의 경제에는 시장이 해결할 수 없는 문제도 많다. 소득불평등이 대표적이다. 소득불평등은 자본주의 경제의 순환에서 필수적인 인센티브와 밀접한 관계가 있다. 능력 있는 사람이 열심히 일하도록 하려면 그렇지 못한 사람보다 높은 임금을 지급해야만 한다. 즉 시장경제의 순환이 원활하게 이루어지려면 소득불평등의 문제를 피해 갈 수가 없다. 현재 우리 경제가 직면한 양극화 문제도 그런 측면에서 완전히 제거하기란 불가능하다. 그러나 과연 얼마만큼의 소득불평등이 시장경제의 원활한 순환을 위해 방치되어야 할까? 시장경제가 풀어야 하는 난제 가운데 난제라 하겠다.

---

2) Daron Acemoglu and James A. Robinson(2012), *Why Nations Fail*, New York: Crown Business.

순환을 방해한 대가

영국이나 미국과 같은 선진국과 비교할 때 우리나라는 비교적 짧은 기간에 효율적인 제도를 갖추게
되었다. 그러나 보통, 제도를 갖추는 데는 많은 시간과 노력이 소요된다. 때문에 인류 역사에서 하나
의 자동화된 거대 기계와 같은 시스템인 시장경제를 통해 높은 생활수준을 성취한 나라가 그리 많
지 않다. 여전히 많은 나라에서 시장경제의 순환이 제대로 이루어질 수 없도록 방해하는 제도와 관
행, 정부의 불필요한 개입이 성행하고 있다. 한때 시장경제의 순환이 원활이 이루어져 높은 소득을
성취하더라도, 순환을 방해하는 요인이 등장하면 경제가 순식간에 몰락하기도 한다는 사실에 주목
해야 한다. 1930년대까지 아르헨티나는 1인당 소득이 세계 10위 안에 드는 선진국이었다. 그러나
사회주의자들이 집권하면서 시장개입에 지나치게 나선 결과, 시장경제의 순환이 축소되고 생활수준
은 지금처럼 크게 추락하고 말았다.

왜 경제성장률 1% 등락에 목을 매는가?

우리나라 경제의 연간 생산량 증가율을 측정하는 국내총생산GDP, 정확하게 말
하면 실질 국내총생산 증가율이 경제성장률인데, 한 나라 경제가 이룩한 성과를 측
정하는 중요한 척도로서 경기 및 생산활동 동향을 나타내는 경제지표이다. 경제정
책의 수립이나 평가과정에서 매우 유용하게 활용된다. 경제가 성장하면 새로운 일
자리가 창출되고, 소득이 증대되는 등 국민의 후생이 증진되기 때문이다.

얼핏 생각하면, 한 나라의 경제성장률이 1% 높거나 낮은 것이 별로 큰 의미가
없는 듯 보일 수도 있다. 그렇지만 2015년도 우리나라의 국내
총소득은 약 1,589조원이었으니 경제성장률이 1%p만 높았다면
약16조 원의 명목소득이 증가하고, 그것은 연봉 1,500만 원 노동
자 11만명 가량의 일자리가 증가하며, 2015년 12월 말 취업자가
2,588만 명이었던 취업자 수가 0.4%p 증가할 수 있었다는 것을
뜻한다.

최근 5년 동안 우리나라 평균 경제성장률은 2.96%였다. 유
명한 '70의 법칙Rule of 70'에 의하면, 우리나라 경제가 앞으로 계

명목소득
측정할 당시의 화폐액으로
표시된 소득을 의미하며,
화폐소득이라고도 한다.

자본소득분배율
소득 중에서 자본소득이
차지하는 비율, 즉 '자본소
득분배율=자본소득/소득'
이다.

속 매년 3%로 성장하면 소득이 두 배로 증가하는 데 23년이 걸린다고 하니, 2015
년 일인당 소득 2만 7천 달러인 우리나라가 일인당 소득 5만 달러 시대에 진입하
는 것은 2040년이나 가능하다. 만약 경제성장률이 1%p만 높아져 4%만 되어도 일
인당 소득이 2배가 되는 기간은 17.5년이므로 5만 달러 시대에 진입을 2035년으로
앞당길 수 있다.

2014년까지 40년간 중국의 경제성장 속도가 평균 8.5%로 지난 1960년부터
2000년도까지 40년간 우리나라 경제성장률과 비슷하다. 만약 중국이 향후 30년간
6%로 성장하고, 한국은 3%로 성장한다면 반세기 이후 한국과 중국의 경제는 어떻
게 달라져 있을까?

70의 법칙에 의하면, 한국은 매 23년마다, 중국은 매 12년
마다 국민소득이 2배가 될 것이다. 2015년 한국의 일인당 소
득이 2만 7천 440달러였으므로 2038년 54,880달러, 2061년
109,760달러가 될 것이다. 2015년 중국의 일인당 소득은 7,820
달러였으니 2027년에 15,640달러, 2039년 31,280달러, 2051
년 62,560달러, 2063년 125,120달러 시대에 진입할 것이다. 그러므로 중국경제는
2060년대 초반, 즉 반세기면 한국경제를 추월하게 될 것이다. 물론 중국도 2만 달
러시대에 진입한 이후에는 6%라는 높은 경제성장률을 유지한 채 고속으로 계속
증가할 수는 없을 것이다. 그럼에도 불구하고 『강대국의 흥망』의 저자 폴 케네디
의 "100년이면 세계에서 제일가는 나라가 2류로 떨어질 수도 있다"라고 한 경고를
새겨들어야겠다.

▸

70의 법칙
어림셈으로 어떤 변수가
매년 x% 증가하면 대략
70/x년 후에 두 배가 된다
는 법칙이다.

우리나라 국민소득에서 노동자들이 차지하는 몫

국민소득은 크게 노동소득과 자본소득으로 구분한다. 노동소
득은 노동의 대가로 받는 임금을 모두 합친 것이고 자본소득은
생산설비를 소유한 자본가가 받는 일종의 자본 임대소득이다.

1953년 이후 우리나라의 노동소득분배율이 [그림 2]에 나타
나 있다. 우리나라의 노동소득분배율은 자본 부족 때문에 1970
년대 초까지 대체로 40% 이하에 머물러 있었다. 그러나 자본축

▸

노동소득분배율
자본과 노동이 결합해 창
출한 총부가가치 중 노
동이 가져가는 비중이다.
한국은행은 국내총생산
(GDP)에서 간접세·고정
자본소모비용을 뺀 총국민
소득(자본소득+근로소득)
에서 근로소득이 차지하는
비중으로 국민 전체의 노
동소득분배율을 계산한다.

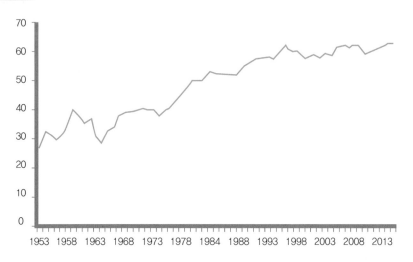

그림 2   우리나라의 노동소득분배율

자료: 한국은행

적이 빠르게 진행된 1970년대 중반 이후 빠르게 증가해 1980년에는 자본소득분배율을 초과했고, 현재는 대체로 60% 정도에 머물고 있다. 즉 노동에 배분되는 소득의 비중이 경제발전과 함께 매우 빠르게 증가했다. 참고로 미국의 노동소득분배율은 67% 정도로 오랫동안 유지되었고 일본, 영국, 프랑스, 이탈리아 등 선진국의 경우 우리나라보다 높지만 미국보다는 낮다.

국내 한 신문사는 노동에 대한 기업의 사회적 책임 이행도를 평가하기 위한 지표로 지난해 국내 매출액 500대 기업의 노동소득분배율을 전수조사한 결과를 보도했다. 기업의 영업이익과 인건비를 합친 부가가치액 중 인건비로 지급된 노동소득의 비중을 노동소득분배율로 계산했다. 2012년 한국의 노동소득분배율은 59.7%였는데, 기업규모가 큰 10대 기업과 작은 기업도 포함된 500대 기업의 노동소득분배율은 20대 기업은 49.9%, 100대 기업은 52.1%, 500대 기업은 53.7%로 파악돼 기업 규모가 클수록 노동소득분배 비중은 줄어들었다고 보도했다. 이를 규모가 큰 기업일수록 노동에 대한 기업의 사회적 책임 이행도가 낮은 것으로 평가하였다.[3]

---

3) "20대 기업 '노동소득분배율' 50% 못 미쳐" 경향신문(2013. 9. 9)

여기에서 유의해야 할 것은 어느 기업의 노동소득분배율이 낮다고 해서 그 비율이 높은 기업에 비해 노동자들의 처우가 열악한 것으로 평가해서는 안 된다는 점이다. 예컨대 기계 1대를 가지고 10명의 노동자가 일하는 노동집약적 기업의 영업이익이 100만 원, 인건비는 50만 원이라고 가정하자. 그러면 노동소득분배율은 50%이다. 반면, 기계 10대에 10명의 노동자가 일하는 자본집약적 기업의 영업이익은 1000만 원, 자본축적이 높아 노동생산성이 향상되어 인건비는 250만 원이라고 하자. 그러면 노동소득분배율은 25%이다. 그렇지만 기업의 일인당 노동소득이 전자는 5만 원이고 후자는 25만 원이다. 즉, 10대 기업의 노동소득분배율이 500대 기업보다 낮다고 해서 노동자들의 소득 규모가 작은 것은 아니라는 것이다. 개별 노동자에게는 노동소득분배율이 아니라 일인당 소득 크기가 더 큰 관심사일 것이다.

02 『국부론』 이렇게 탄생했다 – 시장경제의 목적은 국부의 증가!

시장경제는 재미난 속성이 있다. 시장에 참가하는 이들이 각각 자기 이익을 위해 행동하지만, 외부 간섭이 지나치지 않는 한 시장의 순환이 잘 이루어진다는 점이다. 남대문 시장에서 청바지를 파는 상인, 부산 자갈치 시장의 어물전 주인, 김제평야의 농부, 시중은행의 은행원, 수출품을 생산하는 대기업 사장, 대학의 경제학 교수 등 모든 사람은 자기의 이익을 위해 직업과 일을 선택하고 최선을 다한다. 시장 참가자 그 누구도 자기가 일하는 시장, 나아가 전체 시장경제의 순환에 대해 생각하지 않는다. 그런데도 시장경제의 순환은 잘 이루어지고 있다.

경제학의 아버지로 불리는 애덤 스미스는 저서『국부론』에서 바로 그런 의미로 시장경제의 순환이 '보이지 않는 손invisible hand'에 의해 이루어지고 있다고 했다. '보이지 않는 손'이라는 표현은『국부론』에 단 한 번 등장한다. 그러나 그 말은 애덤 스미스의 시장경제이론의 상징처럼 되었다. 사실『국부론』은 인류역사에서 처

관세장벽 및 비관세장벽을 통한 보호무역주의

보호무역주의는 수입품에 대한 규제를 통해 국내 산업을 보호 및 육성하고자 하는 정책으로 가장 직접적인 수단으로 활용되어 온 것이 관세이다. 수입절차를 까다롭게 한다든가 쿼터(quota)를 정해 수입물량을 한정하는 등 세금 이외의 보호무역 수단을 비관세장벽이라고 한다.

음 저술된 시장경제 사용설명서와 같은 책이다. 이 사용설명서 『국부론』에서 스미스가 가장 먼저 논하는 문제는, 국부의 원천에 관한 것이다.

중상주의 국부론

국부의 원천에 관한 체계적인 논의는 16세기에서 18세기 사이 유럽의 절대왕정을 뒷받침했던 콜베르Jean Baptiste Colbert, 1619~1683와 같은 중상주의 학자들에 의해 처음 시작되었다. 중상주의자들은 국부의 원천을 금이나 은과 같은 귀금속의 축적에서 찾았다. 그러므로 국가를 부강하게 하는 첩경은 무역수지 흑자를 통해 국내로 많은 금을 유입시키는 것이었다. 이를 위해 중상주의자들은 수입을 억제하기 위해 높은 관세장벽을 설치하고, 수출을 증대시키기 위해 수출업자에게 보조금을 지급하는 이른바 보호무역을 주장하고 금이나 은과 같은 귀금속의 해외유출을 금지해야 한다고 주장하였다.

중농주의의 국부론

케네Francois Quesnay, 1694~1774 같은 중농주의자들은 국부의 원천을 농업에 있다고 보았다. 2차, 3차 산업의 생산은 농업 생산의 변형에 불과하다고 보고, 진정한 의미에서의 부의 원천은 아니라고 본 것이다. 진정한 부의 원천은 생산성인데 농업만큼 생산성이 높은 것이 없다고 본 것이다. 밀 씨앗 한 알을 땅에 뿌리면 수백 개 밀알을 얻을 수 있으니, 이만큼 생산성이 높은 것이 없다고 본 것이다. 그러므로 국부를 증대시키는 첩경은 농업을 장려하는 것이라고 보았다.

그런데 중농주의자들은 중상주의자들과 달리 보호무역주의를 반대하고 자유로운 교역을 주장했다. 케네의『경제표』에서처럼, 시장경제의 순환원리를 처음 제시하기도 했다. 후에 애덤 스미스는 프랑스를 여행하는 동안 중농주의자들과 교류하며 그들의 자유주의 경제사상에 크게 영향을 받게 된다.

애덤 스미스의 국부론

현대적인 의미에서 국부의 원천을 밝힌 이는 역시 애덤 스미스이다. 그는 국부의 원천을 생산에서 찾았다. 특히 생산 요소의 생산성을 강조했다. 국부론에서 스미스가 예로 든 '핀 공장의 분업'에 따른 노동 생산성 증가는 유명하다. 노동 생산성과 함께 스미스는 자본의 축적과 '시장의 크기'를 강조했다. 그는 노동의 분업과 자본 축적에 따른 국부의 축적은 오로지 시장의 크기에만 제약을 받는다고 보았다. 또한 시장이 확대될 때 국부도 함께 성장한다고 묘사하고 있다. 스미스의 국부론은 노동 생산성을 크게 증가시킬 수 있는 기계를 뜻하는 자본을 축적하는 것이 국가를 부강하게 만드는 첩경으로 본 것이다. 그래서 스미스가 주장한 시장경제를 '자본주의 시장경제'라고 부른다.

Point 경제학

핀 공장의 분업

"나는 작은 핀 공장을 봤다. 열 사람이 일을 하고 있었고, 그들은 매우 가난하고 기계류도 충분하지 않았다. 한 사람은 철사를 펴고, 한 사람을 철사를 자르고, 한 사람은 철사를 뾰족하게 하고, 한 사람은 철사의 끝을 간다. 핀 머리를 만드는 일에도 두세 가지의 별개 작업이 필요하다. 한 사람은 머리를 붙이고 한 사람은 핀을 희게 간다. 또 한 사람은 핀을 종이에 포장한다. 이리하여 핀 제조 과정이 18종의 세부 공정으로 나뉘는 것이다. 그렇게 하여 열 사람은 하루 4,800개의 핀을 제조할 수 있었다. 따라서 한 사람당 480개를 제조하고 있었던 것이다. 혼자서는 하루에 20개도 만들지 못했을 것이다."

– 애덤 스미스의『국부론』–

생산량을 늘리는 효율적인 방법은 분업이다. 직업과 작업의 세분화는 분업의 이러한 이점 때문에 생겨난 것이다.

나아가 스미스는 시장경제에서 정부의 역할이 법질서 유지, 국방과 치안 유지, 공공재의 공급, 국가 위엄의 유지에 있다고 보았다. 그리고 정부는 이 기능을 제고하기 위해 적절한 기관과 제도를 설립해야 한다고 주장했다. 나아가 공공재의 비용은 가능하면 사용자 부담의 원칙을 우선으로 해야 한다고 했다. 운하의 건설 및 운영 비용은 궁극적으로 운하를 이용하는 사람들의 통행세로 충당될 수 있어야 한다는 주장이다. 스미스는 정부가 위 세 가지 목적 이외에 과다하게 시장에 개입하는 것을 경계했다. 예를 들어 [그림 1]의 시장경제의 순환에 나타나 있는 화살표의 어느 곳에라도 정부가 불필요하게 규제를 도입하고 시장의 순환을 간섭하면, 왜곡이 일어나고 가장 바깥에 있는 원의 크기 곧 시장경제의 크기가 줄어들고 소득이 감소한다.

현재 세계에서 가장 시장경제가 잘 유지되고 있는 곳은 아마도 미국일 것이다. 『국부론』은 미국이 독립선언을 한 1776년에 출간되었다. 미국의 독립선언문은 정치적 독립과 자유 그리고 민주주의를 선언한 기념비적 문서인 동시에, 시장경제의 측면에서도 『국부론』의 경제적 자유주의와 행복추구권에 대한 사상을 담고 있다. 미국은 독립과 더불어 국가경제를 『국부론』의 원리에 따라서 성장하도록 하고, 지금까지 단 한 번도 바꾼 적이 없다. 그 결과 미국은 세계 최강의 경제대국이 된 것이다.[4]

03 토지 · 노동 · 자본 · 기업이 경제를 살린다

시장경제에서 국부의 원천이란 재화와 서비스를 생산할 수 있는 생산요소이다. 전통적으로 생산요소는 토지자연자원, 노동, 자본을 일컫는다. 그러나 경제가 현대와 같이 고도화되면서, 미래에 선제적으로 대처하는 기업가의 역량 또는 기업가 정

---

4) John S. Gordon(2004), *An Empire of Wealth*, New York: Harper Perennial.

산업혁명

1차 산업혁명은 18세기 중엽 영국에서 시작된 기술혁신과 이에 수반하여 일어난 사회·경제 구조의 변혁으로 가내생산 중심에서 기계화된 생산시대로의 전환을 의미한다. 2차 산업혁명은 1880년대부터 '전기의 힘'을 이용한 대량생산의 시작을 말하고 3차 산업혁명은 컴퓨터를 통한 '자동화' 시대의 시작을 일컫는다. 21세기로 접어들면서 4차 산업혁명 시대가 도래되었으니 인류 역사에서 산업혁명은 아직도 끝나지 않았다고 할 수 있다.

신이 생산요소의 하나로서 특별히 강조되고 있다.

토지

전통사회에서 토지야말로 국부의 상징이었다. 토지가 비옥하고 넓을수록 산출량과 인구가 많았다. 그러나 산업혁명 이후 토지를 그리 필요로 하지 않는 공업 생산과 서비스업이 소득의 주요 원천이 되면서, 생산요소로서 토지의 역할은 빠르게 감소한다. 중국, 브라질, 아르헨티나, 러시아, 나이지리아처럼 국토가 넓다고 해서 반드시 1인당 소득이 높지는 않다. 우리나라, 일본, 대만, 영국, 네덜란드처럼 국토가 작다고 해서 1인당 소득이 낮은 것도 아니다. 따라서 현대 경제에서 생산요소로서 토지의 중요성은 산업혁명 이전에 비해 크게 감소했다.

노동

애덤 스미스가 그토록 강조하고 있는 바와 같이, 노동은 가장 원초적인 생산요소이다. 수렵·채취의 시대부터 노동은 생존을 위한 수단이었다고, 재레드 다이아먼드Jared Mason Diamond는 퓰리처상 수상에 빛나는 저서 『총, 균, 쇠』에 적고 있다.[5] 같은

연두교서
미국 대통령이 의회에 서한이나 구두로 보내는 메시지

의미에서 미국 16대 대통령 링컨은 1861년 12월 의회에 보낸 연두교서에서 다음과

---

[5] Jared Diamond(1999), *Guns, Germs, and Steel*, W.W. Norton and Company: New York, Chapter 5, 6 참조.

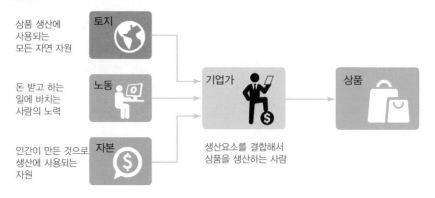

그림 3   4대 생산요소(자원)

상품 생산에
사용되는
모든 자연 자원

토지

돈 받고 하는
일에 바치는
사람의 노력

노동

인간이 만든 것으로
생산에 사용되는
자원

자본

기업가

생산요소를 결합해서
상품을 생산하는 사람

상품

같이 말했다.

"노동은 자본에 앞서며 자본으로부터 독립적이다. 자본은 노동의 열매에 불과할 뿐, 노동이 아니었다면 존재하지 않았을 것이다. 노동은 자본보다 우월하며 보다 높은 대우를 받아 마땅하다."

자본

자본축적

경제성장을 촉진하는 가장 중요한 인자로 소득 중에서 소비되지 않은 것이 저축이 되며, 이 저축을 재원으로 투자한 결과 실물자본(공장과 생산설비)이 축적된다. 실물자본의 축적은 국민경제의 생산 또는 공급능력을 증대시켜 경제성장이 촉진된다.

인류가 한곳에 정착해 농업을 시작하고 노동의 결실을 축적하는 방법을 발견하게 되면서 도구와 생산설비와 같은 자본이 축적되기 시작했다. 자본의 축적은 인류의 역사가 한 단계 도약하는 시발점이었다. 그러나 현대와 같은 의미인 자본 축적의 역사가 그리 길지는 않다. 산업혁명 이전까지 1인당 자본량의 증가는 미미했으며 주로 농업 부문에서 일어났다. 세계가 현재와 같은 번영을 누리게 된 이유는, 산업혁명 이후 기술 혁신이 일어나 노동 생산성을 획기적으로 증가시키는 동력과 기계^{자본 축}

적가 등장했기 때문이다. 현대에 와서도 자본 축적은 여러 나라에서 초기 경제발전을 이루는 데 있어 가장 중요한 요인이다.

MIT대학의 저명한 경제학자 아세모글루^{Daron Acemoglu} 교수는 이와 같은 제도의

재산권의 중요성

주목해야 할 것은 자본축적의 주체인 자본가의 등장이 오랜 인류의 역사에 비추어 그리 오래되지는 않았다는 점이다. 자본을 축적하려면 축적된 자본에 대한 소유권이 보장되어야만 한다. 공장을 짓고 설비를 들여놓았는데 갑자기 어느 날 누군가가 압수해 소유권을 박탈한다면? 아마 그 누구도 자본을 축적하려고 하지 않을 것이다.

아프리카가 오늘날과 같이 개발되지 못하고 있는 이유를 재산권이 부재하기 때문이라고 보는 전문가가 많다. 아프리카에서는 정변이 잦고 그 결과 사유재산을 국유화하는 경우가 많았다. 재산권의 보장은 자본축적에 있어 필수불가결한 전제조건이다. 그런 의미에서 재산권은 오늘날 자본주의 사회에서 신성불가침의 권리로 인정되고 있다. 그러나 현재와 같이 재산권이 보장되기 시작한 때는 오랜 인류 역사에서 볼 때 오래된 것이 아니다.

변화, 특히 사유재산권의 보호가 산업혁명의 밑바탕이 되었다고 주장한다.[6] 사실 산업혁명은 인류역사상 가장 중요한 일련의 사건이었다고 할 수 있다. 산업혁명 이전 인류의 생활수준은 맬서스Thomas Robert Malthus, 1766~1834가 『인구론』에서 묘사한 바와 같다. 식량은 산술급수적으로 증가하는데 인구는 기하급수적으로 증가하기 때문에 인류가 생존수준의 낮은 생활수준에서 벗어날 수 없다는 주장이다. 매디슨Maddison, 2006에 따르면 실제로 세계 경제의 1인당 소득은 1,500년경까지는 거의 증가하지 않았고 1,500년 이후 매우 완만하게 증가하다가 산업혁명이 본격적으로 시작된 1,820년을 분기점으로 빠르게 증가하기 시작했다.

맬서스의 이론
맬서스의 이론은 「인구론」 이전의 세계 경제를 매우 잘 설명하고 있다. 그러나 「인구론」 이후의 세계 경제에 관하여는 잘 설명하고 있다고 할 수 없다. 맬서스는 기술의 혁신과 자본축적이 가져올 인류 생활수준의 획기적인 개선을 상상조차 할 수 없었던 것이다.

기업가 및 기업가정신

산업혁명은 곧 기술 혁신과 자본가의 등장으로 설명할 수 있다. 그리고 자본과

6) La Porta, Rafael, Florencio Lopez-de-Silanes, Andrei Shleifer and Robert Vishny (1998), "Law and Finance," *Journal of Political Economy* v. 106, pp. 1113-1155.; Levine, Ross and Robert G. King (1993), "Finance and Growth: Schumpeter Might Be Right," *Quarterly Journal of Economics* v. 108, pp. 717-737.

시장을 위한 생산이 중요해지면서, 기업을 경영하고 혁신하는 기업가의 역할이 더욱 커졌다. 단순한 자본가와 기업가는 역할 면에서 다르게 접근해야 한다. 따라서 현대 경제에서는 기업가와 기업가정신이 중요한 생산요소의 하나이다.

기업가는 크게 모방형 기업가와 혁신형 기업가 두 유형으로 나눌 수 있다. 모방형 기업가는 이미 존재하는 기업과 동일하거나 유사한 사업을 조직해 동일하거나 유사한 제품을 생산하는 기업가를 일컫는다. 혁신형 기업가는 새로운 사업을 조직하고 새로운 제품과 서비스, 새로운 기술, 새로운 사업구조와 제도, 새로운 마케팅 기법 등을 창조해 내는 기업가이다. 두 유형 가운데 경제성장의 동력은 당연히 혁신형 기업가이다.

04 기업가는 만들고 경쟁하고 혁신하고 모험한다

현대 경제에서 기업가의 역할이 이렇듯 매우 중요한데도, 경제학에서 기업가 자체에 대한 이론은 그리 많지 않다. 특히 표준 경제이론과 교과서에서 기업가의 역할은 마치 없어도 될 것처럼 최소화되어 있거나, 반대로 지나치게 이상화되어 있다. 과도하게 합리적이라고 가정하는 바람에 기업가 없이도 기업이 운영되고 생산이 이루어지는 양 묘사되거나, 혁신에 의해 새로운 제품, 산업, 기술, 제도가 창조되고 소멸되는 과정에 대한 분석이 결여되어 있다.

기업가의 네 가지 기능

기업가는 다음과 같은 네 가지의 기능을 수행한다.

첫째, 생산요소를 결합해 창업을 한다생산조직기능. 즉 기업가는 기업을 조직하며 생산 활동을 촉진하고 주도한다. 둘째, 대량생산을 통한 시장생산은 필연적으로 경쟁을 수반한다. 이러한 경쟁에서 생존하기 위해 기업가는 경쟁전략을 수립하고 시행한다전략기능. 셋째, 기업가, 특히 현대의 기업가는 기업을 혁신한다혁신기능. 이때

그림 4   기업가의 네 가지 기능

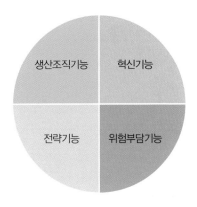

혁신이란 보다 효율적인 기술, 보다 유용한 제품과 서비스, 보다 쉽게 시장과 정부 및 사회가 이용 가능한 제도와 비즈니스 모델을 개발하는 것을 의미한다. 넷째, 시장 생산은 주문생산이 아니다. 따라서 현재의 생산은 미래 수요에 대한 예측을 바탕으로 이루어진다. 그러나 예측은 빗나가는 경우가 비일비재하다. 따라서 현재의 생산은 과잉 생산이나 과소 생산에 따른 위험을 수반한다. 다른 한편 기업가는 생존을 위해 새로운 기술, 제품, 사업을 모색해야 하는데, 그와 같은 시도에는 항상 실패라는 위험이 따른다위험부담기능.

우리나라에서 기업가의 역할

1960년대 중반 우리 경제가 고도성장을 위해 이륙을 준비할 즈음 우리경제에는 앞에서 살펴본 네 가지 생산요소 가운데 적어도 두 가지가 있었다. 양질의 노동자가, 그리고 기업을 창업하고 경제를 혁신할 기업가군이 형성되어 있었다. 경영학의 대가 피터 드러커Peter Drucker, 1909~2005는 1996년 한 인터뷰에서 "한국인은 세계에서 가장 기업가 역량이 높은 국민 가운데 하나다"라고 말했다.

이와 같이 현대 시장경제의 발전에서 가장 중요한 역할을 하는 것이 기업과 기업가이다. 기업은 국부소득를 창출하는 하나의 시스템이다. 그리고 기업을 창업하고 생산요소를 고용해 생산 활동을 지휘하는 것은 기업가이다. 물론 앞에서 자세히 설명한 바와 같이 기업가는 혁신을 통해 미래의 생산기술, 제품, 시장, 조직을 여는 역할도 한다. 그러나 무엇보다 기업가에게 중요한 것은 수익성을 담보하는 것이다. 그런 의미에서 슘페터는 "경제전쟁 시대 기업가는 산업의 장수이다"라고 말하고 있다.

05 시장경제에서 가장 중요한 법칙?

수요·공급 법칙
자유 경쟁 시장에서 수요와 공급이 일치되는 점에서 시장 가격과 균형 거래량이 결정된다는 원칙을 말한다. 만약 수요가 공급보다 더 많은 초과 수요가 발생하면 수요자들 사이의 경쟁으로 가격이 상승하고 이에 따라 수요량은 감소하고 공급량은 증가하여 균형 가격으로 돌아가게 된다.

시장경제에서 가장 중요한 원리는 수요와 공급의 법칙이다. 이를 이해하려면 먼저 수요와 수요량 그리고 공급과 공급량을 구분해야 한다. 수요량은 주어진 가격에서 구매자가 사고자 하는 재화의 수량을 의미한다. 물론 이때 구매자는 그와 같은 가격에서 사고자 하는 수량을 살 수 있는 능력소득이 있어야 한다. 수요란 각각의 가격과 그에 대응하는 수요량의 관계이다.

〈표 1〉은 각 가격에 대한 한 수요자의 커피 수요량을 보여준다. 예를 들어 커피 가격이 한 잔에 5,000원이면 이 수요자가 구매하려는 수요량은 1잔이다. 가격이 3,000원이면 수요량은 3잔, 1,000원이면 수요량은 5잔이다. 이때 수요는 가격과 수요량의 관계를 말한다. 각각의 가격과 수요량을 〈표 1〉처럼 나타낸 표를 수요표라고 한다. 그리고 가격과 수요량과의 관계를 [그림 5]와 같이 (수요량, 가격)의 평면에 그림으로 나타낸 것을 수요곡선demand curve이라고 한다. 〈표 1〉과 [그림 5]에서 우리는 다른 조건이 일정하다고 할 때 가격과 수요량의 음의 관계를 확인할 수 있다. 이것이 바로 수요법칙이다.

한편, 공급량은 주어진 가격에서 판매자가 판매하고자 하는 재화의 수량을 의미한다. 공급은 각각의 가격에 대응하는 공급량을 모아놓은 것이다.

표 1   수요량과 수요표

가격(원)	5,000	4,000	3,000	2,000	1,000
수요량(잔)	1	2	3	4	5

그림 5   수요곡선

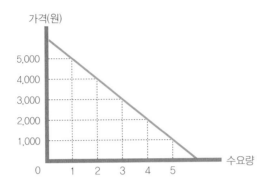

표 2   공급량과 공급표

가격(원)	1,000	2,000	3,000	4,000	5,000
공급량(잔)	1	2	3	4	5

그림 6   공급곡선

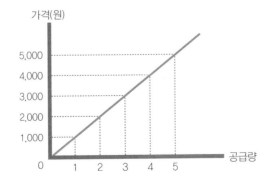

〈표 2〉는 각각의 가격에 대한 커피숍의 커피 공급량을 보여 준다. 예를 들어 커피 가격이 한 잔에 1,000원이면 커피 공급량은 1잔이다. 가격이 3,000원이면 공급량은 3잔, 5,000원이면 공급량은 5잔이다. 이때 공급은 가격과 공급량의 관계를 뜻한다. 각각의 가격과 공급량을 〈표 2〉와 같이 나타낸 표를 공급표라고 한다. 그리고 가격과 공급량과의 관계를 (공급량, 가격)의 평면에 [그림 6]과 같이 그림으로 나타낸 것을 공급곡선supply curve이라고 한다. 〈표 2〉와 [그림 6]에서 우리는 다른 조건이 일정하다고 할 때 가격과 공급량의 양의 관계우상향하는 공급곡선를 볼 수 있다. 이를 공급법칙이라고 한다.

시장균형

다른 조건이 일정하게 주어져 있다고 할 때, 각각의 가격에서 개별 수요자의 수요량을 모두 수평으로 합한 것을 시장수요라고 한다. 마찬가지로 각각의 가격에서 개별 공급자의 공급량을 수평으로 합한 것을 시장공급이라고 한다. 그리고 시장에서 수요량과 공급량을 일치시키는 가격을 균형가격이라고 한다. 예를 들어 〈표 1〉과 〈표 2〉에서처럼 시장수요와 시장공급이 주어져 있다면, 시장균형은 가격이 3,000원일 때 달성되며 그때의 균형량은 3잔이다.

그렇다면 가격이 2,000원인 경우에는 어떤 일이 일어날까? 가격이 2,000원이면 〈표 1〉에서 수요량은 4잔이고 〈표 2〉에서 공급량은 2잔이다. 즉 2잔만큼의 초

그림7 시장균형

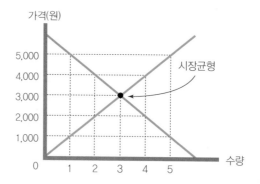

과수요가 발생한다. 소비자들이 구매하려는 수량이 생산자가 공급하려는 수량보다 2만큼 많다. 따라서 가격이 상승한다. 가격이 상승하면 수요량은 감소하고 공급량은 증가해 궁극적으로 균형이 달성된다. 반대로 가격이 4,000원이라고 하면 〈표 1〉에서 수요량은 2잔이고 〈표 2〉에서 공급량은 4잔이다. 즉 2잔만큼의 초과공급이 발생한다. 소비자들이 구매하려는 수량보다 생산자들이 공급하려는 수량보다 2잔만큼 많다. 따라서 가격이 하락한다. 가격이 하락하면 수요량은 증가하고 공급량은 감소해 궁극적으로 균형이 달성된다. 이처럼 시장에서 상품의 가격과 수량이 시장에서 결정되는 원리를 수요·공급^{수급}의 법칙이라고 한다.

시장의 모든 거래는 가격이 가리키는 방향에 따라 일어난다. 다시 말해 시장가격은 신호기능, 유인기능, 분배기능을 지닌다. 예를 들어 초과수요가 존재하면 가격이 상승하며, 가격이 상승하면 수요는 감소하고 공급은 증가한다. 따라서 초과수요가 감소하기 시작하고 궁극적으로는 균형이 달성된다. 바꾸어 말해 가격이 상승_{하락}하면 초과수요_{초과공급}가 존재한다는 신호를 시장에 보내게 된다. 그리고 가격이 상승_{하락}하면 공급자의 이윤이 증가_{감소}하고 구매자의 비용이 증가_{감소}하므로, 공급자는 공급을 증가_{감소}시키고 구매자는 수요를 감소_{증가}시킬 유인, 곧 인센티브를 갖게 된다. 즉 가격의 변화는 공급자와 수요자의 인센티브를 변화시켜 균형을 회복하는 유인기능을 갖는다. 마지막으로 가격은 분배기능을 수행한다. 다른 조건이 일정하다고 할 때 한 경제의 자원은 가격이 높은 재화의 생산에 더 많이 투입된다.

그러나 이와 같은 가격기능과 수급의 원리는 통제^{계획}경제에서는 무시된다. 예를 들어 북한과 같은 통제경제에서는 정부가 계획을 세워 생산과 분배를 결정한다. 이를 위해 북한 정부는 국민이 필요로 하는 품목별 생산량을 결정하고 그 목표를 달성하기 위해 생산요소를 배분해야 한다. 그런데 이와 같은 계획경제가 잘 순환되기 위해서는 정부가 국민의 욕구와 생산요소 그리고 기술에 대해 완전한 정보를 가지고 있어야 한다. 다양한 경제주체들에 관한 정보를 모두 파악해 최적의 계획을 수립하기란 불가능하다. 따라서 재화의 과부족과 비효율성이 나타나게 된다.

지금까지 살펴본 바와 같이, 시장경제에서 가장 중요한 법칙은 수요와 공급의 법칙이다. 정부의 개입이 항시석으로 요구되는 통제경제에서와는 달리, 시장경제

통제경제의 또 다른 문제점

통제경제의 또 다른 문제는 시장 기능이 가지고 있는 가격의 인센티브 기능을 가지고 있지 못하다는 점이다. 어느 경제에서나 주기적으로 발생하는 문제는 품귀현상(초과수요)과 과잉생산(초과공급)이다. 경쟁이 존재하는 시장경제에서는 가격 변동과 그에 따른 가격의 신호 및 인센티브 기능에 의해 초과수요나 초과공급이 해소된다.

그러나 통제경제에는 근본적으로 시장가격이 존재하지 않기 때문에 초과수요나 초과공급이 나타날 때 시그널이 존재하지 않는다. 따라서 수요와 공급이 어떤 방향으로 반응해야 하는지 또 얼마나 조정해야 하는지 알 수가 없다. 더군다나 노동자들은 열심히 일한 결과가 시장경제에서와 같이 자신에게 귀결되는 것이 아니기 때문에 열심히 일할 인센티브도 없다. 이런 이유 때문에 북한과 남한의 소득 격차가 현재와 같이 크게 벌어진 것이다.

에서는 수요와 공급의 법칙에 따라 경쟁의 원리가 작용하여 초과수요나 초과공급이 해소되고 시장균형이 회복된다. 자동화된 기계가 인위적인 개입 없이도 저절로 돌아가듯 말이다. 시장경제에서 호텔의 커피 값, 고급 핸드백 값, 피카소의 그림 값, 한국 야구선수의 미국 시장에서의 몸값은 생산원가가 아니라 수요와 공급에 따라 결정된다. 음식 값은 음식점 주인이나 손님 어느 일방이 마음대로 정할 수 없다. 상품 가격은 이해당사자_{사고파는 사람}가 서로의 조건들을 감안해 좋아하는 방향으로 자유롭게 수요량과 공급량을 결정하면, 시장은 이를 조정해 두 수량이 같아지도록 가격을 결정한다.

예를 들어 음식점 주인이 아무리 정성을 다해 음식을 만들어도 손님이 구매하지 않으면 가치가 없다. 수요자가 구매하지 않는 상품은 아무리 정성을 들여 만들어도 시장가격은 낮게 결정되고 판매량은 적다. 이런 의미에서, 시장에서 수요가 많은 제품을 개발하고 생산하여 공급하는 것이야말로 생산자의 최대 과제이다. 수요가 많을 때 가격과 소비량이 증가하고 수입과 이윤이 따라서 증가한다는 것은 앞서 확인한 바와 같다. 새로 창업하는 기업가라면 이런 의미에서 시장수요에 특히 주의를 기울여야 한다. 기존의 생산자는 제품의 디자인, 용도, 광고 등을 통해 자기 제품의 수요를 증대시킬 수 있는 방안을 찾아야만 한다. 새로운 마케팅 기법의 창안이 기업가의 혁신 가운데 하나임은 앞에서 설명한 바와 같다.

거래이득

시장은 재화와 서비스가 거래되는 곳이다. 그렇다면 상품이 자발적으로 거래되는 이유는 무엇일까? 거래당사자, 곧 상품을 구매하는 사람과 판매하는 사람이 모두 득을 보기 때문이다. 시장에서의 거래는 거래쌍방이 득을 보는 인센티브가 없다면 성립하지 않는다. 이처럼 거래로부터 얻는 이득을 거래이득이라 한다.

먼저 〈표 1〉에 나타나 있는 수요표가 한 개인의 것이라면 〈표 1〉는 다음과 같이 해석할 수 있다. 즉 〈표 1〉에 나타나 있는 수요표에서 가격은 각각의 재화 단위로부터 얻는 만족도를 나타낸다. 예를 들어 커피를 한 잔 소비했을 때 이 소비자가 얻는 만족도는 화폐로 나타내면 5,000원이다. 따라서 가격이 5,000원을 초과하면 커피를 한 잔도 소비하지 않게 된다. 5,000원은 처음 한 잔의 커피에 대해 이 소비자가 지급할 용의가 있는 최대가격이다. 마찬가지로 4,000원은 두 번째 잔의 커피로부터 이 소비자가 얻는 만족도를 나타낸다. 따라서 가격이 4,000원 이상이면 두 번째 잔의 커피를 소비하지 않게 된다. 즉, 4,000원은 두 번째 잔의 커피에 대해 이 소비자가 지급할 용의가 있는 최대가격이다. 같은 이치로 3,000원^{2,000원,} 1,000원은 세^{네, 다섯} 번째 잔의 커피로부터 얻는 이 소비자의 만족도^{지급할 용의가 있는 최대가격를}나타낸다.

그렇다면 추가 커피 한 잔에 대해 지불할 용의가 있는 최대 가격은 왜 현재까지의 수요량^{소비량이} 많으면 낮을까? 다음과 같은 이유 때문이다. 먼저 커피 한 잔을 이미 마신 경우를 상상해 보자. 이때 두 번째 커피를 마신다면 그로부터 얻는 만족도^{효용는} 첫 번째 잔으로부터 얻는 만족도보다 낮다. 따라서 두 번째 잔의 커피에 대해 지불할 용의가 있는 최대가격은 첫 번째 잔의 커피보다 낮다. 이제 커피를 이미 두 잔 마신 다음 세 번째 잔의 커피를 마신다면? 역시 그로부터 얻는 만족도는 두 번째 잔의 커피보다 낮다. 따라서 세 번째 잔의 커피에 대하여 지불할 용의가 있는 최대 가격은 두 번째 잔의 커피에 대한 최대 가격보다 낮다. 이와 같이 수요표는 각각의

한계효용체감의 법칙
현재까지의 재화 소비량이 많을 때 추가적인 재화 한 단위 소비로부터 얻는 만족도(효용)가 낮은 현상을 경제학에서는 한계효용체감의 법칙이라고 한다. 수요곡선이 우하향하는 것은 한계효용체감의 법칙 때문이다.

추가적인 커피 한 잔에 대해 소비자가 지불할 용의가 있는 최대가격을 나타낸다.

이제 〈표 1〉에서 다음과 같은 계산을 해 볼 수 있다. 먼저 가격이 5,000원이면 커피 1잔에 대해 지불할 의사가 있는 최대가격이 소비자의 만족도와 일치한다. 다음으로 커피가격이 4,000원이면 이 소비자는 두 잔의 커피를 소비한다. 이때 첫 번째 잔으로부터 소비자가 얻는 만족도는 화폐가치로 나타내 5,000원이고, 두 번째 잔으로부터 얻는 만족도는 4,000원이다. 따라서 두 잔의 커피를 소비함으로써 소비자가 얻는 만족도^{지불할 용의가 있는 최대금액}는 9,000원이다. 그러나 소비자가 두 잔의 커피에 대해 지급하는 가격은 8,000원이다. 따라서 소비자가 얻는 만족도가 실제로 지급한 가격보다 1,000원만큼 높다. 즉 가격이 4,000원일 때 이 소비자가 2잔의 커피를 소비할 인센티브가 존재한다.

다음으로 커피 가격이 3,000원이라고 가정해 보자. 이 경우 소비자는 3잔의 커피를 소비하게 된다. 그리고 첫 번째 잔으로부터 얻는 만족도는 5,000원, 두 번째와 세 번째 잔으로부터 얻는 만족도는 각각 4,000원, 3,000원이다. 따라서 세 잔의 커피를 소비함으로써 이 소비자가 얻는 만족도^{지불할 용의가 있는 최대금액}는 12,000원이다. 그러나 세 잔의 커피에 대해 실제 지급하는 금액은 9,000원이다. 따라서 소비자가 얻는 만족도가 실제로 지급한 금액보다 3,000원만큼 높다. 따라서 가격이 3,000원일 때 이 소비자가 3잔의 커피를 소비할 인센티브가 존재한다. 이와 같은 인센티브는 커피 가격이 2,000원, 1,000원인 경우에도 당연히 존재한다.

그렇다면 공급곡선은 어떤 의미가 있을까? 공급곡선은 재화 생산의 비용을 나타낸다. 예를 들어 〈표 2〉에서 공급량이 커피 1잔일 때 ^{공급}가격이 1,000이라는 것은 첫 번째 커피 1잔의 생산비가 1,000원임을 의미한다. 만일 첫 번째 커피 1잔의 가격이 1,000원 이하이면 이 공급자는 손해를 보기 때문에 커피를 공급하지 않게 된다. 따라서 공급가격 1,000원은 첫 번째 잔의 커피가 공급되는 최소가격이라고 할 수 있다. 다음으로 두 번째 커피 한 잔의 생산비는 2,000원이다. 따라서 두 번째 잔의 커피가 공급되는 최소 가격은 2,000원이다. 만일 커피 가격이 2,000원 미만이면 두 번째 잔의 커피는 공급되지 않는다. 같은 이치로 세 번째, 네 번째, 다섯 번째 잔의 커피가 공급되는 최소가격은 각각 3,000원, 4,000원, 5,000원이다.

그렇다면 왜 현재의 생산량이 많을수록 재화를 추가적으로 한 단위 더 생산하기 위해 지급해야 하는 비용이 증가하는 것일까? 현재의 생산량이 많을 때 추가적으로 재화를 한 단위 더 생산하기 위해 새로 노동자를 고용한다면, 그 노동자의 생산성은 기존 노동자의 생산성보다 떨어지는데 이는 주어진 기계 설비를 이용하는 노동자가 많으면 많을수록 정체현상이 일어나기 때문이다. 따라서 추가적인 재화생산의 비용이 기존의 생산비보다 높다. 이와 같은 현상을 경제학에서는 '한계생산체감의 법칙'이라고 한다.

이제 〈표 2〉에서 다음과 같은 계산을 해 볼 수 있다. 먼저 가격이 1,000원이면 커피 1잔이 공급되며 그때의 생산비는 가격과 같은 1,000원이다. 다음으로 가격이 2,000원이면 커피 2잔이 공급되며 그때의 생산비는 $1,000 + 2,000 = 3,000$원이다. 그러나 커피 2잔을 판매하여 공급자가 얻는 금액은 4,000원이다. 따라서 이 공급자는 1,000원만큼의 이윤을 얻는다. 그리고 가격이 3,000원, 4,000원, 5,000원이면 이윤은 3,000원, 6,000원, 10,000원으로 증가한다.

그런데 앞서 설명한 바와 같이 〈표 1〉와 〈표 2〉에 나타나 있는 수요표와 공급표에서의 시장균형은 3잔의 커피와 3,000원의 가격이다. 그리고 균형가격이 3,000일 때 소비자의 만족도는 지불한 금액보다 3,000원만큼 높고 공급자의 이윤은 3,000원으로 나타난다. 이와 같이 시장균형에서는 소비자수요자와 공급자 모두 이득을 얻는다. 이때 소비자와 생산자가 얻는 이득을 합하여 거래이득이라고 부른다. 즉 위의 예에서 거래이득은 6,000원이다.

이와 같이 시장경제에서는 참가자 모두가 득을 얻는다. 다시 말해 음식점 주인이나 손님, 즉 거래 당사자 모두가 득을 볼 수 있게 하는 것이 자유시장경제이다.

시장가격에 대한 오해와 이해

수요공급원리로 설명되는 시장가격 결정원리를 제대로 이해했다 하더라도, 현실경제의 시장가격 변동 현상을 보면 도무지 이해할 수 없는 부분들을 경험하곤 한다. 몇 가지 현실 사례들을 원리와 함께 알아보자.

▶ '치킨'의 적정 가격은 얼마일까?

언젠가 L마트의 여러 점포에서 '통큰 치킨'을 5천 원에 매일 300개씩 한정판매 했다. 그런데 당시 그 가격이 부당하다는 논란이 일었다. 경제신문에서도 치킨의 생산원가를 자세히 소개하며, 5천 원이라는 가격이 부당하다고 암시했다. 당연히 소비자들은 구매가격이 낮기를 바라고, 판매자들은 판매가격이 높기를 바랄 것이다. 그렇다면 소비자와 판매자들이 원하는 구입가격과 판매가격 사이, '적정 가격'은 얼마여야 할까?

역사적으로 보면, 이 '적정 가격'에 관한 개념은 고전학파 경제학자들의 노동가 치설에서 실마리를 찾을 수 있다. 고전학파 경제학자들은 노동이 투입되어야 가치 가 창출되고, 상품가치는 투입된 노동의 크기에 따라 결정된다고 보았다. 물론 상 품을 생산하는 데 노동만 투입하는 게 아니라 중간재도 사용한다. 이때 중간재는 노동뿐만 아니라 원자재도 투입해서 만든다. 즉, 최초 생산 단계의 원자재 가격은 투입된 노동가치에 의해 최종 결정된다. 그러므로 상품가격이란 여러 생산단계에

일상다반사 경제학

경제학파 알아보기

• 고전학파 경제학자

영국 산업 혁명기에 스미스, 리카도를 중심으로 형성된 경제학파로, 1776년경부터 1870년대 초 한 계효용학파가 등장하기까지 배출된 경제학자들을 가리킨다. 영국의 밀, 프랑스의 세이, 독일의 튀넨 등이 이에 속한다. 고전학파의 공통점으로는 개인주의적인 자유경제체제를 옹호하여 자유방임주의 를 주장하고, 국가의 개입을 적극 배제하였음을 들 수 있다.

• 한계효용학파 경제학자

광의로는 1870년대의 한계혁명 이후 스미스, 리카도 등의 고전학파의 방법론과는 달리 한계효용개 념에 기초하여 경제이론을 전개한 학파들을 가리키지만, 협의로는 멩거를 시조로 하는 오스트리아 학파를 가리킨다. 한계효용학파는 물리학의 이론을 받아들여 미적분을 사용한 수학적인 모형을 개 발했다. 한계효용학파에 따르면, 합리적인 경제주체는 한계효용이 한계비용과 같아지는 지점을 선 택한다. 이 원리는 현대에서도 다수의 경제 모형의 결론에서 발견할 수 있는 원리이다.

서 투입된 노동가치의 합, 즉 임금 총액과 같다. 바로 생산원가이다. 결론적으로 노동가치설은, 상품가격이 원가에 의해 결정된다는 이론이다.

가격이 과연 어떤 수준이어야 하는지, 즉 적정 가격에 대한 논리적 기준이 없기 때문에 노동가치설은 아주 설득력 높은 근거가 된다. 노동은 가치창출의 원천이고, 상품을 만드는 데 투입한 노동자들의 노력과 땀에 대해 소비자들이 그 대가를 지급하는 것은 지극히 당연해 보이기 때문이다.

이후 등장한 한계효용학파 경제학자들은 노동가치설이 가격 결정관계를 설명하는 데 한계가 있다는 사실을 발견했다. 노동을 많이 투입하지 않은 상품이 더 많은 노동을 투입해 만든 상품보다 가격이 훨씬 더 높은 사례들이다. 득음의 경지에 오르기까지 판소리 연습에 평생을 바친 70대 명창보다도 인기 절정인 20대 대중가수가 훨씬 더 높은 출연료를 받는다. 노동가치설로만 설명할 수 없는 현상이다. 최고 인기인 스타가수가 높은 출연료를 받는다고 무조건 부당하다고 보기도 어렵다. 수많은 팬들에게 남다른 멋진 감동과 즐거움을 제공하기 때문이다. 단지 나이가 어리니 상대적으로 노동을 적게 투입했다고 낮은 출연료를 받는 게 타당하다고 하기도 어렵다.

우리나라에서는 기업이 가격을 인상할 때마다 늘 '원가 상승으로 가격인상이 불가피하다'는 친절한 설명을 덧붙이곤 한다. 그처럼 구차한 변명을 하는 이유는 여전히 우리나라에서는 노동가치설을 많이 신봉하고 있기 때문이다. 그러나 소비자 취향에 맞지 않아 재고가 쌓여 80% 세일을 하는 업자들에게 부당한 가격이니 적어도 원가는 받고 판매하라고 요구하는 것, 폭발적인 수요로 원가보다 두 배 높은 가격에도 없어서 못 파는 품귀 상품을 두고 원가만 받고 팔라고 요구하는 것, 모두 시장의 수요공급법칙에 맞지 않는다. 결론적으로, 적정 가격 논란은 부질없는 일이다. 시장에서 소비자와 생산자가 자유의지로 거래한 결과이자, 수요와 공급이 결정하는 가격, 즉 '시장가격'이 곧 적정 가격이다.

▼ 제품가격은 쌀수록 좋을까?

가격이란 소비자에게는 상품을 구입하는 희생대가이다. 그래서 가격이 쌀수록 좋다고 인식하기 쉽다. 그러나 상품을 생산하는 공급자에게 가격은 개당 판매수입이다. 기업은 상품을 생산해 부가가치를 창출하려 노력한다. 부가가치란 상품의 판매가격에서 인건비를 제외한 상품의 중간재와 원부자재 비용을 뺀 값이다. 다른 조건이 동일하다면 판매가격이 높을수록 기업의 부가가치는 증가한다. 따라서 높은 가격을 받을 수 있는 상품을 만들면 생산자 입장에서는 매우 바람직하다. 게다가 부가가치는 다시 임금소득과 이윤소득으로 분배된다. 부가가치가 높아야 더 높은 임금을 지급하고 더 많이 배당할 수 있다.

당연히 질 나쁜 상품은 가격이 싸며, 고급 첨단제품은 비싸다. 그러므로 기업가들은 값비싼 고급 제품을 생산해 공급할 꿈을 가져야 한다. "값싸고 질 좋은 제품을 수출하자!"라는 구호는, 질도 좋고 값도 싸서 상대적으로 국제경쟁력 높은 상품을 만들자는 뜻으로 이해해야 한다. 품질이 보장되지 않은, 값만 싼 상품을 수출하는 것은 결코 자랑이 될 수 없다. 기업가라면, 외국 소비자가 높은 값을 지급하면서라도 구입하고 싶어할 만한 값비싼 고부가가치 명품을 만들어 수출할 꿈을 가져야 한다.

▼ 피서지 '바가지 요금'은 상인의 탐욕 때문일까?

매년 휴가 시즌마다 언론에는 피서지의 부당한 '바가지 요금'에 대해 항의하는 뉴스가 어김없이 등장한다. 시장에서 공급 압력, 즉 원가상승 때문에 가격이 상승하는 것은 소비자가 수용하기가 정서적으로 쉬운 반면, 수요가 급증해 가격이 급등하는 것은 소비자가 수용하기가 매우 힘든 것이 사실이다. 수요 급증으로 가격이 급등하면, 소비자들 눈에는 마치 개별 판매자들이 소비자의 다급한 약점을 이용해 부당 이득을 취하는 행위로 보일 수 있다. 상품가격을 인상하려는 대기업이나 공기업이 으레 원가 상승을 이유로 가격인상이 불가피하다는 핑계를 대는 이유이다.

수급의 법칙은 중력의 법칙처럼 강력하게, 때로는 무자비하게 작동한다. 인기 있는 피서지에서 성수기 때의 방값이 '평소보다' 3배 이상 급등하는 이유는 바로 그 시점에 해당 피서지 숙박시장의 숙박 장소에 대한 수요압력이 급등했기 때문이다. 개별 숙박업자들이 양심불량이거나 폭리를 추구하기 때문이 아니다. 피서지의 바가지 요금을 탓하고 원망하는 것은, 선반 위의 물건이 떨어져 선반 아래 누워 있던 아기가 다쳤을 때 중력의 법칙을 탓하는 것과 같다. 선반 위에 물건을 얹어 놓을 땐 그 밑에 아기를 재우지 말아야 하듯, 부당한 '바가지 요금'이라는 날벼락을 피하려면, 피서철에 모두가 원하는 피서지에 가지 말아야 한다. 고객은 소비압력이 낮은 때와 낮은 시장^{장소}, 팔고 싶어 하는 공급압력이 높은 때와 시장^{장소}에서 왕 대접을 받을 수 있다. 즉, 소비자가 왕 대접을 받으려면, 그런 대접을 받을 만한 시기와 장소를 탐색해 보아야 한다.

시스템 작용과 개인의 의도를 구별하라

어느 날 종합주가지수가 하루에 30p가 올라 2,000p에 도달했다고 하자. 그렇게 된 이유는 무엇일까? 그날 증권시장에 참여한 또는 참여하지 않은 수많은 주식 투자자가 상호작용한 결과이다. 주식 투자자들은 그날 수천 가지 각기 다른 의도를 가지고 증권시장에서 주식을 매각했거나 매입했을 뿐이다. 누구도 종합주가지수를 2,000p으로 마감하려는 의도는 없었을 것이다. 시장의 결과가 개인의 의도에 따라 결정되는 경우가 전혀 없는 것은 아니다. 그러나 일반적으로 시장경제에서 볼 수 있는 현상, 특히 가격, 임금, 금리, 고용 등이 변동하는 현상은 시장 참여자의 의도

Point 경제학

빗나간 의도

가난한 동네 서민들에게 고금리를 적용하는 것은 저축은행이 의도한 결과가 아닌데도, 신용이 낮은 서민들 대상으로 금리를 올리지 못하도록 동결하면, 나쁜 소식을 가져오는 심부름꾼의 목을 치는 것과 같다. 근본적인 문제 해결이 아니라 상황을 더욱 악화시킬 가능성이 높다. 그러면 서민들은 아마도 이자율이 더 높은 제3금융권이나 사금융시장으로 내몰릴 가능성이 높아져 그들의 사정이 더욱 딱해질 우려가 크다.

와는 전혀 별개일 가능성이 높다.

자유시장이 어떻게 작동하는지 그 원리가 밝혀진 지금도, 시장가격 변동 현상을 시장에서 수많은 구매자와 판매자가 상호작용한 결과로 보지 않고, 개별 경제주체가 의도한 결과로 보고 비난하는 사례를 흔히 볼 수 있다. 저축은행이 부자동네에 사는 부유한 고객에게는 낮은 금리로 대출하고, 가난한 동네에 사는 돈 없고 불쌍한 서민에게는 오히려 높은 금리를 적용하면 어떤 시각으로 볼까? 대부분 저축은행의 탐욕이나, 돈 없는 사람들을 착취하려는 나쁜 의도로 비난하는 것도 같은 맥락이다. 서민에 대한 대출금리가 높은 이유는, 신용이 낮아 부도 확률이 높아서 위험 프리미엄이 높기 때문이다. 저축은행이 특별히 나쁜 의도가 있어 빚어진 결과가 아니다.

시장의 상호작용과 개별 시장 참여자의 의도를 구별하는 것은 경제정책, 특히 경제적으로 곤궁한 서민이나 노동자를 위한 정책을 입안할 때 중요하다.

근로자 해고를 개별 기업가가 의도한 결과로 보면, 개별 기업가의 팔을 비틀기만 하면 해고도 방지하고 비정규직의 고통도 덜어줄 수 있으리라 생각하기 쉽다. 최저임금을 대폭 인상하도록 법으로 규제하면, 노동시장에서 협상력도 없는 미숙련 노동자들의 처지가 개선되리라고 믿기 쉽다. 국회 청문회에서 기업가를 불러 닦달하는 국회의원들은 정의의 사도처럼 보이고, 재선에도 도움이 될 수 있을 것이다. 그러나 시장에서 근로자들에게 좋은 일자리와 높은 월급을 주는 것은 궁극적으로 기업가가 아니라 구매자들이다. 구매자로부터 외면받는 제품을 생산하는 근로자들은 결국 일자리를 잃게 되기 쉽다. 이는 시장이 상호작용한 결과일 뿐이다.

근로자 해고가 시장의 상호작용 결과라는 경제학적 설명은, 불행히도 대중을 설득하기 어렵다. 그보다는 개별 기업가가 의도한 결과라고 설명하는 편이 더 자연스럽고 그럴듯해 보인다. 기업가의 탐욕과 근로자 착취를 질타하는 것이 더더욱 가슴에 와 닿기 때문이다.

노동자들에게 좋은 일자리를 제공하고, 고임금을 지급하는 것도 개별 기업가의 의도가 아니라, 경쟁자보다 질 좋고 값싼 상품을 만들어 낼 때 시장이 상호작용한 결과이다. 자연과학에서도 벼락이 신의 노여움이라는 미신을 몰아내기까지 수백 년이 걸렸던 것처럼, 이 사실을 일반대중이 수용하기까지는 좀 더 오랜 시간이 필요할지도 모르겠다.

시장가격 상승은 생산자에게는 이롭고, 소비자에게는 불리한가?

입시철 대학 인근에서도 숙박업소 값이 3배로 상승하면, 높은 값을 치를 만큼 효용가치이 큰 입시생들만 대학 인근 숙박업소를 이용할 것이다. 그럴 필요가 없는 불요불급한 일반 회사 출장사원은 대학에서 멀리 떨어진 숙박업소를 찾을 것이며, 방 값이 3배로 높아진다면 아마도 지하철로 아침에 등교해 시험을 보려 할 것이다. 그 결과, 먼 지방에서 오는 입시생들에게 대학 인근 숙박업소가 돌아갈 것이다. 아울러 숙박업소의 방 값이 3배 뛰면, 숙박업소 주인은 장기 투숙하고 있던 기존 손님에게 양해를 구하고 일당 3만 원씩을 주면서 대학에서 먼 곳에 있는 다른 숙박업소에서 하루이틀 숙박하라면서 방을 비워 달라고 부탁할 것이다. 일반 가정집에서는 방을 숙박업소 이용요금의 절반 값에 빌려준다는 '민박' 광고를 내붙일 것이다. 결과적으로 숙박요금 폭등은 공급량을 증대시키고 불요불급한 수요량을 감축시켜, 더 많은 원거리 수험생들이 대학 인근에서 비록 평소보다 높은 대가를 치르기는 하지만 숙박할 수 있게 된다.

이때 높은 가격을 지불한다고 해서 소비자들이 손해를 본다고 생각해서는 안 된다. 대학 인근 숙박업소 효용의 크기는 항상 일정하지 않고, 입시철에는 높이 상승하기 때문이다. 비록 높은 대가를 치르기는 하지만 대학 인근 숙박업소에 숙박하는 수험생은 더 높은 효용을 향유한 것이다.

만약 정부가 대학 인근 숙박업소의 숙박료가격를 동결한다면 어떻게 될까? 비록 일부 수험생은 동결된 낮은 요금을 내고 숙박할 수는 있겠지만, 방 부족 문제는 더욱 심각해질 것이다. 누구도 불요불급한 수요를 줄이거나 부족한 방을 더 마련하려는 유인이 없기 때문이다. 그런데도 정부의 숙박업소 요금 동결이 인기 있는 정책인 까닭은, 모든 수험생들이 자신은 낮은동결된 가격에 숙박할 수 있을 거라고 기대하기 때문이다. 숙박요금이 서너 배씩 뛰면 가난한 집 수험생은 잠잘 방을 구하기 어려울 것 같으니, 요금 동결이 정의로워 보이기 때문이다. 입시철에 수험생에게 최상의 선택은 요금도 낮고 잘 수 있는 방도 충분한 것이다. 불행히도 그런 선택을 불가능히다. 수험생이 선택할 수 있는 것은, 요금은 낮지만 잠잘 방이 부족하거나 요금은 높지만 잠잘 방이 늘어나는 것이다. 어떤 것이 수험생에게 주어진 더 좋은 선택일까?

▌ 생산원가가 동일한 상품은 모든 판매점에서 같은 가격에 판매해야 할까?

한 경제신문은 편의점 소주 가격이 주요 편의점에서 한 병에 1,450원씩 판매되는 반면, 대형마트에서는 990~1,000원에 팔리고 있다며, "편의점들의 가격 부풀리기가 도를 넘었다. 대량으로 물건을 들이는 대형마트나 백화점에 비해 다품목 소량 판매 구조인 편의점 업태 특성을 고려하더라도 지나치게 높은 수준이다. 일부에서는 편의점 업계가 한 번에 몇 가지 제품만 사는 고객들의 특성상 가격에 민감하지 않다는 점을 이용하고 있다는 지적이 나오고 있다."[7]고 덧붙였다. 일반 소비자 시각에서 보면 생산원가가 동일한 상품가격이 판매점에 따라 차이가 난다면 부당해 보일 수도 있다.

경제학 수업에서는 수요공급곡선을 그려 균형가격을 정확히 표시하면서, 가격이 시장의 수요와 공급에 의해 결정된다고 설명한다. 여기까지만 배웠다면, 소주 시장에는 한 개의 소주 가격이 존재하고, 동일한 소주는 동일 가격에 거래되어야 한다고 생각하기 쉽다. 그러나 수요공급원리로 설명하는 소주 가격은 현실 시장에서 결정되는 평균가격에 가깝다. 소주가 거래되는 시장은 지역 또는 나라에 따라 수십 수백 개가 될 수 있기 때문이다.

수요공급이론에 의하면, 편의점 소주 가격은 개별 편의점 소비자의 효용과 판매자의 비용에 따라 결정된다. 백화점 소주 가격도 각 백화점 소비자의 효용과 비용에 따라 가격이 결정된다. 동일한 소주라 하더라도 개별 편의점시장과 개별 백화점시장에서 각각의 수요와 공급의 힘에 따라 가격이 결정되므로, 편의점과 백화점에서 가격이 달라질 수 있는 것은 물론이다. 지역에 따라 같은 편의점이나 같은 백화점인데도 가격이 달라질 수 있다.

경제학 교수는 수요공급곡선을 그릴 수 있기 때문에 수요량과 공급량을 일치시켜 판매수입을 극대화할 가격수준을 확실히 알 수 있다. 그러나 현실 시장에서 판

---

7) 매일경제 2012. 10. 18.

매자는 판매하는 상품의 수요공급곡선을 정확히 알 수 없다. 그러니 판매금액을 극대화할 적정 가격을 알 수 없다. 아마도 처음에는 원가에 최소한의 마진을 붙인 가격에 판매를 시작할 것이다. 소비자들이 계속 찾는다면 조금 더 높은 가격표를 붙여 판매해 볼 것이다. 그러다가 너무 높은 가격표를 붙인 탓에 판매가 부진해지면, 가격을 다시 하향조정할 것이다. 그러므로 동일 브랜드의 가격도 판매 시점에 따라 달라질 수 있다.

같은 시점에서 편의점과 백화점에서 동일 브랜드 소주 가격이 달라지는 이유는 판매원가가 다르기 때문이다. 우선 건물 임대료가 다를 가능성이 높다. 임대료는 점포 위치에 따라 천차만별이기 때문이다. 상점마다 재고비용이 달라서일 수도 있다. 같은 백화점이라도 거의 모든 품목을 구비해놓고 판매하는 점포와 일부 품목만 구비해놓는 점포의 원가가 다를 수 있다. 고객이 쇼핑 목록에 있는 모든 품목을 한 점포에서 모두 구입할 수 없다면 다른 점포를 또 방문해야 한다. 이러한 비용을 줄이기 위해 백화점이 더 많은 품목을 보유한다면 재고비용이 높아지기 때문에 일부 품목만 구비해 놓는 점포에 비해 가격이 비쌀 수 있다. 아울러 체크아웃 시간이 빠른 점포는 더 많은 카운터에 계산원을 고용해야 하기 때문에 그렇지 않은 점포에 비해 가격이 비싸다. 상품의 품질이 좋으면 값이 비싼 것은 말할 필요도 없다. 동일한 생선이라도 신선도가 좋거나 품질이 높은 등급은 그만큼 가격도 비싸다.

판매 원가 면에서 차이가 없는데도 가격 차이가 계속 된다면, 수요_{효용} 면에서 차이가 있을 수 있다. 동일한 소주라도 분위기 있는 술집과 그렇지 않은 집 사이에 가격 차이가 날 수 있다. 아울러 인근 점포 간 경쟁 정도에 따라 가격 차이가 날 수 있다. 경쟁이 심할수록 가격 차이는 줄어들 것이다.

판매가격은 소비자들이 판매점별 가격 차이에 얼마나 민감한가에 따라 다를 수 있다. 소비자가 가격정보를 적극적으로 얻으려 하지 않는 동네의 판매점에서는 가격을 높게 받으려 할 것이다. 그렇지만 소비자들이 상품의 가격정보를 열심히 수집하고 가격 차이에 민감하게 반응을 보이는 지역에서는, 동일한 상품 사이의 가격 차이가 크지 않다. 가격에 민감하지 않은 소비자들을 비난해서는 안 되는 것처럼, 소비자 민감도에 따라 가격을 차별화하는 판매자를 비난해서도 안 된다.

다를 이유가 전혀 없는데도 이웃과 같은 상품에 지속적으로 높은 가격을 매기는 점포는 인근점포와 경쟁에서 실패해 결국 시장에서 퇴출될 것이다. 그러므로 동일 상품 가격이 점포마다 다르다고 비난하기보다는, 경쟁을 방해하는 요인을 찾는 것이 올바른 접근방법이다. 정부는 가격 차이를 법으로 규제하기보다는 경쟁이 제고되도록 시장에 대한 진입규제를 완화하고, 소비자도 가격을 포함한 시장정보 수집에 관심을 갖고 적극적인 반응을 보여야 한다. 생산원가가 동일한 상품가격이 판매하는 업소마다 달라지는 것은 시장경제 기준에 부당하지 않다.

06 '보이지 않는 손'이 만드는 시장경제

수요·공급과 함께 시장경제의 효율성과 최적성을 담보하는 가치는 혁신과 경쟁이다. 이때 기업가는 혁신하는 주체이며, 혁신 때문에 나타나는 초과이윤으로 인해 경쟁이 일어나고, 경쟁 때문에 감소하는 이윤의 기회를 확보하기 위해 다시 혁신하는, 혁신과 경쟁의 순환을 설명하였다. 이 같은 과정을 통해 혁신과 경쟁은 경제의 성장을 촉진한다.

Point 경제학

시장경제의 효율성

시장경제의 효율성이란 시장경제의 순환과정을 통해 누가 시키지 않아도 최적의 선택이 자연스레 이루어지는 것을 말한다. 시장에 맡겨 놓으면 경쟁과 순환을 통해 자동적으로 최적의 상태가 이루어진다는 것이다. 시장경제에서 이와 같이 자원이 낭비 없이 효율적으로 배분되는 것을 애덤 스미스는 "보이지 않는 손"(invisible hands)이라고 표현했다.

경쟁의 세 가지 미시적 기능

경쟁은 미시적으로 다음과 같은 세 가지 기능을 한다. 첫째, 경쟁은 경제를 구성하는 생산자와 소비자가 서로를 해치지 못하게 한다. 시장경제에서 누군가 다른 사람을 해칠 수 없는 것은 경쟁을 통해 거래 대상을 언제든 바꿀 수 있기 때문이다. 둘째, 경쟁은 생산자로 하여금 소비자시장가 원하는 것을 생산하게 만든다. 앞 부분에서 자세히 살펴본 바와 같다. 셋째, 수요와 공급의 불균형이 발생하면 경쟁은 자동적으로 가격을 조정하여 균형을 회복하는 기능을 한다.

보이지 않는 손의 역할

애덤 스미스가 말한 보이지 않는 손의 개념은 경쟁의 역할과 효과를 의미한다고 보아도 무방하다. 즉 개인이 사적 이익을 추구하더라도 경쟁을 통해서 하도록 하면 '보이지 않는 손'의 인도를 받아서 사회의 이익을 증진시키게 된다는 것이다. 보이지 않는 손이 사익 추구를 하는 개인으로 하여금, 저도 모르는 사이에 공익추구까지도 하게 만든다는 것이다. 애덤 스미스는 '보이지 않는 손'을 두 권의 저서 『국부론』과 『도덕 감정론』, 그리고 1758년에 발간한 천문학에 관한 논문에서 각각 다른 의미로 사용했다.[8]

보통 사람들은 『국부론』의 보이지 않는 손만 알고 있다. 그러나 보이지 않는 손은 세 종류가 있다. 첫째, 모든 시장 참가자가 사익을 추구하더라도 궁극적으로 보이지 않는 손에 의해 공익이 극대화되는 결과가 나타난다. 『국부론』에 나타나는 보이지 않는 손의 역할이다. "우리가 저녁식사를 기대할 수 있는 것은 빵집 주인의 자비심 때문이 아니라 이익을 추구하는 그들의 생각 덕분이다."라고 스미스는 쓰고 있다. 이처럼 시장경제는 각각의 개인이 사익을 위해 행동을 한다 해도 '보이지 않는 손'을 통해 국부를 극대화하는 기능을 가지고 있다.

둘째, 보이지 않는 손은 재분배의 기능을 한다. 『도덕 감정론』에서 스미스는 부자 지주들이 소유한 토지를 증가시켜 곡물을 더 많이 생산해도, 자신들이 모두 소비하는 것은 아니라고 주장한다. 결국 그 곡물은 많은 가난한 사람들이 소비하게

---

8) Heilbroner, Robert L. (1986), *The Essential Adam Smith*, New York: W. W. Norton.

되므로, 부자들은 마치 보이지 않는 손의 인도를 받아서 하듯 재분배 기능을 한다는 것이다. 정주영 회장이 자동차를 많이 만든 것은 자기가 모두 타기 위해서가 아니다. 결국은 다른 사람이 타게 된다. 대기업 회장이 생산하는 스마트폰도 본인이 이용하는 것보다 시장 참여자들을 위한 것이었다. 결국 보이지 않는 손은 재분배를 촉진해 모든 시장 참여자의 후생을 증가시키는 기능을 한다.

셋째, 보이지 않는 손은 윤리에 있어서도 신비스러운 신과 같은 역할을 한다. 시장경제는 전에 불량한 일을 한 사람도 차별하지 않는다. 그런 사람도 사업에 크게 성공해서 많은 사람들을 돕고 사회적으로도 존경받는 사람이 될 수 있다. 이와 같이 시장경제는 신비스럽게 사람의 품성을 바꾸는 기능을 한다. 이 또한 보이지 않는 손을 통해 이루어진다.

07 자유로운 시장경제에도 정부가 필수?

정부의 역할 없이 현대 시장경제를 생각할 수 없다. 경제학에서 '정부'라 함은 좁게는 행정부, 넓게는 행정부를 포함해 의회 및 사법부까지를 일컫는다. 애덤 스미스는 『국부론』에서 정부가 해야 할 일로 네 가지를 들었다. 첫째, 정부는 외부의 침입으로부터 나라를 보호해야 한다^{국방}. 둘째, 정부는 가능한 모든 범위에서 한 국민이 다른 국민으로부터 억압받거나 부당한 대우를 받지 않도록 보호해야 한다. 그리고 이를 관리할 수 있는 사법행정기관을 설립하고 유지해야 한다^{치안, 사법}. 셋째, 정부는 상업과 교육을 촉진할 수 있는 사회간접자본을 건설해야 한다^{사회간접자본, 교육}. 먼저 상업을 위해서는 도로, 교량, 운하, 항만과 같은 사회간접자본을 건설해야 하고, 교육의 경우에는 청소년을 위한 교육기관과 함께 모든 연령의 국민을 위한 교육기관을 설립해야 한다. 넷째, 국가는 스스로의 위엄을 지켜야 한다^{국가의 위엄}. 이와 같은 일을 정부가 실행하기 위해서는 수입이 필요한데, 스미스는 위의 각각을 위한 수입을 마련하는 방법을 매우 자세하게 설명하고 있다.

시장에서의 거래는 즉석 거래인 경우가 아니면 계약을 통해 이루어진다. 예를 들어 건물을 짓는다고 하면 건설회사와 건물주 사이에 건설비용과 건물의 여러 요소에 관한 계약을 체결하고, 계약의 완료는 미래에 이루어진다. 자금을 차입하는 경우에도 사정은 다르지 않다. 외국에 상품을 수출하는 경우도 계약과 상품이 실제로 인도되는 시점이 다르다. 이와 같이 모든 계약은 미래에 완료되기 때문에 법이 보호하지 않으면 안 된다. 사유재산의 보호에 관해서도 앞에서 여러 번 언급했지만, 이도 정부가 법으로 보호해야만 한다. 정부의 이와 같은 여러 기능은 위에 열거한 정부의 역할의 두 번째 항에 포괄적으로 포함되어 있다고 할 수 있다.

시장경제에서 정부의 역할 중에서 빼놓을 수 없는 것이 화폐를 발행하는 발권 기능이다. 현대 경제는 정부가 법으로 정한 법화를 이용하여 거래를 한다. 화폐는 내재적인 가치가 전혀 없는데도 시장경제의 거래에 사용된다. 중요한 것이 화폐가치의 안정성이다. 물가상승률 곧 인플레이션이 안정적이어야 한다. 이를 위해 정부는 화폐를 남발해서는 안 된다. 바로 이런 이유 때문에 우리나라를 포함한 선진국에서는 화폐를 발행하고 관리하는 중앙은행우리나라의 경우에는 한국은행의 독립성을 법으로 보장하고 있다.

예를 들어 8년 연속 국가 경쟁력 세계 제일의 나라인 스위스 정부가 하는 일은 무엇일까? 기업을 일으키는 것이다. 또 그 기업이 국민을 돕도록 하는 것이다.

이와 같이 정부의 기능은 다양하다. 그 가운데 시장경제에서 가장 중요한 것은 법과 규범을 지키도록 감독하는 것이다. 즉 룰 키퍼로서의 역할이 무엇보다도 중요하다. 애덤 스미스가 말한 바와 같이 시장경제는 법과 규범만 잘 갖추어 주면 특별한 간섭이 없어도 보이지 않는 손에 의해 잘 순환된다. 따라서 정부는 감독하는 기능과 간섭하는 기능을 혼동해서는 안 된다. 정부의 역할은 시장참여자의 자유로운 활동을 보장하는 것이다. 기업이 자생적으로 창업되고 성장할 수 있는 생태계를 조성하는 것이다. 그런 의미에서 자유로운 거래를 위해 생태계를 조성하는 감독은 필요하지만 간섭은 배제되어야 한다. 그리고 그와 같은 생태계에서 성장한 기업으로 하여금, 고용과 양질의 상품생산을 통하여 국민을 돕게 하는 경제가 시장경제이다.

08 부자가 없는 곳에는 사람도 돈도 없다

일제의 식민 지배가 끝난 이후 남한과 북한이 나뉘며 서로 전혀 다른 체제를 선택했다. 북한은 소련의 사주 아래 공산주의 체제를 선택했고 남한은 자본주의 체제를 선택한다. 공산주의는 다음과 같은 특징을 갖는다.

첫째, 앞에서 설명한 바와 같이 공산주의에서는 토지와 생산시설 등 모든 자원을 정부가 소유하고 개인의 재산권은 존재하지 않는다. 따라서 보다 열심히 일하고자 하는 인센티브가 존재하지 않고 통치자 1인만이 부자인 나라가 된다. 둘째, 증

일상다반사 경제학

시장경제 vs 계획경제

경제활동을 할 인센티브가 존재하는 경우와 그렇지 못한 경우 경제적 성과의 차이가 [그림 8]에 나타나 있는 남·북한의 1인당 소득 격차로부터 알 수 있다. [그림 8](a)에 나타나 있는 바와 같이 1973년까지는 북한의 1인당 소득이 남한보다 높았다. 그러나 1974년부터 남한의 1인당 소득이 북한을 추월해 격차가 벌어지기 시작했다. 특히 북한의 소득은 1991년부터 2010년까지 계속하여 하락하는 양상을 보였다. 그리고 [그림 8](b)에서 보는 바와 같이 그 사이 남한의 1인당 소득은 북한의 18배 이상(2010년)이 되었다. 지금 북한으로부터 탈출이 줄을 잇고 있다. 재산의 소유권이 인정되지 않기 때문에 북한에는 기업가와 부자가 존재할 수가 없다. 이처럼 부자가 없는 나라에서는 사람과 돈이 떠나게 되어 있는 것이다.

그림 8   남·북한의 경제성장

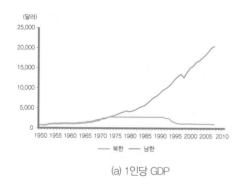

(a) 1인당 GDP

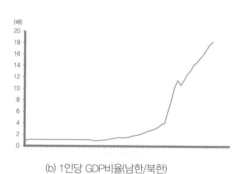

(b) 1인당 GDP비율(남한/북한)

자료: Maddison-Project: http://www.ggdc.net/maddison/maddison-project/home.htm, 2013 version.

권시장, 부동산시장, 노동시장 등 대부분의 자원, 자산 등을 거래하는 시장이 없다. 셋째, 경제적 자유가 없다. 따라서 월마트, 현대자동차, 삼성전자와 같은 기업을 일으킬 기업가가 존재하지 않는다. 넷째, 이윤추구가 허용되지 않는다. 다섯째, 경쟁이 없다. 당과 수령의 지시가 있을 뿐이다. 여섯째 민간부문이 없다. 취업자는 모두 국가 공무원이라고 할 수 있다.

그러나 자본주의에서는 사유재산권이 존재하고 소득의 창출과 소비 및 투자는 개인이 결정하며 그 과실은 개인에게 돌아간다. 그리고 스스로의 경제활동에 필요한 정보는 역시 스스로 확보한다. 따라서 자본주의에는 열심히 일할 인센티브가 존재하고 많은 기업가들이 활동한다. 이윤추구가 가능하고 경제적 자유에 따라 시장활동이 이루어진다. 따라서 일의 성과에 따라서 많은 부자들이 등장한다. 예를 들어 스위스는 12명 가운데 한 사람이 부자로, 인구에서 부자의 비율이 세계에서 가장 높은 것으로 알려져 있다.

◤09 글로벌 경쟁력이 승부를 결정한다

세계는 국제화되어 어느 나라도 고립되어 살 수 없는 시대가 되었다. 무역이란 국가 간 서로 살길을 모색하는 경제적인 거래이기도 하다. 국제경제와 무역을 설명하는 가장 고전적인 이론은 비교우위론이다. 비교우위의 개념은 영국의 경제학자 리카도David Ricardo, 1772~1823가 생각해 낸 이론이다. 경제학 역사상 가장 천재적인 이론 가운데 하나라고 하겠다.

국제화가 현대와 같이 광범위하게 진행된 세계에서 국제경쟁으로부터 생존하기 위해서는, 글로벌 경쟁력을 확보하는 것이 중요하다. 글로벌 경쟁력은 어떻게 경쟁기업보다 높은 생산성을 확보하고 유지하느냐에 의해 결정된다. 이때 높은 생산성의 확보와 유지는 기업의 기술에 의해서만 결정되는 것이 아니다. 기업이 처한 환경과 정부의 역할 심지어는 운까지도 중요하다. 이와 같은 글로벌 경쟁력에 관한

애덤 스미스를 잇는 리카도

데이비드 리카도(David Ricardo)는 영국의 대표적인 고전학파 경제학자로, 노동 가치설과 비교우위론, 차액지대론 등을 주장해 후대 경제학 발전에 단초를 제공했다. 애덤 스미스의 『국부론』을 읽으며 경제학에 큰 관심을 갖고, 그의 이론을 계승, 발전시킨 동시에 경제학을 더 세분화한 학자로 평가받고 있다.

이론이 하버드 대학의 마이클 포터Michael E. Porter 교수의 경쟁우위론이다.

비교우위론

절대우위와 비교우위
한 경제주체가 어떤 활동을 다른 경제주체에 비해 적은 비용으로 할 수 있을 때 절대우위에 있다고 한다. 반면 한 경제 주체가 수행하는 어떤 활동의 기회비용이 다른 경제주체에 비해 낮을 때 비교우위에 있다고 한다.

비교우위의 개념은 〈표 3〉을 이용해 설명할 수 있다. 쌀과 자동차의 생산에 노동만이 소요된다고 할 때, 노동으로 나타낸 쌀과 자동차의 생산비가 표에 나타난 바와 같다. 이때 쌀의 생산에서는 A국의 생산비가 싸기 때문에 A국이, 자동차의 생산에서는 B국의 생산비가 싸기 때문에 B국이 절대우위를 지닌다.

다음으로 비교우위는 한 나라 안에서 상대적인 생산비용기회비용을 비교하는 개념이다. 즉 A국에서 쌀 생산비와 자동차 생산비에 대한 비율은 $5/25 = 1/5$이고 B국에서는 $10/20 = 1/2$이다. 즉 자동차 1대를 생산하기 위해 A국에서는 쌀 500kg의 생산을 포기해야 하고 B국에서는 200kg을 포기해야 한다. 따라서 상대적인 생산비에 있어서도 A국은 쌀

표 3	노동 단위로 나타낸 생산비: 예 1	
	쌀(100kg)	자동차(1대)
A국	5	25
B국	10	20

표 4	노동단위로 나타낸 생산비: 예 2		
	쌀(100kg)	자동차(1대)	노동 부존량
A국	5	20	400
B국	10	25	600

의 생산에 B국은 자동차의 생산에 비교우위가 있다. 즉 〈표 3〉에서는 절대우위와 비교우위가 일치한다. 따라서 A국은 쌀의 생산에, B국은 자동차의 생산에 특화해 교역하면 교역거래이득을 극대화할 수 있다는 사실을 쉽게 이해할 수 있다.

〈표 3〉의 경우에는 비교우위와 절대우위가 일치하기 때문에 두 나라가 어느 재화에 특화해야 하는지 분명하다. 그러나 비교우위론의 천재성은 절대우위와 비교우위가 서로 다르게 나타날 때 확인할 수 있다. 그러한 경우가 〈표 4〉에 나타나 있다. 〈표 4〉에서 A국은 쌀과 자동차 모두에서 B국보다 낮은 비용으로 생산한다. 따라서 두 재화의 생산에서 모두 A국에 절대우위가 있다.

그렇다면 비교우위는 어떻게 될까? A국과 B국에서 쌀과 자동차의 생산비의 상대적인 비율은 각각 $5/25 = 1/5$, $10/25 = 1/2.5$이다. 즉 A국에서 자동차 1대를 생산하기 위해서는 쌀 500kg의 생산을 포기해야 하고 B국에서는 250kg의 생산을 포기해야 한다. 따라서 상대적인 생산비가 A국에서는 쌀이 싸고 B국에서는 자동차가 싸기 때문에, A국은 쌀의 생산에 B국은 자동차의 생산에 특화한다. 그래야 교역이득을 극대화할 수 있다.

예를 들어 교역 이전에 A국에서 쌀과 자동차의 생산량이 각각 (4,000kg, 10대)이고 B국에서는 (3,000kg, 12대)였다고 하자. 이때 A국은 쌀의 생산에, B국은 자동차의 생산에 특화가 이루어지면, A국은 8,000kg의 쌀을 B국은 24대의 자동차를 생산할 수 있다. 즉 두 나라에서 생산되는 쌀과 자동차의 생산이 각각 특화하기 이전보다 증가하고 A국은 (4,500kg, 11대), B국은 (3,500kg, 13대)의 소비가 가능해진다. 즉 두 나라 모두 쌀을 500kg, 자동차는 1대 더 소비할 수 있게 된다.

이와 같은 비교우위론은 국제무역의 토대가 되었다. 그러나 비교우위론은 정태적이라는 한계를 지니고 있다. 〈표 3〉이나 〈표 4〉에 나타나 있는 비교우위는 항구적으로 지속되는 것이 아니다. 예를 들어 1970년대 현대자동차가 세계시장에서 비교우위가 있었을 리 없지만 지금은 세계시장에서 경쟁력을 확보하고 있다. 삼성전자나 LG전자의 경우에도 사정은 마찬가지이다. 그런 의미에서 이 기업들이 현재 누리고 있는 비교우위가 항구적으로 유지되리라고는 장담할 수도 없다.

1963년 박정희 전 대통령이 미국을 방문했을 때 당시 세계적인 석학 로스토우 Walt W. Rostow, 2016~2003가 농업에 특화하라고 충고했다는 것은 유명한 일화이다. 현대의 정주영 회장이 조선소를 짓는다고 할 때 그 누구도 우리나라가 앞으로 조선에 비교우위가 있을 것이라고 생각하지 않았다. 그래서 자금조차 차입하기가 결코 쉽지 않았다. 레스터 서로우Lester Thurow, 1938~2016 교수가 "방글라데시 같은 나라도 비교우위는 있다. 그러나 비교우위에만 따르면 아주 가난하게 될 수 있다"고 한 말은, 비교우위의 동태적인 변화를 두고 한 것이다. 우리나라가 비교우위만 중시했다면 지금 어떻게 되었을까? 쌀 생산성은 세계 최고가 될 수 있었겠지만 아주 가난할 것이다. 당시에는 비교우위가 없었던 반도체산업, 자동차, 조선 등의 산업을 일으켰기 때문에 선진국이 된 것이다.

경쟁우위론

현대의 국제경쟁에서는 경쟁우위라는 개념을 자주 사용한다. 경쟁우위란 한 나라의 기업이 다른 나라의 경쟁자보다 수익을 더 높게 낼 수 있는 능력, 곧 글로벌 경쟁력을 말한다. 따라서 경쟁우위론이란 글로벌 경쟁력을 어떻게 확보하고 유지시키는가에 대한 이론이다. 이때 경쟁우위는 기술만으로 결정되는 것이 아니다. 보다 광범위한 요인들이 경쟁우위를 결정한다. 마이클 포터 교수[9]는 한 나라의 경쟁우위를 결정하는 근본요인으로 요소조건, 수요조건, 연관 및 부품산업의 존재, 기업의 전술, 구조와 경쟁구도를 제시한다. 정부의 역할과 운은 보조요인으로 꼽고 있다.

1970년대 공업화의 초기에는 값싼 노동력을 이용한 정태적 비교우위론에 따른 경제발전이었다. 그러나 1970년대 중반부터 시작된 중화학공업 육성정책은 앞에

---

9) Michael E. Porter(1996), *On Competition*, Cambridge, MA: HBS Press.; Michael E. Porter(1998), The Competitive Advantage of Nations, New York: The Free Press.

1970년대 중화학공업 육성정책

1960년대에 우리나라의 성장을 주도한 산업이 경공업이었다면 1970년대에는 철강, 기계, 조선, 전자, 화학 등 중화학 공업이 성장을 이끌었다. 대외 지향적 공업화를 추진한 결과 1960년대 초에는 세계에서 0.1%에 불과했던 우리나라 수출의 비중이 1970년대 말에는 1% 수준에 육박하였다. 이 시기에 수출 증대와 중화학 공업 육성을 최우선 과제로 삼은 결과 짧은 기간 동안 높은 경제 성장을 이루어 냈다.

서 언급한 바와 같이 정태적인 비교우위론으로는 전혀 설명이 불가능하다. 현대중공업, 현대자동차, 삼성전자와 같은 기업을 당시에 꿈꾸었다는 것은 비교우위론의 동태적 변형과 경쟁우위로 밖에는 설명이 불가능하다.

10 시장개혁, 이렇게 해야 성공한다

전쟁은 의도하지 않은 커다란 경제적 실험장이다. 특히 패전국의 경우 더욱 그렇다. 패전국은 전쟁 이전과 이후 경제체제가 완전히 변화하는 경우가 많은데, 이때 체제의 변화가 어떤 효과를 일으키는지 분명하게 알 수 있다. 특히 통제 · 계획경제가 시장경제로 전환될 때 나타나는 효과는 매우 극적이다. 그와 같은 체제 전환의 효과를 제2차 세계대전 이후 독일과 일본의 변화를 통해 확인할 수 있다.[10]

---

10) Cho, Jang-Ok and Kim Sookyoung(2016), "The Rise and Fall of Miracles," *Journal of Economic Theory and Econometrics* 27, 1-38.

독일의 시장개혁과 효과

종전 이후의 혼란 속에서 독일 국민은 혹독한 시련을 겪었다. 식량과 연료 부족은 물론이고 전시에 통화를 찍어 썼기 때문에 극심한 인플레이션이 발생했다. 당시 독일의 공식 화폐인 라이히스마르크가 교환의 매개수단으로 사용되지 못하고 있었다. 전쟁 중에 통화량이 10배나 증가했다. 당연히 암시장이 형성되었고 암시장에서의 교환의 매개수단은 담배였다. 그나마 암시장의 거래는 활발하지 못했고 대부분의 재화는 시장에 나오지 못한 채 퇴장됐다. 가격이 통제되고 있는 시장에서는 가치 없는 공식화폐를 받고 상품을 공급할 공급자가 당연히 존재하지 않았던 것이다.

암시장(Black Market)
정상 가격이 아닌 가격 수준에서 재화가 비합법적으로 거래되는 음성적인 시장을 암시장이라고 한다. 천재지변이나 전쟁 등으로 물자가 부족해지면, 국가는 물자의 생산·판매 가격을 통제하게 된다. 이러한 상황에서 국가가 금지한 품목이 판매되는 경우 매우 비싼 가격으로 거래되는데, 이러한 거래를 바탕으로 암시장이 형성된다.

이를 시정하기 위해 점령국, 특히 미국은 독일에 대대적인 시장개혁을 단행한다. 독일의 개혁은 1948년 6월 20일 미국과 영국의 점령 지역에서 단행된 화폐개혁으로부터 시작되었다.

화폐개혁, 시장개혁과 더불어 조세 또한 개혁되었다. 소득세율을 1/3 낮추고 기업소득세를 60%에서 50%로 낮추었다. 그리고 소득을 저축과 투자에 사용하는 경우에는 조세에서 공제해 주었다. 즉 세제개혁을 통해 저축과 투자를 늘리고자 한 것이다.

개혁의 효과는 즉각적으로 나타났다. 영국과 미국 점령지에서는 하루아침에 물물교환이 화폐경제로 바뀌었다. 재화와 노동의 대가로 새로운 화폐인 도이치 마르크DM가 사용되고 상점에는 전에 없던 상품들이 넘쳐나게 되었다. 암시장은 거의 사라졌다. 모든 사람들에게 40DM을 지급했기 때문에, 기아에 시달리며 창백한 얼굴로 거리를 방황하는 사람들도 사라졌다.

개혁은 심리적인 효과만 초래한 것이 아니었다. 생산도 급격히 증가했다. 제2차 세계대전 이후 독일 시장개혁의 효과는 경쟁과 그에 바탕을 둔 시장경제가 경제성장과 생활수준의 향상에 있어 얼마나 중요한지 일깨워 준다. 우리가 모두 두고두고 기억해야 할 교훈은, 시장경제의 원리는 준엄하다는 사실이다. 일반 시장참가자나 기업가, 정치인, 관료 모두 시장경제 원리의 준엄함을 인식하고 시장경제의 원리에 충실할 때, 가장 높은 생활수준이 달성된다는 사실을 명심해야 할 것이다.

일본을 살린 닷지 개혁(Dodge reform)

닷지 개혁은 소련의 부상에 대응하기 위해 미국이 일본을 부흥시키기로 결정한 다음 실시된 개혁이다. 닷지는 독일의 화폐개혁을 이끈 인물로 재정·금융정책에 대해 고전적·보수적 견해를 지닌 경제학자였다. 자유 시장경제를 신봉하고 정부의 개입을 철저히 거부했으며 자본축적과 부흥은 전적으로 일본 국민 곧 시장참가자의 노력에 의해 이루어져야 한다고 믿었다.

이런 원칙에 따라 닷지는 균형예산, 통화증가율 억제, 보조금의 축소 및 폐지의 세 가지 정책을 강력하게 밀어붙인다. 당시 일본은 심한 인플레이션을 겪고 있었으며 정부는 수출과 산업에 높은 보조금을 지급하고 이중환율제를 시행하고 있었다. 즉 일본 정부가 수출품을 높은 환율에 사서 외국에는 그보다 낮은 환율로 판매하고 있었다. 닷지는 이와 같은 관행을 모두 폐지하고 일본도 국제경쟁을 피하지 말아야 한다고 역설했다. 닷지 플랜에 따라 극단적인 시장개혁이 이루어지고 일본에 불황이 찾아올 즈음 6.25전쟁이 발발한다. 일본은 전쟁특수라는 행운까지 맞이해 빠른 성장을 이룰 수 있었다.

일본의 시장개혁과 효과

제2차 세계대전의 종전과 함께 일본의 정부통제는 붕괴되었다. 그와 함께 시장경제가 되살아나기 시작했으나, 일본 경제는 실업, 식량과 에너지 부족, 인플레이션의 세 가지 문제를 직면하게 된다. 실업 문제는 많은 인구가 농촌으로 귀향함으로써 크게 확대되지는 않았다. 에너지 생산은 석탄생산에 강제로 동원된 한국과 중국 노동자들이 떠나면서 더욱 심각해졌다. 식량 문제 또한 1945년의 흉작 때문에 더 악화됐으며, 이 문제는 1947년 이후 점령군사령부가 수입을 허용함으로써 완화되기 시작했다. 그리고 인플레이션은 '닷지개혁'에 따라 해결된다.

이런 가운데 일본의 기적이란, 시장개혁에 의해 가능한 것이었다.[11] 제2차 세계대전 이전 일본은 지극히 가부장적인 계급사회였다. 1945년 10월 일본 점령군사령부가 실시한 첫 개혁은 일본의 민주·자유화였다.[12]

---

11) Takafusa Nakamura(1995), *The Postwar Japanese Economy*, 2nd ed., Tokyo: University of Tokyo Press.

12) Ifo Institute for Economic Research and Sakura Institute of Research, *A Comparative Analysis of Japanese and German Economic Success*, Tokyo: Springer.

경자유전의 원칙(耕者有田之原則)

농지는 농사를 짓는 사람만 소유할 수 있다는 원칙이다. 농지법에는 농지를 이용하여 농업경영을 하거나 농업경영을 할 예정인 사람만이 농지를 소유할 수 있다고 규정하고 있다.

〈헌법 제121조〉
① 국가는 농지에 관하여 경자유전의 원칙이 달성될 수 있도록 노력하여야 하며, 농지의 소작제도는 금지된다.
② 농업생산성의 제고와 농지의 합리적인 이용을 위하거나 불가피한 사정으로 발생하는 농지의 임대차와 위탁경영은 법률이 정하는 바에 의하여 인정된다.

부재지주: 토지의 소유자가 스스로 토지를 사용·수익하지 않고 타인에게 임대해 주고, 토지의 소재지에 거주하지 않는 지주

전후 일본 경제를 근본적으로 변화시킨 것은 농지개혁과 재벌의 해체 그리고 닷지 개혁이었다. 1946년부터 1949년에 걸쳐 시행된 토지개혁은 일본인의 경제인식을 바꾸기에 충분했다. 제2차 세계대전 이전 일본 농촌은 가부장적인 사회였다. 그리고 봉건적 지주와 가신 그리고 소작인으로 구성되어 있는 구시대의 체제가 뿌리 깊게 박혀 있었다. 그러나 점령군 사령부가 경자유전의 원칙에 따라 부재지주를 인정하지 않고 직접 경작하는 농민이 토지를 보유하게 하는 강력한 토지개혁을 시행함에 따라, 소작인도 독립적으로 농지를 보유하게 되었다. 농지개혁 후 1950년대부터 일본의 농업생산은 획기적으로 증가하기 시작했다.

일본의 산업재벌은 정부로부터 노동과 물자에 대한 특혜를 받아 전쟁 중 군수물자를 독점적으로 생산함으로써 비대해진 상태였다. 점령군사령부는 재벌을 해체하여 일본이 다시 군사대국의 길로 들어서는 것을 막을 필요가 있었다. 이를 위해 점령군사령부는 재벌을 해체해 시장경쟁을 제고함과 동시에, 전시 군사정부에 협력한 인사들을 공직에서 해임한다. 이와 같은 두 조치는 시장의 경쟁을 제고하고 새롭고 젊은 인재들을 새로운 시스템에 불러들이게 되었다. 그리고 1947년 가을에 제정된 「경제권력 과집중제거법」에 따라 엄격한 반독점법을 시행했다. 이와 같은 개혁은 전후 일본 산업에 경쟁을 유도함으로써 경제성장의 기초가 되었다.

우리나라의 시장개혁을 위하여

시장은 한 나라의 국부를 창출하는 곳이다. 국부의 원천은 중상주의자들이 주장한 것처럼 금·은과 같은 귀금속도 아니고 중농주의자들이 주장한 것처럼 농업도 아니다. 국부의 원천은 애덤 스미스가 주장한 것처럼 토지, 노동, 자본, 기업가와 같은 생산요소이다. 특히 현대 자본주의 시장경제에서는 기업가와 기업가정신이 강조된다. 기업가는 자본을 소유한 자본가와 구분되며 생산과 새로운 기술의 채택에 따르는 위험을 취하는 경제주체이다. 기업가는 본질적으로 새로운 기술과 생산방법 및 제도를 도입하는 혁신을 통해 기존의 기술과 생산방법 및 제도를 갈아치우는 창조적 파괴를 실행하는 주체다. 빌 게이츠가 새로운 컴퓨터 운영체계를 도입하여 컴퓨터 이용의 혁신을 일으킨 것이나 스티브 잡스가 스마트 폰을 만들어 통신체계의 근본을 바꾼 것 등은 혁신과 창조적 파괴의 전형적 사례이다.

그러나 기업가가 혁신과 창조적 파괴를 통해 이윤만을 추구하는 것은 아니다. 참다운 기업가는 윤리적 의무를 외면하지 않는다. 그런 의미에서 애덤 스미스는 『국부론』보다 『도덕 감정론』을 더 중시했다. 『도덕 감정론』에서 그는 동정·공감과 자애심 등을 강조하고 있다.[13] 실제로 윤리적인 경영은 우리의 경우에도 쉽게 발견할 수 있다.

시장경제의 제2법칙은 혁신과 경쟁의 법칙이다. 혁신은 시장경제에서 시장균형

Point 경제학

창조적 파괴(creative destruction)

'창조적 파괴'란 경제학자 조셉 슘페터가 기술의 발달에 경제가 얼마나 잘 적응해 나가는지를 설명하기 위해 제시했던 개념이다. 슘페터는 자본주의의 역동성을 가져오는 가장 큰 요인으로 창조적 혁신을 주창했으며, 특히 경제발전 과정에서 기업가의 창조적 파괴 행위를 강조하였다. 창조적 파괴는 단순히 기존의 것을 버리는 것이 아니라 과거의 수준을 뛰어넘는 새롭고 독창적인 변화, 즉 혁신을 의미하고 이러한 과정이 기업경제의 원동력이 된다.

---

13) Adam Smith(1976), *The Theory of Moral Sentiment*, Oxford: Oxford University Press.

을 깨뜨리면서 초과이윤을 낳는다. 스티브 잡스의 혁신, 곧 스마트폰을 통해 애플이 얻고 있는 이윤은 천문학적인 숫자이다. 그러나 혁신에 따라 발생한 애플의 이윤은 삼성의 갤럭시 폰이라는 다른 혁신에 의해 잠식되고 있다. 따라서 애플이 시장경쟁에서 살아남기 위해서는 또 다른 혁신을 통해 경쟁력을 확보하지 않으면 안 된다. 이와 같이 혁신과 경쟁은 시장경제의 또 다른 본질이다. 혁신과 경쟁을 통해 경제성장이 촉진된다. 나아가 경쟁은 경제를 구성하는 생산자와 소비자가 서로를 해치지 못하게 하며, 생산자로 하여금 소비자시장가 원하는 것을 생산하게 만든다. 그리고 경쟁은 수요와 공급의 불균형이 발생하면 자동적으로 조정하는 기능을 한다.

정부의 역할 없이 시장경제를 생각할 수 없다. 그러나 정부의 역할은 시장경제의 순환이 잘 이루어질 수 있도록 하는 기능에 머물러야만 한다. 지나친 정부 개입은 시장경제의 순환을 방해하고, 국민소득을 감소시킨다. 정부의 지나친 시장개입은 통제경제에서 볼 수 있고, 통제경제의 극단적인 경우가 공산주의이다. 공산주의에서 생산과 소비는 개인의 인센티브와 관계없이 정부의 통제와 계획에 의해 이루어지기 때문에 노동자가 일할 의욕을 느끼지 못한다. 그리고 정부의 계획은 매우 많은 정보를 필요로 하지만, 정부가 그와 같은 방대할 정보를 획득할 능력과 방법이 없다. 따라서 시장균형에서 볼 수 있는 바와 같은 효율성과 최적성을 확보할 수 없다. 그렇게 공산주의는 극도로 침체했고 궁극적으로 구소련과 동구의 공산주의는 패망했다.

현재 세계 각국 개방화는 과거에 상상하지 못했을 수준이 되었다. 개방된 경제에서 살아남는 길은 글로벌 경쟁력뿐이다. 현대의 국제무역에서는 비교우위와 함께 경쟁우위의 개념을 사용한다. 경쟁우위란 경쟁자보다 수익을 더 높게 낼 수 있는 능력을 지칭하며, 세계시장에서의 경쟁력, 곧 글로벌 경쟁력은 외국기업보다 수익을 더 높게 창출할 수 있는 국내기업의 능력을 말한다. 한국의 수출주도형공업화전략은 글로벌경쟁 전략이었다고 하겠다. 8년 연속 국가경쟁력 세계 1등인 나라 스위스는 세계 1, 2위의 글로벌 경쟁력 연구소가 있는데, 한국의 경제학 책에는 경쟁력, 글로벌 경쟁력이라는 말이 없다. 한국의 경제학 책에는 비교우위만 있고 경쟁우위란 없다.

시장은 자본주의 체제에서 생산, 소비, 자본축적, 기술과 제도의 혁신, 창조적 파괴, 국제경쟁이 일어나는 용광로 같은 곳이다. 그러나 시장경제는 무질서하지 않다. 모든 시장 참가자가 자기의 사익을 추구하지만 규칙을 따르면, 시장경제는 조화로운 균형에 도달한다. 그리고 경제가 선진화하면 할수록 시장경제 순환의 원활함을 확보하는 것이 경제성장의 전제가 된다. 우리나라는 이미 선진국에 진입했다. 시장 이외의 제도를 통해 경제문제를 해결할 수 있는 단계를 이미 벗어나 있다. 심지어 정부가 해결할 수 있는 경제문제도 매우 제한적이다. 그런 의미에서, 자동화된 거대한 기계와 같은 시장경제의 순환 시스템을 어떻게 원활히 유지할지 고민하는 것, 현대를 사는 대한민국 국민의 보이지 않는 책무가 된 지 오래다.

제3장

글로벌 경제 시대,
전쟁은 기업이 한다

글로벌 경제 시대, 전쟁은 기업이 한다

21세기는 국경이 사라진 글로벌 경제전쟁 시대이며, 기업은 전사이다. 한 나라의 국방력도 기업의 국제 경쟁력으로부터 나온다. 이처럼 기업이 중요한데도 불구하고, 우리나라는 기업하기에 좋은 나라가 아니다. 기업가정신의 발현을 억압하는 제도뿐만 아니라, 이윤 추구, 경쟁과 독점 같은 기업의 본질과 경제적 기능에 대한 오해로 반기업정서도 높다. 이 장에서는 기업의 의의, 기업과 기업가에 대한 원론적인 이해를 돕고, 기업가정신을 억압하는 제도와 기업의 본질인 이윤 추구, 경쟁, 독점 행위에 대해 올바른 시각과 그런 행위가 국가경제에 어떤 경제적 순기능을 수행하는지 설명하고자 한다.

#회사 #기업경쟁력 #기업가정신 #이윤 #경쟁 #독점 #기업하기 좋은 나라 #글로벌 경제전쟁

기업하기 좋은 나라가 부강하다

경제전쟁 시대, 국력은 경쟁력 높은 기업으로부터

유럽의 작은 나라 네덜란드는 17세기에 세계를 제패하는 패권국가로 군림했다.

Point 경제학

로버트 포겔

노벨경제학상 수상자인 로버트 포겔 시카고대학교 교수는 서구 선진국이 동아시아를 앞서게 된 시점은 1750년부터라고 밝히며, 그 이유로 기업(특히 주식회사 형태의)제도와 자본주의를 들었다. 기업제도의 발명 이후, 국가 차원의 조직인 자본주의 시장경제시스템 안에서 기업이 마음 놓고 능력을 발휘할 수 있었고, 반면에 서양을 앞서가던 중국의 동양 문명이 서양에 뒤처지게 된 이유 가운데 하나도, 기업제도를 발전시키지 못했기 때문이라는 것이다.

자료: 김승욱, 『제도의 힘』, 프리이코노미스쿨, 2015, p. 74.

그 동력은 어디에서 온 것일까? 1602년, 유럽 최초로 세운 '동인도 회사'라는 기업이 뒷받침했기 때문이다. 네덜란드 동인도회사는 200년 동안 세계 최대기업으로 군림하며 17세기에 무려 1,500척의 상선을 건조했다고 한다.[1] 이 네덜란드 최초의 회사가 전쟁 등 여러 이유로 기울기 시작하자, 18세기에 영국이 기업제도를 정착시킨 뒤 산업혁명으로 꽃피워 '팍스 브리태니커Pax Britannica'시대를 열었다.

그 이후 지난 100여 년간 팍스 아메리카나 시대를 주도해온 미국 국부의 원천은 막강한 핵심기업들이다. 〈포브스〉에 의하면, 2015년 세계 500대 기업 가운데 미국 기업은 169개로, 압도적인 다수를 차지한다. 21세기 초 G2, G3를 자랑하던 일본과 독일은 각각 51개와 20개, 그리고 근래 G2로 부상한 중국이 30개로 나머지 경제 대국을 압도하고 있다. '한강의 기적'을 이루어낸 한국은 12개, 인구 800만 명의 경제 강국 스위스는 16개이다. 국가의 세계적 위상은 세계적인 규모의 기업을 얼마나 보유했는지 여부와 밀접한 관계가 있다는 증거이다.[2]

국제경쟁력을 가진 기업이 꼭 대기업만을 의미하지는 않는다. 경제강국에는 소위 '히든 챔피언hidden champions'이라는 막강한 중견기업과 강소기업도 많다.

히든 챔피언
'히든 챔피언'은 전 세계 시장 점유율 3위 또는 지역(대륙) 시장 점유율 1위 기업, 연 판매수입 50억 유로 이내인 기업으로 정의한다.

일상다반사 경제학

히든 챔피언(hidden champions)

전 세계 '히든 챔피언' 2,734개 가운데 독일이 1,307개, 미국 386개, 일본 220개, 스위스 110개이며, 중국은 68개, 한국은 23개이다. 우리나라의 히든 챔피언으로는 세계시장 1위 기업인 3차원 납도포 검사기 제조 고영테크놀로지, 휴대폰용 RF동축케이블 제조 기가레인, 크레인용 트랙슈 어셈블리 제조 동일금속, 유전자 및 유전체 분석 서비스 마크로젠, 의료용 디지털 X-ray Dector 제조 뷰웍스, POS 프린터 제조 박솔론 등이 있다.

자료: 전 세계 히든챔피언 개수는 Prof. Dr. Herman Simon, Hidden Champions-The Vanguard of Globalia (June 8, 2015), Simon Kucher & Partners, p. 11, 한국의 히든챔피언은 '코스닥라이징 스타 28개사 선정,' 전자신문 2016. 10. 27.

---

1) 김승욱, 『제도의 힘』, 프리이고노미스쿨, 2015, p. 186.
2) The World's Largest Companies 2015, *Forbes*.

경제력을 측정하는 지표 가운데 하나인 국내총생산GDP을 보자. 2016년도 기준, 미국은 전 세계 국내총생산GDP 73조 달러 가운데 26%인 19조 달러를 차지하며, 중국의 GDP 11조 달러보다 1.7배 많다. 중국이 G2로 부상한 이유도 중국 GDP가 세계 2위이기 때문이다.[3] 이렇듯 국력은 기업으로부터 나온다. 기업이 잘돼야 나라가 잘되고, 국방력도 키울 수 있다. 경제력을 키우는 기업은 '국방력 발전소'인 셈이다.

어느 나라든 세계적 수준의 기업체 수가 얼마나 늘고 줄었느냐에 따라 그 나라 경제력 변동을 짐작할 수 있다. 〈포브스〉가 발표한 바에 따르면, 2006년 중국의 세계 500대 기업은 5개였는데, 10년이 지난 2015년에는 30개로 6배나 증가했다. 중국의 경제력이 지난 10년간 얼마나 폭발적으로 증가했는지 쉽게 짐작할 수 있다. 반면 미국과 일본의 경제력이 상대적으로 정체하고 있다는 사실도 역시 세계 500대 기업 수의 변동에서 찾아볼 수 있다. 2006년 세계 500대 기업 수는 미국이 194개였는데 2015년 169개로 감소, 일본은 같은 기간 59개에서 51개로 감소했다. 반면 스위스는 2006년도에 우리나라와 똑같이 11개였으나 2015년도에는 16개로 우

그림 1 주요국의 10년간 Global 500대 기업 증감

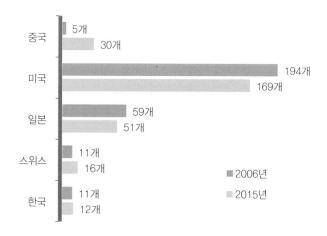

자료: Forbes(2006, 2015)

----

3) IMF, World Economic Outlook, April 2016. 경상가격(nominal price) 기준.

Point 경제학

Fortune과 Forbes

Fortune 잡지의 세계 500대 기업 순위와 Forbes 잡지의 세계 500대 기업 순위가 다르다. 그 이유는 500대 기업 순위를 발표하는 Fortune과 Forbes 잡지의 순위 산출 기준이 다르기 때문이다. Fortune 잡지는 Revenue를 기준으로 산출하고, Forbes 잡지에서는 Sales revenue, assets, profits, market values 4개 변수를 합쳐서 가중 평균한 결과로 순위를 발표한다.

리나라 12개를 앞서고 있어, 경제 강국의 면모를 보여 주고 있다.[4]

과거에는 '식민지 쟁탈전'을 벌려 국력을 길렀던 때가 있었다. 물론 오늘날은 사정이 다르다. 군사력, 식민지만으로 부강한 나라를 만들 수 없는 시대다. 미국, 독일, 일본, 스위스, 중국 등 21세기의 강대국은 식민지 쟁탈전이 아니라 '시장 쟁탈전'의 승자들, 즉 글로벌 경제전쟁에 성공한 나라들이다. 기업이야말로 이 경제전쟁의 첨병이다. 이 피 흘리지 않는 차가운 전쟁의 승패는 어느 나라가 국제경쟁력이 높은 기업을 더 많이 확보하느냐의 여부에 달려 있다. 우리가 21세기에 강대국이 되려면 군사력이 아니라 기업 육성에 먼저 집중해야 하는 이유다.

02 기업의 기능과 기업가의 역할은 무엇일까?

대다수 경제학원론 교과서는 기업을 이익 추구를 목적으로 상품과 서비스를 생산하는 경영 주체로만 인식할 뿐, 기업이 본질적으로 '제도'라는 사실을 제대로 설명하지 않는다. 각기 다른 경쟁완전경쟁, 독점시장에서 개별 기업의 최적이윤 극대화 생산량 결정과 관련한 메커니즘을 설명할 뿐이다. 그런데 기업을 이렇게 개체로만 인

---

4) Global 2000 Companies(2006, 2015), Forbes. Global 2000대 기업 가운데 상위 500대 기업 숫자.

가격과 가격제도

가격이 '제도'인 것을 인식하지 못하고, 단순히 개인이 상품을 구매할 때 지급하는 화폐 수량으로만 인식하면, 시장경제에 가격제도가 존재함으로써 시장경제에 불균형이 발생할 때 가격 변동이 시장경제에 균형을 회복시키는 가격조정 메커니즘을 이해하지 못하게 된다.

식하면, 시장경제체제에 기업제도가 존재함으로써 희소한 자원이 어떻게 효율적으로 분배되고, 국부창출에 기여하는지 파악하지 못하게 된다. 즉, 개별 기업들이 경쟁하고 이윤을 추구하며 독점하려는 과정에서 국가 자원이 어떻게 효율적으로 분배되는지, 거시경제적 또는 국가 경제적 기능을 제대로 설명할 수 없다.

주식회사 제도는 '자본주의 꽃'이다

17세기부터 유럽 경제는 괄목할 만한 발전을 시작한다. 그 동력 가운데 하나가 바로 '주식회사'제도이다. 유한책임 조건으로 주식을 대량 발행해서 조달한 거액의 자본금을 투자해 여러 척의 선박과 많은 선원으로 구성한 선단을 출항하고 대서양을 건너게 되었다. 바로 '대항해 무역'이다. 대항해 무역은 매우 큰 위험을 부담해야 했다. 선단이 폭풍이나 해적을 만나면 한꺼번에 모든 것을 다 날려버릴 수도 있기 때문이다. 그렇지만 주식회사는 유한책임으로 원리금 지급 부담도 없는 거액의 투자자금을 조달할 수 있다. 따라서 대항해 삼각아프리카, 아시아, 유럽 대륙을 잇는 무역 같은 장기 고위험 고수익 사업을 시도할 수 있었다. 이렇듯 '회사'제도 가운데 주식회사는 '자본주의 꽃', '인류의 위대한 발견' 등으로 회자될 만큼, 역사적으로 현실적으로 매우 중요한 제도이다.

유한책임을 지는 주주가 소유하는 '주식회사'는 '무한책임'을 지는 개인회사가 갖지 못한 장점이 있다. 주식을 발행해 조달한 자본금을 장기투자에 안정적으로 활용할 수 있다는 특징이다. 자본금은 은행 차입금과는 달리, 주기적으로 지급해야 하는 원리금 상환 의무가 없기 때문이다. 주식회사는 채권 발행이나 금융기관 차입으로 기업 규모를 증대해 큰 이윤을 창출할 수 있다. 그 이윤은 주주에게 배당으로 분배된다. 경영부실로 회사가 도산할 때 사주는 부채를 갚아야 하는데, 주식회사는 원칙적으로 주주가 주인이므로 주주가 갚아야 한다. 그런데 주주는 회사 부채에 대해 유한책임만을 진다. 주주는 차입 경영으로 이득이 발생하면 이윤분배에는 참여하지만, 회사가 도산할 때 자신의 보유주식 가치를 포기하는 것이 책임부담의 최대 한도이다. 주식회사의 묘미이다. 갑자기 현금이 필요하면 주식을 증권시장에서 매각할 수 있다. 이렇듯 주주가 부담하는 위험이 제한되어 있으므로, 다수의 투자자로부터 거액의 자금을 조달해 고위험 고수익 사업에 투자할 수 있다.

기업의 거시경제적 기능

기업의 '사회공헌'에 대해 보통 어떤 이미지를 떠올릴까? 이윤 일부를 문화사업 지원이나 불우이웃돕기 등 공익 목적으로 지출하는 기부 등일 것이다. 이것도 중요한 공헌 활동이긴 하지만, 기업의 '진정한' 사회공헌은, 우리 사회와 국가 경제에 기여하는 기능에서 찾아야 한다. 기업은 기본적으로 이윤을 얻고자 생산 활동을 한다. 그 과정에서 의도와는 상관없이 결과적으로 사회에 긍정적인 영향을 남기는데, 바로 그것이 기업의 존재 이유이고, 기업 종사자들이 사회적으로 존경받아야 하는 이유이기도 하다.

기업은 첫째, 다양하고 품질 좋은 제품을 생산해 저렴한 가격에 제공하여 소비자들에게 풍요로운 삶을 제공한다. 불과 20년 전만 해도 무전기만 한 크기에, 자동차 안에서만 통화할 수 있던 카폰 가격이 400만 원참고로 당시 현대 포니2 신차 가격은 220만 원을 호가했다. 그러나 이제 언제 어디서나 이용할 수 있고 다양한 기능을 가진 초경량 초고속 스마트폰을 100만 원 미만 가격으로 구매할 수 있다. 기업의 공이다.

기업의 제품 생산은 단순히 고객의 필요를 충족하는 것 이상으로 의미가 있다. 전기밥솥, 전자레인지와 가스레인지, 식기세척기, 세탁기, 진공청소기는 주부를 가사노동으로부터 해방시켰다. 역사적으로 이보다 더 여성해방에 이바지한 기록이 있을까?

둘째, 기업은 노동자에게 일자리를 제공해 생업의 터전을 마련해 준다. 일이란 본질적으로 타인이웃을 위해 봉사하는 행위이므로, 노동자는 일을 통해 삶의 보람을 느낀다. 국내 전자회사가 품질 좋고 상대적으로 저렴한 스마트폰을 만들어 국내뿐만 아니라 여러 나라에 판매하는 것은, 회사 임직원들이 우리나라뿐만 아니라 세계 여러 나라 사람을 위해 봉사하는 행위인 셈이다. 물론 기업이 경쟁 기업보다 봉사를 더 잘할수록좋은 품질, 낮은 가격, 더 많은 이익으로 보상받는다. 기업이 고용을 창출하면, 정부가 지원해야 할 복지 대상자가 줄어든다. 그 절약된 복지예산으로 도움이 더 절실한 사람들을 더 많이 지원할 수 있게 된다.

셋째, 기업은 이윤으로 국가에 세금을 납부해 국방, 사회복지, 교육, 사회간접 자본 투자 등에 지출할 수 있도록 한다. 기업이 번창할수록 세금도 더 많이 납부해 더 많은 복지 지출과 국책사업 추진이 가능하다. 스위스에서는 정부가 할 일은 기업을 일으키는 것이고, 기업이 국민을 도와 잘살게 하는 것이라고 본다. 스위스를 8년 연속 세계 경쟁력 1위 자리를 차지하게 한 배경이다. 대기업이 연말 불우이웃 돕기 사업에 기부하거나 예술가들을 직접 지원하는 문화 지원활동도 물론 중요한 사회공헌이지만, 위에서 열거한 세 가지 사회공헌에 비하면 단순한 차원이다.

우리나라 기업의 세계적 위상과 과제

1961년 1인당 소득 82달러에서 2015년 27,440달러가 되었다. 우리나라가 전쟁의 폐허 위에 일군 '한강의 기적'이다. 이 역사에 삼성, 현대, LG 같은 세계적 기업의 역할이 컸다.

기업은 곧 국가 브랜드다. '코리아'는 몰라도 '삼성 갤럭시 스마트폰'이나 'LG 드럼 세탁기'를 모르는 외국인은 거의 없다. 미국의 힘도 애플, 마이크로소프트, 구글 등 세계적 기업의 브랜드로부터 나온다. 2015년 〈포브스〉가 산출한 세계적으로 브랜드 가치가 높은 10대 기업 순위를 보자. 애플, 마이크로소프트, 구글, 코카

표 1　10대 브랜드 가치 기업

순위	기업
1	애플
2	마이크로소프트
3	구글
4	코카콜라
5	IBM
6	맥도널드
7	삼성
8	도요타
9	GE
10	페이스북

자료: Fobes(2015)

콜라, IBM, 맥도널드, 삼성, 도요타, GE, 페이스북으로, 2개를 제외하면 모두 미국 기업 브랜드이다. 삼성은 7위, 도요타는 8위로 한국과 일본의 국가 브랜드 위상을 높이고 있다.

〈포춘〉이 발표하는 2015년 세계 500대 기업 중 12개가 우리나라 기업이라는 사실은 자랑스럽긴 하지만, 세계 500대 기업의 1위 월마트와 13위 우리나라 삼성전자를 비교하면 갈 길이 멀어 보인다. 업종이 달라 직접 대비하기에는 한계가 있지만, 고용 인력을 보면 세계 월마트가 220만, 삼성전자가 31만 명이다.[5] 우리나라 43개 기업집단_{자산 5조원 이상} 대기업의 총 고용 인력은 122만 명으로, 월마트의 절반 수준이다. 2013년 우리나라 대기업_{고용인원 300명 이상} 4,375개의 총 고용 인력은 월마트의 2배 정도인 425만 명이다.[6] 우리나라에 월마트 같은 거대 기업이 1개만 출현한다면 실업문제뿐 아니라 복지 지출에 필요한 세수 확보 문제도 당장 해결될 수 있을 것이다.

우리나라 전체 기업체 숫자 가운데 중소기업이 99%이고, 전체 고용 인력의 88%를 중소기업이 고용하고 있다는 '9988'이라는 표현이 있다. 그 숫자가 어떤 의미를 갖는지 선진국과 비교해 보자. 〈표 2〉는 몇몇 선진국과 우리나라의 기업 규모별 인력 비중을 보여 준다.

〈표 2〉에서 보듯, 한국의 중소기업 인력 비중은 54.3%로 일본 33.8%보다도 많고, 20% 내외인 미국, 독일, 스위스보다 두 배 이상 많다. 그러다 보니 대기업 비중

표 2 기업규모별 고용 인력 비중 (단위: %, 2013)

구분	중소기업	중견기업	대기업
미국	19.1	17.7	63.2
독일	20.9	24.7	54.4
스위스	22.2	29.7	48.1
일본	33.8	31.8	34.1
한국	54.3	26.2	19.5

주: 중소기업은 0~49명 이내, 중견기업은 50~249, 대기업은 250명 이상
자료: Employees by Business Size, OECD Data.

5) Global 2000, Forbes(2016)
6) 전국경제인연합회 자유광장, "9989만고 9976?" 2015. 5. 19.

표 3	중소기업 내 규모별 인력 비중		(단위: %, 2013)
구분	0~9	10~19	20~49
한국	24.8	11.5	18.0
일본	7.3	9.8	17.0
스위스	6.1	5.4	10.6
독일	5.3	7.8	7.8
미국	5.5	4.9	8.7

자료: Employees by Business Size, OECD Data.

은 19.5%로, 미국 63.2%, 독일 54.4%, 스위스 48.1%의 절반도 되지 못한다. 우리 나라를 '대기업 중심 경제'라고 하지만, 고용인력 면에서는 '중소기업 중심 경제'인 것이다.

〈표 3〉에서 보듯, 중소기업에서도 특히 9명 이내의 영세기업 비중이 다른 나라 보다 3배 이상 높다. 대기업에 비해 중소기업의 부가가치 창출 능력이 낮은 상황 에서 인력은 많다 보니 당연히 1인당 부가가치액이 낮고, 따라서 임금 수준도 낮 은 것이다. 중소기업의 생산성을 높여 부가가치 창출능력을 증대해야 한다. 우리나 라가 지향해야 할 방향이다. 더욱 바람직한 목표는 '히든 챔피언' 같은 중견기업을 많이 육성하고, 그 가운데 대기업으로 성장해 더 높은 임금을 지급할 수 있는 기업 이 늘어나는 것이다. 젊은이들이 취업하고 싶은 대기업 비중이 선진국의 절반 정 도라도 된다면 더 바람직할 것이다. 그런데 정부가 중소기업을 보호육성한다면서, 막상 그렇게 성장한 중소기업이 중견기업 또는 대기업이 되면 각종 규제로 더 커 지지 못하도록 억압하고, 그로 인해서 발생하는 '피터팬 증후군'은 심각한 국가 낭 비이다. 정부가 중소기업을 과도하게 보호육성해 비중이 지나치게 높아지면 경제 전체의 생산성 부진과 국가경쟁력 약화로 이어질 우려도 커진다.[7] 대졸자들이 가 고자 하는 대기업 일자리가 그만큼 줄어든다는 시장원리를 간과해서는 안 된다. '9988'은 자랑할 만한 경제구호가 아니다.

---

7) 오승환 산업경제부장, "중기 '9988'의 불편한 진실," 문화일보 2016. 4. 14.

기업가와 기업가정신이란 무엇일까?

기업가의 역할

기업이라는 조직의 핵심 주체인 기업가는 가용 가능한 부존자원으로 가치를 창출하거나, 자원의 생산성을 높여 국부를 증대시키는 사람이다. 새로운 아이디어나 발명에 부존자원토지, 노동, 자본을 동원해 기존 제품이나 서비스를 개선하거나 신제품을 만들어 시장에 내놓는다.

이 세상에 처음부터 가치 있는 부존자원이란 없다. 미국 남부 애리조나 지역의 들판에 흘러나왔던 원유도 그 가치를 알아보는 과학자와 기업가가 등장하기 전 농부들 눈에는 농토를 망치는 골칫거리였다. 기업가는 바로 남들이 보지 못한 자원이나 기회의 가치를 알아보고, 이를 생산적으로 활용해 가치를 창출한다.

기업가는 고객을 더 만족하게 할 좋은, 또는 남다르게 혁신적인 방법을 생각해내고 실행한다. 아무도 간 적 없는 새로운 길을 찾아 나서고, 사업 기회를 포착하기 위해 사람들의 욕구를 살피고, 그것을 충족하는 데 필요한 사물을 찾는 사람이다.

기업가는 경쟁에서 승리하기 위해 주어진 목표를 경쟁자들보다 효율적으로 달성해야 한다. 이를 위해 인적자원을 조직하고 물적자원을 투입해, 주어진 목표를 가장 효율적으로 달성할 전략을 수립하는 전략가이기도 하다.

Point 경제학

부존자원

한 나라가 가지고 있는 자연 · 노동 · 자본을 총칭하는 말이다. 종래에는 자원을 인적 자원과 자연 자원으로 구분하여, 보통 자원이라고 할 때에는 자연 자원을 가리키고, 좁은 뜻으로는 천연자원만을 가리키기도 했다. 최근에는 부존자원을 인적 자원, 자연 자원, 사회문화적 자원으로 구분하기도 한다. 인적 자원은 노동력 · 사기(士氣) 등을, 자연 자원은 천연자원 · 기후 · 지형 · 지세 등을, 사회문화적 자원은 자본재 · 지식 · 사회제도 등을 포함한다.

위에서 열거한 다양한 기업활동은 그 결과가 모두 불확실하다. 그래서 기업가의 기업 활동에는 위험이 따른다. 그런데 비록 기업가가 사전적으로 위험을 부담하긴 했지만, 실제로사후적으로 위험을 부담하지 않게 되었을 때 즉, 위험을 성공적으로 부담했을 때, 기업가는 위험 부담에 대해 이윤이라는 보상을 얻는다. 요약하면 기업가는 회사를 조직하고, 전략을 수립하고, 혁신하며, 위험을 부담하는 네 가지 역할을 수행하는 전천후 경제주체이다.

'기업가정신'이란 무엇일까?

◢ 기업가정신이 발현하는 기업가의 능력은 제4의 생산요소

전통적인 신고전학파 경제 이론은 노동, 자본, 토지를 세 가지 생산요소로 설정하고, 생산요소의 투입량이 증가하면 생산량이 증가한다고 설명한다. 그러나 한라산 백록담토지 옆에 제빵기계자본와 노동자를 배치한다고 해서 빵이 생산되는 것은 아니다. 빵이 생산판매되기 위해서는 누구를 고용해서 언제 어디서 얼마나 어떤 방식으로 생산하고 누구에게 판매할지 결정하는 제4의 생산요소가 필요하다. 즉 기업가정신entrepreneurship으로 결단하는 기업가 능력이 필요하다.

"기업가정신이란 새로운 생산 방법과 신제품 개발을 위해 새로운 것에 도전하는 혁신적이고 창의적인 정신, '창조적 파괴'로 대표되는 혁신 정신이다."

▶ 조지프 슘페터(Joseph A. Schumpeter)

슘페터는 혁신자로서 기업가가 해야 할 역할을 신제품 개발, 새로운 생산방법 도입, 신시장 개척, 새로운 원료나 부품 공급, 새로운 조직 구성, 노동생산성 향상 등을 꼽았다. 창의적 아이디어, 위기를 극복하는 불굴의 정신, 신제품 개발, 신시장 개척, 조직의 효율적 운영, 인재 육성, 공정한 경쟁, 사회적 책임, 미래를 예측하는 통찰력 등은 기업가정신을 이루는 핵심 요소이다. 이것이 전통적 개념의 기업가정신이다.

'entrepreneur'와 'entrepreneurship'

우리나라에서 '기업가'로 주로 번역되는 'entrepreneur'의 어원은 프랑스어 'entreprendre'이다. 새로운 것을 시도하다(undertake), 모험하다(venture)라는 뜻이다. 따라서 'entrepreneur'는 모험가, 'entrepreneurship'은 '모험가정신'으로 번역하는 것이 더 타당해 보인다. 즉 'entrepreneur'가 반드시 '기업가'또는 '사업가'일 필요는 없다. Grameen Bank 창업자이며, 2006년 노벨평화상을 받은 무하마드 유누스(Muhammad Yunus)를 'Social entrepreneur'라고 하는 이유는, Grameen Bank가 빈민 여성들을 자립 사업가로 만들기 위해 무담보 대출이라는 모험적인 선택을 했기 때문이다. 그런 의미에서 해방 이후 국민 70%가 선호했던 사회주의보다 국민 14%만이 선호했던 자본주의 시장경제체제를(동아일보 1946. 8. 13일 기사) 선택한 이승만 대통령, 제2차 세계대전 이후 세계적으로 인기 높았던 '수입대체'전략 대신 인기 없던 '수출주도'발전 전략을 선택했던 박정희 대통령도 'Political entrepreneur'라고 할 수 있다.

"기업 활동이란 기술, 소비자 선호나 사회적 규범 등의 변화가 초래하는 기회를 포착하고 식별해 가치창출에 활용하고자 혁신적 해결방법을 모색하는 활동이다."

▶ 피터 드러커(Peter Ferdinand Drucker)

즉 드러커는 새로운 기회를 사업으로 연결하려는 모험과 도전정신을 '기업가정신'이라 정의했다.

"기업가정신이란 기회를 포착하는 능력이다."

▶ 이즈리얼 커즈너(Israel Kirzner)

"기업가정신이란 불확실성 아래 책임 있는 의사결정이다."

▶ 프랭크 나이트(Frank H. Knight)

기업가를 성공에 이르게 하는 기업가정신은 수많은 다른 기업가들에게 영감을 주고, 모방하게 하며, 새로운 창업 생태계를 조성한다. 고든 무어Gardon Moore가 마이크로프로세서를 발명했기에 스티브 잡스Steve Jobs는 개인용 PC를 생산할 수 있었다.[8]

우리나라 기업가정신의 세계적 위상

드러커 교수는 세계에서 기업가정신이 가장 강한 나라는 대한민국이라고 말한 바 있다. 전쟁의 폐허 위에서 불과 반세기 만에 '한강의 기적'을 이룬 우리나라 기업가들의 모험과 도전 정신을 높이 평가한 것이다.

안타깝게도 1960년대부터 1980년대 중반에 이르는 개발연대에 '한강의 기적'을 가능하게 했던 원동력인 기업가정신이 근래 위축되고 있다. 한국경제연구원이 조사한 바에 의하면 우리나라 국민 과반수가 넘는 55%가 기업가정신이 예전만 하지 못하다고 보는 반면, 앞으로 나아질 거라는 기대는 불과 24%에 불과하다.[9]

우리나라 기업가정신의 국제적 위상을 글로벌 기업가정신지수global entrepreneurship Index, GEI(2016)를 기준으로 비교해 보면, 132개국 가운데 27위로, 아시아-태평양권에서는 오스트레일리아3위, 대만6위, 싱가포르11위보다 크게 낮고, 중동의 아랍에미리트UAE19위, 이스라엘21위, 카타르24위, 남미의 칠레16위보다 낮다.[10] 특히 혁신·경쟁지수 수준은 미국, 영국, 이스라엘, 독일의 3분의 1 정도이다.

기업가정신지수 추이를 실증분석한 연구결과에 따르면, 1970년대 후반기 평균 131.7이었던 기업가정신지수가 1980년대 평균 107.1, 2010년대 평균 102.8, 90년대 평균 102.8, 2000년대 평균 78.1, 2010년대 평균 72.4로 계속 하락하는 추세이다. 기업가정신의 발현이 개별 기업가의 역량과 자질뿐만 아니라 제도의 좋고 나쁨에도 영향을 받기 때문이다. 예를 들어 신상품 신비즈니스 모델 출시를 법률에 미리 정한 것 외에는 원칙적으로 금지하는 포지티브 규제방식을 택하는 나라보다는, 법으로 금지한 것 이외에는 모두 허용하는 네거티브 규제방식을 택하는 나라에서 창의

---

8) 민경국 교수와 함께하는 경제사상사 여행 13 기업가정신 이론의 개척자 커즈너, 한국경제신문 2012. 12. 7
9) 황인학·송용주, "기업 및 경제 현안에 대한 국민 인식 조사 보고서: 2014," 한국경제연구원, 「정책연구」, 2014. 11.
10) 'Global Entrepreneurship Index 2016, Global Entrepreneurship Index Institute.

적 기업가정신을 발현하기가 더 쉽다는 건 분명하다.[11]

역사를 보아도 마찬가지이다. 세종 시대에 장영실처럼 역량 있는 인재들이 기라성처럼 등장한 이유도 당시 신분을 가리지 않는 인재 등용 시스템 때문이었다. '개발연대'에 다양한 창업가들이 혜성처럼 등장한 이유도 마찬가지이다. 기업가 역량을 지닌 사람들이 갑자기 많이 태어나서가 아니라, 기업가들이 자유롭게 역량을 발휘할 수 있는 제도적 환경이 마련되었기 때문이다. 기업가정신을 발현하게 하는 가장 중요한 제도적 장치가 바로 경제적 자유이다. 박정희 대통령의 경제관에서도 확인할 수 있는 부분이다.

제도와 기업가정신과의 관계는 실증 연구에서도 확인할 수 있다. [그림 2]는 2013년 세계 62개국의 제도지수와 기업가정신지수와의 관계를 나타낸다. 상관 관계선이 우상향하는 모습은 바로 제도와 기업가정신 사이에 정의 비례관계, 즉 제도지수가 높을수록 기업가정신지수가 높다는 사실을 보여 준다.[12]

일상다반사 경제학

박정희 대통령의 경제관

"국력 중에 가장 중요한 것이 역시 경제인데, 경제에다 정부가 통제를 가한다든지 자유기업을 어떻게 저해한다든지 그런 것을 할 이유가 없는 것입니다. 오히려 내 생각은 과거보다도 더 자유로운 기업 활동의 뒷받침을 해줘야 되겠다. 우리가 지금 추진하고 있는 이 자유경제체제는 보다 더 강력히 이것을 뒷받침을 해서 자유경제가 가지고 있는 그 장점과 능률을 최대한으로 우리가 발휘를 해서 우리 경제의 꽃을 피우자, 이것을 방해하는, 저해되는 그런 요인은 우리가 과감하게 고쳐 나가자, 정부의 진의는 거기에 있는 것입니다. 여러분들이 이런 것을 오해를 갖지 않도록 해주기 바랍니다."

자료: 월간경제동향회 녹취록(1972. 10. 25.)

---

11) 황인학, "한국 기업가정신의 장기 변화 추이 분석," KERI Insight, 한국경제연구원(2016. 3)
12) 황인학, "제도개혁의 성장률 기여효과 분석: GCI 제도지수를 중심으로,"「제도와 경제」, 제10월 제2호 (2016. 8) pp. 43-73 참고.

그림 2 제도지수와 기업가정신 지수의 관계(2013년, 62개국)

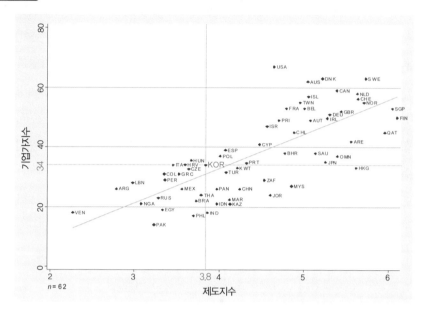

주: 제도지수는 재산권보호, 규제부담, 정책투명성, 법체계 효율성 등 공공제도와 경영윤리, 투자자보호 등 민
간제도 등 총 21개 항목을 0~7척도로 평가하여 산술평균한 값이다. 기업가지수는 GEDI에서 개발한 기
업가정신지수이며 0~100의 값을 갖는다.

04 우리나라는 기업하기 좋은 나라인가?

기업가정신이 발현해서 국제경쟁력을 가진 기업이 태동하고 성장하려면, 먼저
기업하기 좋은 환경제도이 전제되어야 한다. 세계은행The World Bank에서 발표하는
보고서 'Doing Business 2017'에 의하면, 기업하기 좋은 나라 세계 순위에서 우리
나라는 전 세계 190개국 가운데 5위이다. 숫자로만 보면 정말 기업하기 좋은 나라
같다. 그러나 조금 이상하다. 노르웨이6위, 영국7위, 미국8위, 스웨덴9위, 마케도니아
10위 등이 우리보다 순위가 낮고, 독일은 17위, 스위스 31위, 일본 34위이다. 우리
의 경험 및 상식과는 다소 괴리가 있는 통계이다.

표 4   2015 기업 경영 환경평가 국가별 순위

순위	국가
1	뉴질랜드
2	싱가포르
3	덴마크
4	홍콩
5	한국
6	노르웨이
7	영국
8	미국
9	스웨덴
10	마케도니아

자료: 세계은행, 'Doing Business 2017'(October 25, 2016)

어째서일까? 판단 기준 항목 가운데 전력 공급 세계 1위, 계약의 법적 이행도 세계 1위, 청산파산처리 제도 세계 4위, 창업 11위 등 정부가 마련하는 몇몇 공적제도 장치에서 우리나라의 순위가 높은 반면에 기업활동을 어렵게 하는 제도인 노동시장 규제 항목이 순위 판정에 포함되어 있지 않기 때문이다. 2015년도 글로벌 경쟁력 지수 자료에서 노사관계에 대한 세계 순위를 보면, 144개국 가운데 스위스 1위, 일본 5위, 독일 20위, 미국이 31위이고 중국은 62위인데, 한국은 132위로 최악 국가에 속한다. 채용과 해고 절차에서 스위스 2위, 미국 10위, 중국 17위인 데 비해, 독일 107위, 일본 123위이며 한국은 132위로 최하위 국가에 속한다.[13]

OECD 회원국 가운데 벤치마킹 국가의 고용해고 어려움 경직성 수치높을수록 높은 경직성 통계자료에 따르면,[14] 경직성이 가장 낮은 나라는 미국 0.26, 스위스 1.60, 일본 1.37 등이고, OECD 평균치는 2.04이다. 한국은 2.37로 경직성이 가장 높은 국가에 속한다. OECD 회원국 가운데 우리나라보다 고용이 경직된 나라는 네덜란드 2.82, 독일 2.68, 체코 2.92, 포르투갈 3.18 등 4개국이다.

정부의 시장 규제도 기업하기 어려운 나라를 만든다. OECD 회원국의 상품시장

---

13) The Global Competitiveness Index, The World Economic Forum 2016.
14) Strictness of Employment Protection individual dismissals 2014, OECD.

규제에 관한 연구 보고서에 의하면,[15] 한국의 규제 정도는 통계자료에 나타난 회원국 33개국 가운데 30위이며, 특히 가장 규제가 심한 OECD 7개국 가운데 아래 순위에서 4번째이다. 기업가정신에 대한 '장애barriers to entrepreneurship' 순위도 33개국 가운데 25위이다. 시장규제가 낮은 나라 상위 10개국은 네덜란드1위, 영국2위, 오스트리아3위, 덴마크4위, 뉴질랜드5위, 이탈리아6위, 슬로바키아7위, 오스트레일리아8위, 에스토니아9위, 핀란드10위이다. 독일은 11위, 일본 16위, 스위스 24위이다. 미국은 2013년 자료 누락으로 게재되어 있지 않지만 2008년도에 규제 점수0~6: 점수가 낮을수록 낮은 규제가 1.11이었으므로, 2013년 규제점수가 가장 낮은 네덜란드 0.92, 영국 1.08과 비슷한 수준이 아닐까 추정해 본다.

우리가 벤치마킹하는 국가의 규제 점수가 2008년 미국 1.11, 2013년 독일 1.29, 일본 1.41, 스위스 1.50인 데 비해 한국은 1.88이다. 그만큼 갈 길이 멀다. OECD 비회원국인 중국은 2.86으로 한국보다 규제가 심하다. 이 같은 자료는 기업가정신을 고양하려면 우리나라의 시장규제가 크게 완화되어야 한다는 사실을 시사한다.

얼마나 기업하기 좋은지는 경제적 자유도를 통해서도 가늠해 볼 수 있다. 경제적 자유도가 기업의 모험 활동을 촉진하고, 자본주의 시장경제에서는 기업가의 모험적인 시도가 부를 창출하는 기업 활동과 연계되기 때문이다. 178개국 가운데 경제적 자유도가 높은 상위 순위 10개국은 홍콩1위, 싱가포르2위, 뉴질랜드3위, 오스트레일리아4위, 스위스5위, 캐나다6위, 칠레7위, 에스토니아8위, 아일랜드9위, 모리셔스10위이다. 미국 12위, 독일 16위, 일본 20위, 한국 29위이며 중국은 139위이다.[16] 우리나라는 경제적 자유도가 세계에서 '자유로운free'나라 5개국에는 속하지 않고 '대체로 자유로운mostly free'나라 30개국 가운데에서도 하위에 속한다.

공공부문의 부패도 기업하기 어려운 제도 가운데 하나다. 대체로 부패가 적은 나라일수록 1인당 소득도 높다. 시장에 대한 정부 규제가 그만큼 줄어 모험적 기업 활동이 수월해지기 때문이다. 부패지수는 공무원들이 사적 이익을 추구할 목적으로 공권력을 남용하는 정도를 측정하는 지표이다. 국가별 부패지수를 보면, 2015년 세계

15) Koske, I. et al. 2015, "The 2013 update of the OECD's database on product market regulation: Policy insights for OECD and non-OECD countries," OECD Economics Department Working Papers, No. 1200, OECD Publishing. http://dx.doi.org/10.1787/5js3f5d3n2vl-en
16) 2015 Index of Economic Freedom, Heritage Foundation.

적으로 부패가 적은 나라 최상위 10개 국가는 덴마크1위, 핀란드2위, 스웨덴3위, 뉴질랜드4위, 네덜란드5위, 노르웨이6위, 스위스7위, 싱가포르8위, 캐나다9위, 공동 10위 3개국은 독일, 룩셈부르크와 영국이다. 스위스는 7위, 독일 10위, 미국 16위, 일본 18위, 한국은 36위, 중국은 83위로, 선진국 가운데 한국은 하위에 속한다.[17]

우리나라에서 기업하기 어려운 이유는 제도적 장애 이외에도 반기업정서 때문이기도 하다. 2015년 대한상공회의소가 조사한 기업에 대한 호감지수는 2010년 상반기 54.0을 정점으로 계속 하락하고 있다. 2014년 하반기에는 44.7까지 떨어졌다. 전경련에서 조사해 발표하고 있는 기업, 기업가에 대한 호감지수에서 한 해 동안 기업 호감도는 2013년 63%에서 65%, 기업가에 대한 호감도는 51%에서 60%, 전문경영인에 대한 호감도는 66%에서 79%로 조금씩 개선되고 있다. 그러나 과거 기업에 대한 호감도가 낮았던 나라의 개선 폭과는 비교할 수 없을 정도로 낮다. 2001년도 국제비교에서 '반기업정서를 실감하는가'라는 설문에 '그렇다'고 응답한 비율이 한국은 70%, 영국은 68%로 세계에서 이 두 나라가 가장 높았다. 네덜란드 13%, 대만 18%보다 거의 4배나 높은 수준이다.[18] 2012년 유럽집행위원회EC에서 27개 회원국 및 주요국가에서 기업가에 대한 반감도를 조사해 본 결과 한국은 17%로, 7%인 영국보다 2배 이상 높다. 흥미로운 점은 중국과 일본도 호감도가 우리보다도 낮은 28%와 27%인데, 반감도는 7%와 6%로 우리나라의 절반 이하 수준이다.[19] 반기업정서가 높을수록, 젊은이들이 기업가가 되어 '좋은 일자리를 만드는 꿈'을 꾸기보다는 고시합격, 대기업 공기업 취업 등 '좋은 일자리를 찾는 꿈'을 갖기 쉽다.

반기업정서의 원인 가운데 하나는 이윤 추구 행위, 경쟁과 독점 등 기업의 본질에 대한 부정적 시각 또는 잘못된 통념에 기인하는 것으로 보인다. 이윤 추구, 경쟁, 독점에 대한 올바른 시각과 국가경제에 기여하는 거시경제적 기능도 돌아볼 필요가 있다.

---

17) Transparency International의 부패지수Corruption Perceptions Index, 2015.
18) 2001년 Accenture사에서 발표. 황인학, "한국의 반기업정서, 특징과 원인진단," KERI Insight, 2013 재인용.
19) 황인학, "한국의 반기업정서, 특징과 원인진단," KERI Insight, 2013 재인용.

05 '좋은 이윤' 추구가 기업의 본질이다

이윤은 고객에게 먼저 혜택을 베풀도록 유인한다

시장경제는 시장에서 개인이 자기이득이라는 경제적 유인경제적 인센티브에 따라, 개인의 이득사익 추구를 허용하는 체제이다. 명시적으로 공동체를 위해 일한다거나 이웃에 봉사하기 위해 일한다고 하지 않고, 자신이나 가족의 풍요로운 삶을 위해 일한다 해도 흉이 되거나 도덕적으로 비난받지 않는다.

그럼에도 불구하고 개인이나 기업의 '자기이득또는 사익 추구 행위'를 오로지 자신만의 이득을 추구하는 '이기적selfish 행위'로 잘못 오해하기 쉽다. 그러한 시각으로 보면 기업의 이윤 추구 행위가 도덕적이지 못한 것으로 보이고, 기업이 공동체 이익보다는 자신의 이득만을 추구한다고 비판하기 쉽다.

기업이 이윤을 얻으려면 개당 생산단가원가를 웃도는 높은 가격에 판매해야 한다. 그런데 높은 가격에 판매하려면 소비자에게 가격보다 더 높은 효용이득을 제공할 때 가능한 일이다. 이는 기업이 소비자에게 '먼저' 효용이득을 제공한 '후에야' 이윤을 얻을 수 있다는 것을 뜻한다. 이것이 좋은good 이윤추구이다. 반면에 고객에게 피해를 입혀 얻는 이윤은 나쁜bad 이윤추구이다.

한 가지 덧붙일 중요한 원리는, 소비자에게 이득을 준다고 반드시 이윤을 얻으리라는 보장이 없다는 점이다. 경쟁자보다 '더 많은'이득을 제공한 기업만 이윤이라는 보상을 받고 번창할 수 있다. 그렇기에 이윤은 기업가들로 하여금 혁신하고 창의적으로 행동해, 소비자에게 더 많이 베풀도록 유인한다.

기업이 이윤을 얻기 위해 높은 가격을 받고자 하지만, 역시 경쟁자보다는 낮은 가격을 받아야 가능하다. 즉 고객이 선호하는 고품질의 신제품을 개발하고, 값싸게 생산해 경쟁자보다 저렴한 가격으로 판매할 수 있어야 한다. 그러려면 기술혁신을 통해 생산성을 제고하고, 효율적 생산방법을 찾고, 노동자의 생산기술을 숙련시키고, 생산요소를 효율적으로 사용해야 한다. 고품질 제품을 생산하려면 노동자에게 열심히 일할 유인, 즉 높은 임금을 지급하고, 안전한 작업환경을 제공하고, 회사 능력에 걸맞은 복지제도를 도입해야 한다. 이런 행위는 모두 기업가가 먼저 노동자들에게 혜택을 베푸는 행위다. 요컨대 기업가가 자신의 이득을 얻으려는 동기에서 생산 활동을 하지만, 먼저 회사 내부근로자와 이웃공동체을 '이롭게' 행동해야만 가능하다. 남에게 먼저 베푸는 행위가 전제되지 않으면 자기 이득을 얻을 수 없다는 이윤 추구 원리는 얼마나 오묘한가!

기업의 흥망성쇠를 결정하는 핵심 요소가 이윤이라 보기 쉽지만, 실은 그만큼이나 중요한 요소가 손실이다. 지금은 세계적으로 이름을 날리고 있는 아마존도 창업 후 5년 동안 계속 손실을 보았다. 신제품 개발에 성공해서 막대한 이윤을 얻던 기업도 어느 해에는 막대한 손실로 도산 위기에 직면하기도 한다. 막대한 이윤이 더 많은 경쟁자를 시장에 진입시켜 더 많은 신제품 개발경쟁, 가격경쟁으로 치달아, 성공 기업을 도산 위기로 몰아갈 수 있기 때문이다.

성공한 기업이라도 사회나 경제환경 변화나 기술적 변화가 발생할 때, 더 많은 지식과 통찰력으로 이를 기회로 신속하게 활용한 기업만 살아남는다. 무슨 신호인지 알아보지 못하면 변화에 적응하지 못해 손실이 발생하고 생존도 위협받게 된다.

이윤은 어디에서 나올까?

이윤을 더 많이 얻어 더 부유하게 살고 싶다면, 이윤이 어디에서 어떻게 발생하는지 원천을 알아야 한다. 첫째, 건강음료에 대한 소비자 욕구를 파악해 옥수수차를 개발했듯이, 소비자의 명시적 또는 잠재적 욕구를 충족할 만한 신제품을 찾아내거나 발견하는 통찰력이다. 신제품이란 꼭 지금까지 전혀 존재하지 않았던 완전히 새로운 무엇을 창조해 내는 것만은 아니다. 옛날부터 가정에서 만들어 마시던 식혜를 깡통에 담아 시장에 출시해도 신제품이다.

기업가정신 이론의 대가인 커즈너는 이윤의 원천이 발견에 대한 보상, 즉 긴요한 수요자의 욕구를 찾아내고 효과적으로 충족시킬 새로운 방법을 발견한 데 대한 대가라고 보았다. 이러한 견해는 이윤의 도덕적 정당성을 뒷받침한다. 발견에 대한 대가이므로 이윤이 발견자에게 귀속되는 것은 당연하기 때문이다.

둘째, 아이디어만으로는 이윤을 얻을 수 없다. 아이디어를 실제 상품으로 구현해 소비자들이 지급할 수 있는 가격, 더욱이 경쟁기업보다 낮은 가격으로 공급해야

커즈너의 기업가정신

이즈리얼 커즈너(Israel Kirzner)는 영국 런던 태생의 미국의 오스트리아학파 경제학자이다. 민경국 교수가 소개한 커즈너 이론에 의하면, 기업가정신은 기업가의 상상력과 창조성에서 나오는 '기민성'이며, 이는 불확실한 세상에서 새로운 이윤 기회를 포착하는 프로정신을 뜻한다. 새로운 상품과 새로운 생산 방법 등을 창출하는 혁신도 그 같은 기업가정신의 산물이라는 것이다.

자료: 민경국 교수와 함께하는 경제사상사 여행(13) 기업가정신 이론의 개척자 커즈너, 한국경제신문 2012. 12. 7

이윤을 얻는다. 그러려면 기술개발과 투자가 필요한데 여기에는 위험이 따른다. 신제품이 소비자를 만족시킬지는 사전에 알 수 없기 때문이다. 그러므로 이윤은 위험 부담에 대한 대가이다.

셋째, 자신이나 타인이 소유하고 있는 자원을 효율적으로 관리하는 능력, 즉 제조할 때 어떤 방법_{노동 집약적? 자본 집약적? 기술 집약적?}으로 생산하는 것이 가장 효율적일지 파악하는 능력도 이윤의 원천이다. 제조하는 방법에는 내주와 외주가 있다. 자기가 비교우위가 없는 부분은 외주 방식을 택하고, 비교우위가 있는 부문은 전문화해 비용을 절감하거나 생산성 증대를 꾀함으로써 이윤을 증대할 수 있다.

넷째, 비교우위나 경쟁우위를 가지면 이윤을 얻을 수 있다. 비교우위는 지리적 위치, 기후, 강수량, 부존자원, 언어 등 자연적 요인으로 주어진 우위이고, 경쟁우위는 기업가정신으로 위험을 부담하면서 고객이 원하는 제품을 만들어 성공할 때 얻는, 기업가의 두뇌로 만든 우위다. 맛 좋은 게가 많이 잡히는 영덕에서 팔리는 영덕게는 비교우위가 이윤의 원천이고, 항구에서 멀리 떨어진 내지에서 판매하는 안동 간고등어는 경쟁우위가 이윤의 원천이다.

다섯째, 남들에게 없는 희소한 능력도 이윤의 원천이다. 물론 그러한 능력이 있다고 해서 반드시, 곧바로 이윤을 얻는 것은 아니다. 그 능력을 구매할 시장이 있어야 한다. 프로골프 게임 시장이 출현하기 전이라면 '골프의 천재' 타이거 우즈가 아무리 골프를 잘 친들 혼자 즐길 수는 있어도 이윤을 얻지는 못했을 것이다. 능력이 다양하다면 그 가운데 비교우위가 있는 능력을 활용할 때 더 큰 이윤을 얻을 수 있다.

여섯째, 미래를 예측하는 능력도 이윤의 원천이다. 물론 미래를 정확히 예측하면 이윤을 얻지만 잘못 예측하면 손실을 본다. 2016년 리우올림픽 게임의 인기가 높을 것으로 예상했던 국내 방송사들이 실제로는 시청률이 예상보다 낮아 큰 이익을 얻지는 못했다.

이윤과 손실의 거시경제적 순기능

이윤은 기업가가 위험을 부담하고 혁신하도록 유인한다

비록 개별 기업가는 자기이득을 얻기 위해 기업활동을 하지만, 그러한 행위가 개별 기업의 의도와 관계없이 국가 공동체에 긍정적 순기능을 수행한다. 이를 경제적 기능이라고 한다. 이윤은 기업가로 하여금 위험한 선택을 하도록 이끈다. 즉 '위험을 부담'하도록 유인하는데, 이는 거시경제적으로 매우 중요한 기능이다. 기업가가 신제품을 출시할 때 그 제품이 소비자 취향에 맞아 제값을 받고 판매될 수 있을지 불확실하다. 그럼에도 기업가는 자기 재산자기자본을 투입하고 남의 돈을 빌려차입자본, 공장을 세우고 기계 설비를 갖추고 노동자를 고용해 신제품을 제조 판매한다. 위험을 무릅쓰고 불확실성에 도전해 성공하면 이윤이라는 보상을 얻기 때문이다. 기업이 천문학적 비용을 부담하면서 위험이 큰 석유탐사 사업을 벌이는 것도 성공보다는 실패할 확률이 훨씬 높지만, 운 좋게도 성공한다면 엄청난 이윤을 기대할 수 있기 때문이다. 그 결과 국가적으로 다양한 신제품들이 출현한다.

이윤은 기술혁신 동기를 제공해 미래의 산업발전에 크게 이바지한다. 이윤은 기업가들이 손실 또는 도산 위험을 무릅쓰고 새로운 생산기술을 개발하도록 유인하는 촉진제다. 한 기업이 신기술, 신제품 개발에 성공하면 시장점유율을 확대할 새로운 계기가 된다. 존립을 위협받게 된 경쟁기업들도 기술개발 투자를 늘리거나 신기술을 모방해 유사한 대체재를 생산하려 노력한다. 그러면 최초 기술개발 기업이 일시적으로 누렸던 독점이윤은 점차 사라지게 된다. 결국 그 기업은 또 다른 기술혁신을 추구할 것이다. 이러한 과정이 반복될 때, 기술혁신은 국가적으로 소비자들에게 품질이 우수한 다양한 제품을 더 저렴한 가격으로 제공해 삶을 풍요롭게 한다. 실제로 자동차, 가전제품, 컴퓨터 등 수많은 제품의 품질이 기술혁신으로 눈에 띄게 향상되었는데도 실질가격은 변화가 없거나 큰 폭으로 하락한 이유가 여기에 있다.

이윤과 손실은 기업가의 잘잘못을 평가하는 신호이다

사후적으로 이윤은 기업가가 제공하는 제품이나 서비스를 고객이 가치 있게 평가한다는 신호이다. 손실은 고객에게 충분한 효용이나 가치를 제공하지 못하고 있다는 분명한 신호이다. 이윤은 고객이 만족하는 길을 제대로 찾았다는 알림장이고, 손실은 생산량을 축소하거나 생산방식을 바꾸지 않으면 시장에서 퇴출될 수 있다는 경고이다. 이윤과 손실은 효율적 생산방식과 적정 생산량을 유지하는 기업을 보상하고, 비효율적 생산방식을 고집하거나 적정 생산량을 산출하지 못하는 기업을 자동 도태시키는 시스템이다. 이렇게 이윤과 손실을 통해 기업가는 자원을 언제, 어디에 투입하고 중단할지 신호를 받아 자원을 더 효율적으로 활용하게 된다.

가격은 소비자가 치르는 희생이다. 가격을 웃돌 만큼 이득을 제공하지 못하거나, 경쟁기업보다 더 많은 이익을 주지 못해 경쟁에서 탈락한 기업은, 손실 발생으로 자동적으로 시장에서 퇴출될 위기에 직면한다. 이때 손실은 희소한 자원의 가치를 파괴한 데 대한 '징벌'이다. 시장경제는 기업이 희소한 부존자원을 효율적으로 또는 경쟁기업보다 더 효율적으로 활용하지 못할 경우 엄중한 책임을 묻는다. 손실 또는 도산으로 사유재산을 상실하는 아픔이라는 자기책임 원칙 때문에 아무나 쉽게 생산 활동에 뛰어들지 않고, 심사숙고하고 충분히 준비해 사업을 추진하도록 유인한다. 그 결과 희소한 국가자원이 효율적으로 활용되고, 낭비를 방지할 수 있다.

이윤은 부존자원을 적재적소에 배정한다

기업이 이윤을 추구하고 손실을 최소화하려는 행위로, 기업의 의도와는 상관없이 소비자들은 더 좋은 품질, 더 낮은 가격을 누리는 이득을 얻는다. 아울러 이윤을 발생시키는 기업과 산업에는 더 많은 자원이 배정되고, 손실을 발생시키는 기업과 산업에는 더 적은 자원이 배정되어 국가적으로 자원이 효율적으로 분배

된다.

시장경제에서 자원을 효율적으로 적재적소에 배정하려 할 때, 적재적소를 찾는 과정이 이윤과 손실이다. 어느 건물을 빌려 빵가게를 운영하다가 손실이 발생하면, 그 건물^{자원}을 빵가게 영업에 투입하는 것은 자원을 비효율적으로 활용하는 것이니 다른 용도를 알아보라는 시장의 신호이다. 만약 이윤과 손실을 금지한다면 자원이 적재적소에 배정되는지 알기 어려워 비효율적으로 활용되기 쉽다. 결론적으로 누구도 기업에 명령하지 않아도 이윤과 손실은 희소한 자원을 더 효율적으로 활용하고 낭비를 방지하는 시장경제 시스템으로 작용한다.

06 이윤에는 어떤 속성이 숨어 있을까?

이윤에 대한 오해와 이해

이윤에 대한 시각은 역사적으로 오랫동안 부정적이었다. 중세 교회에서는 이윤을 죄악시 했다. 마르크스Marx는 이윤이란 자본가가 노동자를 착취한 것으로 보았다. 종교개혁 이후 이윤에 대한 긍정적 시각이 등장했다.

이윤은 기업가가 창조한 것이라고 보는 것이 올바른 시각이다. 원가 1,100만 원을 들여 오토바이를 만들어 1,500만 원에 팔 때, 제조업자는 400만 원의 이윤을 얻는다. 이때 이윤은 제조업자가 '창조한created'것이다. 피카소가 창작활동으로 완성한 작품이 몇 백억 원에 경매될 때 얻는 막대한 이윤과 같다.

이윤 추구 행위는 정당한가?

기업이 도산하면 기업의 사회적 책임, 즉 소비자에게 좋은 제품, 노동자에게 좋은 일자리, 정부를 위해 세금을 납부하는 등 사회공헌을 할 수 없게 된다. 그러므로 기업이 사회적 책임을 다하려면 장기적으로 손실을 보거나 도산해서는 안 된다. 기업가의 가장 큰 잘못은 기업을 도산 위기로 몰고 가는 것이다. 사업 성과와 관계

없이 계약에 따라 지급해야 하는 차입금 이자나 근로자 임금을 지급할 만큼 충분한 수입을 얻지 못할 때 발생하는 위기이다. 축적된 이윤으로 불황기에도 이자와 임금을 지급할 수 있어야 기업은 영속할 수 있다. 그래서 이윤을 '불황 내구력'이라고도 한다.

그러나 기업은 자력으로만 성장할 수 없다. 노동자가 제공하는 노동과 기업이 만든 제품을 애용하는 소비자, 사회 안정을 꾀하는 정부의 직·간접 지원을 바탕으로 기업이 성장하고 발전한다는 사실을 잊지 말아야 한다. 기업이 부가가치를 증대해 이윤을 얻으려 하지 않고, 기업 내부정보를 이용한 내부거래 또는 부정한 방법으로 수집한 개발정보를 이용한 부동산 투기 등과 같은 불법적 자산증식에 몰두하거나, 담합 등 자유경쟁을 제한해 독점이윤을 추구하거나, 시장을 규율하는 법을 무시하는 불공정거래행위로 이윤을 추구한다면 기업에 대한 사회적 반발과 마찰은 지속될 것이다. 기업 활동 과정에서 노동자들의 안전이 위협받거나, 오염이나 공해 발생 등으로 다른 경제주체들에게 피해를 주어도 안 된다. 불가피하게 피해를 끼쳤다면 보상해야 한다. 특히 수출의존도가 높은 국내 기업은 환경, 빈곤, 차별, 오존 등 전 세계적인 관심사나 이슈에 대한 글로벌 동향에 관심을 갖고 대응해야 한다. 그렇지 않으면 외국 고객들로부터 외면 받아 국제경쟁력에 상처를 입고 기업의 생존 자체를 위협받을 수도 있다.

▌ 이윤을 금지하면 제품 가격이 낮아질까?

자본주의 시장경제에는 명목적으로 눈에 보이는 '이윤'이라는 비용이 발생하지만, 개별 기업이 제품을 하나 판매해서 얻는 이윤은 매우 적다. 예컨대 전국 체인망을 가진 슈퍼마켓에서 100원 어치 물건을 팔아 10원의 이윤을 얻으면 많은 편이다. 그럼에도 막대한 총이윤을 얻는 이유는 낮은 가격에 판매하는 박리다매 전략의 결과이다.

사회주의 국가 경영자들은 이윤을 허용하지 않으면, 즉 10원어치 이윤이라는 개당 비용을 절약하면 100원짜리 제품가격이 90원으로 하락할 것이라고 본다. 그러나 이는 이윤을 제거하면 원가를 절감할 유인이 없고, 비효율로 인해 발생하는 비용이 더해져서 시장가격은 감소한 이윤비용보다 몇 배 상승하는 경제원리를 이해하지 못한 시각이다. 사회주의 경제가 비효율적인 까닭은 비록 명시적으로 이윤 비용을 허용하지 않지만, '비효율'이라는 보이지 않는 비용 발생을 피할 수 없기 때문이다.

사회주의 국가보다 자본주의 국가에서 더 다양한 제품을 더 낮은 가격으로 생산하고 있다는 것은, 이윤이라는 추가 비용의 크기가 이윤을 허용하지 않아 발생하는 비효율 비용보다 적다는 뜻이다. 이때 이윤은 효율성을 제고하기 위해 지급하는 비용이다. 이윤이라는 비용의 크기가 비효율에 따른 비용보다 크다면, 사회주의 국가들이 자본주의 국가들보다 더 낮은 가격으로 제품을 생산해 국민에게 더 풍요로운 삶을 제공할 수 있어야 했다. 그러나 현실 세계에서는 반대였다. 시장경제에서도 이윤 비용이 비효율 비용보다 높다면, 이윤을 추구하는 영리기업보다 이윤을 추구하지 않는 공기업이나 비영리 기구가, 같은 제품이나 서비스를 더 저렴한 가격에 제공할 수 있을 것이고 시장에서 영리기업을 비영리 기구로 대체했을 것이다. 그러나 실상은 그 반대다. 전통적으로 정부가 직접 관리했던 교도소 운영이나 쓰레기 수거도 점차 민영화하고, 대학식당과 서점을 외주에 맡기는 것도 이를 뒷받침한다.

◢ 더 많은 이윤을 얻으려는 기업이 가격을 인하하는 속사정

상식적으로 생각하면, 더 많은 이윤을 얻으려는 기업가는 제품의 판매가격을 대폭 인상하려 할 것 같다. 그런데 현실에서는 그 반대인 경우가 더 많다. 왜일까?

기업가는 판매 수입에서 노동자들의 임금, 협력업체의 원자재 납품비용 등 계약에 따라 지급하는 모든 비용을 제외한 나머지를 차지한다. 그 나머지가 플러스가 되어 이윤을 얻을지, 마이너스가 되어 손실을 보게 될지 사전에 알 수 없다. 기업가는 비용을 제외하고 남는 이득을 기대하는 유일한 경제주체이다. 따라서 경쟁자보다 품질 좋은 제품을 저렴한 가격에 판매하고자 최선의 노력을 기울일 수밖에 없다. 헨리 포드Henry Ford가 자동차 생산으로 큰 돈을 번 이유도 자동차 가격을 높여 받아서가 아니다. 컨베이어벨트 생산시스템을 도입해 대량생산으로 생산성을 제고하고 생산원가를 대폭 낮춰 낮은 가격에 판매했고, 할부판매제도를 도입해 노동자들도 매달 월급의 일부를 지출해 자기가 민든 차를 구매할 수 있게 한 결과였다.

07 '좋은 경쟁'이 기업의 본질이다

신고전학파는 동질의 상품을 수많은 작은 규모의 생산자와 소비자들이 시장상
황품귀 또는 과잉생산 등에 대해 완전한 정보를 갖는 '완전경쟁perfect competition시장'을
상정한다. 시장에 불균형초과수요, 과잉생산이 발생할 때도 시장시스템이 자동적으로
시장가격을 조정해 균형을 회복한다고 설명한다. 그러다 보니 시장에서 가격을 올
리고 내리는 경제주체가 등장하지 않는다. 동질상품을 생산하는 기업이니 품질을
경쟁할 필요도 없다. 그러니 완전경쟁시장은 무경쟁no-competition 시장이다.

그러나 현실경제는 불완전한 정보 아래 다양한 품질의 제품이 거래되는 '불완전
한 경쟁imperfect competition시장'이다. 사전에 시장의 균형 또는 불균형 여부를 알지
못하는 생산자들은, 경쟁자보다 더 많이 판매하기 위해 가격 인하 경쟁과 품질 경
쟁을 한다. 소비자들도 경쟁자보다 더 좋은 제품을 구입하기 위해 가격 인상 경쟁
을 한다.

경쟁이란 지식 발견을 촉진하는 과정이기도 하다. 자동차, 비행기, 전기, 전화,
TV, 항생제 등 지난 100년 동안 출현한 신제품은 바로 시장경쟁의 결과였다. 남획
으로 고래 기름이 바닥이 날 때 인류는 에너지 고갈을 걱정했지만, 원유 탐사 경쟁
으로 새로운 에너지원을 발견했다. 원유 고갈을 걱정할 때 오일샌드를 발견해 인류
의 자원 제약 문제를 완화한 동력도 바로 시장경쟁이었다.

기업은 무엇을 경쟁하는가?

기독교는 '네 이웃을 네 몸과 같이 사랑'하면 사후에 낙원에 갈 수 있다는 유인
시스템으로 작동한다. 시장경제는 '네 고객을 네 몸과 같이 사랑'하면 살아있는 동
안 이득을 얻을 수 있다는 유인 시스템으로 작동한다. 그래서 기업들은 이웃고객에
게 더 많은 혜택을 제공하려는 '고객 사랑'경쟁을 한다. 이것이 '좋은good 경쟁'이
다. 반면에 경쟁자를 모함하거나 경쟁을 방해하는 것은 '나쁜bad 경쟁'이다.

기업은 다양한 형태로 경쟁한다. 첫째, 생산자는 되도록 비싼 값에 제품을 판매
하고자 하지만, 구매자를 유인하기 위해 경쟁자보다는 낮은 가격을 제시하는 호가
呼價경쟁을 한다. 구매자는 되도록 저렴한 값에 구매하고자 하지만, 재화를 갖기 위

해 경쟁자보다는 높은 가격을 제시하는 호가경쟁을 한다. 그 결과 경쟁은 시장가격보다 생산비가 높은 생산자는 공급을 포기하고, 시장가격보다 효용이 낮은 구매자는 구매를 포기하도록 신호한다. 그래서 제품을 효율적으로 생산, 즉 생산단가가 가장 낮은 생산자가 생산하고, 효율적으로 소비, 즉 효용이 가장 높은 구매자가 구매하도록 한다.

둘째, 어떤 기업이 신제품을 출시하면, 다른 기업은 조금 다르게 차별화한 제품을 공급한다. 신제품이 충족시키지 못했던 틈새시장을 공략하는 경쟁에 나서는 것이다. 처음 신제품을 출시한 기업에게는 일종의 도전이다. 그러므로 경쟁은 기업이 한 번의 승리에 안주하지 않고, 제품이나 서비스를 끊임없이 개선하고 다양한 제품을 출시하도록 압박한다.

셋째, 기업은 원가를 낮춰 경쟁자보다 가격 경쟁력을 높이고자, 생산 공정 혁신경쟁과 신제품 개발경쟁을 한다. 시장경쟁 결과, 32인치 LCD TV가 처음 출시된 2006년도에는 600만 원이었으나 2016년에는 30만 원 이하에 팔리고 있다.

기술 혁신으로 원가가 하락해도, 더 많은 이득을 얻으려는 기업이 과연 '가격을 인하할까?'라는 의구심이 생길 수 있다. 그런데 원가가 하락할 때 기업이 실제로 가격을 인하하는 이유는, 경쟁자보다 더 낮은 가격에 더 많이 판매해 더 많은 이득을 얻기 위해서이다.

넷째, 자동차와 냉장고와 같은 내구재 생산 기업은 품질보증 경쟁과 사후관리 서비스 경쟁도 한다.

결론적으로 기업은 소비자에게 더 품질 좋은 제품을 더 저렴하게 제공하는 경쟁을 하고, 노동자에게 더 좋은 일자리를 제공하는 경쟁을 하고, 주주에게는 배당을 더 많이 주겠다는 경쟁을 한다. 경쟁자보다 소비자, 근로자, 주주에게 더 많은 혜택사랑을 베풀지 못하는 기업은 소비자, 근로자, 주주를 잃어 도산하게 된다. 기업이 생존하고 번영하려면 '고객 사랑'경쟁에서 승리해야 한다.

▍어떤 경쟁이 공정한가?

자유로운 시장경쟁이 경제성장과 발전에 이바지하려면 공정경쟁이 전제되어야 한다. 그런데 무엇이 공정한 경쟁인지 판단하기란 쉽지 않다. 프로축구 경기에서 두 팀이 규칙에 따르며 승리를 위해 처절히 경쟁한 뒤 그 결과에 승복하는 것이 공정한 경쟁인 것처럼, 기업의 공정한 경쟁은 정부가 만든 시장 규칙에 따라 경쟁하고 결과에 승복하는 것이다. 기업은 경쟁할 때 담합 등 불법과 사기, 경쟁자 모함 등 탈법에 의존하지 않아야 한다. '나쁜bad 경쟁'이기 때문이다. 탈세나 이중장부, 불법으로 비자금을 만들어 뇌물을 공여하는 등의 밀실경영은 용납할 수 없다. 경영 내용도 투명하게 밝힐 수 있어야 한다. 정부가 기업의 경영 내용을 증권시장에 공시하도록 하는 까닭도 공정경쟁을 위해서이다.

올림픽 등 각종 스포츠 경기의 시합에서 경쟁의 결과에 승복하고, 승자에게 주어지는 메달이나 상금은 당연한 것이다. 시장경쟁도 마찬가지이다. 승자에게 주어지는 메달인 이윤을 질시하기보다는, 스스로 경쟁력을 갖춰 도전하거나 재도전해 승리이윤 추구할 궁리를 하는 것이 공정한 경쟁이다. 경쟁의 승패 결과에 정부가 개입하는 것은 바람직하지 않다.

기업 경쟁력은 경쟁으로부터 나온다

1995년 WTO 쌀 수입국들은 '관세화방식'으로 쌀 시장을 개방하기로 수출국들과 합의하였다. 그런데 우리나라는 국내 쌀 산업이 수입쌀과 경쟁할 수 있는 경쟁력이 갖추어지지 않았다는 이유로 10년간 개방을 유예 받았다. 10년 후 2004년, 우리나라는 추가로 10년간 쌀 시장 개방을 유예 받았다. 지난 20년간 정부가 막대한 예산을 투입했는데도 국내 쌀 산업이 여전히 국제경쟁력을 갖지 못하고 있는 이유는, 국내 쌀 생산자들이 수입쌀과의 가격 경쟁, 품질 경쟁에 노출되지 않았기 때문이다. 반면 농축산물 가운데 한우 소고기는 수입 소고기와의 경쟁에서 선전하고 있다. 국내 소고기 시장이 개방되어 한우생산자들이 가격 경쟁과 품질 경쟁에 노출되었기 때문이다.

우리나라에서 외국과의 경쟁에 뒤진 법률, 회계, 교육, 의료 서비스 산업의 공통점은 무엇일까? 정부가 외국 경쟁자의 국내시장 진입을 법으로 금지한 서비스 산업이라는 점이고, 경쟁해야 경쟁력이 생긴다는 시장원리를 외면하고 있는 분야들이다.

시장경쟁의 거시경제적 순기능

▌경쟁은 경제발전의 동력이다

개인이나 기업 간 경쟁은 시장경제라는 시스템을 구동하는 동력이다. 경쟁의 승리와 실패에 따라 보상의 차이가 분명한 경쟁 시스템이 작동해야 열심히 일하고, 생산비를 낮추기 위해 피나는 노력을 하고, 신기술 신제품을 개발하기 위해 투자하며 위험을 부담할 사람이 있을 것이다. 경쟁의 승패에 대한 보상에 차이가 없다면 경쟁할 유인이 사라져, 시장경제는 동력을 잃게 된다.

처음부터 경쟁을 원하는 사람은 없다. 경쟁을 좋아하는 사람도 많지 않다. 그런데 왜 모두들 그 싫어하는 경쟁에 나설까? 무한한 소비자 욕구를 충족시킬 만큼 충분한 부존자원이 없고, 시장경제는 개별 경제주체에게 선택의 자유를 부여했기 때문이다. 다른 경제주체의 선택을 받으면 자기이득을 얻기 때문에 선택받기 위해 스스로 경쟁에 나서고, 그것이 시장경제를 구동하는 동력으로 작용하는 것이다.

▌경쟁은 시장의 권력을 분산시킨다

시장에서 구매하려는 제품, 채용하려는 노동자, 취업하려는 기업을 선택할 수 있는 자유는 강력한 힘, 즉 권력이다. 소비자 마음을 얻기 위한 기업의 판매 경쟁은 소비자의 힘을 키우고, 능력 있는 노동자를 찾기 위한 기업의 구인 경쟁은 노동자의 힘을 키우며, 좋은 일자리^{회사}를 찾기 위한 노동자의 구직 경쟁은 생산자의 힘을 키운다. 이는 시장경제는 시장의 권력이 어떤 특정 경제주체에 집중되지 않고 개별 경제주체에게 분산된다는 뜻이다. 시장경제는 경제력 집중을 걱정할 필요가 없다. 선택의 자유가 제공하는 강력한 권한을 누구도 혼자 독점하기 어렵기 때문이다. 시장경쟁 때문에 기업은 구매자^{고객}를 왕처럼 모신다. 구매자는 품질 좋은 제품을 저렴한 가격으로 구매할 수 있으며, 정확하고 신속하며 친절한 서비스를 제공받을 수 있다. 모든 경제주체들에게 권력을 분산해서 행사하도록 하는 시장경제야말로 진정한 의미에서 '경제 민주화'를 추구하는 경제체제이다.

▌경쟁은 희소한 자원을 효율적으로 활용하게 한다

시장경제는 자원이 희소할수록 높은 가치를 지닌다. 따라서 노동자는 자신이 지닌 노동능력이 더 희소한 분야를 찾아 나서고, 해당 분야에 필요한 기술을 연마한다. 그러므로 경쟁은 탁월한 자질을 찾아내는 최적의 탐색 시스템이다. 경제학 교수가 김연아 선수와 피겨스케이팅에서 겨루려 하지 않는 이유도 시장경쟁 원리를 이해하기 때문이다. 그 결과 노동이라는 자원이 효율적으로 배정활용되고, 사회 분업이 효율적으로 이루어진다.

시장경쟁의 승자 기업 역시 한시도 마음을 놓을 수 없다. 경쟁에 실패한 기업이 수시로 재도전할 수 있는 시스템이기 때문이다. 시장경쟁은 기업으로 하여금 지속적으로 소비자들이 원하는 제품을 찾고, 생산비를 인하하도록 끊임없이 혁신하게 만들어 자원을 효율적으로 활용하게 만든다.

▌경쟁은 오히려 소득 불평등을 개선한다

기업이 가격경쟁만 하는 것은 아니다. 어느 회사가 신제품을 개발해 막대한 이득을 얻으면, 다른 회사도 유사하면서 조금 다른 차별화된 제품이나 대체재 개발 경쟁에 나선다. 그 결과 소비자들은 다양한 대체재와 차별화 제품을 누릴 수 있고, 대체재 개발경쟁에 성공한 기업가는 부자가 될 수 있다. 기업가들의 경쟁은 기존 부자를 추격하고 또 추월하는 과정이기도 하다. 성공하면 기존의 부자가 누리던 독과점 이윤의 일부 또는 전부가 경쟁자에게 이전되기도 한다. 가난한 자가 부자가 되고, 부자가 중산층으로 전락하기도 한다.[20]

Point 경제학

대체재 개발
디젤엔진은 휘발유 엔진의 대체재이다. 자동차가 휘발유 연료로만 작동하는 휘발유 엔진이 대세였던 시대에 디젤연료로 작동하는 엔진을 장착한 자동차 회사들이 등장해 자동차 시장을 반으로 나누는 성공을 거두었다.

---

20) 민경국, "기업가적 경쟁의 혜택" 한국경제신문 2016. 5. 25.

시장경쟁과 소득불평등

가전제품 시장에서 경쟁에 승리한 기업 종사자들의 명목소득이 증가해 소득분배의 불균형이 커졌지만, 그로 인해 가전제품 가격이 낮아지고 서민 구매자들의 실질소득이 증대되었다. 한때는 부유했던 사람들만 향유했던 냉장고, 세탁기, 전기밥솥이 서민 가정에서 필수품이 되었다. 전자제품의 소비가 평준화된 이루어진 것은 소득불평등을 개선한 것이다.

2006년 6월부터 제주-김포 항공노선에 제주에어가 정기항공사로 등장한다. 과거에는 대한항공 독점노선이었는데, 1988년 아시아나항공이 진입했고, 18년 만인 2006년에 새로운 경쟁자 '제주에어'가 등장했다. 그러자 아시아나 요금은 30%, 대한항공 요금은 20% 인하되었다. 제주에어가 독과점 시장에 진입한 결과 소비자뿐만 아니라 제주도 관광 레저산업이 경쟁의 혜택을 입게 되었다.

시장경쟁은 국가적으로 빈곤 문제를 해소하는 데 이바지한다. 경쟁이 기업가로 하여금 원가절감이나 생산성 증대를 위한 기술혁신 노력을 경주시킨 결과로 가격이 하락해 실질소득구매력을 증대시켜 서민들을 이전보다 부유하게 만들기 때문이다. 600만 원짜리 32인치 LCD TV가 처음 출시되었던 2006년 당시 월급이 200만 원이던 은행원들에게 32인치 TV란 꿈도 꾸기 어려웠다. 그러나 신입행원 월급이 300만 원 이상으로 상승한 2016년에는 품질이 월등한 32인치 신형 LED TV 가격이 30만 원 이하로 하락했다. LED TV 물량으로 측정한 신입사원의 실질소득이 지난 10년 간 몇 십 배 증가했다. 그만큼 부유하게 되었다.

시장경쟁이 명목소득의 불평등을 야기하지만, 동시에 실질소득을 증대해 소비 평준화를 이루고, 부의 재분배에 기여함으로써 소득불평등을 개선한다.

시장경쟁에 대한 오해와 이해

▌'과도한' 경쟁은 자제해야 하나?

일반 사람들은 경쟁에 이중적 시각을 보인다. 경쟁의 승자에게 아낌없는 박수를 보내고, 생산자들이 벌인 경쟁으로 가격 인하와 품질 향상이라는 결실을 향유하기를 즐긴다. 그러나 치열한 경쟁으로 도산하는 기업과 노동자들을 보면 '과도한 경쟁은 자제해야 하지 않나?'라고 생각하기 쉽다. 그래서 외국 기업과 국내 기업, 대기업과 중소기업 간 경쟁을 제한해야 한다는 주장에 동조하기 쉽다.

1995년 우리나라는 WTO에 가입하면서 국내 유통시장을 개방하게 되었다. 세계 500대 기업 1위 미국 월마트가 국내 유통시장에 진입했다. 토종기업 이마트는 세계적인 유통회사와 경쟁하게 되었다. 월마트는 'Everyday Low Price'라는 구호를 내걸고 가격경쟁을 시도하였고, 이마트는 '최저가 보상제'로 6년간 맞섰다. 결국 2002년 월마트는 점포를 이마트에게 넘기고 한국시장을 정리했다. 이마트가 세계 500대 기업 가운데 제1위 기업 월마트를 쫓아낼 정도로 과격하게 경쟁하지 말았어야 했다고 생각하는 사람은 많지 않을 것이다.

과도한 경쟁 여부
마라톤 경주에서 선두 그룹에 속했던 선수 가운데 한 명이 중간지점에서 속도를 내 앞서 나갈 경우, 과도한 행위였는지의 여부는 경주가 끝난 다음에나 알 수 있다. 끝까지 선두로 완주한다면 중간지점에서 속도를 낸 것이 과도하지 않았겠지만, 몇 킬로미터 후 지쳐 쓰러져 있다면 과도했다고 말할 수 있다.

경쟁하는 과정에서 경쟁 당사자에게는 사실 모든 경쟁이 과도하다. 그러나 시장경쟁은 마치 마라톤 시합처럼 동태적인 과정이다. 어느 경쟁이 정말 과도한지 여부는 경쟁이 끝난 다음, 즉 사후ex post에나 알 수 있을 뿐 사전적ex ante으로는 알 수 없다. '과도한'이라는 수식어에 현혹되어서는 안 되는 이유이다.

시장경쟁의 폐해는 없는가?

반시장주의자들은 시장경쟁의 폐해로 첫째, 경쟁이 불평등을 조장한다고 본다. 물론 그런 측면이 있지만 진입장벽이나 시장규제로 자유로운 경쟁을 가로막을 때, 오히려 기득권층의 권력은 더 커지고 불평등은 더 심화한다.

둘째, 반시장주의자들은 시장경쟁의 낭비를 지적한다. 분명 경쟁하다 보면 패자가 투입한 자원과 비용은 낭비될 수도 있다. 세계적으로 유명한 피아노 경연 대회에 입상하기 위해 전 세계 수많은 젊은이들이 수년간 각고의 노력을 기울인다. 그렇지만 승리의 영광을 얻는 소수를 제외하면 다른 많은 젊은 음악도들은 비용조차 회수하지 못할 가능성도 크다. 그러나 대회 입상은 못했더라도 그들이 닦은 기량은 각기 또 다른 경쟁에서 적정한 평가를 받아 보상받을 수 있다. 그렇지 못하더라도 이를 경쟁의 결과로 보기보다는 미래를 내다볼 수 없는 인간의 한계로 보아야 한다. 모두 승리할 수 없다고 해서 경쟁 자체를 막기보다는, 다양한 음악 재능이 거래될 수 있는 시장을 발전시키는 게 더 나은 대안이다.

시장경쟁을 제한하면 누가 혜택을 볼까?

비록 경쟁이 장기적으로 경쟁자 모두에게 이득을 초래하는 원윈게임이 될 수 있다고는 하지만, 낙오자에게는 시장경쟁이 단기적으로는 악몽일 수 있다. 경쟁에서 실패한 기업은 퇴출당할 수 있고 종사자들은 졸지에 실업자가 될 수도 있다. 당사자들에게는 너무나 엄청난 고통일 것임이 분명해 보이므로, 그들을 나락으로 내모는 시장경쟁을 제한하는 편이 바람직하다고 생각하기 쉽다.

물론 경쟁을 제한하면 생산자들은 숨 돌리며 느긋해질 수 있다. 품질 향상과 원가절감을 위한 노력을 좀 게을리 해도, 신제품 개발에 따른 위험을 부담하지 않아도, 기술혁신을 위한 저축과 투자를 간과해도 잠시 버틸 수 있다. 그렇지만 품질은 낮아지고 원가는 상승하며, 종업원들은 나태해져 경영 능률은 떨어지고, 미래를 위해 투자하지 않아 기계는 녹슬게 될 것이다. 결국, 국제경쟁력도 잃게 된다.

경쟁을 통해 제 몫을 확보하기가 어렵다고 생각하는 기존 기업들은 도산 위험을 줄이고자 '공존공영'이라는 아름다운 명분을 내세우기도 한다. 동업자 사이의 경쟁을 배제하고자 '협회'와 같은 단체를 만들어 담합을 시도하기도 한다. 업계에 새로 진입하기 어렵도록 '진입장벽'을 만들고, 정부 규제를 통해 동업자 간 경쟁을 제한하려는 집단이기주의 유혹에 빠지기 쉽다. 그러나 협회 회원들이 상호 경쟁하지 않으면 단기적으로는 조금 편하기는 하겠지만, 장기적으로는 부실한 제품이나 서비스로 이어질 확률이 높다. 연관된 제품이나 서비스를 제공하는 대체재 산업에 시장을 잠식당할 우려가 크다. 특히 국내시장이 완전히 개방된 오늘날에는 국내 업체끼리 담합해 경쟁을 제한해도 외국기업과의 경쟁은 막을 수 없어 장기적으로는 해당 협회 회원 전체가 피

원윈게임
원윈게임은 경쟁하는 쌍방이 모두 승리하는 게임이다. 어느 골목에서 음식점이 경쟁하는데 한 음식점이 타이 음식메뉴 개발로 경쟁에 승리한 후 다른 음식점에서 또 다른 타이 음식 메뉴를 개발해 승리했고, 그로 인해 그 음식점 골목이 타이음식 골목으로 소문이 나 손님들로 성황을 이루었다면? 모두가 승리하는 경쟁이 된 것이다.

진입장벽
면세점 사업을 하고 싶다 해서 모두 다 자유롭게 할 수 있는 건 아니다. 정부가 면세점 사업을 할 수 있는 업체 수를 결정하는 현행 제도가 바로 면세점 시장의 진입장벽이다.

해를 입을 수 있다.

▌정부가 경쟁의 패자를 구제하면 좋지 않을까?

정부가 하는 일은 대부분 '있는 자'들로부터 세금을 징수해 '없는 자'들에게 나누어주는 로빈 후드 역할이다. 따라서 정부는 경쟁에 성공한 사람들에게 냉엄하고 낙오한 사람들에게 자비롭기 쉽다. 구매자 사랑을 받지 못해 부도위기에 직면한 부실기업에 구제금융을 지원하는 동안 기업은 계속 부실한 제품을 생산할 수 있고, 종사자들은 일자리를 유지하게 된다.

그런데 정부가 재정자원을 우량기업 대신 부실기업 연명에 사용하면, 궁극적으로 더 많은 부실기업을 양산할 수 있다. 부실에서 벗어나기 위해 신제품 개발이나 혁신 또는 구조조정을 할 유인이 결여되기 때문이다. 더욱이 부실기업 규모가 크면 클수록 도산이 국가 경제에 미치는 충격이 너무 크기 때문에 정부가 도산시키기가 어렵게 된다too big to fail. 그러므로 부실기업은 부실규모가 커지기 전에 도산하도록 해야 한다. 미루다 보면 국가가 부실기업의 연명을 담보하는 사회안전망 역할을 할 우려가 있다. 물론 구제금융에 투입되는 예산은 납세자 세금이다. 그 비용의 부담자는 '혈세'를 부담하는 애먼 국민인 것이다.

정부가 해야 할 역할은 실패한 기업을 구제하는 것이 아니라 재도전 시스템을 구축하는 것이다. 실패해 본 기업의 경험은 새로 창업하는 기업가들이 돈을 주고도 살 수 없는 귀중한 지적자산노하우이다. 기업이 재기할 기회를 봉쇄당해 귀한 지적자산이 상실된다면 국가 경제에 커다란 손실이 아닐 수 없다. 뿐만 아니라 오늘 창업의 꿈을 키우는 도전자들의 의지도 꺾게 될 것이다. 브레이크가 있어 자동차가 더 빨리 달릴 수 있듯, 한 번 실패해도 재기할 수 있다는 확신을 가져야 더 많은 이들이 창업이라는 도전에 나설 것이다.

08 '좋은 독점' 추구가 기업의 본질이다

어떤 기업이 독점기업일까?

독점을 뜻하는 영어 'monopoly'의 어원은 그리스어 'monos polein'으로부터 왔다. 'monos'란 '하나'를 의미하며 'polein'이란 '파는 것'을 의미한다. 그래서 독점기업은 '독창적 제품을 생산하는 유일한 생산자 또는 판매자'라고 쉽게 정의할 수 있을 것처럼 보인다. 그러나 현실경제에서 그러한 기업을 찾기는 어렵다.

첫째, 제품의 범위를 어떻게 설정하느냐에 따라 독점 여부가 달라지기 때문이다. 가정용 유선전화서비스는 한국통신KT에서만 판매하니, 유선전화 서비스시장에서는 KT를 독점기업으로 생각할 수 있다. 과거 단독으로 무선 휴대전화서비스를 판매했던 SK텔레콤도 모바일 전화서비스시장에서는 독점기업이라 할 수 있다. 그러나 제품의 범위를 확대해 '전화서비스시장'으로 설정하면 두 기업 모두 독점이 아니다. '통신서비스'로 설정하면 범위는 더 확장된다. 공급자는 KT, SK텔레콤뿐만 아니라 우체국, 이메일, 온라인메신저 등 다양하다.

둘째, 시장의 범위를 어떻게 설정하느냐에 따라 독점 여부가 달라지기 때문이다. 어느 군 단위 마을에 양조장 A가 한 곳만 있다면, 그 군 지역시장에서는 독점기업이다. 그러나 시장의 범위를 도 단위로 확대하면 해당 도에는 양조장이 몇 개 더 있을 터이니 도 단위 시장에서는 독점기업이 아니다.

이론적으로, 시장가격을 주어진 것으로 받아들이는price-taker 완전경쟁기업과는 달리, 독점기업은 가격을 임의로 책정할 수 있어 가격결정자price-maker라고 부른다. 그래서 요즘에는 개별 기업이 시장 지배력을 행사할 수 있으면, 즉 시장가격에 영향을 미칠 수 있으면 독점력을 행사한다고 말한다. 그런데 시장지배력도 정도 차이가 있다. 약간의 시장지배력이 있는 경우와 시장을 압도할 수준의 시장지배력 사이에 다양한 경우가 있을 수 있다. 그 두 가지를 구별해 독점 여부를 판단하는 선을 긋기는 어렵다. 현실적으로 어떤 기업이 독점기업인지 판단하기란 매우 어렵다.

▶

가격결정자
쌀시장에서 가격은 시장의 수요와 공급이 결정하고, 개별 농민들은 그 가격에 판매할 수밖에 없다. 이런 경우 농민을 가격수취자(price taker)라고 한다. 그와는 달리 독점 상품을 판매하는 사람은 판매가격을 올릴 수도 있고 낮출 수도 있다. 그래서 가격결정자(price maker)라고 한다.

독점에 대한 오해와 이해

▌ 독점은 악인가?

많은 사람이 독점은 사회적으로 바람직하지 못하다고 믿는다. 이유가 있다. 만약 쌀시장에서 쌀을 생산·판매하는 전국 농민들이 가칭 '전농련全農聯, 전국농민연합회'을 결성해 오직 그 지시에 따라 생산하고 판매하기로 합의한다면, 우리나라 쌀시장은 전농련이 지배하는 독점시장이 된다.

전농련은 우선 쌀 생산량을 감축하려 할 것이다. 그래야만 쌀 가격을 높여 받을 수 있기 때문이다. 그러면 쌀 소비자들은 비싼 값을 주고 적은 양의 쌀을 소비하게 된다. 이것이 독점의 폐해다. 이때 전농련은 쌀시장 독점에 따른 '경제적 지대economic rent'를 누릴 수 있다. 이러한 효과는 전농련을 결성한 이후 농민들의 쌀 생산비용공급 조건과 수요선호가 변동하지 않는 단기효과로, '독점화의 정태적 효과static effect'라고 한다. 이러한 효과는 쉽게 예상할 수 있으므로 "독점은 나쁘다"는 미신의 근거가 되고 있다.

장기적으로 생산비용공급 조건 조건이 달라질 수 있다. 먼저 전국 농민들이 전농련을 결성하면, 규모의 경제로 생산단가를 인하할 수 있다. 개별 농민이 농사를 지

▰ 일상다반사 경제학

경제적 지대

'지대(地代)'란 토지 사용에 대한 대가를 의미했다. 토지에 지대가 발생하는 원인은 토지 공급이 제한되어 있기 때문이다. 그래서 이제는 토지처럼 자연적 또는 인위적 요인으로 공급이 제한되는 제품이나 서비스에 지급하는 대가를 '경제적 지대'라고 한다. 특별한 재능을 지닌 운동선수가 얻는 높은 소득은 그런 재능을 소유한 사람이 제한되어 있기 때문에 발생하므로 '임금'이라 하지 않고 '경제적 지대'라고 한다.

경제적 지대를 모두 부정적인 시각으로 보아서는 안 된다. 예를 들어 김연아, 류현진 선수 등은 각고의 노력으로 남다른 재능을 갖게 되었다. 그러한 재능을 가진 사람이 많지 않아, 즉 공급에 제한이 있어 천문학적 보상을 받는다. 그것 역시 경제적 지대이다.

을 때 지출했던 씨앗이나 비료 등 농사에 필요한 원자재 구매비용, 쌀 수송비, 판매비 등을 전농련이 일괄 구매 또는 계약하면 생산비용을 절감할 여지가 있다. 전농련은 협상력이 강해져 원자재 공급자와 가격협상을 유리하게 유도할 수도 있고, 또 간접비용도 절감할 여지가 있다. 전농련은 거액의 연구개발 투자를 해 일본 '초밥'을 만드는 데 적합한 쌀 품종을 개발할 유인이 있다. 성공하면 생산비를 절감하고 대 일본 수출 등 새로운 수요도 창출할 수 있다.

전농련은 쌀 광고를 대대적으로 벌여 빵특히 외국에서 전량 수입한 밀로 만든 빵에 익숙한 젊은 세대가 쌀밥을 선호하도록 계몽해서 쌀에 대한 수요를 확대할 수 있다. 그 시도가 성공하면 쌀 시장이 독점시장이 되기 전보다 쌀 생산량이 오히려 증가할 수도 있다.

이렇게 장기적으로는 독점화로 오히려 생산량도 증가하고 가격도 하락할 수 있다. 이러한 장기효과를 '독점화의 동태적 효과dynamic effect'라고 한다. 불행히도 이런 효과는 눈에 잘 보이지 않고 예상하기도 어렵다. 그래서 단기 정태적 효과만을 보는 사람들은 "독점은 나쁘다"는 미신을 믿기 쉽다.

결론적으로 독점이 긍정적인지, 부정적인지를 판단하려면 해당 산업이 독점이 될 때 발생할 수 있는 단기 정태적 효과뿐 아니라 장기 동태적 효과를 함께 보고 판단해야 한다.

▌기업이 시장을 독점하려는 행위는 지탄받아야 할까?

1980년대 중반만 해도 국내 워드프로세서 시장은 금성, 삼성, 현대, 삼보와 한글과 컴퓨터한컴 등 국내 기업과, 팔란티어 등 외국 업체가 경합했다. 최종적으로 '한컴'이 국내 워드프로세서 시장을 평정, 즉 독점했다. 다른 기업에 비해 더 품질 좋은 프로그램을 더 값싸게 제공하는 데 성공했기 때문이다. 이때 워드프로세서 시장을 독점하려는 '한컴'은 지탄받아야 할까? 소비자들에게 좋은 품질의 제품을 저렴하게 생산 판매해 시장을 독점하게 된 기업은 칭찬받아 마땅하다. 이를 '좋은 독점'이라 한다. 마이크로소프트사가 PC의 운영시스템 MS-DOS를 제공하다가 일정 기간 이후 스스로 이를 폐기하고, 신제품 Windows 운영시스템을 계속 출시하며 같은 가격 또는 낮은 가격에 공급해 오랫동안 시장을 지배해왔다. 역시 '좋은 독

롯데 면세점은 독점 기업?

2016년 정부가 면세점 신규특허 심사 시, '시장지배적 사업자'로 추정되는 회사는 총평가점수에서 일부 감점하겠다는 방침을 밝혔다. 그 결과 면세점 업계에서 세계적으로 인정받고 있는 롯데 면세점이 탈락해 더는 면세점 사업을 할 수 없게 되어 수천 명이 일자리를 잃게 되었다.

자료: "서울면세점 어디로… 생존경쟁 불붙는다," 한국경제신문 2016. 6. 3

점'의 예다. 그러므로 정부가 시장 점유율이 높은 기업을 무조건 '시장 지배적' 사업자로 간주해 규제하는 건 비합리적이다.

독점은 모두 '좋은 독점'일까?

우리가 경계해야 할 독점도 있다. 경쟁자의 출현을 원천적으로 제한해서 제품 서비스 공급을 감소시켜 경제적 지대를 추구하는 '법이 만든 독점'이다. 주로 정부의 힘을 동원해 신규 기업이나 공급자의 진입을 막는 경우이다. 사법고시 연간 합격 인원을 제한해서 변호사 공급을 인위적으로 제한하는 것이 좋은 예다. 이처럼 변호사 단체가 연간 사법시험 합격자를 제한하려는 것을 '지대추구rent-seeking'행위라고 한다. 과거 외국 자동차 수입금지 또는 제한 조치도 국내 자동차 업체에 지대 추구 기회를 제공했다.

물론 지대추구 행위는 정부의 힘을 통해서만 이루어지지는 않는다. 무엇이든 인위적으로 공급을 제한해 이익을 얻으려는 행위는 모두 지대추구 행위이다. 기업가들이 담합해 공급을 제한하거나, 노동조합이 노동공급을 성공적으로 제한하면 경제지대의 크기를 키울 수 있다. 중국동포를 비롯한 동남아 근로자들의 국내 노동시장 유입을 노동조합이 적극적으로 저지하는 이유도 여기에 있다. 이를 '나쁜 독점'이라 한다.

▌ 독점 기업은 경쟁자가 없는가?

상식적으로 독점은 나쁘고 독점기업은 규제해야 한다는 생각의 밑바탕에는, 독점기업은 경쟁자가 없으니 폭리를 누리기 위해 가격 인상 횡포를 부리는 등 소비자 이익에 반하는 행위를 하지 않을까 하는 우려가 깔려 있다.

그러나 현실경제에서 경쟁자가 없는 기업은 거의 없다. 일반적으로 기업 간 시장경쟁은 4단계로 이루어지고 있다. 첫 단계는 동종 제품 간 경쟁이다. '연세 우유'와 '건국 우유' 사이의 경쟁이다. 둘째 단계는 대체품과의 경쟁이다. 우유와 두유 사이의 경쟁이다. 셋째 단계는 소득 점유 경쟁이다. 소비자의 한정된 소득을 누가 차지할지에 대한 경쟁이다. 경제원론 교재와 프로야구 게임과의 경쟁이 여기에 속한다. 야구게임이 흥미로울수록 교재를 사지 않고, 그 돈으로 야구 경기 관람을 가는 학생이 늘 것이기 때문이다. 넷째 단계는 잠재진입자와의 경쟁이다. 어느 기업이 독점상품 생산으로 높은 수익을 얻으면 새로운 기업이 시장에 진입해 경쟁자로 등장할 것이다.

한때 마이크로소프트사는 인테넷 브라우저 시장에서 전 세계 시장을 거의 독차지했던 독점기업이었다. 지금은 구글의 크롬, 파이어폭스, 사파리, 오페라, 시몽키를 비롯, 국내에서도 줌인터넷Zuminternet에서 2013년 출시한 스윙 브라우저 등이 있어 마이크로소프트사는 더 이상 독점기업이 아니다. 정부가 법으로 시장진입을 막는 '법에 의한 독점'을 빼놓고는 현실세계에서 경쟁자가 없는 독점기업은 찾아보기 어렵다.

일상다반사 경제학

리복의 경쟁자는 애플이다

세계적 운동화 제품을 판매하고 있는 리복(Reebok)은 애플을 가장 강력한 경쟁자로 여기고 있다. 젊은이들이 운동화를 신고 운동을 하는 것이 아니라 애플 디바이스를 통한 서핑이나 게임에 더 몰두하고 있기 때문이다. 고객 주머니에 있는 소득을 더 많이 차지하기 위해 리복의 운동화와 애플의 어플이 경쟁하고 있음을 뜻한다.

▌시장점유율이 높은 기업은 독점 횡포를 부릴까?

앞에서 이론적으로 어떤 기업이 독점기업인지 특정하기가 어렵다는 것을 설명했다. 그래서 현실적으로는 상위 3개사의 시장점유율이 75%가 넘으면 독과점 기업으로 지정해 판매가격 등을 정부가 규제하기도 한다.

시장경제에서 모든 기업들은 고객의 선택을 받기 위해 경쟁한다. 그런 과정에서 고객이 좋아하는 제품을 생산해 값싸게 제공하면, 기업 규모도 커지고 당연히 시장점유율도 높아진다. 그런데 시장점유율이 높아지면 독점 기업으로 '매도'되고 정부의 독과점 규제 대상이 될 수 있다.

정부가 독점을 규제하는 이유는 기업이 담합 등으로 생산량을 감축해 인위적으로 가격을 올려 소비자에게 피해를 줄까 우려하기 때문이다. 그런데 시장점유율이 높아졌다고, 즉 시장을 독차지한다고 해서 꼭 고객에게 피해를 주었다거나, 잠재적으로 피해를 주리라는 시각은 오해이다. 기업이 독점횡포를 부리면 시장점유율이 순식간에 급락할 수 있기 때문이다. 그래서 독점기업도 시장점유율을 계속 높이거나 유지하기 위해 피나는 원가 절감 노력과 기술혁신을 통해 계속해서 품질을 제고하고, 가격을 인하하거나 유지하려 한다.

물론 시장점유율이 높은 기업이 독점 횡포를 부리는 경우도 있을 것이다. 그러나 그 문제를 우려해 시장이 개방화된 지금, 국내 시장점유율이 높은 기업을 독과점 기업으로 지정해 사전에 규제하기보다는, 수입자유화처럼 경쟁자의 시장진입 장벽을 완화하는 것이 소비자 이익을 크게 한다. 기업의 독점 횡포 우려는 사후 규제로 대처하는 것이 바람직하다.

09 가장 바람직한 기업경영 모형은 무엇일까?

나라별로 성공한 기업모형

회사는 다양한 차원의 조직적 특성을 지닌다. 이윤 추구를 중시하는 경제 조직, 인간관계를 중시하는 인간 조직, 그리고 점점 중시되는 사회 조직으로서의 차원이다. 이론적으로는 이 세 가지 차원이 균형을 이루어야만 성공적인 경영모형일 것 같다. 그런데 G4 국가에서 성공하고 있는 기업들의 경영모형을 보면, 세 가지 가운데 한 차원을 주로 강조하고 있는 경우가 많으며 각 모형마다 나름대로 한계도 있다.

주주이익을 강조해 성공한 미국 기업은 '경제적 기업모형'이다. 대체로 호황기에만 제대로 작동하는 모델이라는 한계가 있다.

경영 위기에도 종업원의 일자리를 지키려 노력하며 성공한 일본 기업은 '인간관계적 기업모형'으로, 1960년대부터 1970년대까지 20여 년간 눈부신 성과를 이루었다. 그런데 기업이 성과보다 인간적 측면을 만족시키려면 사업이 계속 번창해야 한다. 이러한 기업모형은 구조조정이 어려워 경기침체기에 회복하는 데 장애가 될 수 있다.

독일에서 성공한 기업은 은행을 중심으로 하는 기업그룹형이 많다. 기업을 둘러싸고 있는 이해관계자들을 중시하며 성공한 독일 기업은, 사회적 평등을 강조하는 '사회적 기업모형'이다. 기업이 사회적인 평등을 추구하려면 역시 사업이 계속 번창해야 한다. 따라서 단기적으로는 사회적 안정과 경제적 성공이라는 두 마리 토끼를 잡는 데 성공했지만, 장기적으로는 높은 실업률과 경직된 노동시장을 초래했다고 피터 드러커Peter Ferdinand Drucker는 평가했다.

성공한 중국 70대 기업 가운데 65개가 국영기업이다. 기업마다 당 서기가 나와 있고, 그 위상은 기업의 최고 경영자 위에 자리한다. 그런 의미에서 중국의 성공기업은 '국가적 기업모형'이다.

한국 기업들은 미국, 일본, 독일 같은 선진국 기업들과는 다른 특징을 보인다. 한국의 성공 기업은 '대기업'이라 통칭되는 '집단기업모형'인데, 소유 경영 형태이다.

이토록 나라별로 성공기업의 경영 모형이 다르다는 건 무엇을 시사할까? 성공 기업경영 모형에 유일한 모범답안은 없다는 점이다.

대기업 집단, 한국에만 있는 기업 형태인가?[21]

나라마다 제도의 구체적 속성과 기업의 역사가 달라 서로 다른 기업모형이 출현했다. 한국 경제는 소수의 대기업 비중이 매우 큰 편이다. 이를 한국 경제만의 특이한 현상으로 보는 시각이 있다.

〈포브스〉의 기업 데이터에서 상위 20대 기업이 그 나라 경제 전체에서 차지하는 비중을 보자. 2009년 한국은 50.0%였는데, 그 비율이 가장 높은 스웨덴은 79.8%, 프랑스는 74.3%, 독일은 65.%이며 영국은 50.7%로 한국과 비슷하다. 비록 상위 20대 기업이 바로 대기업을 뜻하지는 않지만, 대기업 비중이 크다는 사실이 한국만의 특이사항은 아니라는 사실을 보여 준다.

대기업 집단의 문어발 구조도 한국만의 현상은 아니다. 선진국에도 큰 기업 중에는 문어발 다각화 형태가 있고 그 계열사들이 순환출자로 연결된 경우가 많다. 스웨덴의 대표 기업인 발렌베리 그룹도 우리나라 대기업만큼이나 계열사가 많고 서로 복잡하게 얽혀 있다. 이 회사의 지배권은 32.8% 의결권을 지닌 인센티브사가 가지고 있고, 발렌베리 그룹은 인센티브의 의결권 43%를 보유한 인베스터의 지배를 받는다. 인베스터 의결권의 41.2%는 발렌베리 가문이 소유한다. 결론적으로, 복잡한 형태의 피라미드식 기업집단 구조는 스웨덴과 프랑스뿐만 아니라 인도, 캐나다, 남아프리카공화국, 벨기에, 독일, 일본 등 대부분의 나라에서 흔히 찾아볼 수 있다. 따라서 영국과 미국을 제외하면, 세계적으로도 피라미드 같은 소유 기반의 기업집단이 전형적인 대기업 모형이라 하겠다.

전문경영인 경영과 소유경영인 경영, 어느 것이 좋은 경영모형일까?

법적으로 주식회사의 주인은 주주이다. 그러나 주주들이 매일 기업경영에 참여할 수 없다. 그래서 주주들은 소수 이사를 대표로 선출해 의사결정 권한을 집중시

---

21) 김정호, "대기업 집단, 외국에도 많다." 『다시 경제를 생각한다』 21세기 북스, 2012, pp. 36~42 발췌.

켜, 의사결정에 따른 시간과 비용을 최소화하는 방식으로 일정 기간 경영을 위임한다. 대표단의 의사결정에 동의하지 않는 주주는 주식시장에서 주식을 매각하고 회사를 떠날 수 있다.

때로는 '지배주주'라고도 지칭되는 대주주가 최고경영자로서 직접 경영을 맡기도 한다. 전자는 소유와 경영이 분리된 전문경영인 시스템, 후자는 소유와 경영이 통합된 소유경영인 시스템이다.

전문경영인은 일반적으로 경영 시야가 단기일 가능성이 크다. 장기적인 안목으로 투자를 결단하기가 어렵다. 임기가 정해져 있어 그 기간 동안 실적을 보여야 연임할 수 있기 때문이다. 따라서 위험이 수반되는, 장기 거액을 투입해야 하는 위험한 사업을 추진하기 어렵다. 반면 소유경영인은 일반적으로 경영 시야가 장기일 가능성이 크다. 단기 이윤을 추구하기보다는 영속하는 기업을 만드는 것이 자기 이득을 추구하는 데 유리하기 때문이다. 따라서 비록 단기적으로는 비용이 발생해도 장기적으로 큰 이윤을 기대하는 장기 고위험 고수익 사업을 추진할 수 있다. 현대 정주영 회장과 삼성의 이병철 회장이 소유경영인이 아니었다면, 자본, 인력, 기술도 없던 시절에 경쟁의 판을 바꾸는 조선 사업과 반도체 사업을 시작하기란 불가능했을 것이다.

전문경영인 경영에는 '도의적 해이'에 따른 '대리인 문제'가 있다. 미래가 불확실한 상황에서는 누군가 재량권을 가지고 회사의 중요한 의사결정을 결단해야 한

주인이라고 해서 주주들이 회사 기물을 본인 지분만큼 가져가거나 처분할 수 있는 것은 아니다. 회사 재산은 주식회사 법인의 소유이기 때문이다.

지배주주
지배주주는 주식회사의 경영권을 행사할 수 있는 다수의 주식을 보유하고 있는 주주를 가리킨다.

Point 경제학

도의적 해이와 대리인 문제

회사 경영 상황에 대해 주주들은 전문경영자만큼 잘 알지 못한다. 따라서 회사 경영정보는 두 경제주체 사이에 비대칭적이다. 경영자가 주주들이 경영상황을 잘 모르는 것을 기회 삼아, 자신을 믿고 회사경영을 맡긴 그들의 신뢰를 악용해 자신의 이득을 먼저 꾀하는 행위는 '도의적 해이'이다. 경영을 잘해서 이익이 많이 발생해도 경영자는 계약한 연봉만 받을 뿐 증가한 이익분배에 참여하지 못하기 때문에 일어나는 현상이기도 하다. 이때 발생하는 문제를 '대리인 문제'라고 한다.

전문경영인 vs 소유경영인

앞서가는 미국과 일본이 성공한 산업을 추격만 하면 성공할 수 있었던 1960년대로부터 1970년대는 전문경영인도 충분히 잘 해낼 수 있었을 것이다. 그러나 지금처럼 가상현실(VR), 인공지능(AI), 로봇, 드론, 3D 프린팅 등 새로운 첨단 기술의 출현으로 이른바 시장의 패러다임이 바뀌는 변혁기에는, 회사와 자신의 운명을 일치시킬 수 있는 소유경영인이 신성장 동력 사업에 대해 진입 여부를 더 잘 결단할 수 있을 것이다. 구글, 애플 등 새로운 산업을 창조하고 있는 글로벌 기업들도 소유경영인들이 성공시킨 기업이다.

다. 이때 소유경영인은 회사 자체에 자신의 상당한 재산이 걸려 있으므로 전문경영인보다 대리인 비용이 상대적으로 적게 발생할 수 있다. 그들은 전문경영인보다 회사의 가치를 증대시키기 위해 더 열심히 일하고 고민할 유인이 있다. 회사의 이익 증대가 사익 증대와 맞물려 있기 때문이다.

세계 주요 27개국에 대한 실증 연구에 의하면, 소유경영인이 직접 경영하는 형태가 가장 보편적인 소유 및 지배구조이다. 이때 가족이나 그 구성원이 지배주주가 되는 경우가 대부분이다. 지배주주가 없는 전문경영인이 경영하는 회사는 미국, 영국, 호주, 캐나다, 스위스 등의 국가들과, 아시아에서는 예외적으로 일본에서 지배적인 형태로 존재한다. 영국도 20세기에 접어들기까지는 가족 소유형이 압도적이었다. 프랑스, 독일, 이탈리아 등 대륙 유럽국가에서는 19세기부터 20세기 초에 걸친 산업발전 초기 단계부터 지금까지, 개인 또는 가족이 지배주주인 소유경영인 지배구조가 주류를 이룬다. 한국, 홍콩, 싱가포르, 대만, 태국, 인도네시아, 필리핀, 말레이시아 등 신흥공업국에서도 대규모 기업집단은 가족에 의해 소유경영이 이루어지고 있다.[22] 어떤 지배구조가 좋은지에 대한 확실한 이론적 실증적 결과는 없다. 각 나라의 독특한 정치 경제 문화 역사에 따라 지배구조가 진화하고 발전해 왔을 뿐이다.

---

22) 김영용, 기업, 프리이코노미스쿨 2014. 6, pp. 99~103 발췌 인용.

수출 주도전략과 '기업가정신'으로 가능했던 '한강의 기적'

시장은 이미 세계로 확장된 지 오래이다. 글로벌 시대 기업의 성장전략은 전쟁의 폐허 위에서 '한강의 기적'을 일궈낸 앞 세대의 경험으로부터 배울 수 있다. 우선 전략의 신이 되어야 한다. '한강의 기적'이 가능했던 이유는 '수출주도형' 발전 전략 덕분이다. 제2차 세계대전 이후 식민 지배를 벗어난 대부분 후진국이 '수입대체import-substitution' 발전 전략을 선택했다. 국산품을 보호 육성해 국내 산업도 발전시키고, 동시에 외국경제에 대한 의존도도 낮춰 자급자족형 국가를 건설하자는 것이다. 우리나라가 1962년 제1차 경제개발 계획 때 제시한 발전 전략도 역시 '수입대체'였다. 그런데 1965년, 박정희 대통령은 '수출주도'성장 전략으로 방향을 바꾼다. 1970년대 중화학공업에 집중한 것도 철강, 조선, 화학, 전자 등을 모두 수출산업으로 육성하려 했던 성장전략의 결과이다.

'한강의 기적'을 관통하는 키워드는 '세계화'전략이다. 100여 년 전만 하더라도 우리나라는 외국과 거래하지 않고 자급자족하며 살겠다며 스스로 고립의 길을 택했던 '은둔의 왕국hermit kingdom'이었다. 그런 폐쇄적인 나라가 어떻게 '세계화'전략을 선택하게 되었을까?

우리나라는 제2차 세계대전이 종식되고 식민지 지배를 벗어나는 과정에서 불행히도 남북으로 분단되었다. 6.25 동란 이후 남북을 가르는 휴전선은 국경선이 되었고, 남한은 대륙과 분리된 섬 아닌 섬나라가 되었다. 섬나라를 둘러싼 바다는 두 가지 지정학적 의미를 지닌다. 바다는 섬나라를 외부의 적으로부터 보호해 주는 역할을 하지만, 섬나라에서 밖으로 나가려 할 때는 장애가 된다.[23) 보호막에 안주했던 섬나라는 대륙의 진화과정에서 도태되는, 이른바 '갈라파고스 증후군'이 발생한다. 브라질이나 동남아에서도 정글로 섬이 된 지역 가운데 그 보호막에 안주하며 위험한 정글 밖으로 나가려 하

> **수입대체**
> 국내기업이 생산하지 못해서 외국으로부터 수입해와야만 했던 제품. 예컨대 어느 부품을 국내기업이 기술개발을 해 생산하게 되면 더는 수입하지 않아도 된다. 즉, 국산품으로 수입품을 대체하게 된다.

---

23) 마이크 셸 하버드대학교 교수, '도서학islandology' 중앙Sunday 2014. 12. 21 참고.

갈라파고스 증후군과 일본 핸드폰

다윈이 발견한 고유종들은 대륙에서 멀리 떨어진 갈라파고스섬에서 독자적으로 진화했다. 일본은 전 세계에서 가장 먼저 모바일 기술 계발에 성공했지만, 내수시장에만 머물고 국제 표준화를 방관한 결과, 해당 분야에서 국제경쟁력을 잃었다.

갈라파고스 증후군은 일본의 모바일이 최고의 기술을 지녔으나 세계시장과 멀어지고만 현재 상황을 표현한 신조어다.

지 않았던 부족들은 지금도 원시인과 다를 바 없는 삶을 산다. 그런데 위험한 바다를 건너 모험한 섬나라 영국은 세계를 제패했고, 일본은 제국주의 시대에 세계열강의 반열에 서게 되었다.

분단으로 '섬나라'가 된 우리나라의 지정학적 의미를 간파한 통찰력으로 박정희 대통령이 선택한 '수출입국'기치를 들고, 위험한 바다를 건너 동남아, 독일, 중동 등으로 나간 우리나라 기업과 기업가, 근로자들의 모험가정신entrepreneurship이 '한강의 기적'을 일구어 냈다. 마찬가지로 오늘날 국토가 작고 부존자원도 다양하지 않은 우리나라에서 기업가들이 글로벌시대에 선택할 성장전략은, 여전히 위험한 바다를 건너 세계시장을 공략하는 것이다.

경쟁우위 전략과 히든 챔피언 양성

'한강의 기적'을 일구어 낸 창업 1세대 기업가들로부터 배워야 할 성장전략은 불모지에서 새로운 산업을 일으킨 '경쟁우위' 성장전략이다. 국제경제학 교과서는 모든 나라가 비교우위 산업에 전문화해서 무역하면 상호 무역이득을 얻을 수 있다고 설명한다. 그런데 1970년대 우리나라가 수출산업으로 육성한 철강, 조선, 자동차, 화학, 전자 등은 비교우위가 없는 산업이었다. 자본도 기술도 없고 새로운 산업을 일으킬 만한 인력도 없었던 때, 우리나라 창업 1세대 기업가들이 중화학공업을 수출산업으로 육성하는 데 성공한 이유는 두뇌로 '경쟁우위'를 만들어냈기 때문이다.

당시 배를 만드는 조선소가 없던 현대중공업이 육지에서 배를 건조하면서 동시에 조선소 공장을 건설해서 완성될 때쯤 바다로 끌어내려 독크 안에서 완성했다. 혁신적인 아이디어였다. 현대 정주영회장이 1970년대 세계 최대 건설 프로젝트로 불렸던 사우디아라비아 주베일 항만공사를 수주하면서, 공사에 필요한 건물 12층 크기이고, 중량 500만 톤 철강구조물을 인건비가 싼 한국에서 제조해 바지선에 싣고 1만 2천 킬로미터 대양을 19차례나 왕복했다. 모험과 도전정신뿐만 아니라 놀랄 만한 혁신 정신을 보여 주는 사례다. 오늘날 글로벌시대 기업가들도 창업 1세대 기업가들의 기업가정신을 본받아 새로운 산업을 창조해야 할 것이다.

우리나라가 1인당 소득GNI 5만 달러 시대에 도달하려면 대기업만으로는 불가능하다. 중소기업과 중견기업도 성장을 견인해야 한다. 글로벌시대 기업의 성장전략은 '히든 챔피언'을 키우는 것이다. '히든 챔피언'은 예전처럼 정부가 주도하는 방식으로 육성할 수는 없다. 기업가정신만이 가능하다.

현재 드론, 3D 프린팅, 인공지능, 로봇, 빅데이터 등 세상을 바꾸는 기술이 등장하는 4차 산업혁명 시대에 들어섰다. 새로운 기술이 등장하면 산업 패러다임이 바뀐다. '히든 챔피언'이 등장할 좋은 기회가 열리고 있는 것이다. 전 세계 민간 드론 시장의 70%를 차지하고 있는 중국 DMJ사는 창업한 지 10년도 안 된 벤처기업이다. 우리나라 중소·중견기업가들도 세상을 바꾸는 기술이 등장하는 지금을 '히든 챔피언'을 만들 기회로 삼아야 한다.

새로운 기업이 태동하는 4차 산업혁명 시대 정부의 역할

제2차 세계대전 이후 식민지 지배를 벗어난 많은 나라들이 시장경제와 개방경제체제를 선택했지만 성공한 나라는 몇몇 나라에 불과했다. 박정희 대통령의 기업관에서 확인했듯이, 개발연대에 우리나라가 성공한 중요한 이유는 기업가들이 창발성을 발휘하고 모험할 수 있는 경제적 자유, 실적에 따른 차등적 정부지원 등 공적제도 장치 때문이다.

개발연대의 압축 성장에 따른 부작용 가운데 하나는 정부가 기업을 보호육성할 수 있다는 잘못된 '정부 만능주의'신념이다. 기업은 정부가 육성할 수 없다. 만약 그것이 가능하다면 전 세계 어느 나라도 실업문제를 걱정할 필요가 없을 것이다.

강력한 중소기업지원보호정책을 시행해 온 우리나라에는 국제경쟁력을 지닌 중소기업도 많아졌을 것이다. 그러나 현실은 그렇지 못하다.

정부가 해야 할 역할은, 모든 경쟁자들이 동일한 성공 확률을 가진 시장이 아니라 동일한 규칙에 따라 경쟁하는 시장을 마련하는 것이다. 새로운 기업들이 '잘하면 성공할 수 있다'는 신념을 가지고 모험하고 도전할 '평평한 마당level playing field'을 만드는 것, 바로 제도 개선이다.

1997년 외환위기 이후 우리나라 경제는 성장 동력을 잃어가고 있다. 잠재성장률이 계속 하락하고 있으며, 실제 성장률이 그에 미치지 못한지도 오래이다. 가장 중요한 이유는 '평등'을 중시하는 정치논리가 '차별'을 중시하는 시장경제에 들어오기 시작했기 때문이다. 따라서 기업가들이 '기업가정신'으로 창발성을 발휘하기가 점점 어려워지고 있다. 수도권 투자규제, 지역균형발전, 공기업 전국분산, 동반성장, 중소기업 적합업종제도, 대형마트규제, 서비스산업 규제, 단통법 보조금 규제 등을 비롯한 우리나라에만 있는 '갈라파고스' 규제들이 그 실례이다.

경쟁력 있는 기업이 태동하도록 하기 위한 정부의 역할은, 제도와 경제성장과의 관계에 대한 실증분석에서 명시했던[24] 경제적 자유, 재산권보호, 규제개혁, 정책투명성, 법체계 효율성, 부패방지 등 공적제도뿐만 아니라, 기업경영윤리, 투자자 보호, 일반국민들의 경제인식, 가치관, 관행 등 민간제도의 혁신도 필요하다. 우리나라에는 아직도 사업가를 '장똘뱅이', '장사꾼'으로 천대했던 과거 '사농공상'의 가치관이 뚜렷하다. 청빈淸貧은 숭상했지만 청부淸富를 알지 못했던 경제관, 기업의 이익 추구 행위를 죄악시하는 기업관, 노동을 천시하는 직업관 등이 남아 있다. 따라서 행정부, 입법부, 사법부의 공직자들뿐만 아니라, 기업체, 언론계 임직원, NGO단체, 각급 학교 교육자와 학생 등 국가경영에 직간접으로 참여할 현재와 미래의 오피니언 리더 등에게 시장경제 이론 교육뿐만 아니라 올바른 시각을 가르치는 가치관 교육도 반드시 필요하다.

---

24) 황인학, "제도개혁이 성장률 기여효과 분석: GCI 제도지수를 중심으로," 「제도와 경제」 제10권 제2호 (2016. 8), pp. 43-73.

제4장

글로벌 시대 가로막는
규제 공화국

글로벌 시대 가로막는 규제 공화국

무엇을 위한 규제인가? 국경이 허물어지고 시간과 장소를 넘나드는 글로벌 경제 시대, 우리나라 기업은 불필요한 각종 규제에 묶여 성장하지 못하고 있다. 우리나라에만 있는 희한하고 다양한 경제 규제들을 제대로 파헤쳐 보자. 최소한의 규제로 자율적인 경제발전을 이루고 있는 선진국의 사례를 통해, 지속 가능한 경영과 성장의 비밀을 찾아보자. 지금이 바로 비효율을 부르는 규제를 과감히 철폐해야 할 때다.

#갈라파고스규제 #진입규제 #수도권규제 #적합업종 #고유업종 #지주회사 #금산분리 #경제자유도
#경영권방어 #경영권승계 #장수기업 #날아가는 새도 떨어뜨리는 갈라파고스 규제
#기업이 작아야 안심되는 이상한 나라

01 우리 대기업, 글로벌 시장에서는 중소기업이다

우리 기업의 세계적 위상

우리나라 최대 기업은 삼성전자다. 삼성전자의 기업보고서에 따르면, 2015년 연간 매출액이 무려 200조 6,535억 원에 이르고, 국내직원도 10만 명에 가까운 9만 6,898명이다.[1] 따라서 삼성전자의 매출액은 2015년 우리나라 국내총생산인 1,558.6조 원의 약 1/8 수준인 12.9%이고, 직원도 무려 1개 군단 또는 100개 대대 병력을 넘어서는 인력을 고용하고 있다. 우리나라 243개 지방자치단체 중 삼성전자의 직원 수보다 인구가 작은 지자체가 77개나 된다. 해외직원까지 포함하면 무려 31만 9,000명에 이른다. 그 정도로 삼성전자는 큰 기업이다. 그렇다면 삼성전자의 세계적 위상은 어떨까?

미국 경제전문지 〈포춘〉은 매출액을 기준으로 선정한 '2016 글로벌 500대 기

---

1) 삼성전자, "기업보고서," 2015.

표 1 월마트와 삼성전자 비교

	월마트	삼성전자
2016 글로벌 500대 기업 순위	1위	13위
매출액(2015년 기준)	4,821억 달러	1,774억 달러
근로자 수	230만 명	32만 명

자료: Fortune, "2016 Fortune Global 500," 2016. 7.

업' 순위를 발표했다.[2] 삼성전자는 국내기업 중 가장 높은 13위에 올랐다. 우리 국내총생산이 1조 3,212억 달러로 세계 11위인 점을 고려할 때, 매출액 순위는 경제 규모에 비해 약간 낮다. 글로벌 500대 기업 중 1위는 미국의 월마트가 차지했는데, 2015년 매출액이 4,821억 달러이고 국내외 근로자가 무려 230만 명이나 된다. 삼성전자의 매출액이 1,774억 달러이고 해외직원을 포함하면 32만 명 정도니, 월마트는 삼성전자에 비해 매출액은 약 2.7배, 직원 수는 대략 7.2배나 많다. 우리나라에서는 삼성전자가 제일 큰 기업이지만 글로벌 시장에서 제일 큰 기업과 비교하면 삼성전자는 작은 기업이다.

물론 업종별 특성에 따라 달라질 수 있기 때문에 월마트와 동종 산업군 가운데 국내 최대 기업인 롯데쇼핑414위을 비교해보자. 롯데쇼핑은 2015년 매출액이 258억 달러 그리고 직원은 2만 6,030명이다. 그런데 월마트의 매출액과 근로자 수가 롯데쇼핑에 비해 각각 18.7배와 88.4배로, 두 기업의 차이는 극명하다. 월마트에 비하면 국내 유통 최대기업인 롯데쇼핑은 동네 구멍가게 수준이다. 또한 국내 자동차 시장점유율 1위 기업인 현대자동차의 매출액과 직원 수는 각각 813억 달러와 12만 9,315명이다. 동종 업계 세계 1위이자 전체 7위 기업인 독일의 폭스바겐사와 비교하면, 매출액은 폭스바겐2,366억 달러의 34.4%, 근로자 수610,076명는 21.2%에 머물고 있다. 이처럼 우리나라에서는 대기업일지라도 글로벌 시장에서는 중소기업에 불과하다.

우리 기업은 글로벌 500대 기업에 총 15개 기업이 포함됐다. 미국 기업이 134개

---

2) Fortune, "2016 Fortune Global 500," 2016. 7.

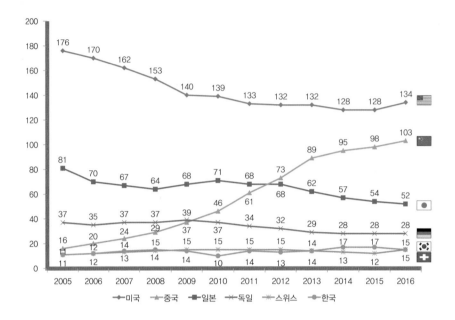

그림 1 주요 국가별 포춘 글로벌 500대 기업 수 추이

로 가장 많이 이름을 올렸고 중국이 103개, 일본이 52개, 독일이 28개를 각각 차지했으며 스위스도 15개 기업이나 포함됐다. 따라서 글로벌 500대 기업에 포함된 우리 기업 수에 비해 미국은 8.9배, 중국은 6.9배, 일본은 3.5배, 독일은 1.9배나 많다. 스위스는 글로벌 500대 기업에 포함된 기업 수가 우리와 같지만 2015년 스위스의 국내총생산이 6,518억 달러로 우리 경제규모에 비해 절반 수준인 것을 고려하면, 글로벌 500대 기업 내에 포함된 기업수가 우리에 비해 두 배나 많은 셈이다. 또한 글로벌 500대 기업의 평균 근로자 수와 우리나라 15개 선정기업의 평균 근로자 수를 비교해보면 우리 기업의 평균 근로자 수는 6만 1,954명인 데 반해 글로벌 500대 기업의 평균 근로자 수는 13만 3,667명이므로, 글로벌 기업의 근로자 수가 우리보다 2.2배나 더 많다.

한편 포춘이 선정한 글로벌 500대 기업을 53개 산업으로 분류할 수 있는데 우리 대기업은 불과 9개 산업에만 국한되어 있다. 컴퓨터, 은행, 통신, 특수 소매, 제약, 화학 등 무려 44개 분야에 우리나라 기업이 단 한 기업도 포함되지 않았다. 우

표 2 포춘 글로벌 500대 기업의 53개 산업 중 우리 기업이 포함된 9개 산업

전자(Electronics, Electrical Equip)	삼성전자(13), LG전자(180), LG Display(429)
에너지(Energy)	한국가스공사(464)
유통(General Merchandisers)	롯데쇼핑(414)
산업장비(Industrial Machinery)	현대중공업(237)
생명보험(Insurance: Life, Health)	한화생명(277), 삼성생명(439)
철강(Metal)	POSCO(173)
자동차(Motor Vehicles and Parts)	현대차(84), 기아차(208), 현대모비스(310)
정유(Petroleum Refining)	SK홀딩스(294), GS칼텍스(302)
전력(Utilities)	한국전력공사(172)

자료: Fortune, "2016 Fortune Global 500," 2016. 7.

리 대기업이 특정 산업에 집중되어 있다는 의미다. 뒤집어 보면 우리 기업이 글로
벌 시장에서 진출해야 하고 시장점유율을 보다 높일 수 있는 산업들이 많이 남아
있다. 전기전자분야의 삼성전자와 같이 산업별 1위 기업인 애플컴퓨터·사무용품, 중
국공상은행상업은행, AT&T통신 등과 같이 우리 기업들이 글로벌 대기업으로 성장해
야 할 산업들이 44개나 있는 셈이다. 미국의 경우 건설, 선박, 부동산, 무역 등 9개
산업을 제외한 대부분의 산업에 포함되어 있으며, 중국은 제조업뿐만 아니라 은행,
제약, 식품, 부동산 등 다양한 분야에서 두각을 나타내고 있다. 인구가 8백만 명에
불과하지만 500대 기업에 포함된 기업 수가 우리와 동일한 스위스는 우리보다 2개
많은 11개 산업에 포함되었으며, 제조업은 물론 식품, 의약, 인력서비스 등의 분야
에서 글로벌 기업을 보유하고 있다.

2005년만 해도 글로벌 500대 기업 순위에 우리나라와 중국이 각각 11개 기업
과 16개 기업으로 비슷한 수준이었다. 그러나 불과 10년이 지난 지금, 한국기업 15
개, 중국기업은 103개가 포함되어 격차가 크게 벌어졌다. 중국기업이 글로벌 시장
의 다양한 산업에서 약진하고 있는 반면, 우리 기업은 성장하지 못하고 있는 현실
이다.

시장점유율 순위로 본 우리의 위상

이번에는 기업이 아니라 세계 시장점유율 1위의 품목 수[3]를 기준으로 우리 경제의 위상을 살펴보자. 세계 수출시장 점유율 1위 품목 수가 가장 많은 국가는 중국이다. 2014년 중국은 세계 시장점유율 1위 품목을 1,610개나 보유하고 있다. 뒤이어 독일700개, 미국553개, 이탈리아222개, 일본172개 등의 순이고 한국은 64개로 세계 13위다. 따라서 세계 수출시장 점유율 1위 품목 수가 중국은 우리나라의 25.2배이며, 독일은 10.9배, 미국은 8.6배, 그리고 일본은 2.7배나 된다. 1위 품목 수 추이도 중국은 2010년 1,351개에서 2012년 1,475개 그리고 2014년 1,610개로 빠르게 늘어나고 있는 반면, 우리나라는 2010년 71개에서 2014년 64개로 오히려 줄었다. 그만큼 우리 제품의 글로벌 경쟁력이 한계에 봉착한 상황이다. 여기에 우리나라의 경우 수출액 규모로는 2015년 세계 8위를 차지하고 있지만 세계 수출시장 점유율 1위 품목 수는 13위를 기록했다. 뿐만 아니라 그 품목 수도 감소하고 있어, 우리나라 수출제품의 경쟁력이 약화되고 있는 실정이다.

이와 같이 우리나라에서 눈에 띄게 큰 대기업도 글로벌 시장에서는 중소기업에 불과하다. 글로벌 대기업 수가 절대적으로 부족하고, 우리 대기업이 포함되지 않은 산업들도 너무나 많다. 더욱이 세계 시장을 주름잡는 우리 제품은 갈수록 줄어들고 있는 반면에 중국 제품이 글로벌 시장을 장악하고 있다는 현실이 우리 경제의 자화상이다.

▶02 세상에 없는, 우리나라에만 있는 갈라파고스 규제

7대 갈라파고스 규제와 경제적 효과

세계 곳곳의 나라와 민족마다 독특한 관습이나 제도가 있기 마련이다. 그러나

---

3) UN Comtrade, "UN Commodity Trade Statistics," 2016. 1.; 문병기·강내영, "세계 수출시장 1위 품목으로 본 우리 수출경쟁력," 한국무역협회, 2015. 1.

갈라파고스 규제

에콰도르령 갈라파고스 제도에서 유래된 용어다. 남아메리카 동태평양에 위치한 이 섬들은 대륙에서 멀리 떨어져 있다. 그런 까닭에 생물의 진화 체계가 고립되어 대륙의 생물들과는 다른 독특한 독자성을 지닌 고유한 생물들이 많은 생태계다. 이 섬들은 세계 야생동물의 보고이며, 과거 찰스 다윈이 방문해 진화론의 영감을 받은 곳으로도 유명하다. '갈라파고스'는 이러한 '고립적' 특성에서 따온 말이다. 어느 특정 국가, 시장, 기업 등이 전 세계적 기준, 즉 글로벌 스탠다드를 외면하고 고립되면서 글로벌 경쟁력을 상실하게 된다는 부정적인 의미를 내포하고 있다.

세계화가 진행되면서 글로벌 스탠다드가 강조되고 있다. 세계 각국은 폐쇄된 고립 국가로 남지 않고 경쟁적으로 개방해 외국과 교류하면서 국가발전을 도모하고 있다. 더욱이 해외 투자나 우수 인력을 유치해 국가경제의 성장이나 경쟁력 확보에 노력하는 나라일수록, 글로벌 스탠다드에 기초해 보다 나은 기업경영 환경을 마련하고자 매진한다. 그런데 우리나라에는 다른 나라에는 없는 데도 우리나라에만 존재하는 규제, 이른바 '갈라파고스 규제'들이 있다.

2016년 전국경제인연합회에서 글로벌 스탠다드에 적합하지 않은, 다른 나라에는 없거나 극소수 국가와 우리나라에만 존재하는 7대 갈라파고스 규제를 발표했다.[4] 공장 등 수도권 인구집중 유발시설의 신증설을 규제하는 수도권 규제, 산업자본의 은행 의결권 있는 지분 소유를 4%로 제한하는 금산분리 규제, 특정 업종을 지정해 대기업의 진입 및 확장을 규제하는 중소기업 적합업종 규제, 투자개방형 의료법인 제한 규제, 지주회사 규제, 택배증차 규제, 게임 셧다운제 등을 지목하면서, 우리나라 기업경쟁력을 떨어뜨리는 주된 요인이라고 분석했다. 이 7대 갈라파고스 규제를 개혁하면 무려 63.5조 원의 부가가치와 92.3만 개의 일자리가 창출될 수 있다고 추정했는데 이런 규제들이 엄청난 경제적 효과를 막고 있는 셈이다. 국가경제 전체 차원에서 글로벌 스탠다드에 걸맞게 우리 경제와 기업의 글로벌 경쟁력을 떨어뜨리는 갈라파고스 규제를 적극적으로 개혁해야 할 것으로 판단된다.

---

4) 전국경제인연합회, "7대 갈라파고스 규제개혁 시 경제적 기대 효과," 2016. 5.

표 3   우리나라에만 있는 7대 갈라파고스 규제개혁 추진 시 경제적 효과 추산

과제		규제내용	기대효과		
			부가가치 (조 원)	일자리(만 명)	
				취업	고용
1	수도권 규제	공장 등 수도권 인구집중 유발시설의 신증설 규제	11.5	16.0	10.3
2	투자개방형 의료법인 제한	영리목적의 의료법인 규제	14.9	26.9	22.7
3	지주회사 규제	계열사 지분율, 타회사 출자 및 부채비율 규제	1.3	1.8	1.1
4	중소기업 적합업종 규제	중소기업 적합업종을 지정, 대기업의 진입·확장 규제	16.6	23.2	15.0
5	게임 셧다운제	심야시간대 청소년의 온라인 게임이용 차단	0.6	1.7	1.4
6	금산분리 규제	산업자본의 은행 의결권 있는 지분 소유를 4%로 제한	18.6	21.4	18.4
7	택배증차 규제	택배업 신규 증차 규제	0.2	1.4	1.3
총량적 기대효과			63.5	92.3	70.3

자료: 전국경제인연합회. "7대 갈라파고스 규제개혁 시 경제적 기대 효과." 2016. 5.

규제로 인해 위축된 게임산업의 사례

7대 갈라파고스 규제 가운데 게임 셧다운제를 자세히 살펴보자. 현재 우리나라에서는 게임 이용과 관련해 강제적 셧다운제와 선택적 셧다운제를 함께 운영하고 있다.[5] 강제적 셧다운제는, 게임에 과도하게 몰입하는 어린이와 청소년을 보호하기 위해 만 16세 미만의 어린이와 청소년에게는 오전 0시부터 오전 6시까지 심야 6시간 동안 인터넷게임 제공을 원천적으로 차단하는 제도다. 선택적 셧다운제는, 만 18세 미만 게임 이용자의 부모나 법정대리인이 원한다면 해당 이용자가 특정 시간에 게임에 접속하는 것을 게임회사가 의무적으로 차단하도록 하고, 어린이나 청소년이 게임 사이트에 가입할 때도 부모나 법정대리인의 허락을 받도록 하는 제도다.

한국경제연구원의 보고서에 따르면, 빠르게 성장하던 게임산업이 셧다운제 규

---

5) 이덕주. "셧다운제 규제의 경제적 효과분석." 한국경제연구원, 2015. 7.

구분	강제적 셧다운제	선택적 셧다운제
관련법률	청소년보호법	게임산업진흥에 관한 법률
주무부처	여성가족부	문화체육관광부
개요	오전 0시~오전 6시까지 심야 6시간 동안 인터넷 게임 제공을 원천적으로 차단	부모와 법정대리인 요청 시 특정 시간에 게임에 접속하는 것을 차단
방식	국가 일률적 강제	가정 자율권 부여
대상	만 16세 미만 어린이·청소년	만 18세 미만 청소년
시행시점	2012년 1월	2012년 7월

표 4 강제적·선택적 셧다운제 비교

제가 시행된 2012년을 기점으로 그 성장세가 꺾였고 특히 2013년 이후에는 위축되고 있는 것으로 나타났다.[6] 2007년부터 2012년까지 국내 게임시장은 연평균 13.7% 성장했는데, 2013년에는 전년대비 0.3% 감소했으며 2014년에는 또다시 1.8% 감소했다.[7] 이로 인해 게임사업체 수는 2009년 3만 개에서 2014년 1만 4천 개로 절반 이상 줄었으며, 게임산업 종사자 수도 2009년 약 9만 2천 명에서 2014년 약 8만 7천 명으로 크게 감소했다.

그런데 강제적 셧다운제는 기본권 침해 논란이 지속적으로 제기되고 있다. 중국, 태국 등에서는 이미 실효성이 없는 제도로 평가되어 폐지된 제도다.[8] 태국에서 2003년에 도입된 셧다운제는 법률적인 강제가 아닌 정부의 권고에 따라 게임사들이 자발적으로 제시한 가이드라인을 준수하는 방식으로 진행되었다. 그러나 태국의 셧다운제는 제도 자체의 실효성에 대한 의문으로, 시행된 지 2년 후인 2005년에 폐지되고 밤 10시 이후 청소년의 PC방 출입을 차단하는 시간제한제로 바뀌었다.

중국은 2007년에 도입했던 온라인게임 중독 방지 시스템(게임 접속 5시간 이후 강제적 접속 차단)을 전면 폐지하고 피로도 시스템을 도입하는 형태로만 규제하고 있다. 최근에는 자율 규제의 필요성이 더욱 대두되면서, 미성년자의 게임 과몰입을 예방

---

6) 김수연, "게임산업 규제정책의 전환 필요성 및 개선방향," 한국경제연구원, 2016. 2.
7) 세계일보, "게임 셧다운제 시행 2년의 명암," 2015. 5. 6.; 한국콘텐츠진흥원, '2014 대한민국 게임백서,' 2014.; 한국일보, "中 게임은 정부 지원에 훨훨… 한국은 규제에 발목," 2014. 10. 28.
8) 하은영, "해외 게임 산업 보호 정책 vs 국내 게임 성장 저해 정책," 경향게임스, 2011. 3. 16.

하기 위해 보호자가 미성년자의 온라인게임 이용을 감독하고 제어할 수 있는 감호 프로젝트 등이 시행되고 있다.

이처럼 해외에서는 게임 과몰입 방지를 위한 관련 규제를 정부가 아닌 민간에서 자율적으로 진행하고 있는 추세다. 미국도 민간단체 중심으로 청소년의 과몰입 방지를 위한 조사, 교육, 캠페인 등이 벌어지고 있고, 등급 및 게임정보 가이드북의 배포 등도 민간에 의해 시행되고 있다. 일본의 경우에도 게임업계 자율 및 가정에서의 관리를 기본원칙으로 하고 있으며, 일본온라인게임협회는 온라인게임 가이드라인을 회원사 사이트 등을 통해 공지하고 있다.

십 수년 전만 해도 한국과 중국의 게임업체는 경쟁상대가 되지 못했다. 그러나 소프트웨어 분야의 우수 인재들이 중국으로 몰리면서, 이제는 한국과 비슷하거나 오히려 더 높은 수준의 게임이 중국에서 제작되고 있다. 중국 정부가 게임산업을 차세대 성장동력으로 삼고 경쟁력 강화에 노력하고 있기 때문이다. 한국콘텐츠진흥원에 따르면 2014년부터 향후 4년간 중국 게임시장은 연평균 7.9%의 성장률 기록해, 2017년에는 113억 7,900만 달러까지 시장규모가 확대될 것이란 전망이다.[9]

2016년 국내 게임시장 규모는 10조 원이 넘었고 해외 게임 수출도 29억 3,400만 달러에 달하는 등 게임산업은 우리나라의 중요한 미래 성장산업으로 자리잡고 있지만, 우리나라에만 존재하는 소위 갈라파고스 규제인 셧다운제도가 우리 게임산업의 신시장 개척이나 창의성은 물론 시장규모마저 위축시키고 있다.

---

[9] 한국콘텐츠진흥원, "글로벌 게임산업 트렌드," 2014. 11.; 파이낸셜뉴스, "韓 게임산업 규제에 뒷걸음질, 中은 전폭 지원에 뜀박질," 2014. 11. 12.

경제발전의 발목을 잡는 수도권 규제

현대 도시의 특징은 거주인구 1천만 명이 넘는 메가시티가 빠르게 늘어나고 있다는 점이다. 산업구조가 지식이나 서비스 등을 중심으로 재편되면서 글로벌 경제에서 메가시티가 차지하는 비중이 확대되고 있다. 따라서 세계 각국은 경쟁적으로 메가시티 육성 방안을 내놓고 있다.[10] 그런데도 세계에서 유일하게 우리나라는 메가시티인 수도권에 인구와 산업의 집중을 억제하는 수도권 규제를 지속하고 있다.

수도권 규제는 산업화 이후 급격하게 벌어지기 시작한, 수도권과 지방 간 사회경제적인 격차를 보완하기 위해 도입되었다. 1964년 대도시 인구집중방지책을 시작으로 1970년대 말까지 다양한 대책이 시행되었고, 1982년 수도권정비계획법을 제정해 법적 구속력을 갖추면서 체계화됐다.

그렇다면 수도권 과밀화 현상을 방지하고 지역균형발전을 위해 추진한 수도권 규제의 효과는 있었을까? 아이러니하게도 오랜 기간 수도권 규제를 지속해왔지만, 막상 인구집중 억제는 실패한 채, 수도권의 경쟁력만 떨어뜨리고 있다. 경기개발연구원에 의하면 2003년부터 2007년까지 경기도에 있던 기업 141개가 지방으로 이전한 사이, 1만 6,733개의 기업이 해외로 이전했다. 수도권 기업의 6.4%만이 지방

일상다반사 경제학

기업과 국부를 해외로 유출시키는 '수도권 규제'

최근 한국경제연구원의 "수도권 규제, 쟁점과 정책과제" 세미나(2016. 7)에서도 2009년 이후 5년간 수도권 규제로 투자를 포기하거나 해외로 이전한 기업(28개)이 지방으로 이전한 기업(9개)보다 3.1배 많고, 수도권에서 빠져나간 해외직접투자액(Outward FDI)이 외국인직접투자액(Inward FDI)보다 2.6배나 많다고 지적했다. 결과적으로 수도권 규제가 지역균형발전에 기여하지 못하고 오히려 기업과 국부를 해외로 유출시키고 있는 셈이다.

---

10) 전재연, "글로벌 메가시티의 미래지형도," LG경제연구원, 2010. 10.

으로 이전할 계획이었고 대부분의 기업들은 해외로의 이전을 고려하고 있는 것으로 나타났다. 이처럼 수도권 규제 또한 국내외 투자를 저해하고 우리 경제의 활력을 떨어뜨리는, 대표적인 갈라파고스 규제다.

주요국의 수도권 발전 전략

지금은 국가의 글로벌 경쟁력 강화 차원에서 수도권 발전정책 추진이 오히려 절실하게 필요하다. 세계경제가 국경을 중시하는 폐쇄경제에서 개방경제로 바뀌면서, 대도시권 경쟁력이 곧바로 국가 경쟁력을 좌우하는 양상으로 대내외 경제여건이 달라졌기 때문이다.

이창무는 영국, 프랑스, 일본 등이 런던, 파리, 동경의 국제경쟁력 강화에 방점을 둔 수도권 발전전략을 추진하고 있다고 분석했다.[11] 물론 이들 선진국도 수도권 규제를 강화한 적이 있었다. 급속한 산업성장에 따라 수도권을 중심으로 인구와 공장 등이 빠르게 늘어났고 다양한 문제들이 나타나자, 국토균형 발전과 인구유입 억제를 위해 수도권 규제가 추진됐다. 그러나 이러한 수도권 규제로 수도권의 국제경

일상다반사 경제학

주요국의 수도권 발전정책 추진 현황

국가명	수도권 규제 폐지	수도권 메가시티 전략
영국	• 공장/사무실 허가제 폐지('82)	• 템즈강 중심의 도크랜드('81), 런던 동부 테크시티('10), 런던플랜('04) 및 스마트 런던플랜('13)
프랑스	• 과밀부담금 공장 제외('82) • 공장/사무실 신설 · 허가제 폐지('85)	• 파리 서북부 라데팡스('90), 그랑파리 프로젝트('07), 파리 수도권 광역도시 계획('08)
일본	• 수도권 기성시가지의 공장 등 제한법 폐지('02) • 공장재배치 촉진법 폐지('06)	• 도시재생특별조치('02), 국제총합전략특구('11), 국가전략특구('13)

자료: 한국경제연구원, "수도권규제, 쟁점과 정책과제 세미나," 2016. 7.

---

11) 이창무, "저출산·고령화 시대 수도권규제에 대한 재평가와 개선방향," 수도권규제, 쟁점과 정책과제 세미나, 2010. 7. 26.

쟁력만 약화되고, 규제강화를 통해 기대했던 지역격차 해소와 낙후지역 발전 등과 같은 효과가 기대 밖으로 미흡했다. 따라서 영국, 프랑스, 일본 등은 1980년대 이후 수도권 집중 억제 정책을 앞다투어 폐기했고 오히려 수도권 중심으로 경쟁력을 강화하는 방향으로 정책목표를 전환하게 되었다.

일본은 2000년대 이후 동경을 포함한 수도권을 글로벌 경쟁력이 있는 메가시티로 발전시키기 위해 도시재생 및 산업경쟁력 강화 정책을 추진하고 있다. 영국, 프랑스 등도 세계 주요 대도시를 글로벌 경쟁대상으로 보고 런던과 파리를 메가시티로 육성하기 위해 규제 완화 및 각종 지원책을 시행 중이다. 영국은 런던권 개발에 국가사업의 최우선 순위를 부여하는 '대런던 플랜'을 수립하는 등 대대적인 투자를 추진하고 있다. 프랑스도 파리와 주변 일드 프랑스를 통합해 대규모 지식기반 집적지를 조성하는 등 거대한 수도권을 만드는 '그랑파리 프로젝트'를 진행하고 있다.

미국 오바마 행정부도 대도시권 정책을 국가발전의 핵심정책으로 추진하고 있다. 미국의 국가번영을 위한 3대 목표를 '생산적 성장, 포괄적 성장, 지속적 성장'으로 설정하고, 대도시권 단위로 R&D 등 혁신산업 육성, 인재 육성, 기반시설 확충, 정주환경 개선 등의 4대 전략을 추진하고 있다. 또한, 미국의 대표적인 메가시티인 뉴욕시는 2007년 'PlaNYC2030'을 계획해 한층 더 청정하고 발전되고 성숙한 세계도시 뉴욕을 지향하는 미래상으로 설정하고 추진하고 있다.[12]

중국은 거점도시 및 성 단위의 광역 지역을 거대광역경제권으로 묶고, 철저한 계획과 기능분담을 통해 집적에 따른 시너지 효과를 극대화한다는 메가시티 육성전략을 추진하고 있다. 3대 메가시티로는 베이징·텐진·탕산을 연결한 북경권, 장강 삼각주의 상해권, 주장강 삼각주의 광동권이 있다.

이렇게 선진국이 국가 전략적으로 수도권 경쟁력 강화를 위해 노력하고 있는데도 여전히 우리나라는 갈라파고스 규제인 수도권 규제에 매달리고 있는 실정이다.

글로벌 도시 지수

미국의 컨설팅 업체 AT커니는 전 세계 125개 도시의 세계화 정도를 측정한 '글로벌 도시 지수(Global Cities Index, GCI)'를 2008년부터 발표하고 있다. 과거에 수도권 규제를 폐지한 런던, 파리, 동경의 경우에는 글로벌 도시 지수에서 각각 2위, 3위, 4위를 유지하고 있는 반면, 서울은 2008년 9위에서 2015년 11위로 오히려 순위가 하락했다. 수도권의 경쟁력이 떨어지고 있다.

---

12) 이우종 외, "경인대도시권 미래발전전략 및 추진대책 수립연구," 대한국토·도시계획학회, 경기개발연구원, 2014. 6.

잃어버린 레고랜드

수도권 규제로 인해 국내기업의 투자뿐만 아니라 외국자본의 국내투자를 유치하지 못해 발생한 피해도 상당하다. 우선 그 예로 1990년대 후반 레고랜드의 사례를 들 수 있다. 덴마크의 레고그룹은 1999년 경기도 이천에 2억 달러를 들여 60만 평방미터 규모의 레고랜드를 세우기로 계획했다. 그러나 수도권 규제로 인해 계획이 백지화되고 결국 국내투자를 포기하게 되었다. 이후 레고그룹은 우리나라에 투자하려던 계획을 그대로 독일 군츠부르크에 옮겨 투자했고, 2002년 개장해 지금까지 외국인 관광객만 연간 120만 명을 유치하는 관광명소를 만들었다. 제 살 깎아 먹는 수도권 규제 때문에 14년 동안 1,680만 명의 국내외 관광객을 유치할 수 있는 기회를 상실한 셈이다. 반면 레고랜드가 투자하려 했던 경기도 이천의 토지는 현재 나대지로 고스란히 방치되어 있다.

또 다른 사례로 영국계 다국적 제약사인 글락소스미스클라인(GSK)의 경우를 들 수 있다. GSK는 2006년 최대 2천억 원을 투자해 화성시에 인플루엔자 백신제조공장을 건립할 계획을 세웠다. 그러나 당시 중앙정부가 투자 지역을 화성시가 아닌 전라남도 지역으로 추진하자, 국내투자를 포기하고 싱가포르로 투자처를 변경하고 말았다. 크게 아쉬운 대목이다.

자료: 정진섭, "우리나라 외국인직접투자 유치 성공 · 실패 사례의 시사점과 정책제언," 한국경제연구원 2015. 11.

이제는 수도권의 국제경쟁력을 강화할 방안을 서둘러 모색해야 한다. 글로벌 메가시티 경쟁에서 우리만 쫓아갈 수 없을 정도로 뒤쳐져 있는 건 아닌지 모르겠다.

04 우리나라에만 있는 대기업 규제

성장을 두려워하는 우리나라 기업

우리나라에서는 기업이 크면 제재를 받는다. 대표적인 예가 상호출자제한 기업집단 제도다. 기업이 일정 규모보다 커져 상호출자제한 기업집단에 지정되면 '상호 · 순환 출자 금지', '채무보증 금지', '금융 · 보험사 의결권 제한', '공시 의무', '특수 관계인에 대한 부당한 이익 제공 금지' 등과 같은 차별적인 규제를 받는다.

이러다 보니 우리나라에서는 기업이 커지면 커질수록 불리해 기업이 성장할 이유가 적다. 기업이 작을 때는 정상적인 경영활동으로 인정되던 사항들이 일정 규모 이상으로 기업이 성장하면 불법적인 사항으로 바뀐다. 기업이 글로벌 시장에서 경쟁할 수 있는 규모로 성장하는 시기에 각종 새로운 규제들이 적용되기 때문에 기업의 성장의욕은 위축될 수밖에 없다.

우리 대기업은 글로벌 역차별까지 받고 있다. 다른 외국 기업들은 아무리 클지라도 상호출자제한 기업집단 규제를 받지 않는 반면에, 우리나라 대기업들은 공정거래법 이외에 여타 개별법에서도 다양한 규제들을 받다 보니 글로벌 경쟁에서 크게 불리하다. 그래서인지 1980년대 이후로는 세계적 경쟁력을 갖춘 글로벌 기업집단이 나타나지 못하고 있는 현실이다.

우리나라처럼, 기업이 크다고 무조건 규제하는 나라는 없다. 미국은 독과점 기업의 횡포를 막고 자유로운 시장경쟁질서 확립을 위해 셔먼법Sherman Act이나 클레이턴법Clayton Act 등이 제정되었다. 그러나 상호출자제한 기업집단 규제 등과 같이 단순히 기업의 규모가 크다는 이유로 규제하지 않는다. 미국의 셔먼법은 트러스트, 카르텔 등 일종의 담합행위를 금지하고 있고, 클레이턴법도 가격차별, 배타조건부 거래 등 불공정거래 행위를 금지하고 있을 뿐이다.

독일의 경쟁제한방지법도 마찬가지다. 카르텔 금지, 시장지배력 남용행위 금지, 기업결합 규제 등을 규정하고 있을 뿐이다. 일본도 2002년 독점금지법 개정을 통해 대규모 회사의 주식보유총액제한제도와 지주회사 규제를 완전히 폐지, 대기업을 규제하고 있지 않다. 오히려 우리나라에서는 금지된 상호출자조차도 허용하고 있다.

우리나라 공정거래위원회는 2016년 7월 대기업집단상호출자제한 기업집단으로 지정하는 대상을 자산 5조 원 이상 기업에서 10조 원 이상 기업으로 8년 만에 기준을 올렸다. 대기업집단 규제 대상이 줄어든 것은 다행이지만, 글로벌 스탠다드에 맞춰 규모에 따른 역차별적인 기업집단 규제는 이제 완전히 사라져야 한다.

공정거래법
독점규제법 또는 독점금지법이라는 용어로도 사용된다. 공정거래법은 자본주의 사회의 효율성과 민주성의 기초가 되는 경쟁의 원리를 보장하기 위하여 마련된 제도적 장치다.

셔먼법
1890년에 제정된 미국의 독과점방지법으로 경쟁제한적인 행위에 의해 시장을 독점하는 것을 금지하는 데 목적이 있다.

클레이턴법
1914년에 제정된 독점금지법의 하나로 경쟁기업의 매수, 가격차별, 임원겸임 등을 규제함으로써 경쟁을 촉진시키는 것을 목적으로 한다.

지주회사 규제의 심각성

또 다른 유형의 대규모 기업집단에 대한 규제가 지주회사 규제다. 지주회사란 주식 소유를 통해 다른 회사를 지배하는 것이 목적인 회사를 말한다. 법적으로는 회사 자산 총액의 50% 이상이 자회사 주식가액으로 채워졌을 때, 이 회사를 지주회사로 정의한다. 최근 들어 글로벌 대기업들은 자회사, 손자회사, 증손회사 등 수직적인 출자구조로 지배구조를 단순화할 수 있기 때문에, 지주회사를 지배구조로 삼는 사례가 늘어나고 있다. 그러나 우리나라의 경우에는 지주회사 집단에 부과되는 관련 규제들이 많고 과도해, 지주회사가 되면 오히려 기업경영에 어려움이 커지는 실정이다. 예를 들어 공동출자금지 규제로 대규모 사업 참여가 쉽지 않다. 대규모 M&A의 경우 많은 자금이 필요한데, 자회사 등이 단독으로 출자하는 것은 사실상 불가능한 경우가 많아 신규사업 진출이 어렵다. 이는 국내투자 활력을 떨어뜨려 경제성장과 일자리 창출에도 부정적인 요인으로 작용한다.[13] 공동출자금지 규제뿐만 아니라 증손회사 소유제한 규제, 자·손자회사 최소지분율 규제, 부채비율 규제 등 다른 나라에는 없는 지주회사 규제들이 많이 있다.

이처럼 지나치게 과도한 지주회사 규제를 미국, 독일, 영국 등의 선진국에서는 찾아볼 수 없다.[14] 지주회사를 규제하지 않는 것이 글로벌 스탠다드인 셈이다. 미국, 일본, 유럽, 중국, 대만, 싱가폴 등에서는 기업지배구조를 기업이 자율로 결정해야 할 사항으로 인식해, 지주회사의 설립과 운영 등에 대한 특별한 규제가 없다. 지주회사를 별도로 규제하기보다는, 기업결합이 실질적으로 경쟁을 제한하는 경우에만 경쟁법 위반으로 제재한다. 일본의 지주회사 규제도 맥아더 사령부가 일본재벌을 규제하려고 도입했으나 2002년 완전히 폐지해 사라지게 되었다.

기업의 활력을 높이기 위해 우리나라도 기업지배구조를 기업이 자율적으로 결정할 수 있도록 공정거래법상 지주회사 관련 규제를 폐지하고 지배구조의 다양성을 보장해야 한다.

---

13) 전국경제인연합회, "현행 지주회사제도의 문제점과 개선방안," 2010. 1.
14) 양금승, "글로벌 경쟁력 강화를 위한 민간기업의 차별규제 개혁과제," 한국경제연구원, 2016. 6.

기업이 작아야 행복한 이상한 나라

국가경제가 튼튼하려면 대기업뿐만 아니라 중소기업의 경쟁력이 중요하다. 우리나라도 중소기업에 대해 지원을 많이 하고 있다. 그런데 중소기업이 성장해 대기업이 되면 그 많던 지원들은 사라지고 수많은 규제만이 부과된다. 이러다 보니 우리나라에서는 대기업은 규제하고 중소기업은 지원하는 이중적인 보호주의 기업 정책에서 비롯된, 기업이 크면 다치니 더 자라지 않겠다는 현상, 이른바 피터팬 증후군이 만연하고 있다.

대기업으로의 성장을 포기하는 중견기업뿐만 아니라 중견기업으로의 성장을 포기하는 중소기업 또한 상당하다. 현행 중소기업법에 따르면, 중소기업은 근로자 수 300명 미만, 3년 평균 연매출 1,500억 원 미만, 자기자본금 80억 원 이하라는 세 가지 조건을 모두 충족하는 기업을 말한다. 세 가지 조건 중 하나라도 넘어서면 자동으로 중견기업에 편입된다. 중소기업에서 중견기업으로 성장하게 되면 그동안 받아오던 혜택이 사라지는 대신 수많은 규제가 추가된다. 이렇게 규제가 확대되니, 국내 중소기업들은 의도적으로 기업의 규모를 줄이고 성장하지 않으려는 폐해가 발생하고 있다. 중소기업에서 벗어나 중견기업으로 올라서는 순간 연구개발R&D 세액공제가 25%^{투자금액}~50%^{초과비용}에서 8~15%로 급감하고, 공공조달

피터팬 증후군
육체적으로는 성숙하여 어른이 되었지만 여전히 어린이로 남아 있기는 바라는 심리로, 어린이로서 대우받고 보호받기를 원한다. 중소기업이 중견기업이 될 경우 그간 누리던 세제 등 각종 혜택이 끊기기 때문에 중견기업으로 성장하기를 꺼리며 중소기업으로 남으려는 경향을 설명할 때 쓰인다.

Point 경제학

피터팬 증후군(Peter Pan Syndrome)에 빠진 기업들

2015년 경제관계장관회의 자료에서도 기업 집단으로 분류해 적용하는 '중소기업-보호·육성', '중견기업-지원 배제'라는 이분법적 지원체계 때문에, 중소기업에 안주하려는 '피터팬 증후군'을 확인할 수 있다. 중소기업에서 중견기업으로 성장하면 중단되는 지원 정책은 57개에 달하는 데다 새로 적용받는 규제는 16개나 되었다(2015년 1월 기준).

자료: 경제관계장관회의, "제1차(2015~2019) 중견기업 성장촉진 기본계획," 2015. 6. 10.

성장하지 않는 기업

SM그룹은 공격적인 인수합병을 통해 안정적으로 성장했다. 최근에도 SPP조선의 인수를 검토했다. 하지만 SPP조선을 인수해 그룹 자산이 5조 원을 넘게 되면 '대기업 집단'으로 지정되어 신규출자 제한, 계열사 간 규제 등 엄격한 규제를 받게 되는 문제가 예상됐다. 결국 SM그룹은 SPP조선 인수를 포기하고 말았다. 한편 사무용 가구 1위 업체인 퍼시스는 중소기업만 참여할 수 있는 정부조달 시장에 참여하려고 2010년 사내교육용 가구 브랜드인 '팀스'를 중소기업 크기로 분사했다. 그러나 2012년 위장 중소기업으로 판정나면서 2013년부터 공공조달시장에서 퇴출되어 지금까지 연속 적자를 기록했고 청산, 합병, 매각 등의 가능성이 제기되고 있다. 최근 공정거래위원회가 지정하는 대기업 집단의 자산 기준이 10조 원으로 높아졌지만 규모가 커진 중견그룹들이 규제를 피하려고 일부러 몸집을 줄이려는 경우가 나타나고 있다.

시장 참가를 제한받는다.[15] 따라서 중견기업에서 중소기업으로 회귀한 기업 수가 2011년 91개, 2012년 50개, 2013년 76개로, 중견·대기업으로의 성장을 회피하면서 중소기업에 안주하려는 현상이 만연하고 있다. 2015년 중소기업청 조사에서 중견기업 10개 중 3개가 중소기업으로의 회귀를 검토했다는 결과가 나타났다.

이처럼 중소기업에서 중견기업이 되면 새로운 규제를 받고, 나아가 대기업으로 성장하면 또 다른 새로운 규제에 치일 수밖에 없는 상황에서는 중소기업, 중견기업, 대기업으로 이어지는 성장 고리가 단절될 수밖에 없다. 기업이 작아야만 행복한 것이 우리의 현실이다.

---

15) 한국경제신문, "[흔들리는 '경제 허리' 중견기업] 매출 1,500억 땐 새 규제 70개, 중견기업 30% 중소기업으로 돌아갈래," 2016. 7. 20.

외국기업 배불리는 중소기업 적합업종 제도

중소기업 적합업종 제도 또한 우리나라에만 존재하는 갈라파고스 규제다. 중소기업 적합업종 제도는 골목상권을 살리고 중소기업의 영역을 보호하려는 목적으로, 합의를 통해 업종을 지정한 후 향후 3년간 대기업이 사업에서 철수나 확장을 제한하는 제도다. 2011년부터 제조업에 대해 실시해 왔는데 2013년부터는 서비스업으로 그 영역을 확대해 적용하고 있다. 제조업에 대한 중소기업 적합업종 제도 시행 자체가 매우 큰 문제이지만, 서비스업 확대 적용에 대한 논란도 크다.

우선 제빵업이 중소기업 적합업종으로 지정되면서 신규출점이 제한된 국내 제빵업체 파리바게트와 뚜레쥬르의 성장이 내리막길이다. 공정거래위원회 정보공개서에 따르면 파리크라상의 2014년 당기순이익은 537억 원으로 2013년 656억 원에 비해 22%나 급감했다. 고용창출에도 비상등이 켜졌다. 2014년 말 기준 4,847명이었던 직원 수는 2016년 2월 기준 4,376명으로 500명 가까이 줄었다. 더 이상 점포를 출점하지 못하게 되자 신규 매장 건설을 위한 상권분석, 매장개발 등과 관련된 일자리가 대폭 축소되었기 때문이다. 그런데 우리나라 제도에 적용받지 않는 외국계 대기업에게는 큰 혜택으로 국내시장 진출이 점차 확대되고 있다.

예를 들어 중소기업적합업종에서 제외된 외국계 베이커리 브랜드가 대거 국내시장에 진입했다. 2013년 프랑스 베이커리 '브리오슈도레'를 필두로 2014년에는 '몽상클레르' 등 13개 브랜드가, 2015년에는 '매그놀리아베이커리' 등 5개 브랜드가 신규로 국내시장에 물밀듯이 들어왔다.[16) 최근 3년간 19개의 외국계 베이커리 브랜드가 밀려왔고 매장 수도 65개에 달한다. 이처럼 우리나라 골목상권과 중소기업의 성장을 위한 제도가 오히려 외국계 대기업의 시장점유율만 높여주는 결과를 낳고 말았다.

또한 외식업에도 중소기업 적합업종이 지정됨에 따라, 주요 외식 대기업과 일부 외식 전문 중견기업이 출점제한 등 영업에 제한을 받게 됐고 외국계 외식브랜드의 국내시장

---

16) 중앙일보, "제과·외식 '피라미' 돕는다더니 살찐 건 '피라니아.'" 2015. 12. 2.

표 5 적합업종 기간 내 국내 진출한 외국계 제과 브랜드

진출 연도	브랜드명	국가	매장 수
2013	브리오슈도레	프랑스	7
	피에르에르메	프랑스	3
	몽상클레르	일본	4
	살롱드몽슈슈	일본	4
	곤트란쉐리에	프랑스	14
	핫삐돌체	일본	1
	주니어스치즈케익	미국	4
2014	레이디엠	미국	8
	씨즈캔디	미국	2
	웻즐스프레즐	미국	2
	제르보	헝가리	1
	치즈케익팩토리	미국	2
	쿠쿠루자	일본	3
	길리안초콜릿	벨기에	1
	매그놀리아베이커리	미국	1
	르타오	일본	3
2015	파블로	일본	2
	라메종뒤쇼콜라	프랑스	1
	핫텐도	일본	2

자료: 중앙일보, "제과·외식 '피라미' 돕는다더니 살찐 건 '피라니아'," 2015. 12. 2.

표 6 적합업종 기간 내 국내 진출한 외국계 외식 브랜드

진출 연도	브랜드명	국가	매장 수
2013	와타미	일본	1
	키무카츠	일본	9
	울프강 스테이크하우스	미국	1
	판다익스프레스	미국	2
	피에프창	미국	2
2014	하드락카페	미국	2
	하이디라오	중국	1
	펙	이탈리아	1
	막스엔스펜서	영국	2
	사라베스키친	미국	1
	이탈리	이탈리아	1
2015	금미덕	중국	4
	오레노	일본	1
	이나와요스케	일본	2

자료: 중앙일보, "제과·외식 '피라미' 돕는다더니 살찐 건 '피라니아'," 2015.12.2.

진출만 늘어났다. 2013년 와타미와 키무카츠가 앞장선 후 지난 3년간 14개 브랜드의 30개 매장이 국내에 진입했다. 이는 중소기업이나 소상공인를 위한 중소기업 적합업종 규제가 기대와는 달리 외국계 기업들만 배불리고 있다는 실례로 볼 수 있다.

또 다른 예로는 발광다이오드LED 조명 산업이 대표적이다. 2011년 중소기업 적합업종으로 지정돼 국내 기업들은 그 분야에서 줄줄이 사업을 철수했다. 그러나 외국계 기업들의 매출규모는 2013년 767억 원으로 중소기업 적합업종 지정 이전인 2010년 100억 원에 비해 약 7.7배나 성장했으며, 시장점유율도 2.6%에서 19.4%로 16.8%p나 늘어났다.[17] 이런 문제로 인해 동반성장위원회는 2015년 초 LED조명의 중소기업 적합업종 지정을 해제했다. 그러나 이미 시장은 값싼 중국산 조명이 점유하게 된 후였다.

중소기업 적합업종으로 지정되었던 두부산업과 관련한 연구에 따르면, 대기업에 대한 매출액 제한이 포장두부시장의 성장 자체를 제한한 것으로 나타났다.[18] 전체 두부시장의 출하액은 지난 10여 년 동안 비교적 빠른 속도로 증가하다가, 중소기업 적합업종 제도가 도입된 후 2012년에 성장세가 둔화됐고, 2013년에는 급기야 감소세로 돌아섰다. 결국 대기업에 가해진 제한조치가 대기업의 성장만을 억제했을 뿐, 중소기업의 성장으로는 이어지지 않아, 전체 두부시장 자체가 줄어들고 말았다.

미국, 유럽 등 선진국에서는 중소기업 적합업종과 같은 제도를 찾아볼 수 없다. 다만 인도에서 가장 비슷한 정책을 찾아볼 수 있는데, 1967년부터 시행된 소기업 보호정책Small-scale Reservation Policy이다.[19] 이 정책은 소기업을 보호해 고용을 창출하고 소득을 재분배하려는 목적으로 추진되었다. 그러나 소기업을 대기업으로부터 보호하려는 정부의 의도와는 달리 효과가 별로 없었다. 더욱이 인도 제조업 부문을 과도하게 규제하는 바람에 제조업의 투자와 비중이 감소하는 역효과만을 낳고 말았다. 이에 인도는 최근 소기업 보호해제 정책을 추진하고 있으며, 소기업 보호정책은 폐지 직전인 단계에 와 있다.

---

17) 양금승. "국내 민간기업의 차별규제 현황분석 및 정책적 시사점," 한국경제연구원 2016. 8.
18) 이진국, "중소기업 적합업종 지정제도의 경제적 효과에 관한 연구: 두부산업을 중심으로," 한국개발연구원, 2015. 1.
19) Kathuria, V. et. al., "The Effects of Economic Reforms on Manufacturing Dualism: Evidence from India", *Journal of Comparative Economics* 41, pp. 1240~1262, 2013.

적합업종 제도? 고유업종 제도?

중소기업 '적합업종' 제도 이전에 이와 유사한 중소기업 '고유업종' 제도가 시행된 적이 있었다. 중소기업 고유업종 제도는 중소기업 사업영역을 보호하기 위해 대기업의 시장진입을 금지한 제도였다. 1979년 도입 이래 보호업종 수가 늘어나 1989년에는 237개에 달했다. 그러나 중소기업에 대한 보호가 장기화되면서 중소기업의 자생력 저하, 기술개발 및 품질향상 미흡, 시장자율성 침해, 소비자후생 저하 등의 폐단이 끊임없이 나타났다. 또한 중소기업 고유업종으로 지정된 산업에서 국내 중소기업의 시장점유율과 매출이 줄어들었고 외국계 기업들이 시장을 장악해 매출을 크게 올리는 현상이 나타났다.

문제가 많았던 중소기업 고유업종 제도가 2006년 12월 폐지되자 대기업들은 그동안 진출할 수 없었던 사업영역에 뛰어들기 시작했다. 그러자 시장규모가 커지면서 큰 수익을 낼 수 있는 업종들이 부상했다. 대기업에 비해 경쟁력이 약한 중소기업을 보호해야 한다는 잘못된 주장이 공감대를 형성하면서 새로운 중소기업 보호제도가 필요하다는 주장이 힘을 얻었다. 이에 2010년 12월에 발족한 동반성장위원회가 2011년 10월 중소기업 적합업종 제도를 도입했다. 제도의 근본적인 취지는

일상다반사 경제학

외국계 기업만 배불린 중소기업 고유업종 제도

중소기업 고유업종 지정으로 국내 중소기업의 시장점유율과 매출이 오히려 줄어들고 외국계 기업의 경우는 늘어난 대표적인 예가 백열등이나 형광등의 전구업종이다. 1970년대 전구시장의 70% 정도를 번개표가 장악하고 있었고 금호전기 등이 매출을 올리고 있었다. 당시 대기업이 전구시장에 진출하려 하자, 전구시장을 중소기업 고유업종으로 지정했다. 그로부터 30여 년이 지나 번개표 등 국내 중소기업의 시장점유율이 급락하고, 오슬람, 필립스, GE 등 외국계 전구가 국내시장을 70% 이상을 점유하게 됐다. 기대와는 달리 중소기업의 시장점유를 지키지 못하고 오히려 외국계 기업만 성과를 올리게 된 셈이다. 그래서 2006년 12월 노무현 대통령은 중소기업 고유업종 제도를 폐지했다. 중소기업 고유업종 제도는 중소기업 보호 및 육성이라는 취지에는 공감을 얻었지만, 정부 주도의 업종 선정, 법률상 강제 등으로 시장자율성을 침해했고, 기술개발 및 경쟁력 제고의 유인을 저해하는 등 더 큰 문제점을 야기했기 때문이다.

표 7　　중소기업 고유업종 제도와 적합업종 제도의 비교

구분	중소기업 고유업종 제도	중소기업 적합업종 제도
시행기간	1979~2006년	2011년 9월~현재
제도 취지[a]	중소기업의 경쟁력 확보와 사업영역 보호	
선정 주체[a]	정부(구 상공부)	동반성장위원회
지정분야[b]	전통 제조업 위주	제조업, 서비스업
대기업의 범위[c]	중소기업 이외의 기업(중견기업 포함)	상호출자·채무보증 제한 기업집단 소속 기업(중견기업 포함)
존속기간[a]	제한 없음	3년(최장 6년, 3년+3년)
규제범위[b]	선정 업종에 대해 대기업의 신규진입 금지(고유업종으로 지정될 당시 사업 중인 대기업은 적용대상이 안 됨)	사업축소, 확장자제, 진입자제, 사업이양
집행수단[a]	공식 제도: 법률상 강제	• 비공식제도: 사회적, 정치적 압력 • 독립적이고 자율적으로 수행
법적 근거[b]	중소기업의 사업영역 보호 및 기업 간 협력증진에 관한 법률 – 제2장 중소기업의 사업영역 보호 – 2006년 3월 3일 폐지, 12월 31일 고 유업종 제도 해지	대·중소기업 상생 협력 촉진에 관한 법률 – 제3장 대·중소기업 상생협력 촉진을 위한 시책 추진(제20조의2)
유인 및 처벌 규정[a]	5천만 원 이하 벌금 또는 1년 이하 징역(제6장 제 20조)	사업 이양 시 동반성장지수 가점, 신규 진입 또는 사업 확장 시 감점

자료: a) 황인학, "중소기업 적합업종 제도의 본질과 문제점-두부 제조업의 사례," 한국경제연구원, 2011. 10.,
　　　b) 동반성장위원회, c) 중소기업청, d) 국가법령정보센터

중소기업의 보호 및 육성으로 과거 고유업종 제도와 동일하다. 다만, 업종선정 주체, 존속기간 설정, 집행 수단 등 제반 운영 측면에서 차이를 보인다. 적합업종 제도는 고유업종 제도에 비해 비강제적인 한시적·차등적 제한을 민간 주도의 합의 형식으로 권고하는 제도다. 그러나 권고를 받은 대기업들은 사회 정치적 압력으로부터 근본적으로 자유로울 수 없다. 또한 고유업종 제도와 마찬가지로 국내 대기업만을 규제하고 외국계 기업의 국내시장 잠식에 대해서는 무방비인 상황인데다, 경쟁 저하로 인해 소비자 선택권이 제한되고 말았다.

　정책의 취지나 목적이 선(善)하다고 해서 올바른 정책이 아닐 수 있다는 대표적인 사례다. 그런데 같은 실수를 반복하듯, 중소기업 고유업종 제도와 판박이 제도인 중소기업 적합업종 제도가 시행되고 있다. 더욱이 최근에는 중소기업 적합업종 제

도를 계속 확대, 유지하는 것도 모자라 법제화를 시도하고 있다. 세계적인 추세에 반대되는 시대역행적 조치다.

06 우리나라에만 있는 금산분리 규제

금융산업 발전 가로막는 금산분리

현재 우리나라에서는 은행의 소유구조에 대한 규제를 고집하고 있다. 은행소유 제한을 주장하는 논거는 '금산분리' 또는 '은산분리' 원칙이다. 우리나라의 금산분리 규제는 1982년 대기업 등 산업자본이 금융업을 지배해 사금고화하는 것을 방지하기 위해 도입되었다. 대표적인 예가 산업자본이 은행에 대해 4% 이상의 의결권을 행사할 수 없도록 제한한 은행법 조항이다. 그러나 이같은 산업과 금융의 획일적인 분리규제는 4차 산업혁명시대에 우리 금융업 발전의 발목을 잡고 있다.

우리나라에서 금산분리 원칙을 내세우는 첫 번째 이유는, 기업들이 은행을 통해 경제력 집중을 확대하는 시도를 제한하자는 의미다. 또 다른 이유는 기업이 은행을 사금고화하는 것을 방지하겠다는 뜻이다. 은행을 소유한 대기업집단이 은행자금을 경쟁기업들에게는 대여하지 않고 자신의 계열사에게만 대출하도록 해 은행자금의

Point 경제학

금산분리? 은산분리?

금산분리는 금융자본과 산업자본이 분리하는 것을 의미한다. 즉, 제조업 등 산업자본과 은행·보험·증권 등 금융자본이 서로 소유·지배하지 못하도록 법적으로 막아놓은 제도이다. 우리나라에서는 주로 산업자본이 은행을 소유할 수 없도록 하는 은산(銀産)분리로 통용되어 왔다. 은산분리는 금산분리 중에서도 특히 산업자본의 은행 소유를 강력히 규제하는 것을 의미한다.

독점력을 높일 수 있다는 우려다. 그러나 우리나라에서는 금산결합의 부작용에 대한 사전적인 예방 장치로 이사회 신용공여제한, 대주주의 행위 규정 및 사금고화 방지 등에 대한 법적·제도적 장치가 이미 마련되어 있다. 금융기관의 적정자본 유지 요구로 신용공여의 위험이 전이되는 문제 또한 걱정할 만한 수준이 아니다. 오히려 금산분리 정책으로 인해 우리 금융산업의 발전이 저해되고 있다.

1997년 금융위기 이후, 우리나라 16개 시중은행 중에서 7개의 은행만이 생존했다. 당시 은행을 인수할 수 있는 국내자본은 산업자본뿐이었다. 그러나 은행 소유를 제한한 금산분리의 원칙 때문에 우리나라 자본은 은행들의 지배주주가 될 수 없었고, 우리금융지주회사를 제외하고 생존한 시중은행들은 외국자본의 수중으로 넘어가게 되고 말았다. 더욱이 외국자본과 국내자본에 대한 차별적인 규제 탓에, 미국계 사모펀드인 론스타는 국내산업자본이 넘보지 못한 외환은행을 인수하는 동시에 극동건설을 소유해 금융과 산업을 함께 지배하게 됐다.

신용공여한도제
특정인 또는 기업이나 계열에 대해 제공할 수 있는 신용공여를 금융회사 자기자본의 일정한도 이내로 제한하는 제도다.

사모펀드
투자자로부터 모은 자금을 주식·채권 등에 운용하는 펀드다.

선진국의 금산분리 관련 제도

해외의 경우 미국을 제외한 대부분의 선진국들은 금산분리 원칙이 없거나, 있더라도 자국의 현실을 감안해 탄력적으로 제도를 운영 중이다.[20] 산업자본의 은행 소유한도를 설정해 제한하는 국가는 극소수다. 극소수 국가 중 하나가 미국으로, 금산분리 원칙이 선진국들과 비교해 상대적으로 강한 수준이다. 그런 미국조차도 지주회사는 물론, 비은행 관련 금산분리 규제는 실시하지 않고 있다. 산업자본의 명시적 은행지분 소유한도도 25%로 국내에 비해 굉장히 높다. 또한 은행지주회사, 보험지주회사 등 각 분야별 지주회사에 대한 규제에도 차별을 두어, 각 금융업별 특성에 따라 맞는 규제를 시행하고 있다.[21]

일본과 중국은 정부의 사전승인을 받으면 산업자본의 은행 보유가 가능하다. 유럽의 EU 회원국들은 EC의 '제2차 은행업 지침'을 기본 모델로, 은행의 건전하고

---

20) 브릿지경제, "금산분리 원칙 완화 없이 인터넷전문은행도 없다." 2015. 9. 14.
21) 양금승, "글로벌 경쟁력 강화를 위한 민간기업의 차별규제 개혁과제," 한국경제연구원, 2016. 6.

신중한 경영을 저해하지 않는 차원에서 적절성이 인정되면 산업자본이라도 은행을 소유하도록 허용하고 있다.

해외 선진국의 금융자본과 산업자본의 결합사례를 전경련의 보고서를 통해 살펴보자.[22] 영국의 TESCO와 Virgin Group, 프랑스의 Peugeot, L'Oreal과 Carrefour, 미국의 Berkshire-Hathaway, Ford, GM, GE 등과 같이, 금융과 일반산업이 결합한 세계 유수의 기업들이 많다.

우선, 1997년 설립된 Tesco Personal Finance[TPF]는 영국의 TESCO와 Royal Back of Scotland Group[RBS]의 50대 50의 합작을 통해 자본금 3,000만 파운드로 설립되었다. 이후 2008년 TESCO가 RBS가 보유한 지분 50%를 인수해 TPF는 TESCO의 완전한 자회사가 됐다. TPF는 대규모 유통기업인 TESCO 고객에게 예금, 모기지론, 소비자 대출, 신용카드 서비스 등의 다양한 금융상품을 제공하며 현재 약 25조 원 규모의 금융상품을 취급, 약 500만 명 이상의 고정고객을 확보하고 있다.

일본은 1997년 금융산업 위기 당시 비금융 기관이 20% 이상의 은행지분을 소유할 수 있도록 은행법을 개정한 뒤, 산업자본을 포함한 다양한 이해관계자들이 은행산업에 활발히 진출하고 있다. 일본의 대표적인 편의점 브랜드인 7-Eleven을 운영하는 SEVEN & i Holdings의 자회사로 세븐뱅크가 있다. 세븐뱅크는 연중무휴로 운영되는 편의점의 특성을 최대한 활용하는 차별화된 24시간 금융서비스, ATM 중심의 금융서비스를 성공적으로 제공하고 있다. 이외에도 일본에선 산업자본의 유통망을 바탕으로 한 기존 고객기반을 활용해 인터넷전문은행 사업에 진출한 사례로 Sony Bank, AEON Bank, Rakuten Bank, Jibun Bank, Japan Net Bank 등이 있다.[23]

독일의 BMW, VM, Mercedes-Benz와 같은 자동차 기업들도 자동차 금융에 특화된 인터넷전문은행을 설립해 운영하고 있다. 미국에서는 오프라인 은행에 대해서는 은산분리 규제가 강한 편이지만, 온라인 은산분리 규제는 상당히 완화하고 있기 때문에 GM 등과 같이 산업자본이 인터넷전문은행을 소유하고 있다. 중국마저도 기업들이 MyBank, WeBank, 시왕은행 등과 같은 인터넷전문은행들을 출범시

---

22) 주창돈, "주요국의 금산분리 규제현황과 사례," 전국경제인연합회, 금융산업 규제개혁 시리즈 3, 2008. 12.
23) 김미애, "금융과 ICT기술 융합을 위한 무(無)규제 원칙," 한국경제연구원, 2015. 1.

주요국 금산분리 규제현황

규제강도	조건	국가
허용	제한 없음	덴마크, 에스토니아, 핀란드, 스웨덴, 스위스, 프랑스, 터키, 폴란드, 영국, 룩셈부르크, 나이지리아, 인도네시아, 파키스탄, 브라질, 콜롬비아, 파나마
	대주주 적격성 심사	오스트리아, 바레인, EU, 독일, 그리스 등
	정부의 사전승인	아르헨티나, 벨기에, 버뮤다, 볼리비아, 우루과이, 뉴질랜드, 이스라엘
	일정한도 초과 시 정부의 사전승인	일본, 호주, 체코, 라트비아, 포르투갈, 싱가포르, 러시아, 페루, 노르웨이, 이집트, 중국, 루마니아, 홍콩, 베네수엘라, 네덜란드, 스페인
제한	조직 제한	필리핀
	소유한도 설정	캐나다(규모에 따라 20%, 75%, 100%), 미국(25% 한도), 이탈리아(15% 한도), 한국(9% 한도),
	완전 불허	칠레, 남아프리카공화국

자료: 양금승, "글로벌 경쟁력 강화를 위한 민간기업의 차별규제 개혁과제," 한국경제연구원, 2016. 6.

켜 은행산업의 경쟁을 촉진하면서 혁신적인 금융서비스를 제공하고 있다.[24]

이처럼 세계 주요 기업들이 경쟁적으로 뛰어들면서 최근 핀테크 산업이 급속도로 발전하고 있다. 그런데 국내에서는 인터넷전문은행이 제대로 출범조차 못하고 있다. 은산분리를 규정하고 있는 은행법에 막혀 지연되고 있기 때문이다. 국내에서도 구글이나 알리바바 등과 같이 글로벌 경쟁력을 갖춘 핀테크 기업이 탄생하려면, 산업자본의 금융업 진출을 가로막는 금산분리 규제가 폐지되거나 대폭 완화되어야 한다.

---

24) 동아일보, "中선 샤오미도 뛰어드는데… 국내 인터넷銀, 반쪽 출범 신세," 2016. 8. 16.

07 각양각색 규제 공화국

기업가정신 꺾는 진입규제

우리나라에는 참으로 다양한 규제들이 있다. 우선 진입규제부터 살펴보자. 진입규제란 특정 산업이나 직종 등에 참여해 그 사업을 영위할 수 있는 자유나 권리를 제한하는 경제적 규제다. 전형적인 진입규제로는 사업의 인가, 허가, 면허, 등록, 신고, 지정, 승인 등이 있다. 진입규제는 원칙적으로 영업과 직업선택의 자유가 허용되는 자본주의 사회에서 심각한 제한이다. 또한 특정 이익집단의 보호를 위한 도구로 작동되는 측면이 강하기 때문에, 보호를 받는 집단 이외에 다른 사회구성원들에게는 비용부담이라는 비효율이 발생한다. 더구나 진입규제로 보호받는 집단은, 기업가정신을 발휘해 적극적인 투자와 창의적인 노력을 할 경제적 유인이 없어 장기적으로 시장경쟁력을 상실하게 된다. 진입규제가 강해 진입장벽이 높아질수록 진입비용이 커지고, 진입비용이 커질수록 생산성이 낮아지고 경쟁력이 약해진다. 대표적인 진입규제가 바로 앞서 살펴본 중소기업 적합업종 제도다.

한편 제조업 부문에 비해 서비스업 부문의 규제가 상당히 강하다. 법적인 진입장벽도 서비스업에서 광범위하게 지속되고 있다. 서비스업은 최종재로서 뿐만 아니라 중간재로서의 역할을 한다. 서비스 산업의 생산성 증가는 경제 전체의 생산성

일상다반사 경제학

진입규제와 일자리 창출

화물자동차 운송업의 경우, 1998년 면허제에서 등록제로 바뀐 후 2003년까지 사업체 수 증가율은 201.7%로 전산업 평균 11.7%의 17배에 달했고, 종사자 수 증가율도 79.3%로 전산업 평균(9.3%)의 8.5배에 달했다. 화장품 제조업은 2000년 허가제에서 신고제로 변경된 후 2007년까지 사업체 수가 두 배 이상(105.0%)으로 늘어났고, 종사자 수는 30.8% 증가해 같은 기간 전산업 사업체 수와 종사자 수 증가율(각각 8.3%와 17.2%)의 12.7배와 1.8배에 달하는 효과가 나타났다.

자료: 전국경제인연합회, "진입규제와 일자리 창출," 2016. 5.

증가로 이어진다. 중간재 서비스에 의한 전후방 연관 효과로 인해, 서비스 산업에서의 생산물이 타 산업에서 중간재로 사용됨으로써 경제 전체의 생산성이 증가된다. 특히 광고, 방송, 통신, 금융, 보험, 부동산, 사업서비스 등과 같은 생산자 서비스업의 규제가 완화되면 제조업의 생산성 증대에도 중요한 영향을 미치게 된다.

대형마트 규제의 허와 실

우리나라에 특이한 진입규제 중에 하나로 대형마트 규제를 들 수 있다. 1990년대 중반 유통시장 개방으로 소매유통업체의 규모가 커지면서 대형마트와 기업형 슈퍼마켓Super Super Market, 이하 SSM이 빠르게 증가했다. 반면에 전통시장, 슈퍼마켓 등은 크게 위축되었다. 정부는 '대·중소기업 상생협력 촉진법'이하 상생법에 의해 사업조정제도를 도입해, 대기업 진출로 동일 업종의 중소기업 매출 감소 등 경영에 영향을 미칠 경우에 대형마트의 입점을 제한하고 있다. 중소기업청은 2010년 8월에 대형마트와 SSM에 대한사업조정 권한을 지방자치단체가 행사할 수 있도록 '음식료품 위주 종합소매업'을 추가 개정상생법 시행령 제27조했고, 2010년 11월 프렌차이즈 형태의 SSM도 51% 이상 대기업 지분이 포함되면 사업조정 대상으로 추가했다.

대형마트 영업규제는 2012년 전주시의회에서 처음 조례로 제정했고, 2012년 1월 17일에 '유통산업발전법'을 개정해 제12조 2항 '대규모 점포 등에 대한 영업시간의 제한 등'을 신설했다. 2013년 1월 23일 '유통산업발전법' 개정을 통해 매월 의무휴무일을 2일로 지정공휴일 중에 선택해야 하며 이해당사자들 간 합의가 될 경우에는 공휴일 이외 요일에도 휴무 가능하고, 영업시간은 오전 0~8시에서 0~10시로 확대 제한했다. 이를 위반할 경우 과태료를 최고 1억 원까지 부과하도록 영업규제를 강화했으며, 농수산물 매출액 제외 비중 비율을 55%로 상향조정대부분 농협 하나로마트 제외했다. 여기에 대형마트 출점범위 제한을 2011년 11월에 전통상업 보존구역 500m 범위로 정하고, 2013년 1월 23일 개정에서는 1km로 확대하여 시장진입 장벽을 강화했다.

대형마트의 영업규제 및 진입장벽은 전통시장 등 소상공인들을 보호하는 것이 목적이기 때문에 대형마트 영업규제가 전통시장 등 소상공인으로 구매가 이전되었

농업부문에 직격탄 날린 대형마트 영업규제

농식품신유통연구원에 따르면, 산지유통조직 설문조사에서 응답자의 48.1%가 대형마트 영업규제 이후 발주량이 감소했고, 납품단가 인하 요구는 9%, 1%는 납품단가가 실제로 낮아졌다고 응답했다. 또한 농협 계통 출하 조직의 매출액은 7%, 법인의 매출액은 13% 감소한 것으로 추정되었고, 산지유통조직의 인력도 15% 감소한 것으로 나타났다. 그리고 대형마트에 청과물 등을 주로 납품하는 85개 산지유통조직에 대한 설문조사를 실시했는데, 대형마트에 대한 영업규제로 대형마트 납품량이 감소했다는 응답이 54.0%로 조사됐고 산지유통조직의 연간 매출액은 총 3,803억 원이나 감소한 것으로 나타났다.

자료: 농식품신유통연구원. "대형마트 영업규제가 산지유통조직에 미치는 영향." 2014.

는지, 소상공인들의 이익이 창출되었는지, 소상공인과 소비자의 매출액과 구입액이 변화되었는지 등에 대한 연구는 대형마트 영업규제 및 진입장벽의 의미나 실효성에 대한 중요한 과제다.

정민지·정채은은 서울, 광주, 부산의 대형마트 및 SSM을 주로 이용하고 있는 소비자 350명 중 27.4%는 대형마트 의무휴업일에 동네 슈퍼마켓이나 하나로마트 등 다른 유통업체를 이용하고, 60%가 넘는 소비자는 의무휴일이 아닌 다른 요일에 대형마트를 이용하며, 12.3%는 쇼핑을 포기하는 것으로 분석했다.[25] 대형마트 영업규제 본래의 정책 목적과는 상이한 결과가 나타난 셈이다. 또한 정진욱·최윤정은 대형마트 영업규제가 소비자 구매 선택권을 제한하기 때문에, 기회비용 증가율이 5%일 경우 소비자 측면에서의 비용이 연간 2조 2,888억 원이나 발생해 대형마트 영업규제가 소비자의 후생을 감소시킨다고 추정했다.[26]

대형마트 영업규제는 농업부문에도 직접적으로 영향을 미치고 있다. 우리나라 대형마트는 1993년 이후 이마트, 롯데마트, 홈플러스, 농협 하나로클럽 등 대형마

---

25) 정민지·정채은. "소비자의 대형유통업체 영업규제에 대한 인식과 전통시장으로의 전환의도에 관한 연구." 소비자연구 25권 5호, pp. 117~146, 2014. 10.

26) 정진욱·최윤정. "대형소매점 영업제한의 경제적 효과." 한국경제학회, 2013. 3.

트가 500개 이상 개설되었다. 대형마트의 농축수산물 매출액 비중이 2014년 홈플러스 18.8%, 이마트 21.5%, 하나로클럽 72.0%이며, 대형마트 판매에서 농수산물 비중은 13.8~36.0%에 달하고 있다.[27] 그런데 대형마트 영업규제 때문에 농산물 판매량이 직접적으로 감소하면서 대형마트로 출하되는 농산물이 도매시장으로 출하되었다. 이에 따라 도매시장 가격이 하락하게 되어 결국 농가의 수취가격이 하락하게 되니 농가수입이 줄어들게 됐다.

선진국의 유통업체 관련 규제

일본, 미국, 유럽 등의 선진국의 관련 규제를 확인해보자.[28] 일본에서 시행하고 있는 대형유통업체 영업규제는 '도시계획법'과 '대규모소매점포입지법'을 바탕으로 입지 규제만 실시하고, 영업에 대한 규제는 따로 시행하고 있지 않다. '대규모 소매점포법Large Scale Retail Stores Law, 이하 대점법'은 1974년 대형유통업체로부터 중소 소매업체를 보호할 목적으로 시행되었다. 1980년대 엄격하게 시행되던 대점법은

표 8　국내외 대형마트 규제 비교

국가	규제종류	규제관련법	규제목적
한국	입지규제 ○ 영업규제 ○	유통산업발전법 상생법	대형마트와 중소기업과의 건전한 상생
일본	입지규제 ○ 영업규제 X	도시계획법 대규모소매점포입지법	대형유통업체들과 지역의 소규모 점포를 조정해 지역사회 조화
미국	입지규제 △ 영업규제 X	용도지역제 개발유예조치	생활환경 보존을 위한 토지이용규제
영국	입지규제 △ 영업규제 ○	PPG6	입지규제는 도심활력 목적, 영업규제는 관계기관에 사전 협의하면 영업가능
독일	입지규제 ○ 영업규제 △	건축법, 연방건축물이용령 영업시간제한법	입지규제 엄격, 영업규제는 노동자 보호를 위해 제한
프랑스	입지규제 △ 영업규제 △	경제현대화법, 라파랭법, 노동법, 도시계획법	노동자 보호를 위해 입지 및 영업규제

주: ○: 한국과 규제 성격 동일, △: 규제는 하지만 한국과 목적이 다름, X: 규제하지 않음
자료: 김병률 외, "대형마트 휴무제에 따른 농업분야 파급영향과 대응방안," 한국농촌경제연구원, 2015. 10.

---

27) 한국체인스토어협회, "2015 유통업체연감," 2015. 10.
28) 김병률 외, "대형마트 휴무제에 따른 농업분야 파급영향과 대응방안," 한국농촌경제연구원, 2015. 10.

1997년 미국이 비관세장벽의 혐의로 세계무역기구WTO에 제소한 후 폐지되었으며, 대규모 점포에 관한 직접규제를 간접규제의 방식으로 전환한 '대규모소매점포입지 법^{이하 '입지법'}'이 1998년에 제정되었다.

그래서 입지법은 대점법처럼 중소소매점들을 보호하기 위해 제정된 것이 아니라, 교통 등 주변 생활환경을 보호하기 위해 대형소매점포의 신규출점 시 고려해야 할 사항들을 중점으로 규정하고 있다. 또한 입지법과 별도로, 대형유통업체를 계획적으로 입지시키고 침체된 도심의 상업기능 회복 및 활력을 제고하기 위해 1998년 중심시가지활성화법을 제정했고 2006년 도시계획법을 개정해 시행하고 있다.[29]

미국은 우리나라와 같이 중소유통점을 보호하기 위해 입점, 영업일, 영업시간 등의 경제적 규제가 아니라, 도시계획 차원에서 용도지역제에 의한 유통 시설 설립 규제를 실시하고 있다. 제도화된 유통정책은 따로 있지 않고 종합계획, 용도지역제, 개발유예조치 등을 통한 간접규제만 하고 있다. 우선 종합계획은 도시 발전방향에 대한 지자체 비전을 담은 추상적이고 선언적인 계획이다. 용도지역제는 도시 개발에 따른 교통 혼잡 및 소음으로부터 주민들의 생활환경을 보호하고 공공 이익 및 복리를 보장할 수 있도록 대형 소매점의 입점 여부를 결정한다. 일부 지자체에서는 여타 소매점 입지에 관한 규제와 용도지역제 규제 정책을 통합해 소매업 용도지역제을 실시하기도 한다. 개발유예조치는 각 지자체에서 도시 계획 및 공공의

Point 경제학

용도지역제(Zoning)

용도지역제는 일정한 지역 단위로 동일한 시가지 이미지를 형성하기 위해 도시를 수개의 지역(Zone)으로 나누고, 각 지역마다 토지이용 및 용적 규제를 달리 적용하는 제도다. 용도지역제 기법의 발생지는 독일이며, 미국으로 건너가 미국의 토지이용의 주된 수단으로 자리 잡게 되었다. 1885년 캘리포니아주에서 미국 최초로 용도지역제를 실시하였으며, 뉴욕시가 1916년 용도지역제를 채택한 이후 이 제도는 미국 전역으로 확대, 발전해 미국의 기본적인 제도로 정착하게 되었다.

자료: 민태욱, "도시 토지이용 통제수단으로서의 용도지역제," 2009. 9.

---

29) 소상공인진흥원, "외국의 대형소매점 출점 규제," 2009. 9.

이익을 위해 일시적으로 개발 행위를 중지할 수 있는 제도로, 일부 지역에서 대형 할인점의 입점을 제한하는 방법으로 활용되고 있다. 기본적으로 미국에서 시행하고 있는 규제 정책은 대형유통업체로부터 중소유통업체들을 보호하기 위한 정책이 아니라 생활환경 보존 및 도시 계획을 위한 토지이용 규제라는 특징이 있다.

독일은 '건축물이용령'에 의한 입지 규제, 지자체 조례에 의한 영업시간 규제, '소매유통업칙령'에 의한 출점 규제를 시행하고 있다. 입지 규제는 엄격하게 시행되고, 평일 영업시간 규제는 철폐 추세다.[30] '건축법'과 '연방건축물이용령'에 의해 대형점의 출점 가능지역을 제한했는데, 매장면적 800m² 이상의 대형소매점은 주거지역 및 촌락지역을 제외한 도심부와 특별 상업구역 등에만 입점을 허용한다. '소매유통업칙령'은 법령은 아니지만 공무원들이 절대 준수해야 하는 행정 관련 조례다. 대형유통점 진출로 인해 기존 상권 피해가 심각할 것으로 예상되면 대형유통점의 입점을 제한하는 조례로, 기존 상권 매출액의 10~20% 감소 피해가 발생할 경우, 기존 상권이 심각한 피해를 입은 것으로 간주해 대형유통점 진출을 제한한다. 영업시간 규제는 종교생활 보장, 노동자 보호 및 소규모 소매점 보호를 위해 모든 상점에 적용되는 규제로 1956년에 제정된 '영업시간제한법'에 의해 특정 시간 영업을 금지하고 원칙적으로 모든 상점들이 일요일에 폐점하고 주중의 경우 지자체별로 자율적으로 규제했다. 하지만 최근 영업시간 규제가 대부분의 연방주에서 철폐되어 평일 24시간 영업이 가능하고 일요일 영업이 허용되는 지자체도 있다.

프랑스는 1973년 중소소매점 및 영세사업자 보호를 위해 대규모 점포의 출점 규제를 강화한 '르와이에(Loi Royer)법'을 제정하였다.[31] 이로 인해 매장면적이 1,500m²를 초과하는 점포의 신설 및 확장을 위해서는 지역도시계획위원회로부터 승인을 얻어야 했다. 1996년에는 이보다 강력한 '라파랭Raffarin법'이 제정되면서 승인대상이 300m² 이상의 점포로 강화되었다. 하지만 이러한 규제로 인해 프랑스 유통산업의 효율성이 크게 떨어지고 고용 또한 현저히 둔화되는 문제가 심각해지자 2009년 사르코지 정부는 허가대상기준을 종전 300m²에서 1,000m²로 크게 완화한

---

30) 신석훈, "기업형 슈퍼마켓(SSM) 규제 입법논리의 문제점." 한국경제연구원, 2009. 4.
31) Bertrnad, M. and F. Kramarz, "Does entry regulation hinder job creation? Evidence from the French retail industry," *Quarterly Journal of Economics*, 107(4), pp. 1369~1413, 2002.

'경제현대화법Economic Modernization Act'을 시행했다. 프랑스의 영업시간 규제도 현재 주중에는 영업시간의 제한이 없으며 독일과 마찬가지로 모든 소매점의 일요일 영업은 근로관련 법령을 통해 근로자의 휴식권을 보장할 수 있도록 규제하고 있다.[32]

한편 영국의 대형마트 진입 규제인 '소매유통계획Retail Planning'은 도시계획적인 정책으로 오히려 대형유통업체의 교외진출을 제한해 도심의 활력을 높이고자 시행됐다. 영업시간 규제도 근로자의 휴식권을 보장하기 위해 '일요일거래법Sunday Trading Act 1994'을 제정해 일요일 영업을 연속적인 6시간 이내로 규제하고 있다.[33]

대형마트 규제의 이유는 나라별로 매우 다르다. 국내에서는 대형마트와 중소유통업체와의 상생을 위해 대형마트의 입지 및 영업규제를 실시하고 있으나, 외국의 경우에는 대체로 근로자의 휴일을 제공하거나 종교생활 보장, 생활환경 보호 등을 위해 실시하는 것으로 볼 수 있다.

기업인에게도 패자부활전을!

사업에 진출하고 싶지만 할 수 없는 진입규제를 넓게 보면, 사업에 실패한 사람이 새로운 사업에 도전할 수 없게 만드는 제약을 일종의 진입규제로도 볼 수 있다. 사실 실패한 사람이 재기가 어려운 게 한국사회다. 이른바 '패자부활제도'가 필요하다. 기업인에게 '패자부활'이란 실패 후의 재도전이다. 즉, 파산절차의 진행, 회생, 그리고 재창업에 이르는 전 과정을 통칭하는 것으로 볼 수 있다.

이와 관련해 우리나라는 2010년에 실패한 중소기업인들이 쉽게 재도전할 수 있도록 신용회복과 창업자금을 동시에 지원해 주는 '재창업지원제도'가 본격적으로 시행됐다. 하지만 EU에서처럼 정리기간의 단축, 재창업자에 대한 부당한 대우 방지신규 창업자와 동일한 처우 보장 등 구체적인 절차에 대한 사항은 아직 제대로 갖추지 못했다. 이에 박근혜 정부도 중소기업의 패자부활의 중요성을 반영해 2013년 국정과제에 '재도전이 가능한 창업 안정망 구축'을 제시했다. 그럼에도 불구하고 우리

---

32) Williamson, B., J. Hargreaves, J. Bond, and H. Lay, "The economic costs and benefits of easing Sunday shopping restrictions on large stores in England and Wales," Department of Trade and Industry, U.K., 2006. 5.

33) 주하연·최윤정, "대형마트 진입규제 및 영업규제 정책에 대한 고찰: OECD국가들의 연구를 바탕으로," 한국산업조직학회, 2015. 3.

나라에서는 복잡한 회생, 퇴출 절차, 법률서비스 곤란 등으로 실패한 중소기업인의 재도전이 여전히 어려운 실정이다.

해외에서는 중소기업의 패자부활을 훨씬 더 중요하게 다루고 있다. 2008년 금융위기를 심각하게 겪었던 미국은 스타트업 관련 법제를 제정하는 등 창업제도 전반을 지원하고 있다. EU에서는 중소기업법을 통해 실패한 중소기업인의 재도전을 강조했고, 2000년에 제정·운영되었던 EU 도산절차에 관한 규정을 2012년 12월에 보다 전향적으로 개정했다. 특히 EU는 기업부실의 영역에 국한하지 않고 소비자의 신용불량이나 과잉채무 문제를 해결하기 위해 파산관련 법률을 개정했다.[34]

글로벌 경제 속 우리나라 경제자유도

규제란 의도는 선善할 지라도 나쁜 결과를 가져오는 경우가 많다. 따라서 규제를 완화하거나 철폐하는 방향이 바람직하다. 이제는 한 나라의 자유도가 그 나라의 경쟁력의 척도로 이해되기도 한다. 헤리티지 재단은 각국 규제의 정도를 나타내는 경제자유지수Index of Economic Freedom를 발표하고 있다.[35] 법제도지적재산권과 부패자유도, 정부의 제한재정자유도, 정부지출, 조정효율성비즈니스자유도, 노동시장자유도, 화폐정책자유도, 시장개방성무역자유도, 투자자유도, 금융자유도 등 4가지 항목으로 조사한다.

'2016년 경제자유지수 조사'에서 홍콩은 1995년 지수가 처음 발표된 이래 22년 연속 1위를 차지했다. 총 100점 만점에 80점 이상을 받은 '자유로운free' 나라에는 홍콩88.6점, 1위, 싱가포르87.8점, 2위, 뉴질랜드81.6점, 3위, 스위스81점, 4위, 오스트레일리아80.3점, 5위의 순서다. 우리나라는 71.7점으로 27위를 받아 '대체적으로 자유로운mostly free' 국가군에 속했고, 대만은 74.7점으로 우리나라보다 높은 14위를 기록했다. 한때 아시아의 4마리 호랑이라고 불리던

> 2016년 경제자유지수에서 미국은 75.4점으로 11위를 기록했고, 일본은 73.1점으로 22위, 독일은 74.4점으로 17위, 중국은 52점으로 144위였다. 북한은 23점으로 조사대상국 중 최하위인 178위를 기록했다.

헤리티지 재단
보수주의 성향을 띠는 미국의 싱크탱크다. 개인과 기업의 자유, 작은 정부, 국방 강화, 미국의 전통적 가치관 등을 강조하며 미국 정부의 정책 결정에 상당한 영향력을 행사하고 있다.

---

34) 한정미, "EU의 중소기업 패자부활제도 연구," 한국법제연구원, 2013. 10. 18.
35) http://www.heritage.org/index/ranking

나라 가운데 우리나라의 자유도가 가장 낮은 형편이다.

캐나다의 싱크탱크인 프레이저 연구소에서도 경제자유도를 발표한다. 이 지수는 정부의 규모, 법률 시스템 및 재산권 보호 수준, 건전한 재정, 국제 무역자유도, 신용·노동·비즈니스에 대한 규제 등 총 5가지 항목으로 평가한다. 이 평가에서도 역시 홍콩이 2014년에 이어 2015년에도 연속 1위를 차지했다.

우리나라는 정부의 시장규제가 심한 나라다. OECD가 발표한 '2013년 상품시장 규제지표Product Market Regulation, PMR'에서 우리나라는 33개 OECD 국가 중 터키, 이스라엘, 멕시코에 이어 네 번째로 규제가 많은 나라로 나타났다. 시장규제가 가장 적은 국가로는 뉴질랜드, 영국, 오스트리아, 독일 등의 순이었다.[36]

우리나라는 2008년에는 27개 조사 대상국 가운데 6위였지만 지난 5년 사이 순위가 4위로 높아져, 2013년에는 규제가 더 심한 나라로 평가됐다. 세부 분야별로 보면, '교역 및 투자에 대한 장벽'이 2위, '에너지산업 규제'가 3위로 올라, 전체 평균 규제 순위가 높아졌다. 교역 및 투자에 대한 장벽이 높다고 평가된 이유는 우리나라가 외국인투자에 제한이 많고 관세율이 높으며 교역상대국에게 규제내용을 투명하게 공개하지 않기 때문이다. 에너지산업 규제 순위가 높은 이유는 에너지 분야의 시장진입장벽이 높기 때문이다.[37]

[그림 2]는 세계 각국의 상품시장 규제지표를 표시한 것이다.[38] 초록색은 매우 경쟁적인 나라이고, 노란색은 OECD 평균과 비슷한 수준의 규제를 보이는 국가다. 붉은색으로 표시된 지역은 규제가 많아 경쟁친화적이지 않은 나라들이다. 회색으로 표시된 지역은 이 조사에서 빠져 있는 지역이다. 선진국 중에 가장 규제가 적어 경쟁에 대해 우호적인 나라는 네덜란드와 영국이다. 우리나라는 붉은색, 즉 규제가 많아 경쟁친화적이지 않은 나라로 나타나 있다.

이처럼 우리나라는 다양한 규제들이 강하게 적용되는 나라다. 우리나라가 글로벌 경쟁력을 갖추기 위해선 이제 더 이상 규제 완화나 개혁에 주저해서는 안 될 것으로 판단된다.

---

36) OECD, Product Market Regulation Database
37) http://www.oecd.org/eco/growth/indicatorsofproductmarketregulationhomepage.htm#indicators
38) http://www.oecd.org/eco/growth/indicatorsofproductmarketregulationhomepage.htm

그림 2 2013년 세계 각국의 상품시장규제 지표(Product Market Regulation)

매우 경쟁적	OECD 평균	경쟁 반친화적

08 경영권을 보호받지 못하는 규제 공화국

공격은 쉽고 방어는 어려운 우리나라 경영권

최근 미국계 헤지펀드 엘리엇 매니지먼트가 삼성물산과 제일모직의 합병안을 저지하며 경영권 공격에 나섰다. 이 사건을 계기로 외국계 투기자본의 적대적 인수합병M&A 등과 같은 해외 투기자본의 국내기업 경영권 공격에 대한 문제점이 공론화되면서 경영권 방어제도에 대한 관심이 높아지고 있다.

그러나 정작 우리나라는 자사주 매입 이외에 마땅한 경영권

헤지펀드

개인을 모집하여 조성한 자금을 국제증권시장이나 국제외환시장에 투자하여 단기이익을 거두어들이는 개인투자신탁이다. 헤지란 본래 위험을 회피·분산시킨다는 의미이지만 헤지펀드는 위험회피보다는 투기적인 성격이 더 강하다.

적대적 인수합병

상대기업의 동의 없이 기업의 경영권을 얻는 경우를 뜻하며 흔히 기업사냥이라고도 한다.

흔들리는 경영권

2003년 4월 외국 사모펀드인 소버린은 SK의 지분을 14.99%를 확보하고 경영진 퇴진을 요구해 9,400여억 원의 이익을 실현했다. 2004년 4월 영국계 헤르메스는 삼성물산의 지분을 5% 보유해 적대적 M&A를 위협했다. 세계적인 기업사냥꾼으로 불리는 칼 아이칸은 KT&G의 지분을 6.59% 확보하면서 이사진 교체를 요구하는 등 경영권을 뒤흔들었다.

방어를 위해 공정경쟁 수단이 없다. 국내기업의 경우, 경영권에 대한 공격을 받기는 쉬우면서도 방어는 매우 어려워 세계에서도 유례를 찾기 힘든 경영권공방 제도를 보유하고 있다. 이는 지난 IMF 외환위기 이후, 외국인투자 유치와 기업구조조정을 위해 M&A 관련 매수 규제는 대부분 폐지되었지만, 방어행위에 대한 규제는 여전히 존속하고 있기 때문이다.

현재 국내기업이 활용할 수 있는 유일한 경영권 방어수단인 자사주 매입은 막대한 현금투입이 필요하다. 따라서 자금력이 없는 중소·중견기업들은 활용 자체가 불가능한 수단이다. 또한 실효성 측면에서도 의결권이 제한되어 경영권보호 수단으로는 한계가 뚜렷하다.

이처럼 경영권 방어수단의 부재로 국내기업의 경영권 매수자와 방어자 간 규제 수준에 차이가 발생하기 때문에 경영권 경쟁의 공정성이 침해되고 있다. 또한 투기적인 외국자본이 이러한 우리 법제의 맹점을 이용해 우리 기업들을 공격하는 사례가 늘어나고 있다.[39] 그 결과 우리 기업들은 막대한 피해를 입는 반면에 외국자본은 엄청난 시세차익을 챙기는 사례가 빈번한 실정이다.

선진국은 경영권을 어떻게 방어할까?

이러한 경영권 공수 수단 불균형은 세계적으로 유례를 찾아보기 어려울 정도다.

---

39) 전국경제인연합회, "외국자본의 파괴적 M&A 방지를 위한 제도 개선방안," 2011. 6.

표 9 주요 경영권 방어 장치

제도	내용
차등의결권	일부 보통주에 대해 특별히 많은 수의 의결권을 부여하는 제도
황금낙하산	임원이 합병 등으로 중도 해임 시 과다한 퇴직금을 지급하는 제도
포이즌 필	M&A 시도 시 기존 주주에게 주식을 저가로 부여하는 제도
초다수의결제	인수합병 등 주요 사안에 대해 주주총회의 의결 요건을 강화하는 제도
이사시차임기제	매년 전체 이사 중 일부만을 선임하게 해 이사 전체가 교체되는 시점을 지연
황금주	정부가 M&A 거부권을 행사할 수 있는 특별주식을 보유하는 제도

자료: 한국은행, "주요국의 경영권 방어장치"

표 10 경영권 방어 수단 부족한 한국

	미국	영국	프랑스	일본	한국
포이즌 필	○	X	○	○	X
황금주	X	○	○	○	X
차등의결권	○	○	○	○	X
주식 대량보유 신고(5%룰)	○	○ (3%)	○	○	○

자료: 상장사협의회, "엘리엇 덕에 부각되는 경영권 방어제도," 매경이코노미, 2015. 7.

미국, 영국, 일본 등 전 세계적으로 자국 기업을 보호하기 위해 기업들이 공정경쟁 수단을 선택할 수 있다.[40] 미국은 기업이 자율적으로 다양한 경영권 공정경쟁수단 들을 보유하고 있다. GE, 엑슨 모빌, 마이크로소프트, 월마트 등 S&P 500대 기업 의 대부분은 향후 상황에 따라 이사회가 주식내용을 결정하는 백지주식Blank Stock 을 도입하고 있다. 야후, 모토로라, 오라클, 퀄컴 등 정보통신 관련 기업들이나, 메릴린치, 골드만삭스, 모건스탠리, 무디스 등의 금융그룹 등에 속하는 기업들의 55%가 포이즌 필Poison Pill을 채택해 경영권을 방어하고 있다.[41]

포이즌 필이란 적대적 인수자가 회사주식을 일정비율 이상 취득하는 경우에 이 사회가 회사의 다른 주주들에게 회사주식을 인하된 가격으로 인수할 수 있도록 선

---

40) 상장사협의회, "엘리엇 덕에 부각되는 경영권 방어제도," 매경이코노미, 2015. 7.
41) 전국경제인연합회, "글로벌 스탠더드에 어긋나는 경제규제 개선방향," 규제개혁시리즈 11-13, p. 70, 2011. 11.

택권을 부여하는 제도다. 즉 적대적 M&A가 시도되면 주주들이 회사주식을 싸게 매수할 수 있는 권리를 행사해, 적대적 인수자가 보유한 주식비율이 낮아져 적대적 M&A를 방어하는 수단을 의미한다.[42] 포이즌 필은 경영권 방어를 위해 자사주 매입에 과도한 비용을 지출하는 상황을 완화하는 대신 기업의 생산투자를 늘릴 수 있다. 따라서 포이즌 필은 외부세력의 공격에 크게 신경 쓰지 않고 기업경영에 집중할 수 있기 때문에, 수많은 글로벌 기업들이 경영권 방어수단으로 활용하고 있다.

영국에서는 주식발행 관련 사항을 탄력적으로 규정해 시행하고 있으며 황금주 제도를 채택하고 있다. 황금주는 합병 등 특정사안에 대한 승인권을 갖는 특별주식으로 경영권 유지에 활용된다.

일본에선 2006년 신회사법을 시행해 총 9가지 종류_{잉여금의 배당, 잔여재산의 분배, 의결권제한주식, 양도제한주식, 취득청구권부주식, 취득조항부주식, 전부취득조항부종류주식, 거부권부주식, 임원선해임부주식}의 주식을 발행할 수 있으며, 포이즌 필, 단원주제도, 차등의결권 등을 통해 경영권을 보호하고 있다. 프랑스, 이탈리아, 벨기에, 네덜란드, 스페인, 포르투갈 등의 유럽국가에서도 역시 황금주나 차등의결권 등의 장치를 활용해 자국 기업을 보호하고 있다.

따라서 글로벌 시대에 외국계 투기자본 등의 적대적 M&A에서 국내 기업들을 보호하려면, 우리나라도 글로벌 스탠다드에 걸맞는 경영권의 공정경쟁 수단을 도입해야 한다.

차등의결권
차등의결권은 1주에 다수 의결권을 부여하는 제도로 대주주 등이 1주당 행사할 수 있는 의결권을 다르게 정할 수 있다. 차등의결권 주식을 발행하면 지배주주나 경영진은 적은 지분율을 가지고도 회사지배구조에 막강한 영향력을 행사할 수 있어 기업공개를 앞둔 기업에서 주로 활용하고 있다.

---

42) Charles R., T. O'Kelly, and R. Thompson, "Corporations and Other Business Associations," Aspen, pp. 779~780, 2006. 6.

상속도 승계도 너무 어려운 규제 공화국

우리나라 경영권 승계와 상속 제도

우리나라는 일본, 독일 등에 비해 장수기업이 아주 적다. 이처럼 우리 기업들이 오랫동안 지속되지 못하고 경쟁 속에서 퇴출되어 사라지는 원인은 무엇일까? 앞서 살펴본, 우리나라에만 존재하는 갈라파고스 규제들이 장수기업을 가로막는 주요 원인들로 볼 수 있다. 여기에 국내 대기업에 불리하게 적용되는 우리나라의 경영권 승계 규제 및 상속 제도도 장수기업이 적은 이유로 추가할 수 있다.

우리나라의 경영권 승계 및 상속제도에 대해 살펴보면, 중소기업의 승계에 대해서만 가업상속공제제도를 통해 기업승계를 지원한다.[43] 현행 가업상속공제제도는 중소기업의 경우 10년 이상 경영했다면 가업 상속재산 중 최대 200억 원, 15년 이상은 최대 300억 원, 20년 이상은 최대 500억 원까지 공제 혜택을 준다.[44] 그러나 대기업의 경영권 승계에 대해서는 상속세를 감면해주는 제도가 전혀 마련되어 있지 않아, 대기업은 승계과정에서 지배력이 약해질 수밖에 없다. 상속증여세율이 50%에 달하고 있는 상황에서 공익재단 출연 주식 규제, 지배주주 주식 할증평가 등에 대한 규제가 추가적으로 더 적용되므로, 대기업 승계란 거의 불가능하다. 현실이 이렇다 보니, 일감 몰아주기를 통한 경영권 승계와 같은 편법적 경영권 승계로 연결되는 부작용을 낳기도 한다.

선진국 기업은 어떻게 회사를 물려줄까?

기업 상속이나 가족경영권 승계와 관련한 선진국 기업들의 사례를 살펴보자.[45] 미국 자동차회사인 포드는 창업자 헨리 포드 이후 4세대에 걸쳐 기업승계가 이루어졌다. 이 과정에서 보유지분은 분산되었으나 포드재단에 대한 주식보통주 출연과 차등의결권 주식 발행으로 상속세 부담을 완화하는 동시에, 창업주인 포드집안이 차등의결권 제도에 따라 40% 이상의 의결권을 행사하면서 경영권을 유지하고

---

43) 조경엽, "합리적인 상속세제 개편방향," 한국경제연구원, 2015. 12.
44) 가업승계지원센터, www.successbiz.or.kr.
45) 이성봉, "해외 대기업의 승계사례 분석과 문제점," 한국경제연구원, 2016. 7.

구분	적용대상	공제율	피상속인 사업유지기간

표 11 한국의 까다로운 가업승계 공제 조건

구분	적용대상	공제율	피상속인 사업유지기간
한국	중소·중견기업 (매출 2,000억 원 이하)	- 피상속자가 공제 신청을 기점으로 가업에서 2년 이상 근무하고 있어야 공제 가능 - 1인 상속 제한 - 상속공제율 100%, 500억 원 한도	10년
일본	중소기업	- 선대 지분율이 50%를 초과하는 중소기업 비상장주식을 상속할 경우 주식가액의 80%에 해당하는 상속세 유예	제한없음
독일	제한없음	- 가업 승계 이후 5년간 사업 영위 후 이때 지급한 임금합계가 상속 당시 임금지급액의 400% 이상이면 상속세 85% 경감 - 7년간 사업 후 상속 당시 임금지급액의 700% 이상이면 상속세 100% 면제 - 피상속인의 지분율이 가족의 지분과 합산해 25% 이상일 경우 기업용 자산이나 주식 지분에 대해 단서 조항 없이 세제 혜택 제공	제한없음
영국	제한없음	- 기업자산상속공제제도를 통해 상속인이 2년 이상 해당 사업체를 경영하면서 사업목적에 쓰는 기업자산에 대한 세금 공제 - 상장주식, 토지, 건물, 기계 등 50% 공제 - 비상장주식 100% 공제 - 상속, 증여세 40%, 20%의 단일세율 적용	2년

자료: 가업승계지원센터

있다.

독일의 대표적인 자동차 회사인 BMW는 콴트가문이 경영권을 갖고 있는데, 1945년 귄터 콴트가 BMW의 지분 30%를 취득하면서 시작됐다. BMW 오너일가는 승계과정에서 다양한 회사 형태를 보장하는 독일의 회사법을 활용했다. 콴트가문은 BMW에 대한 유한합자회사 형태의 지분관리회사를 설립한 뒤 자녀에게 BMW의 지분을 직접 증여하지 않고 지분관리회사의 지분을 증여해 상속증여세 부담을 줄이면서 경영권을 성공적으로 승계해왔다.

쌍둥이칼로 유명한 독일의 헨켈은 1876년 프리드리히 헨켈이 설립해, 2015년 매출액이 180.9억 유로에 이르는 글로벌 기업이다. 1985년 기업공개가 이루어지면서 헨켈가문의 자손들은 가족지분풀링협약Family share-pooling agreement을 체결했다. 이 협약을 통해 6대에 이르는 상속과정에서 분산된 약 150여 명의 가족주주 지분을 집중할 수 있었고 2015년 말 현재 헨켈 가문의 지분율은 61.02%로 안정적인 지배력을 유지해오고 있다.

가족지분풀링협약
가족 주주들이 주주총회에서 단결적 의결권 행사와 함께 풀링되는 주식 수를 유지하는 것을 목적으로 체결하는 가족 주주 간 계약이다.

네덜란드의 하이네켄은 다층적 지주회사 구조를 통해 자손들이 회사를 승계해 경영하고 있다. 다층적 지주회사 구조는 지주회사에 대한 지분관리회사를 설립하고 그 지분관리회사에 대한 지분관리회사를 또 설립하는 과정을 반복해, 마지막 지분관리회사의 지분을 상속자가 소유하는 방식이다. 현재 지주회사가 운영회사의 지분 50.005%를 소유하고 있으며, 지주회사 지분의 과반수를 하이네켄가족이 보유해 안정적으로 기업을 승계하고 있다. 1864년 창업 이후 4대에 걸쳐 지주회사 중심의 기업승계가 이루어진 하이네켄은 현재 5세대로 기업을 승계할 계획이다.

앞서 살펴본 글로벌 대기업들은 차등의결권, 지분관리회사, 가족지분풀링협약 등 다양한 경영권 승계 제도를 통해 몇 세대에 걸친 승계과정에도 현재까지 창업주 가족이 경영권을 유지하고 있다. 이 기업들은 안정적인 경영권 승계를 바탕으로 초우량기업으로 성장했고, 나아가 국가경제 발전에 크게 기여하고 있다. 우리나라도 역시 기업 고유의 경영 철학 및 전략을 100년 이상 지속시켜 나갈 수 있도록 국내 대기업 승계의 원활화를 위한 합리적 제도를 설계해야 할 시점이다.

10 장수기업이 살아남기 힘든 규제 공화국

우리나라의 장수기업을 찾아서

미국, 유럽, 일본 등 선진국에는 100년 이상 장수한 기업들이 많다. 장수기업들은 우수한 기술력과 경영노하우를 바탕으로 세계시장을 주도하고 있을 뿐만 아니라, 고용안정 면에서도 선도적인 역할을 담당하고 있다. 일본의 경우, 100년 이상 장수기업에 약 580만 명이나 근무하고 있어 일본의 고용안정에 크게 기여하고 있다.[46] 이처럼 해외 장수기업은 일자리 창출, 기술의 계승과 발전 등을 통해 국가경제에 활력을 불어넣으며 국가경쟁력 향상에 크게 기여하고 있다. 그런데 우리나라에는 장수기업이 거의 없다.

장수기업과 관련한 대한상공회의소의 보고서에 따르면 우리나라 최장수 기업은 두산이다.[47] 두산은 1896년 8월 서울 배오개현 종로4가에서 포목상 '박승직 상점'으로 개점해 해방 이듬해인 1946년 두산상회로 상호를 바꾸었고, 강산이 열두 번이나 변했을 120년 동안 지속해 왔다. 두산 다음으로 우리나라에서 오래된 기업은 신한은행과 동화약품이다. 신한은행 자체는 1981년에 설립되었지만, 1897년 2월 한성은행으로 출발한 조흥은행이 2006년 신한은행에 합병되었기 때문이다. 동화약품은 그 전신인 동화약방이 1897년 9월에 세워졌는데, 최고령 상표 '부채표'와 최장수 의약품 '활명수'로 유명해 우리 국민에게 아주 친숙한 장수기업이다.

이들 기업을 뒤이은 우리나라 장수기업은 한국전력공사로, 1898년 1월에 설립된 한성전기회사가 모태기업이다. 이 밖에도 우리나라에서 지금까지 100년 이상 장수한 기업은 우리은행대한천일은행, 1899, 몽고식품산전장유양조장, 1905, 광장기타부동산임대업, 1911, 보진재인쇄업, 1912, 성창기업목재업, 1916 등으로 몇몇 기업에 불과하다.

글로벌 시대의 장수기업

일본의 장수기업
대한무역투자진흥공사에 의하면 100년 이상 장수한 일본기업은 2014년 9월 기준 2만 7,335개사나 된다. 업종별로는 소매업 7,367개사, 제조업 6,594개사, 도매업 6,428개사 그리고 건설업 2,720개사 순으로 구성된다.

전 세계 국가들 중에 100년 이상 장수한 기업은 일본에 가장 많이 있는 것으로 알려져 있다. 더 오래된 200년 이상 장수기업도 행정자치부의 보고서에 의하면 2012년 기준으로 총 57개국에서 7,212개사나 존재한다.[48]

물론 우리나라에는 200년 이상 된 기업이 단 한 곳도 없다. 200년 이상 지속된 세계 장수기업의 43.2%인 3,113개사가 역시 일본에 몰려 있다. 이 중 세계 최장수기업은 일본의 금강조金剛組, 콩고 구미다.[49] 금강조는 578년에 사찰과 신사 건축을 주된 사

---

46) 행정자치부, "해외 장수기업 현황 및 시사점 연구," 2012. 12.
47) 대한상공회의소, "장수기업에서 배우는 위기극복전략," 2009. 12.
48) 행정자치부, "해외 장수기업 현황 및 시사점 연구," 2012. 12.
49) 한국은행, "일본의 기업승계 현황 및 시사점," 2011. 1.

우리나라 장수기업은 어디에?

대마불사(大馬不死)라는 말이 있다. 이를 기업에 적용하면, 큰 기업은 잘 망하지 않는다는 의미다. 그러나 공정거래위원회가 해마다 작성하는 자료를 통해 국내 100대 기업의 변천을 보면, 대기업들이 극심한 부침을 거듭한 것으로 보인다. 1955년의 국내 100대 기업 가운데 2016년 현재까지도 100대 기업 반열을 유지하는 기업은 7개사(CJ(제일제당), LG화학, 현대해상(동방상해보험), 한진중공업(대한조선공사), 대림산업, 한화, 한국전력)에 불과하다. 10대 그룹의 변화를 살펴봐도 1964년의 10대 그룹 중 10년 뒤인 1974년에도 계속 유지하고 있는 그룹은 삼성, 락희, 대한 등 3개사에 불과하다. 삼호, 삼양, 개풍, 동아, 동양, 화신, 한국유리가 1974년 10대 그룹의 자리에서 물러났다. 1964년 10대 그룹 중에 지금까지도 10대 그룹의 반열을 지속하고 있는 그룹은 삼성과 LG(락희), 2개 그룹뿐이다.

자료: 공정거래위원회, "대규모 기업집단 지정." 각 년도; 김종년 외, "한국기업 성장 50년의 재조명." 삼성경제연구소, 2005. 5.; 공병호, "한국기업흥망사." 1993.; 매일경제신문사, 기업연감.; 한국신용평가, Kis-value.

업으로 삼아 설립된 뒤, 무려 1,400년 이상을 지속하고 있다. 우리나라 최장수 기업인 두산은 금강조에 비하면 12분의 1의 업력에 불과해 걸음마 수준의 어린 기업으로도 볼 수 있다. 200년 이상 장수기업은 일본에 뒤이어 독일이 1,563개사, 프랑스가 331개사, 영국이 315개사 그리고 네덜란드가 292개사 순으로 각각 보유하고 있다. 작은 나라인 스위스에도 무려 130개사나 존재한다. 더욱이 놀라운 것은 공산주의국가인 중국마저도 64개사나 된다는 점이다. 한편 독일의 최장수 기업은 768년에 창립된 와인회사인 슐로스 요하니스버그Schloss Johannisberg이고, 미국은 1623년에 설립된 악기회사인 질드진Zildjian 심벌, 중국의 경우는 1267년에 창립한 자기제품회사인 베이징리우리와창北京琉璃瓦廠이다.

규제가 사라져야 장수기업이 살아난다

왜 우리나라에는 장수기업이 없을까? 우리나라는 자본주의나 시장경제의 역사가 짧고 이른바 사농공상士農工商의 기업인 홀대문화가 팽배했으며, 일제강점기 동안의 수탈구조 등으로 인해 활발한 기업경영활동이 쉽지 않았다. 여기에 6.25전쟁으로 기업들의 존립 자체가 어려웠고 도로, 철도, 전력 및 용수 시설 등이 파괴되어, 기업들이 활동할 경제기반이 초토화되고 말았다. 이런 상황에서 다른 국가들처럼 100년, 200년 이상된 기업이 존재하기란 사실 쉽지 않다. 그러나 이런 점들을 감안하더라도 우리나라 538만 개개인기업 포함 기업 중 80년 이상 법인기업은 28개사에 불과하고 50년 이상 기업도 558개사로 너무나 적다. 글로벌 대기업이 아닌 2,734개나 되는 세계 '히든 챔피언'도 평균 업력이 66년에 이르고, 100년 이상 장수기업이 38%나 된다는 점을 상기할 때 매우 아쉬운 대목이다.

6.25전쟁 등 우리 경제의 특수한 상황 외에도 우리 기업들이 지속적으로 성장하지 못하고 역사가 짧은 데 대한 보다 중요한 이유는 따로 있어 보인다. 가업승계야말로 장수기업으로 가는 필연적인 과정인데도 불구하고, 큰 기업일수록 가업승계를 '부의 대물림'이라는 곱지 않는 시각으로 바라보는 사회적 풍토가 만연하다. 뿐만 아니라 기업규모가 커지면 커질수록 상속세나 증여세가 지나칠 정도로 과중하게 지워지는 등, 우리나라에서는 장수기업으로 가는 길이 실질적으로 거의 차단되어 있다 해도 과언이 아니다. 장수기업이 많은 일본이나 독일 등에서는 기업승계에 따른 부담이 적다는 점에 주목할 필요가 있다. 여기에 해외 선진국에서는 찾기 어려운, 우리 기업들의 오랜 성장을 가로막는, 우리나라에만 있는 갈라파고스 규제들이 많이 있다. 글로벌 스탠다드에 어긋난 규제들로 인해 기업을 키울 의지가 약화되고 있을 뿐만 아니라 창의적인 경영이나 투자활동의 발목을 잡는 등 우리 경제의 활력마저 저하시키고 있다. 국경이 사라진 글로벌 경제 시대, 규제는 우리 안의 장벽일 뿐이다. 이제 갈라파고스를 떠나야만 살아남을 수 있는 시대다.

제5장

다시 보는 금융상식과
한국 금융경쟁력

다시 보는 금융상식과 한국 금융경쟁력

늘 돈과 함께 경제 생활을 하고 있지만, 잘못 알고 있는 금융 상식이 많다. 이자, 투기, 금리 인하 등의 이면을 알아보자. 전 세계적인 금융위기가 발생하는 이유를 살펴보고 막을 수 있는 방안도 고민해 보자. 환율, 미국 양적완화 등은 수출 비중이 높고 외환 변동에 영향을 크게 받는 우리나라와 밀접한 문제다. 글로벌 경제시대 한국의 금융 현황과 금융경쟁력을 점검하고, 지속적인 발전을 위해 어떤 방안이 필요할지 고민해보자.

#이자 #투자와 투기 #화폐전쟁 #금융위기 #금리인하 #관치금융 #금융규제 #금산분리 #관피아와 모피아 #금융경쟁력 #돈은 자유로이 흘러야 더 큰 바다를 만난다 #주인 아닌 주인이 주인 행세하는 관치금융

01 이자를 받는 것은 부도덕한가?[1]

이자에 대한 오해와 본질

> "돈을 빌려주고 이자를 받는 것은 존재하지 않는 것을 파는 것이기 때문에 그 자체로 불공정하며, 나아가 정의에 반하는 불평등이라는 결과를 초래한다."
>
> ▶ 토마스 아퀴나스(Thomas Aquinas)

수세기의 세월이 지났는데도 아직까지 토마스 아퀴나스Thonas Aquinas의 생각에서 벗어나지 못하고 있는 경우가 많다. 많은 사람들이 이자를 '돈의 가격'이니, '돈을 빌려주어 발생하는 수익'이라고 생각한다. 그래서 돈에 대해 부정적으로 생각하는 사람들은 토마스 아퀴나스처럼 이자에 대해서도 매우 부정적으로 인식한다. 특

---

1) 이에 대한 내용은 안재욱 2012b를 수정 보완한 것임.

히 자본주의를 '돈에 최고의 가치를 두는 사회'라고 잘못 인식하고 있다면 더욱 그럴 확률이 높다.

이자란 무엇일까? 이자는 근본적으로 사람들의 시간 선호 때문에 발생한다. 시간 선호란 미래 재화보다는 현재 재화를 선호하는 것을 말한다. 동일한 재화라면 1년 뒤의 소비보다 현재의 소비에 더 큰 가치를 둔다. 현재 재화의 가치는 미래 재화의 가치보다 항상 크다. 미래 재화의 가치가 현재 재화의 가치보다 높을 때 사람들이 현재 재화를 포기할 수 있다. 이렇게 현재 재화와 미래 재화의 가치 차이 때문에 이자가 발생한다. 즉 이자란 현재 재화와 미래 재화의 가치를 일치시키는 요소이다. 현재 재화와 미래 재화의 시점 간 거래를 이루어지게 하는, 일종의 '시간에 대한 가격'이다. 따라서 근본적으로 이자는 돈화폐과는 상관이 없고, 돈이 없는 경제에서도 존재한다. 이자는 자본주의 경제의 특성도 아니다. 은행과 대여자의 탐욕의 결과도 아니다. 시간의 흐름 속에 사는 인간사회의 자연발생적인 산물일 뿐

일상다반사 경제학

함무라비 법전 위의 이자

1901년 이란의 서남부, 걸프 지역 북쪽에서 조각난 돌기둥이 발굴된다. 기원전 1800년경 고대 바빌로니아의 함무라비 법전이다. 이자에 관한 기록이 이렇게 나와 있다.

"상인이 곡물을 빌려줄 때 곡물 1구르(GUR)에 대해 100실라(SILA)의 이자를 받는다. 은을 빌려줄 때는 은 1세켈(shekel)에 대해 1/6세켈 6그레인(grain)의 이자를 받는다."

1세켈은 176.24그레인이므로 이자율은 20%가 된다. 그리고 이자를 20% 이상 받는 상인은 "원금을 상실하는 처벌을 받는다"고 적혀 있다.

사실 이자에 대한 기록은 함무라비 법전보다 훨씬 이전, 수메르 인들이 설형(쐐기)문자로 남긴 점토판에도 등장한다. 이 점토판은 인류 역사에서 가장 오래된 기록이다. 이 사실은 이자 수취 행위가 기록된 역사만큼이나 오래되었다는 사실을 드러낸다. 뿐만 아니라 이자는 문자가 발명되기 이전부터 존재했다고 추측할 수 있다.

이다.

이자가 화폐 사용에 대한 대가가 아니라는 사실은 실제 사례로도 알 수 있다. 과거 우리나라에서 가난한 사람들이 부자로부터 봄에 쌀을 빌려 보릿고개를 넘기고 가을에 추수한 후 갚는 일이 많았다. 예를 들어 봄에 쌀 1가마80kg를 빌려 가을에 추수한 후 1가마 1말88kg을 갚았다면 그 기간의 이자는 10%가 된다. 화폐가 없어도 이자가 있다는 사실을 보여 준다.

이자를 보통 돈의 가격이나, 돈을 빌려주어 발생하는 수익이라고 생각하기 쉬운 이유는, 우리 사회에서 소비와 투자를 포함한 모든 교환행위가 돈을 통해서 이루어지기 때문이다. 돈은 기본적으로 교환의 매개체다. 식품점에서 채소와 우유를 사고 돈을 건네고, 직장에서 일을 한 후 고용주로부터 임금으로 돈을 받는다. 또 현재에 소비나 투자를 하고 싶지만 현재에 가지고 있는 자금이 없다면 다른 사람으로부터 빌려야 한다. 그 자금을 빌리는 것은 곧 돈과 시간을 함께 빌리는 것이다. '돈을 빌리는 것'은 구입할 수 없는 것을 빌리는 것이다. 그 대가로 미래 특정일에 원금과 이자를 포함한 금액을 지불하겠다는 약속의 차용증서IOU를 대여자에게 제출한다. 상환 날짜에 차용증서에 명시된 금액만큼이 차입자의 미래 소비에서 감소한다. 그래서 '돈을 빌리는 것'은 실제로는 미래 재화를 현재 재화와 교환한 것이 된다. 마찬가지로 '돈을 빌려주는 것'은 현재 소비할 수 있는 재화를 포기하고 나중에 소비할 재화를 얻는 차용증서IOU를 받는 것이다. 따라서 이것은 실제로는 현재 재화를 미래 재화와 교환한 것이 된다. 그 과정에서 차입자와 대여자 모두 이익을 본다.

누구나 생활수준을 높이고 싶어 한다. 현재 소비를 줄여 미래의 생활수준을 향상시키자고 하는 사람은 '돈을빌려 주려고' 한다. 현재에 재화를 갖고 있다면 시간이 흐름에 따라 소득을 늘릴 수 있는 일을 할 수 있으니 미래에 더 많은 재화를 누릴 수 있다고 전망하는 사람은 '돈을 빌리려고' 한다. 이렇게 해서 대부시장이 발생한다. 여기에서 시장이자율이 결정된다.

이자에 대한 부정적인 시각으로 인한 부작용

돈과 이자에 대한 부정적인 생각은 금융억제와 같은 비우호적인 금융환경을 만든다. 그러한 환경에서 이루어지는 금융거래는 위험부담이 크다. 위험부담으로 인해 이자율이 올라가고 후생은 감소한다. 그리고 이자율을 제한하면 이자율을 낮추기보다는 제한된 이자율보다 더 높은 이자율을 주고도 자원을 빌리려 하는 사람들을 배제하는 결과를 초래한다.

이자는 자본주의 경제에만 존재하는 것이 아니다. 자원을 빌려주는 사람이 탐욕스러워서도 아니다. 사람들이 미래의 자원보다 현재의 자원을 더 선호하는 현상 때문에 발생하는 것이다. 거기에 채무불이행 위험, 대출과 관련된 비용, 예상 인플레이션 등이 포함되어 나타난다. 만약 정부가 시간의 가격인 이자율을 인위적으로 조작하면 생산 활동을 방해해 경제혼란을 야기할 수 있다. 오늘날의 많은 금융문제와 경제 혼란도, 이자에 대한 부정적인 생각과 인위적인 금리조작에서 비롯되고 있다. 안정적인 경제 환경을 위해 이자에 대한 부정적인 생각에서 벗어나야 하고, 금리를 인위적으로 조작해서는 안 된다.

02 투기는 이기적인 경제 행위일까?[2]

투기에 대한 오해와 본질

많은 경우 사람들은 투기자를 부정적으로 생각한다. 금융위기가 발생하거나 어떤 특정 재화의 가격이 폭등할 때마다 '투기꾼'에 대한 비난이 쏟아진다. 투기꾼들 때문에 금융위기가 발생하고 재화의 가격이 폭등했다는 기사가 등장한다. 정치권에서는 정책 실패나 정치 개입의 결과를 '투기꾼' 탓으로 몰아가기도 한다. 투기꾼들로 인해 다른 많은 사람들이 고통을 겪기 때문에, 철저히 조사해 단호하게 응징해야 한다고까지 단정한다.

투기란 무엇인가? 투기는 '현재 보유한 자원을 미래에 이익을 기대하면서 특정 자산의 형태로 이전시키는 행위'이다. 투기로 이윤을 얻을 수 있는지는 미래의 시

---

2) 이에 대한 내용은 안재욱 2015c를 수정 보완한 것임.

장가격 변화에 대한 예측에 달려 있다. 시장가격을 잘 예측하면 이윤을 얻고 그렇지 못하면 손실을 본다.

투기가 발생하는 이유는 인간세계에 내재한 미래의 불확실성 때문이다. 미래가 확실하면 투기는 없다. 불확실한 세계에서의 결과는 예측에 달려 있다. 미래에 대한 예측이 맞으면 이익을 얻고 예측이 틀리면 손해를 본다. 그래서 불확실한 세계에 사는 사람들이 하는 모든 행위는 투기행위라 할 수 있다. 영화제작, 배우와 가수들의 노력, 미술가들의 작품, 작가의 저작 등이 모두 투기 행위다. 심지어 학생들의 전공에 대한 선택과 직업 선택 또한 투기 행위라 할 수 있다. 그들이 선택하고 만들어 놓은 것들이 큰 인기를 얻는다면 소득도 많이 얻게 된다. 그러나 전혀 인기를 끌지 못하면 비용 및 시간 면에서 모두 완전히 손해를 보고 빈털터리가 될 수도 있다.

이러한 점에서 투자도 일종의 투기라 할 수 있다. 투자는 미래 상황에 따라 좋은 결과를 낳을 수도 있고 나쁜 결과를 낳을 수도 있다. 위험이 제로인, 완벽하게 안전한 투자란 있을 수 없다. 그래서 투자는 항상 투기적이다. 순수한 투기와 아주 건전한 투자를 구별하기란 사실상 어렵다.

그런데도 투기와 투자를 굳이 구분하자면, 투기는 시장가격의 차이를 이용해 이윤을 얻으려는 행위이다. 반면 투자는 '경제의 생산능력을 변화시키는 행위'이다.

주식의 발행시장을 보면 이 차이를 쉽게 이해할 수 있다. 기업이 주식과 채권을 발행했다면 투자다. 기업이 설비나 기계를 늘리기 위한 것이었기 때문이다. 그러나 그 발행주식과 채권을 산 사람의 행위는 투기다. 미래의 이익을 기대하면서 구매한 것이기 때문이다. 그러나 유통시장에서의 주식거래에는 투자는 없고 투기만 있다. 이미 발행된 주식과 채권이 거래되는 것이므로, 생산능력 증가에 새롭게 기여한 바가 없기 때문이다.

유통시장과 발행시장
유통시장은 이미 발행된 증권이 투자수익을 목적으로 하는 개인투자자나 증권회사, 보험회사, 은행 등 기관투자가 사이에서 매매되는 시장이다. 제2차 시장이라고도 한다.
발행시장은 증권시장의 기능을 관찰할 때 유통시장과 구별되는 말로, 새로 발행하는 주식의 모집, 기발행주식의 공개매각, 공사채의 매각을 하는 시장을 말한다.

발행시장은 투자와 관계가 있고 유통시장은 투기와 관계 있다고 해서, 발행시장이 더 중요하고 유통시장은 덜 중요하다고 할 수는 없다. 유통시장과 발행시장은 유기적으로 연결되어 있다. 유통시장이 잘 작동해야 발행시장도 잘 작동할 수 있다. 유통시장이 원활히 작동하면 발행시장에서 발행된 주식과 채권이 더 원활히 매매되어, 기업은 투자자금을 조달할 수 있게 된다. 발행시장에서 새롭게 발행된 주식과 채권의 가격도 유통시장에서의 거래를 바탕으로 산정될 수 있다. 유통시장이 발행시장에 정보를 제공하는 셈이다.

투자와 투기 바로 알기

그러면 투자는 좋고 투기는 나쁜가? 그 여부를 판단하기 위해 투기자가 어떻게 행동하는지 구체적으로 석유시장의 예를 들어 살펴보자. 투기자가 미래에 석유 가격이 오르리라고 예상하면, 지금 낮은 가격에 석유를 구매해 미래에 이윤을 얻으려고 한다. 그 예상이 맞으면 이익을 보지만 틀리면 손해를 본다. 그래서 투기자는 예측을 잘하기 위해 최대한 노력한다. 이러한 과정에서 투기자는, 석유가 덜 희소한 오늘 시점에 석유를 사서 더 희소한 미래 시점으로 이동시킴으로써 석유라는 가치를 증대하는 역할을 한다. 이러한 면에서 투기자는 부를 창출하는 사람이다.

언급한 바와 같이, 투기자가 이윤을 얻으려면 미래의 사건에 대해 잘 예측해야 한다. 예측을 잘못하면 커다란 손해를 입는다. 예를 들어 아무런 유동성이나 지급불능 문제를 갖고 있지 않는 국가가 디폴트하리라고 믿어 그 국가의 채권을 투매한다면, 투기자들은 커다란 손해를 보게 된다. 이러한 이윤 동기 때문에 투기자들은 가능한 많은 정보를 획득하려고 노력한다. 투기꾼들은 이렇게 획득된 정보로 형성된 미래에 대한 예측에 근거해, 구매와 판매 의사를 표시하고 거래한다. 투기자들의 구매와 판매에 대한 의

> **디폴트(depault)**
> 채무불이행(non payment)이라고도 한다. 공채나 사채, 은행 융자 등을 받았는데 이자나 원리금을 계약대로 상환할 수 없는 상황을 말한다.

사표시로 인해 자본시장에서 정보가 알려지게 되고 거래가 활성화된다. 요컨대 투기자는 자본시장에서 정보를 생산하고 생산된 정보를 전파하는 역할을 한다.

이러한 역할을 하면서 투기자는 주식투기를 통해 투자자들이 판단하기에 잘못될 기업과 부문에 추가투자가 이루어지지 않도록 막는다. 이윤이 있는 생산 부문을 확대하고 이윤이 없는 생산 부문을 제한하는 경향성이 드러나도록 하는 하나의 방식인 것이다.

투기자는 정보를 생산하고 생산된 정보를 전파하는 역할 외에도 다른 사람의 위

그리스 재정위기는 투기자 탓?

최근 그리스의 재정위기로 국채 가격이 폭락했을 때 많은 정치인들이 투기자들을 비난했다. 그리스의 국채 가격이 폭락한 원인은 그 국가의 재정정책 때문이지 투기자들 탓이 아니다. 국채 가격의 폭락은 그 나라 정치인들이 수년에 걸쳐 만들어낸 방만한 재정지출이 반영된 결과이다. 투기자들은 그 나라 정부가 파놓은 커다란 구멍을 발견하고 그 나라 국채를 투매하면서 발견된 그 지식을 다른 시장 참가자들에게 전달했다. 투기자는 화재를 경고하는 감지기와 같다. 그리스의 국채 가격 폭락을 투기자 탓으로 돌리는 것은 화재의 원인을 화재경보기 탓이라고 하는 것과 마찬가지이다.

험을 떠맡는 일을 한다.

마늘 농사를 짓는 농부를 생각해 보자. 농부가 9월에 파종했다고 하자. 파종 시 마늘 가격이 한 접에 5만 원이었지만, 수확할 시점인 이듬해 6월 중에는 시장 상황에 따라 달라질 것이다. 수확기에 인도할 수 있는 마늘에 대해 한 접에 6만 원씩으로 한 투기자와 계약을 했다고 가정해 보자. 그런데 수확기인 이듬해 마늘가격이 8만 원이 되었다면 그 투기자는 막대한 이윤을 얻게 된다. 이 경우 농부에게 돌아갈 이윤을 투기자가 가로챘다고 비난하는 경우가 많다.

그러나 만약 마늘 가격이 3만 원이 되었다면 어떻게 될까? 큰 손해를 보는 쪽은 투기자이고 이익을 보는 쪽은 농부다. 이 투기자와의 거래로 인해 농부는 커다란 손실을 피할 수 있었기 때문이다. 투기자와의 계약으로 인해 농부가 져야 할 미래 가격변동에 대한 위험과 부담을 투기자가 진다. 농부는 미래의 가격에 노심초사할 필요 없이 편안히 잠들며 농사에 전념할 수 있게 된다. 투기자는 다른 사람들의 위험을 부담하는 보험가의 역할을 하는 셈이다. 또한 농부는 마늘농사에, 투기자는 위험부담에 각각 특화해 농부와 투기자 간에 분업하며 서로 협동하는 과정이기도 하다.

물론 어느 직업에서나 거짓말하고 사기치는 사람이 있듯이 나쁜 투기자가 있다. 그러나 그렇지 않은 일반 투기자는 일반 경제주체처럼 이윤을 얻기 위해 행동하지만, 자유로운 시장경제의 흐름 안에서 결국 다른 사람들을 이롭게 하는 역할을 한다.

03 금리 인하, 누구를 위한 것인가?[3]

2008년 글로벌 금융위기 이후 세계 각국은 경기를 부양하기 위해 금리를 거의 제로수준으로 낮추고 그것도 모자라 양적완화를 통해 천문학적인 돈을 풀었다. 한국도 경기부양을 위해 금리를 지속적으로 인하했다. 금리를 인하해 경기가 살아나기만 한다면야 얼마나 다행일까? 그러나 지금까지 경험한 바에 의하면 금리를 인하한다고 해서 경기가 살아나기는 어렵다. 지금 한국 경제가 심각한 경기 침체와 디플레이션을 경험하고 있는 이유는 금리 탓이 아니다. 정부와 정치가 만들어 낸 잘못된 정책들 때문이다. 그동안 경제민주화라는 이름으로, 각종 정치적 주장으로 혁신과 투자를 가로막는 수많은 법들이 만들어졌다. 노동시장을 경직시키는 각종 노동 관련법, 단말기 유통구조 개선법, 대형마트 규제, 중소기업 적합업종 제도, 유통구조 개선법, 기업 구조조정 촉진법 등등 숨 막힐 정도로 많다. 이런 규제들이 기업들을 옥죄고 민간 경제의 활동을 저해했기 때문에 경제가 침체되고 오늘의 어려움을 겪고 있는 것이다. 정말로 경기를 살리고 싶다면 이런 규제들부터 걷어내야 한다.

금리를 인하하면 가계 부채가 증가해 경제 위기를 불러올 수 있다는 부작용은 차치하더라도, 금리 인하를 신중히 해야 하는 이유가 더 있다. 소득 격차를 악화시키기 때문이다. 금리를 인하하려면 중앙은행이 통화를 늘려야 한다. 이 늘어난 통

양적완화
기준금리 수준이 이미 0에 가까운 수준으로 너무 낮아 금리 인하를 통한 효과를 기대할 수 없을 때, 중앙은행이 시중에 통화 공급을 늘리는 정책. 자국 통화가치를 하락시켜 수출경쟁력을 높이는 것이 주된 목적이다.

---

3) 이것은 안재욱 2015b를 수정 보완한 것임.

화가 문제를 일으킨다. 늘어난 통화는 시장 참여자들의 손에 동시에 들어가지 않는다. 어떤 사람은 일찍 손에 쥐게 되고, 어떤 사람은 늦게 손에 쥐게 된다. 어떤 사람들은 한 푼도 손에 넣지 못한다. 물가가 오르지 않은 상태에서 늘어난 통화를 일찍 손에 넣은 사람은 실질 구매력이 증가하게 된다. 물가가 오른 뒤 새 통화를 입수한 사람의 실질구매력은 상대적으로 낮아진다. 이렇게 해서 소득과 부가 사회 구성원들 간에 재분배된다.

늘어난 통화를 제일 먼저 손에 쥐는 사람들은 봉급생활자와 같은 일반 서민들이 아니다. 정부, 은행, 기업과 관련된 사람들이다. 구제 금융을 받은 은행들과 기업들이 이에 해당한다. 어떤 사람들은 보유하고 있는 부동산이나 주식을 담보로 대출을 받아, 부동산과 주식을 추가로 획득한다. 새로 창출된 돈으로 더 수월하게 투자하는 것이다. 이런 과정을 거치며 봉급생활자들과 같은 서민들은 빈손으로 남고 정부, 은행, 기업, 대형 투자자들은 주머니가 더 두둑해진다. 열심히 일하며 알뜰살뜰 절약하며 살아가는 서민들로서는 허망할 수밖에 없는 일이다. 최근 양적완화 기간 동안 미국, 영국, 일본 등에서 부의 불평등이 심화되었다는 실증적 연구 결과가 이 문제를 잘 드러내고 있다.[4]

04 금산분리라는 원칙은 없다[5]

금산분리(金産分離)
금융자본과 산업자본의 분리를 뜻한다. 산업자본, 즉 일반 기업이 은행·보험·증권 등 금융자본을 소유하지 못하도록 법적으로 막아 놓은 제도이다.

우리나라에서는 동일인 주식 소유가 10%로 제한되어 있고, 비금융주력자는 4% 이상을 보유할 수 없도록 되어 있다. 그리고 대기업의 소유제한을 제2금융권까지 확대하려는 움직임이 끊이지 않는다. 대기업 집단이 비은행금융사를 소유하지 못하도록 하고, 보험사 등이 갖고 있는 다른 계열사 지분에 의결권

4) Hellebrandt & Mauro 2015 참조.
5) 이에 대한 내용은 안재욱 2012a를 수정 보완한 것임.

을 인정하지 않으려는 법안이 심심치 않게 등장한다.

이러한 움직임의 이면에는 금융업과 산업을 분리해야 한다는, 이른바 '금산분리의 원칙'이 자리 잡고 있다. 그러나 이것은 오해다. 금산분리는 원래 은행업과 산업을 분리하는 은산분리separation of banking and commerce이지, 모든 금융업과 산업을 분리해야 한다는 원칙이 아니다.

은행업과 산업을 분리해야 한다는 명목도 따지고 보면 원칙일 수 없다. 원칙이라는 것은 보편타당성을 지녀야 한다. 그러나 은행업과 산업을 겸업하는 나라도 있고, 엄격히 구분하는 나라도 있다. 은행업과 산업이 분리된 역사적 배경을 보면, 은산분리가 원칙이기란 더욱 어렵다. 은행업과 산업이 분리된 계기 자체가 은행업과 산업이 결합되어 발생한 경제 불안과 부작용 때문이 아니라, 정부의 시장개입으로 인해 생긴 것이기 때문이다. 은산분리의 규제는 은행과 산업자본 간 결합으로 인한 폐해 때문이 아니라, 정부와 은행 간의 특수 관계로 인해 생길 폐해를 우려해 만들어진 것이다.

은행업은 귀금속 제조업과 약속어음 및 환어음을 함께 취급하는 금 세공업에서 시작되었다. 현대 은행의 기원은 무역 활동을 지원하는 머천트 뱅크다. 메디치은행, 하우스오브모건 등이 그렇게 출발했다. 체이스맨해튼 은행, 웰스파고 은행 등의 전신은 기업 내의 금융지원 부서였다.

은행이 거래계좌를 제공하고, 통화정책의 전달장치로서 기능한다는 점에서 다

일상다반사 경제학

은산분리의 기원

은행업과 산업을 분리하는 관행의 기원은 1694년 영국의 잉글랜드 은행 설립 시기로 거슬러 올라간다. 당시 프랑스와의 전쟁 때문에 자금조달이 절박했던 영국 정부는, 잉글랜드 은행을 인가하면서 은행권 발행과 상업업무에 대해 많은 특혜를 부여했다. 정부에 자금을 공급하는 대가였다. 당시 정부의 특혜 남용으로 인해 피해를 보고 있던 상인들이 이에 크게 반발했고, 결국 잉글랜드 은행의 상업업무를 금지하게 되었다.

른 금융회사와 구별되어 특별하게 다루어질 필요는 있다. 그러나 우리나라에서는 역사적으로나 논리적으로 그 타당성이 의심스러운 '은산분리 원칙'을 지나치게 확대 해석해 엄격히 적용하고 있다.

금산분리는 금융산업의 발전을 가로막는 장애물이다. 산업자본이 금융산업으로 진입하지 못하게 함으로써, 경쟁력 있는 잠재적 기업의 진입을 막아 경쟁을 제한한다. 결국 금융산업의 경쟁력을 약화시킨다. 뿐만 아니라 금산분리는 국내자본이 외국자본과 공정하게 경쟁하지 못하도록 막는 역차별 규제다. 이런 역차별로 인해 외국자본이 우리나라 은행의 대부분을 소유 지배하고 있다. 금융산업의 발전과 경제 활성화를 위해 일반지주회사와 금융지주회사에게 과다하게 가해진 규제를 걷어 내야 한다. 은행이 주인을 찾을 수 있도록 금산분리를 완화해야 한다.

05 모두 다 패배하는 화폐전쟁의 내막[6]

화폐전쟁의 전개 양상

경제가 침체되면 각국은 경제를 성장시키려는 조치를 취하려고 노력한다. 이 경우 대부분의 국가에서 취하는 정책은 자국의 수출을 늘려 경제성장을 높이는 것이다. 그리고 수출을 늘리기 위해 자국의 화폐가치를 떨어뜨리는 정책을 추진한다. 이처럼 화폐가치를 자국에 유리하도록 경쟁적으로 화폐가치를 떨어뜨리는 것을 화폐전쟁또는 환율전쟁이라고 한다.

일반적으로 자국의 화폐가치가 하락하면 수출에는 도움이 되고 물가에는 부담이 된다. 예를 들어 원/달러 환율이 1,000원에서 1,100원으로 상승하면, 국내 기업

---

6) 화폐전쟁에 대한 자세한 내용은 제임스 리카즈 2011를 참조.

이 1달러 어치를 미국 시장에 수출한다고 가정할 때 가격경쟁력이 높아져 수출이 늘어난다. 반면 수입 업체가 상품 1달러 어치를 수입하려면 전보다 100원을 더 지불해야 하기 때문에 물가상승 압박을 받는다. 따라서 수출을 늘리려는 나라는 자국의 화폐가치가 하락해야 유리하고, 물가를 안정시키려는 나라는 화폐가치가 상승해야 유리하다.

2008년 글로벌 금융위기 이후 미국을 비롯한 각국이 자국의 통화가치를 낮추는 정책을 써 왔다. 미국은 금리를 제로 금리 수준으로 낮추었을 뿐만 아니라, 중앙은행인 Fed가 국채나 모기지 채권 등을 사들여 시중에 돈을 푸는 양적완화 정책을 추진했다. Fed가 3차에 걸쳐 국채를 매입한 금액이 3조 달러에 달한다. 유럽중앙은행ECB이 2014년 6월 마이너스 금리를 도입하고 두 번에 걸쳐 금리를 -0.3%까지 낮췄다. 이어서 2015년 3월부터 매월 국채 매입 등을 통해 600억 유로 규모로 전면적인 양적완화 정책을 시행했다.

2015년 8월, 중국 인민은행은 사흘 만에 위안화 가치를 4.7% 절하한 데 이어 2016년 1월 6일 다시 위안화 가치를 0.22% 절하시키며 화폐전쟁에 뛰어든다. 일본은 이에 대응해 그동안 유지했던 제로금리를 더 낮춰 사상 최초로 마이너스 금리를 도입한다. 2016년 들어서면서 화폐전쟁은 전 세계적으로 더욱 확산되고 있다. 2015년 3/4분기와 4/4분기 연속 마이너스 성장을 한 대만은 바로 초단기자금 이율을 0.23%에서 0.20%로 내렸고, 2015년 두 차례 금리인하를 통해 기준금리를 0.5%까지 내린 캐나다도 마이너스 금리 도입을 검토하고 있다.

각국이 화폐가치를 이처럼 경쟁적으로 절하하다 보니 상대적 통화가치가 오히려 상승하는 현상이 나타나는 바람에, 기대하던 경기부양 효과를 누릴 수 없게 되는 경우도 많다. 경쟁이 격화되면서 실질실효환율로 따졌을 때 상대적으로 화폐가치가 절상된 국가도 주요국 중 4분의 1에 달했다. 국제결제은행BIS이 집계하는 전 세계 61개 주요국의 실질실효환율 지수를 보면, 4분의 3에 해당하는 46개국은 2015년 말 통화가치가 2014년 말에 비해 절하됐다. 같은 기간에 통화가치가 절상된

마이너스 금리
이자 수익을 얻을 수 없는 상태. 예금을 하거나 채권을 매입할 때 그 대가로 이자를 받지 못하고 도리어 '보관료'로 수수료를 내야 하는 금리 상태를 말한다.

실질실효환율
물가변동까지 반영된 외국 돈에 대한 각국 돈의 상대 가치를 나타내는 지표다.

국가도 4분의 1인 15개국에 달했다.

승자 없는 화폐전쟁

화폐전쟁
제1차 화폐전쟁은 1921~
1936년에 일어났고, 제2차
화폐전쟁은 1967~1987
년, 지금이 제3차 화폐전
쟁이다.

이러한 화폐전쟁은 이번이 처음이 아니다. 과거에도 여러 차례 있었고, 그 결과는 늘 좋지 않았다. 화폐전쟁은 교역 상대국의 경제성장에 피해를 입힐 뿐만 아니라 결국 자국에도 피해를 입히기 때문이다.

예를 들어, 미국이 대대적으로 달러를 발행해 달러화 가치를 떨어뜨린다고 가정해 보자. 그렇게 달러 가치가 하락하면 미국의 국채를 대대적으로 보유한 국가들중국, 한국, 일본 등의 부는 줄어들게 된다. 달러 가치가 하락하면 보유하고 있는 미국 국채의 실질 가격도 하락하기 때문이다. 미국 국채를 보유하고 있는 국가들의 부가 미국으로 이동한다는 사실을 뜻하기도 한다. 미국의 달러화 가치인하 정책은 외국 투자자에게만 피해를 입히는 게 아니라 은행예금, 보험, 퇴직연금, 연금보험 등을 보유한 미국인들에게도 피해를 준다. 이러한 정책에서 이익을

일상다반사 경제학

아이폰 사례로 본 미국 달러화와 공급망 문제

미국 애플사의 아이폰을 수입하는 주요 국가는 중국이다. 그러나 아이폰의 주요 부품은 전 세계로부터 공급받는다. 일본으로부터 플래시 메모리와 터치스크린을, 독일로부터 카메라 모듈과 GPS 수신기가 공급된다. 한국에서 공급되는 부품은 프로세서다. 각국이 아이폰 가치에 추가하는 가치는 중국이 3.6%, 일본 34%, 독일 17%, 한국이 13%다. 미국 달러화가 중국 위안화에 대해 50% 하락하면 수입된 아이폰의 가격에 미치는 영향은 1.8%에 불과하지만, 중국보다 아이폰에 더 많은 가치를 부가하는 나라들의 경우, 달러화 가치 하락으로 입는 영향은 상당히 크다.

보는 측은 은행, 헤지펀드, 투기자 등이다. 결국 이러한 정책은 다른 나라와 미국의 예금자와 투자자들의 돈을 빼앗아, 은행, 헤지펀드, 투기자들의 배를 불리는 조치일 뿐이다.

현재 화폐전쟁과 관련된 주요 통화는 달러화와 유로화, 위안화 그리고 엔화이지만, 다른 주요 국가들도 화폐전쟁에서 자유로울 수 없다. 주요 통화의 가치가 하락하면 수출에서 큰 타격을 받는 한국, 대만과 같은 국가들은 화폐전쟁에서 가장 큰 피해를 입을 수 있다. 미국의 달러화 가치 인하는 중국, 유럽, 일본뿐 아니라 모든 교역국에 영향을 미친다. 전 세계적으로 복잡하게 얽혀 있는 공급망의 속성 때문이다. 복잡한 공급망 때문에 한국은 미국의 달러화 가치인하 정책의 표적인 중국보다 더 직접적으로 영향을 받을 수 있다. 원화 대비 달러화 가치가 하락하면 그 결과 한국의 수출이 줄어들고 관광산업이 타격을 입으며 해외에서 수익을 올리는 글로벌 기업들의 이윤이 하락한다. 또 원화가치가 상승해 해외투자와 해외 자산에 대한 투자가 이루어지게 된다. 그리하여 한국과 같은 국가들은 자국 경제가 피해를 입지 않도록 보호하기 위해 엄격한 자본 통제 정책에 의지할 수밖에 없게 된다. 과거 1930년대 대공황을 악화시킨 미국의 스무트-홀리 관세법과 유사하다. 미국이 스무트-홀리 관세법을 통과시켜 외국 제품에 대한 관세율을 인상하자, 외국 정부들은 보복조치로 미국 제품에 대해 수입을 금지하는 정책으로 대응했다. 이처럼 화폐전쟁은 최악의 경우 인플레이션과 경기후퇴, 보복, 실제 무역 충돌로 이어지는 다툼을 낳을 수 있다.

▸

스무트-홀리 관세법
대공황을 타개하기 위해 미국이 내건 극단적인 보호무역법이다. 2만 개의 해외 농산품과 공산품에 최고 400%까지 관세를 부과했다.

국제 화폐의 자격 조건

화폐로서 자격을 갖추려면 기본적으로 사람들이 교환을 위해 서로 주고받아야 한다. 화폐의 기원부터 화폐의 변천과정을 보면 더 명확해진다. 초기에 몇 사람이 어떤 특정 물품을 사용하고 거래한다. 편리함을 알고 그 물품을 이용해 거래하는 사람들이 점점 더 많아지면서 경제 체제 내에서 교환의 매개체로 사용되기 시작한 것이다. 처음에는 동물의 털과 가죽과 같은 원시물품 화폐였다. 경제가 발전하면서 금속화폐, 주화, 은행권 순으로 화폐는 진화하고 발전했다.

어떤 국가의 특정화폐가 국제 결제를 위해 사용될 때도 마찬가지다. 국제 결제에서 세계 모든 사람들이 서로 받아 주고 교환되어야 국제거래에서 통용되는 화폐가 된다.

세계적인 국가의 위상 변화에 따라 국제 결제수단은 파운드화, 달러화 등으로 변천했다. 현재 국제거래에서 일반적으로 사용되는 통화로는 미 달러화, 유럽연맹의 유로화, 영국 파운드화, 일본 엔화 등이 있다. 이 중 전 세계 외환거래 및 외환보유액의 상당 부분을 차지하는 미 달러화가 기축통화로 인정받고 있다. 2015년 12월 중국위안화가 SDR의 기축통화에 편입되었다.

SDR
(Special Drawing Rights)
국제통화기금(IMF)의 특별인출권. 1970년 발동된 국제준비통화의 한 종류로, 국제통화기금의 운영축인 금과 달러를 보완하기 위한 제3의 세계화폐로 간주된다.

한 나라의 통화가 국제적으로 통하려면 적어도 세 가지 조건을 모두 만족시켜야 한다. 첫째, 해당 국가의 경제규모가 세계경제를 주도할 수 있어야 한다. 둘째, 화폐가치가 안정적이어야 한다. 셋째, 자본시장이 잘 발달되어 있고 개방되어야 한다.

한 나라의 통화가 국제화되기 위한 선결조건 중 가장 중요한 조건은 경제규모다. 그러나 아무리 경제규모가 크다고 해도 통화가치가 불안정하면 사람들이 그 화폐를 사용하지 않을 것이다.

현재 국제적으로 미 달러화 중심의 기축통화 질서에 대해 논란이 일고 있다. 글로벌 금융위기 이후 미국이 달러화를 천문학적으로 발행하는 바람에 달러화 가치가 하락했기 때문이다. 거액의 외환 보유액을 축적하고 있는 중국 등 아시아 신흥시장국과 석유수출국 등이 미달러화 실질가치의 급격한 하락에 반발하고 있다.

아무리 경제규모가 크고 화폐가치가 안정되어 있다 하더라도 주식시장이나 채권시장이 잘 발달되어 있지 않으면 그 나라의 화폐는 국제화되기 어렵다. 자본시장이 잘 발달되어 있지 않으면 그 나라 화폐로 운용할 수 있는 금융상품이 제한되기 때문이다.

브레튼우즈 체제의 붕괴 이후에도 미국 달러화가 국제통화로서 지위를 상실하지 않고 유지되었던 이유는 무엇일까? 그 이유 중 하나는 미국의 발달된 자본시장이다. 당시 미국의 자본시장은 세계에서 가장 잘 발달된 상태였다.

한 나라의 화폐가 국제화되면 이로운 점이 많다.

첫째, 무역결제에서 발생하는 거래비용이 절감된다. 예를 들면, 무역 거래 시 수출국은 자국통화를 결제통화로 바꾸고 수입국은 결제통화를 자국의 통화로 바꾸는 거래 수수료가 발생하게 된다. 그런데 자국의 화폐가 국제결제 통화가 되면 이러한 거래비용을 치르지 않아도 된다. 뿐만 아니라 기업들은 상이한 통화와 결제시점의 환위험을 헤지hedge하기 위해 다양한 방법을 이용하는데, 이런 헤지 수단에는 추가 거래비용이 필요하다. 그러나 자국통화가 국제거래로 사용된다면 이러한 헤지 수단이 필요하지 않아 거래비용을 절감할 수 있다.

둘째, 기축통화로서 통화가 국제화되면, 유사시를 대비해 외환보유고를 비축해야 하는 부담에서 자유로워질 수 있다. 자국통화가 국제 결제에 사용되면 외환을 그리 많이 보유할 필요가 없다. 셋째, 통화 발행에 따른 화폐주조차익시뇨리지를 얻을 수 있다.

그러나 국제화에 반드시 이점만 있는 건 아니다. 비용 문제도 있다. 최근 일본의 경우를 보면 잘 이해할 수 있다. 경기부양을 위해 금리를 인하하고 양적완화를 통해 엔화를 많이 풀었지만, 엔화가치가 오히려 상승해 수출에 악영향을 주고 있다.

한국 돈이 기축통화가 될 수 없는 이유

한국의 원화가 국제화가 되려면 위 세 조건을 만족해야 한다. 한국은 2015년 GDP가 1조 3,930억 달러로 세계 11위를 차지했다. 무역 규모는 9,720억 달러로, 기준 GDP 대비 수출입액 비중은 70%다. 경제규모 면에서는 어느 정도 원화의 국제화 조건을 충족시킨다고 할 수 있지만, 무역규모의 비중이 높은 점은 오히려 원화를 국제화하는 데 장애 요인이 될 수 있다. 한 나라의 경제규모가 아무리 크다 하더라도 상당 부분을 무역거래에 의존한다면 그 경제는 대외정세의 변화와 같은 외부충격에 상당히 민감할 수밖에 없다. 그에 따라 자연히 그 나라 화폐가치의 변동도 클 것이다. 한국 경제에서 무역의 비중이 크기 때문에, 원화의 화폐가치 안정에 대해 신뢰를 얻기가 어렵다. 게다가 한국의 자본시장은 개방이 된 상태이긴 하지만, 자본시장이 잘 발달되어 있지 않을 뿐만 아니라 외부충격에 매우 취약하다. 원화가 국제화가 되는 데 있어 또 다른 걸림돌이다. 이러한 문제들이 개선되고 화폐의 세 가지 국제화 조건들이 충족되지 않는 한, 원화의 국제화는 불가능할 것이다.

06 금융위기는 왜 발생하는가?

금융위기, 이렇게 시작된다

금융위기란 말 그대로 금융 시스템이 제대로 작동하지 않는 상태를 뜻한다. 금융시장은 저축한 자의 예금으로 생성된 자금을 생산적인 투자 기회를 바라는 기업이나 가계로 효율적으로 보내는 기능을 수행한다. 금융위기는 이러한 기능이 방해를 받아 금융시장이 제대로 작동하지 않을 때 발생한다.

[그림 1]에서 확인할 수 있듯, 금융위기는 과다한 신용팽창에 그 근본적인 원인이 있다. 신용팽창은 주로 중앙은행이 금리를 시장수준 아래로 인하할 때 발생한다. 그러면 시장금리에서는 수익성이 없었던 투자 프로젝트가 갑자기 이익을 낼 수 있는 것처럼 보이게 된다. 기업들은 따라서 그 장기 프로젝트를 실행하게 된다. 한

그림 1   금융위기와 경기순환 과정

편 이처럼 중앙은행이 통화정책을 확대하면, 금리는 낮아지고 저축할 유인은 줄어들어 소비가 더 많이 늘어난다. 그렇게 자본재를 만드는 기업뿐만 아니라 소비 부문 역시 호황을 보인다. 다시 말해 모든 부문이 동반 성장하는 것처럼 보인다. 고용이 증가하고 노동자를 고용하는 경쟁으로 인해 임금이 인상되고 모두들 이러한 호황에 도취되기 쉽다.

그러나 이러한 호황은 일시적인 현상이며 착각이다. 정부가 금리를 왜곡하는 바람에 기업가들을 오도해 잘못된 투자를 유도한 결과이다. 정부가 개입하지 않는 자유 시장에서 금리가 내려가는 이유는 사람들이 더 많이 저축하기 때문이지만, 정부에 의해 인위적으로 인하된 이자율은 소비자의 수요와 경제 상황을 제대로 반영하지 않은 것이다. 실제로는 저축이 늘지 않았고 현재의 소비를 줄이려는 욕구가 나타나지도 않았다. 인위적으로 낮춰진 이자율은 투자자들에게 잘못된 메시지를 전달한다. 정부가 개입하지 않았다면 수익성이 없다고 정확히 평가되었을 투자 결정인데, 갑자기 이익을 낼 수 있을 것처럼 보이게 만든다. 경제 전체를 놓고 보면 비이성적인 투자 결정이 내려지고 투자 활동이 왜곡된다. 저렴하게 신용을 공급하는 정부의 정책이 기업들로 하여금 현재가 '장기' 프로젝트를 실행할 만한 적기라고 잘못 판단하게 만든다. 그러나 소비 대중은 '현재'의 소비를 미래로 미루겠다거나 기업이 장기 프로젝트를 위해 필요로 하는 자원을 저축을 통해 공급하겠다는 의사를 표시한 적이 없다.

따라서 정부의 인위적인 저금리 정책은 저축과 투자 간에 불일치를 초래한다. 시간의 흐름에 따라 점점 더 생산의 조정에 혼란이 일어난다. 소비대중이 '현재'의 소비를 줄일 의사가 전혀 없는 시점인데, '먼 미래'에서나 열매를 맺을 수 있는 '장기'투자가 촉진된다. 소비자가 더 많이 저축하려는 결정을 내리지 않았고 미래의 생산을 위해 자원을 축적하지도 않았다. 오히려 그 정반대다. 투자자들이 자원을 '더 많이 투자'할 기회를 엿보는 바로 그때에, 낮은 이자율로 인해 소비자는 저축을 줄이고 소비를 늘린다. 투자와 소비가 동시에 확대되고, 장기적으로는 지속 가능하지 않은 생산라인으로 자원이 잘못 배분되는 것이다.

시간이 흘러 장기 프로젝트를 완수하려는 기업은 노동과 원자재 등이 필요한 만큼 충분하지 않다는 사실을 깨닫게 된다. 실제 저축 총량은 기업가들의 예상보다 적은 것으로 드러나고, 따라서 장기 프로젝트에 필요한 생산요소가 기업가들이 원하는 양에 비해 매우 적다. 그래서 노동과 자원의 가격이 오르게 되고 기업가들이 예상했던 것보다 사업에 필요한 비용이 상승한다. 예상하지 못했던 투입요소의 가격 상승을 감당하려면 기업은 더 많은 자금을 차입해야 한다. 자금조달에 대한 수요가 늘어나 금리가 오른다. 이제 심각한 현실이 수면 위에 그 모습을 드러내기 시작한다. 기업이 실행에 옮기려던 장기투자 사업 중 일부는 완수할 수 없게 된다. 모든 장기 프로젝트에 필요한 자금을 댈 수 있을 정도의 부는 사회에 축적되지 않았다. 투자자들은 충분한 자금이 있으리라 믿었지만, 이는 인위적으로 낮춰진 금리가 보낸 잘못된 신호였을 뿐이다. 인위적인 저금리가 모든 프로젝트를 완수하는 데 요구되는 실제 자원을 공급하는 마법을 부릴 수는 없다.

한편 시간이 지나면서 중앙은행은 스스로 만들어낸 버블을 인식하게 되고, 과열을 억제하기 위해 금리를 인상한다. 그러면 실질적인 자본 축적이 없는 상황이기 때문에 붐은 지속되지 못하고 붕괴되고 만다. 사람들은 은행으로부터 대출을 상환하라는 요구를 받게 되고, 대출을 받지 못하는 사람들이 생긴다. 물론 대출을 갚지 못하는 사람들도 늘어난다. 대여자들은 대여를 줄이거나 아예 대출을 하지 않는다. 기업들은 이전의 잘못된 투자에 자금 조달할 수 없어 파산에 이르고 신용경색

이 나타난다. 버블 붕괴, 신용경색, 그리고 결과한 불황에 대응하여 신용공급을 확대하고 차입을 촉진하기 위해 다시 금리를 인하한다[그림 1] 참조. 그러나 이러한 경기순환은 인위적으로 금리를 인하했기 때문에 시작된 것이다. 때문에 금리를 인하한다고 해서 불황이 치유되지는 않는다. 오히려 잘못된 투자가 교정되는 것을 방해해 불황을 더욱 연장시킬 뿐이다.

세계적인 금융위기

1930년대 대공황

1930년대 대공황이 일어난 근본 원인은 과다한 통화 발행이다. 1920년대 미국 정부는 통화팽창 정책을 썼다. 1921년 중반에서 1929년 중반까지 통화량이 60%

정도 증가했다. 이러한 통화 증가로 인해 대부자금 시장에서 실질이자율이 떨어지고, 투자와 소비가 증가하고, 주가가 상승해 경제가 붐을 이루었다. 그러나 통화량이 증가하면서 인플레이션이 발생하자 1929년 후반부터 미국 정부는 통화량을 줄이기 시작했다. 3년 동안 약 30%나 줄였다. 이처럼 갑작스러운 통화량 감소로 인해 경제가 침체에 빠졌다. 1929년의 거품은 인위적인 통화팽창 정책 때문에 결국 일어날 수밖에 없는 현상이

스무트-홀리 관세법과 같은 보호무역정책과 뉴딜정책이라는 명목으로 도입된 인센티브를 없애는 조세, 생산과 경쟁에 대한 통제, 곡물과 가축의 무의미한 파괴, 강제적인 노동법 등으로 불황이 심화되어 대공황으로 발전했다.

었다. 그에 따라 생산이 줄고, 실업이 증가하고, 잘못 투자된 자본재들이 처리되어야만 하는 불황이 왔다.

불황은 이전 시기에 잘못된 것을 치유하는 과정이다. 때문에 그 치유가 끝나면 경제가 회복된다. 그런데 미국은 소위 뉴딜 정책으로 이를 정부가 개입해 해결하려 했다. 그러다 보니 잘못된 투자가 오히려 더 교정되지 않았다. 결국 불황은 더 오랜 기간 동안 이어졌다.

1970년대 스태그플레이션

석유수출국기구OPEC가 1973년 10월부터 1974년 1월까지, 석유 가격을 배럴당 3달러에서 11.65달러로 4배 인상했다. 이러한 유가폭등이 스태그플레이션을 촉발하긴 했지만, 근본적인 원인이라고는 할 수 없다. 스태그플레이션의 근본 원인은 프리드리히 하이에크Friedrich Hayek가 말했듯 정부의 확장정책에 있었다. 유가폭등

Point 경제학

프리드리히 하이에크(Friedrich Hayek)

오스트리아 출신의 영국 경제학자. 신자유주의의 입장에서 모든 계획경제에 반대했다. 유명한 『법, 입법, 자유』를 저술했고 화폐와 경제에 대한 연구를 인정받아 노벨 경제학상을 수상했다.

붐-버스트(boom-bust)
자원이 잘못 투자되어 붐
(거품)과 버스트(붕괴)가
일어나는 경제 현상. 초저
금리나 마이너스 금리를
통해 경기 부양을 꾀한 것
과는 정반대로 더 심한 불
황을 초래하는 현상을 말
한다.

은 통화 증가에 따른 붐-버스트를 가중시켰다는 견해가 더 정확하다.

당시 미국의 통화증가율을 보면 충분히 알 수 있는 사안이다. 미국 정부는 경기부양을 위해 확대통화 정책을 썼다. 1970년부터 1980년대까지 통화량이 매년 10.99%씩 증가했다. 제1차 스태그플레이션 직전인 1970년부터 1973년까지는 통화 증가율이 연평균 12.23%에 이르렀고, 1974년 7.85%로 잠시 낮아졌다가 1975년부터 다시 증가해 1975년부터 1980년에는 연평균 10.70%를 기록했다.

미국 달러가 급증하면서 달러가치가 하락하자, 환율을 안정시키기 위해 세계 각국은 자국의 통화를 경쟁적으로 풀어댔다. 자국화폐의 가치가 상승해 국제경쟁력이 약화하는 현상을 막으려는 시도였다. 그 결과 전 세계적으로 유동성이 급증했고, 그로 인해 유가를 비롯한 원자재 가격이 폭등했다. OPEC의 감산 조치는 유가 상승을 가중시켰을 따름이다. 1970년대 스태그플레이션은 레이건과 대처와 같은 지도자가 들어서서 하이에크의 조언에 따라 시장에 대한 정부 개입을 줄이고 통화 관리를 엄격히 시행하면서 해결되었다.

◤ 닷컴 버블(Dot-Com Bubble)

1990년대 말 미국에서 발생한 닷컴버블과 붕괴 역시 통화량과 밀접한 관계가 있다. 1990년대 들어서면서 미국은 확대 통화정책을 썼다. 기준금리를 계속 인하해 1994년 미국의 금리가 2.96%에 불과했다. 웹사이트를 기반으로 한 신규업체들이 이렇게 금리가 대폭 낮아지자 많은 자본을 획득해 투자를 늘렸다. 그리하여 1995년부터 2000년까지, 인터넷 부문에서 대규모로 투기와 과잉 투자가 발생한 것이다. 미국의 중앙은행인 Fed는 버블을 인지하고, 버블을 억제하고자 2000년 1월 연방기금금리를 약 3%에서 6.5%로 인상한다. 그러나 2000년 3월 붕괴가 시작되었다. 2000년부터 2002년 주식시장이 붕괴하여 미국 장외 주식시장인 나스닥NASDAQ 자본금의 총 시장가치가 약 5조 달러나 하락했다. [그림 2]에서 확인할 수 있듯이, 2003년 3월 나스닥 최저점이 1,270으로 떨어졌다. 3년 전 최고점인 5,048에 비하면

그림 2 NASDAQ composite 추세

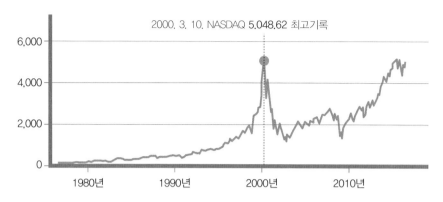

2000. 3. 10. NASDAQ 5,048.62 최고기록

자료 : https://www.google.co.kr/?gfe_rd=cr&ei=BbI5U7ngJoGF4ALW6lCoCQ q=nasdaq+composite+index

1/5 정도의 수준으로 추락한 것이다.

이러한 불황을 막기 위해 Fed는 2001년 9월 11일 이후 11차례에 걸쳐 정책금리 인 연방기금 금리를 인하해 2003년 6월부터 2004년 6월까지 연방기금 금리를 단 1%로 유지했다. 이는 나중에 주택버블로 이어지게 된다[그림 3] 참조.

그림 3 통화정책과 닷컴버블, 서브프라임 모기지 사태, 그리고 2008년 금융위기

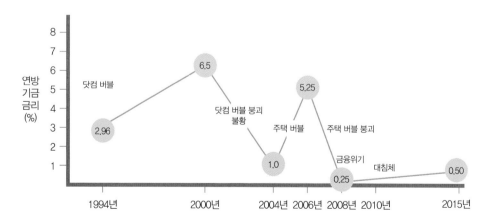

▌ 미국의 서브프라임 모기지 사태

2001년부터 시작된 저금리 정책은 유동성 과잉을 낳았다. 의도하지 않게 자금이 늘어난 금융기관들은 경쟁적으로 대출을 늘렸다. 연준의 저금리정책으로 풀린 엄청난 자금이 정부의 서브프라임 모기지 정책과 맞물려 주택시장으로 쏟아져 들어갔다. 그러다가 과잉 유동성으로 인한 인플레이션을 회피하기 위해 연준이 금리를 올리자 주택대출이 줄면서 주택가격이 하락하기 시작했다[그림 4] 참조. 금리가 오르기 시작하면서 서브프라임 모기지 대출자들이 빚 갚는 것을 포기하는 사태가 일어났다. 은행들의 부실채권은 이렇게 증가했다.

서브프라임 연체율이 올라가고, 서브프라임을 기초로 한 모기지와 모기지 유동화증권MBS의 가치가 급격하게 하락하자 이 증권에 투자한 베어스턴스, 리먼 브러더스 같은 투자은행들이 막대한 손해를 보고 파산한다. 그에 따라 미국의 서브프라임 사태가 발생한 것이다. 이 서브프라임 모기지 사태가 전세계로 확산되면서 2008년 글로벌 금융위기로 이어졌다.

일상다반사 경제학

서브프라임 모기지와 주택시장

'서브프라임 모기지(subprime mortgage)'는 신용등급이 낮은 저소득층을 대상으로 주택자금을 빌려주는 미국의 주택담보대출상품을 뜻한다.
미국 가계부채가 1974년 7,050억 달러(가처분소득의 60%)에서 2008년 14조 5,000억 달러(가처분 소득의 134%)로 증가하자, 전국 모기지 부채가 1990년대 GDP의 46%에서 2007년 73%로 증가했다. 1990년 미국 정부는 은행들의 지역개발관련 대출의무를 강화해 저소득층에 대한 금융지원 확대를 하도록 1977년 제정된 지역재투자법을 개정한다. 게다가 1995년 미국 정부는 서브프라임 모기지의 유동화를 허용하는 법을 제정했고, 패니매와 프레디맥에게 서브프라임 모기지를 유동화하도록 압력을 가한다. 그러자 은행들이 위험을 고려하지 않고 모기지 대출을 하였고 취약한 대출인 서브프라임 모기지를 포트폴리오에서 떨어버리기 위해 그것을 유동화하는 데 적극적이었다. 패니매와 프레디맥에게 모기지를 매각함으로써 얻은 자금을 이용해 은행들은 더 많은 모기지 대출을 만들어 내고 주택구입을 더 용이하게 만들었다. 그러자 주택가격 상승이 일어났다.

그림 4   미국의 주택가격 지수 변화(S&P/Case – Shiller 10 – City Composite Home Price Index)

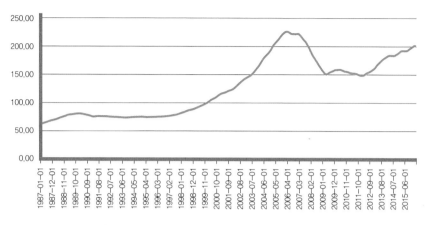

자료: Federal Reserve Bank of St. Louis https://fred.stlouisfed.org/series/SPCS10RSA

07 한국의 금융시장은 왜 외부충격에 취약한가?

한국은 글로벌 금융위기의 진원지인 미국의 서브프라임 사태에 직접적으로 영향을 받지 않았다. 국내 금융기관이 보유한 서브프라임 관련 채권담보부증권CDO 보유액은 10억 4,000만 달러에 불과하며 손실 규모는 4,500억 원 정도다. 그러나 한국 경제가 미국발 금융위기로 입은 충격은 다른 국가들에 비해 컸다.

주가가 2008년 초에 비해 40% 정도 하락하고, 환율이 한때 1,500원까지 폭등하는 등 외환시장이 매우 불안했다. 주요국 통화와 비교해 볼 때 달러화에 대한 원화 가치가 크게 하락하고 변동성도 더 크게 나타났다. 원/달러 환율의 변동성이 2008년 상반기 중 0.65에서 하반기에는 1.83으로 2.8배 확대되었다. 유로화, 파운드화, 일본 엔화, 인도네시아 루피화, 대만 달러 등보다 2~3배 높은 수준이었다. 글로벌 금융불안이 본격화되자 외국인 투자자들이 유동성 확보 차원에서 주식을 매도하고 한국시장에서 대거 이탈했기 때문이다. 외국인이 한국에서 회수한 주식투자금은 일본 등 아시아 7개국 전체 회수액 733.7억 달러 중 47.5%를 차지했다.[7]

또한 2008년 3/4분기 실질 GDP 증가율이 0.6%로, 0.8%를 기록했던 2/4분기보다 낮았고 2004년 3/4분기 이후 가장 낮은 증가율을 보였다. 소비재 판매가 2008년 9월과 10월에 전년 동기대비 각각 3.6%와 1.4% 감소했다. 제조업 생산은 2008년 3/4분기에 5.6% 증가에서 10월 2.8%로 감소했다. 전자부품, 컴퓨터, 영상, 통신장비 등의 업종의 생산은 10월 전년 동월대비 11.4% 감소했으며, 반도체 및 부품은 전년 동월대비 13.6% 감소했다. 뿐만 아니라 설비투자는 2008년 9월 7.1%에서 10월에 7.7% 감소했다. 특히 2008년 3/4분기 27.1%의 증가세를 보였던 수출은 10월 8.5%로 둔화되었고 11월에는 18.3%나 대폭 감소했다.

실물경기침체가 가속화되면서 고용 사정이 악화되었다. 3/4분기 취업자 증가는 전년 동기 대비 14.1만 명에 그치고 10월에는 9.7만 명에 머물러, 일자리 창출은 계속해서 부진했다. 고용률 역시 10월 60.0%로 전년 동월 대비 0.4%포인트 하락, 전년 동월대비 기준 10개월 연속 하락세를 지속할 정도였다. 청년층15~19세 취업자 수는 2008년 10월 전년 동월 대비 16만 2천명이나 줄었다.

한국경제가 다른 나라들에 비해 외부 충격을 많이 받았던 이유는 해외자본이 국내 시장에서 차지하는 비중이 매우 높았기 때문이다. 2007년 말 한국의 유가증권 시장 규모는 주식수는 282.4억 주였고, 금액으로는 951.9조 원1조 169억 달러이었다. 이 가운데 외국인이 보유한 주식수는 19.0%인 53.7억 주였으며, 금액으로는 32.5%로 308조 원3,291억 달러이었다. 해외자본 유입이 증가하면서 2007년 말 현재 예금취급기관의 전체 자산 내 순국외 신용 부문은 1991년보다 49.7배 증가한 222조 원이었고, 예금기관의 총자산에서 순국외부문 통화공급이 차지하는 비중이 1991년 말 1.8%에 불과했으나 2007년 말 13.1%나 되었다.[8]

이러한 상황에서 미국의 금융위기가 국내에 영향을 미쳐 대규모의 외자이탈이 발생했다. 서브프라임 사태가 나자 미국의

대규모 외자이탈
2008년 9월에서 연말까지 국내 금융시장에서 빠져나간 외국자본은 모두 690억 달러에 이른다. 2007년 국내총생산(GDP)의 10.2%에 해당하는 규모다.

----

7) 유정석 외 2009 pp. 7~8 참조.
8) 이은미 2009 p. 2 참조.

투자은행들이 유동성을 확보하기 위해 해외자산을 매각한다. 그에 따라 글로벌 금융시장이 불안해지면서 금융기관의 외화 유동성이 급속히 경색되었다. 글로벌 신용경색이 국내로 전파되면서 외자이탈이 급속히 전개되었다.

글로벌 신용경색 등으로 해외 차입이 어렵게 되자 달러 부족 현상이 심화된다. 달러 유동성이 축소되면서 현물환 시장 규모가 축소되고, 달러 위주의 외환시장이라는 특성은 원달러 환율 급등락의 주요인으로 작용했다. 글로벌 금융위기로 세계 경기가 둔화되면서 수출 둔화 및 수출의 경제 성장기여도가 하락했다.

한국의 외환시장이 불안정한 가장 중요한 이유는 금융시장에서의 외국자본의 비중이 크다는 점이다. 그렇다고 외국자본을 통제하면 개방경제 체제에서 그 실효성이 적고, 득보다는 실이 크다. 외국자본이 국내 금융시장에서 큰 비중을 차지하게 된 이유는 금산분리와 같은, 국내자본에 대한 규제 때문이다.

외부충격에 대한 금융시장의 취약성을 줄이려면 첫째, 국내 자본에 대한 규제를 완화해야 한다. 국내자본에 대한 규제를 풀어 외국자본과 경쟁하도록 해야 한다. 국내 금융시장에서 외국자본의 비중을 줄일 수 있을 뿐만 아니라, 자유로운 경쟁을 통해 금융시장이 발전할 수 있다. 둘째, 외국인의 직접투자를 유치할 수 있는 환경을 만들어, 잦은 외국자본의 단기적 이동을 줄이도록 한다. 셋째, 외국자본의 단기적 이탈에 대비해 충분한 외환보유고를 확보해 두어야 한다.

08 한국의 금융경쟁력 수준 어느 정도인가?

한국의 금융 산업은 다른 산업에 비해 상당히 낙후되어 있다. 제조업에서는 삼성전자, LG, 현대자동차 등과 같은 일류 글로벌 기업이 존재하지만, 금융업에서는 글로벌 금융회사가 단 하나도 없다. 금융 산업의 국제 경쟁력도 최하위권에 그쳐, 다른 국가에 비해 매우 뒤떨어져 있다.

가장 근본적인 원인은 관치금융 때문이다. 어떤 산업이든 그 산업이 발전하려면

관치금융

정부가 금융기관의 경영에 개입하는 것을 말한다. 금융기관이 자율적으로 결정해야 할 금리, 자금배분, 인사 등에 정부가 직접 개입하여 처리하는 행위를 일컫는다.

자유로운 경제활동이 가장 중요하다. 경제활동이 자유로워야 기업가정신이 살아나고 혁신이 일어나며, 산업이 발전한다. 그러나 관치금융하에서는 이러한 역동적인 과정이 일어나기 어렵다. 그러다 보니 한국의 금융 산업이 낙후되었고 국제경쟁력도 떨어졌다. 한국의 금융시장은 외부충격에도 매우 취약하다.

수치로 보아도 한국의 금융경쟁력 수준은 한국경제의 위상에 비해 상대적으로 매우 낮다. 한국의 국내총생산GDP은 20015년 기준 1조 3,930억 달러로 세계 11위다. 그러나 〈표 1〉을 보면, 세계경제포럼WEF, World Economic Forum이 산정한 금융경쟁력 순위는 2016년 기준 87위로 2015년 80위에 비해 7위나 하락했다. 금융경쟁력 순위는 전체 국가경쟁력 수준26위보다도 훨씬 더 떨어진다.

WEF의 금융경쟁력 지수는 크게 효율성과 신뢰성으로 구분하고 있다. WEF의 금융경쟁력지수 중 효율성은 한국의 경우 OECD 주요국 수준에 크게 못 미친다.

〈표 2〉를 보면, 국내 시장을 통한 자본 조달47위을 제외한 5개 변수가 총 140개국 중 63~119위를 차지한다. 금융서비스와 벤처자본의 이용 가능성은 각각 99위, 86위로 주요국과 현격한 차이를 보인다. 이 부문에서 미국은 각각 4위와 5위, 일본은 26위 21위, 독일은 18위 25위, 스위스는 1위와 18위를 차지하고 있다. 우리나라는 중국에 비해서도 매우 낮다. 중국은 이 분야에서 각각 61위와 16위이다. 한국의 금융서비스 구입 능력은 89위로, 미국10위, 독일14위, 일본28위, 스위스1위를 큰 폭으로 하회하고 중국48위에도 못 미치는 상황이다. 대출 용이성은 119위로 6개 변수 중 가장 낮은 경쟁력 수준을 보이는 한편, 마찬가지로 미국14위, 독일35위, 일본19위,

표 1   WEF 국가경쟁력 및 금융경쟁력 한국 순위

	2013	2014	2015	2016
국가경쟁력 순위	19	25	26	26
금융경쟁력 순위	71	81	80	87
한국GDP/세계GDP (%)	1.97	1.94	1.92	1.65

자료: WEF(2016), The Global Competitiveness Report 2015-2016

표 2 주요국의 금융부분 경쟁력 세부 항목별 순위

	중국	독일	일본	한국	스위스	미국
금융서비스 이용 가능성	61	18	26	99	1	4
금융서비스 구입능력	48	14	28	89	1	10
국내 주식시장을 통한 자금조달	44	17	12	47	10	5
대출의 용이성	21	35	19	119	28	14
벤처자본의 이용 가능성	16	25	21	86	18	5
은행 건전성	78	46	28	113	20	39
증권거래 관련규제	52	26	11	78	12	24
법적 권리 지표	80	44	80	63	44	4

자료: WEF(2016), TheGlobal Competitiveness Report 2015-2016

스위스28위, 중국21위에 크게 뒤지고 있다.

WEF 금융경쟁력지수의 신뢰성 관련 항목 중 법적권리지수는 63위로 주요국에 비해 상대적으로 양호한 수준이지만, 증권거래 관련 규제와 은행건전성은 비교대상 국가들보다 매우 낮다. 증권거래 관련 규제는 78위로 미국, 독일, 일본, 스위스, 중국에 비해 낮고, 심지어 은행건전성은 113위로 미국20위, 독일46위, 일본28위, 스위스39위, 중국78위에 비해 최하위권을 차지하고 있다.

〈표 3〉에서처럼, 세계 20대 은행에 국내 은행은 단 하나도 없다. 한참 뒤떨어져 있는 우리 금융산업의 경쟁력의 현주소를 보여 주는 또 다른 증거다. 세계 100대 은행에 들어 있는 수를 비교해 봐도 주요국에 비해 매우 적다. 우리금융지주회사가 79위, 신한금융그룹이 88위, 하나금융그룹 91위, KB금융그룹 93위를 차지해 100위권 안에 들 뿐이다. 물론 스위스2개보다는 많지만 미국10개, 독일7개, 일본8개, 중국17개에 비해 훨씬 적다.

뿐만 아니라 우리나라 은행들의 ROA총자산수익률도 다른 나라의 은행들에 비해 매우 낮다. 은행들의 평균 ROA가 가장 높은 국가는 터키로 1.72이고, 미국이 1.56, 중국 1.34, 싱가포르 1.18, 캐나다 1.03, 일본 0.64인 반면 우리나라는 0.51에 불과하다.

표 3　세계 20대 은행　　　　　　　　　　　　　　　　　　　　(단위: 10억 달러)

순위	은행	국가	총 자산
1	Industrial & Commercial Bank of China (ICBC)	중국	3,125,971
2	HSBC Holdings	영국	2,671,318
3	China Construction Bank Corporation	중국	2,538,618
4	BNP Paribas	프랑스	2,486,002
5	Mitsubishi UFJ Financial Group	일본	2,462,898
6	JPMorgan Chase & Co	미국	2,415,689
7	Agricultural Bank of China	중국	2,406,243
8	Credit Agricole Group	프랑스	2,356,446
9	Bank of China	중국	2,292,591
10	Deutsche Bank	독일	2,225,353
11	Barclays PLC	영국	2,164.6
12	Bank of America	미국	2,102,273
13	Japan Post Bank	일본	1,939,888
14	Citigroup Inc.	미국	1,880,382
15	Mizuho Financial Group	일본	1,794,537
16	Societe Generate	프랑스	1,705,904
17	Royal Bank of Scotland Group	영국	1,695,497
18	Group BPCE	프랑스	1,551,588
19	Banco Santander	스페인	1,540,702
20	Wells Fargo	미국	1,527,015

　　금융산업의 경쟁력이 한국의 다른 산업에 비해 상대적으로 낮다는 사실은 다른 산업의 위상과 비교해 보면 더 분명히 드러난다. 〈표 4〉를 보면, LCD패널, TV, 휴대폰에서 한국은 세계 1위를 차지한다. 반도체에서는 세계 2위, 자동차에서는 세계 5위를 지키고 있다. 그리고 세계 10위 이내의 기업으로 삼성전자, LG전자, 하이닉스, 현대자동차, 기아자동차 등이 있다. 최근에는 엔터테인먼트 산업에서도 세계적인 수준의 기업들이 늘고 있다. 매출액 기준으로 음악 산업에서 SM엔터테인먼트 세계 13위, 로엔엔터테인먼트14위, CJ E&M16위, YG엔터테인트먼트19위 등이 있고, 영화산업에서 CJ CGV세계19위, 게임산업에서 넥센10위, NC소프트17위, NHN엔터테인먼트20위 등이 있다.

표 4　한국 세계 Top Class 산업(2014)

	LCD 패널	TV	휴대폰	반도체	자동차
World Rank	1	1	1	2	5
Market Share	46.9%	43.4%	33%	13.5%	6.9%
세계 10위권 이내 기업	삼성전자 LG 디스플레이	삼성전자 LG전자	삼성전자 LG전자	삼성전자 하이닉스	현대자동차 기아자동차

09 한국에는 왜 세계적인 금융회사가 없을까?

관치금융이 독이다

은행마다 '선진 금융'이라는 말을 붙여놓은 포스터를 자주 볼 수 있다. 선진 금융으로 가는 길은 멀고도 먼 것일까? 해가 바뀌어도 선진 금융이라는 목표가 영 사라질 줄 모른다. 우리가 사용하는 은행들의 이름은 외국인들에게 낯설다. 해외에 유명한 금융 브랜드가 없다는 뜻이다.

우리나라 금융산업이 이렇게 다른 제조업만큼 세계적인 경쟁력을 갖지 못하는 근본 원인은 무엇일까? 관치금융 때문이다. 2014년 4월 전국경제인연합회가 국내 진출 외국계 금융사를 대상으로 '한국금융의 경쟁력 현황 및 개선과제'를 조사해 발표한 자료를 한번 살펴보자.

[그림 5]를 보면, 응답 기업의 64.2%가 한국 금융 산업의 최대 문제점으로 '과도한 규제와 정부의 과도한 개입'을 꼽았다. 관치금융은 정부가 은행의 소유를 제한하고 금융에 대해 전반적인 규제를 가하는 데서 비롯된다. 금융부문 등록 규제가 1,107개에 이르고, 창구지도와 같은 유사행정 규제가 534건에 달한다고 한다.

관치금융이 시작된 뿌리를 되짚어 보면, 무조건 경제 개발을 추구하는 금융 체제에서 시작한다. 한정된 자원을 효율적

> **창구지도**
> 법이나 제도상 규제할 근거가 없음에도 불구하고 금리, 수수료, 금융상품 등에 대해 금융당국이 자신들의 의도에 맞게 지시하는 것을 말한다.

그림 5 한국 금융의 문제점과 금융선진국이 되기 위한 최우선 과제

한국 금융의 문제점

전문 인력 부족 ─ ┌ 단순한 수익구조
5.1%
5.1%
좁은 12.8%
국내시장 12.8% 64.2% ─ 과도한 규제 및
기타 정부의 과도한 개입

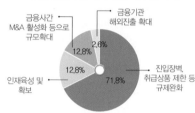

금융선진국이 되기 위한 최우선 과제

금융시간 ─ ┌ 금융기관
M&A 활성화 등으로 해외진출 확대
규모확대 2.6%
12.8%
12.8% 71.8% ─ 진입장벽,
인재육성 및 취급상품 제한 등
확보 규제완화

으로 배분하기 위해 강한 정부가 경제성장을 뒷받침해야 한다는 논리로, 정부가 늘 금융기관의 경영에 깊숙이 관여해왔다. 은행장 및 은행임원의 임면까지 주도했고, 금리 규제는 물론 은행의 업무를 통제했다.

결국 이러한 관치금융의 부작용을 인식한 정부는 1980년대부터 금리자유화 등 일련의 금융자유화 조치를 취했지만, 관치금융은 좀처럼 사라지지 않고 있다. 대놓고 명시적이던 형태에서 은근히 암묵적인 형태로 바뀌었을 뿐이다.

관치금융의 정당성이 입증되지 못하고 그 폐해가 속출하자, 정부는 이제 '건전성 감독'이라는 명분하에 금융기관의 운영에 개입하고 있다. 정치권과 정부 관료들이 금융기관들을 통제함으로써 얻는 기득권을 쉽사리 놓지 않으려는 탓이다. '관피

일상다반사 경제학

금리 규제의 부작용

금리는 화폐를 빌리고 빌려주는 신용에 대한 가격이다. 돈을 빌려주는 사람은 현재 가지고 있는 돈을 포기하고 미래에 다시 돌려받는다는 약속에 대하여 무엇인가로 보상받아야 한다. 돈을 빌려주는 사람에 대한 보상이 바로 금리다. 한편 돈을 빌리는 사람이 기꺼이 금리를 지불하려고 하는 이유는 현재에 돈을 손에 넣어 지출하는 데 더 가치를 두기 때문이다. 미래까지 지출을 연기하려는 것은 저축을 의미하고 현재에 지출하려고 하는 것은 투자라 할 수 있다. 일반 재화의 가격이 규제될 경우 재화의 공급과 수요가 일치하지 않아 그 재화시장에서 왜곡이 발생하는 것처럼, 만약 금리가 규제되면 저축과 투자가 왜곡되어 경제에서 교란이 발생한다.

아', '모피아'가 달리 나온 말이 아니다.

관치금융이 사라지지 않는 이유

관치금융이 쉽게 사라지지 않는 가장 중요한 이유는 첫째, 은행에 주인이 없기 때문이다. 우리 은행법과 금융지주회사법은 은행과 은행지주회사에 지배주주를 허용하지 않고 있다. 외국과는 달리 우리나라 은행은 동일인 주식소유가 10%로 제한되어 있고, 비금융주력자는 4% 이상을 보유할 수 없다. 이 소유제한 때문에 은행과 은행지주회사의 소유권이 널리 분산되었고, 결국 지배주주가 등장하기 어려워졌다. 쉽게 말해 우리나라

> **지배주주**
> 매일매일 기업 내의 자원 배분을 명령하고 조정하며 통제하는 사실상의 주인(de facto owner)를 말한다. 달리 표현하면 경영권을 지배할 수 있는 대주주를 의미한다.

은행에는 실질적인 주인이 없다. 무주공산인 은행과 금융회사에, 수많은 규제와 금융감독이라는 수단을 이용하여 정부가 압력을 가한다. 주인 없는 집에 도둑이 드나들 듯, 주인 없는 은행은 문을 닫아 걸고 그 압력을 거부하기 어렵다. 뿐만 아니라 실제 주인이 없다 보니 은행의 입장에서도 정부의 규제와 감독에 바람막이가 될 수 있는 어떤 '힘' 있는 사람이 회장이나 은행장으로 오기를 바란다. 그렇기 때문에 은행의 경영자들은 이윤 극대화를 최우선적인 경영목표로 추구하기보다는, 오히려 임면권자들의 동태와 자신의 이익을 추구하게 된다. 돈을 만지고 경제의 최전

일상다반사 경제학

영국 은행 지분의 소유 규제

영국에서는 은행 지분의 소유 규제가 다음과 같은 방식으로 진행된다. 한 은행에 대해 5% 이상 지분을 소유한 주주는 7일 내 중앙은행에 서면 통보를 한다. 한 은행의 50% 이상의 지분을 소유한 주주에 대해서는 중앙은행이 보고 및 서류 제출을 요청할 수 있다.

선에 우뚝 서야 하는 은행에 이처럼 상업논리가 아닌 정치논리가 들어와 운영하고 있으니, 생산성은 하락하고 금융산업의 경쟁력은 약해질 수밖에 없다. 관치금융 아래 금융산업의 발전을 기대하는 것은, 주인 없는 집 앞에서 저녁상을 차리라고 호통치는 것과 다를 바 없이 어리석은 일이다.

두 번째 이유는 과다한 규제 때문이다. 금융산업에는 신규진입 규제, 업무영역 규제, 자산운용 규제 등 다양한 규제가 가해진다. 그 규제의 대부분은 금융회사의 자율적인 선택이 명시적으로, 암묵적으로 제약되는 포지티브 규제positive regulation 이다. 포지티브 규제는 원칙적으로 전면 금지하되 선택한 것만을 허용하는 제도다. 그러다 보니 금융회사의 운영과 활동과 관련해 많은 경우 정부의 명시적, 또는 암묵적인 승인을 필요로 한다. 자연히 금융회사의 자율성과 창의성이 떨어질 수밖에 없다. 당연히 금융산업은 발전하기가 힘들다.

다양한 관치금융 사례

최근 전반적인 구조조정에 직면해 있는 대우조선해양의 사태는 관치금융의 폐해를 극명히 보여 주는 사례다. 2015년, 부실덩어리인 대우조선해양에 산업은행과 수출입은행을 통해 4조 2,000억 원이 지원된다. 주채권자인 산업은행과 최대주주인 수출입은행이 아니라 청와대, 기획재정부, 금융당국의 주요 인사들이 참석하는 소위 청와대 별관회의에서 결정된 사안이었다. 산업은행장, 수출입은행장은 물론 대우조선의 사장 역시 실질적으로는 정부에 의해 임명된다. 정부의 말을 듣지 않을 수 없는 구조이다. 대출과 경영에 대한 제대로 된 감시도 어려웠다. 그러다 보니 산업은행, 수출입은행, 대우조선해양 모두에서 도덕적 해이가 만연했다. 대우조선해양의 부실은 물론이거니와 거대한 부실채권을 떠맡게 된 산업은행과 수출입은행 역시 존폐의 위기에 직면해 있다.

이외에도 관치금융 사례는 다 열거할 수 없을 정도로 많다. 1998년 12월 한빛은행장 인사 개입, 2000년 3월 한빛은행, 조흥은행, 외환은행들의 비상임이사들에 대한 사퇴 압력, 2003년 3월 암묵적인 압력을 통한 우리은행과 국민은행 은행장의 사퇴, 2007년 4월 우리금융지주회사의 회장으로 재정부 차관을 지명, 2009년 12월 새로 지명된 KB 은행장에게 암묵적으로 압력을 행사해 사임을 유도한 사례 등이 대표적이다.

은행 CEO 임면에 대한 개입은 정권이 바뀔 때마다 지속되었다. 2010년 6월 KB 금융지주회사 회장 선임, 2012년 6월 농협금융지주회장 선임, 2013년 6월 BS금융 지주회장의 퇴진, 신용보증기금 이사장 선임 연기, 우리금융지주 계열사 임원 인사, 2014년 4월 하나은행장 사퇴 압력, 2014년 11월 국민은행 이사회 의장 사퇴와 사외이사들의 사임, 2014년 12월 우리은행장 내정 등에 정치권과 정부가 개입했다.

은행장 및 임원의 임면뿐만 아니라 금리 결정, 또는 은행이나 금융회사의 경영에까지 직접적으로 개입하고 있다. 1999년 1월 김대중 대통령은 각 은행에 여수신 금리의 차이를 줄이라고 지시했다. 대통령 경제수석은 은행장에게 대출금리를 낮추라고 요구했다. 2000년 3월 은행이 고객을 유치하기 위해 수신금리를 인상하려고 하자, 금융위원회가 은행장들을 압박해 그 시도를 무산시켰다. 2005년 5월 금융위원회는 은행들이 주택대출 금리를 인하하지 못하도록 요구했고 2010년 1월 예대율 규제를 다시 도입했다.

1999년 9월에는 채권시장안정화기금을 마련한다는 목표하에 정부는 강제로 그 자금을 은행에 할당했다. 또한 2000년 1월 은행들은 종합금융회사의 부실 대출을 강제로 인수해야 했다. 2003년 4월 금융위원회는 신용카드사의 지불 불능 문제를 해결하기 위해 그 비용을 각 은행들에게 강제로 배분했고, 유동성 문제에 직면한 투자신탁회사를 구제하기 위해 그들이 보유하고 있는 채권을 은행들이 강제로 매수하도록 했다. 2003년 8월 개인파산 문제를 풀기 위해 정부는 개인부채를 조정하라고 각 은행에 촉구했다. 2006년 3월에는 주택가격 폭등을 막는다는 명목으로 은행의 주택대출을 억제했다. 2007년 6월 노무현 대통령은 은행과 신용카드사에 중소기업에 대해 신용카드 회비를 대폭 인하하라고 요구했다. 2009년 정부는 은행에게 미소금융에 참여하고 중소기업의 대출만기를 연장해 주라고 지시했다. 2011년 1월에는 금융회사 성과보수체계를 개편했고, 은행장과 임원 등 경영진의 후계자 양성 프로그램을 만들어 운영하라는 내용의 모범 규준을 하달했다. 2011년 8월에는 서민전용은행고금리 수신 상품을 강요했다.

최근에도 마찬가지다. 정부는 금융회사에 성과주의 문화를 도입하겠다고 나서고 있다. 노사가 자율로 결정해야 할 임금체계를 국가가 강제한다는 점에서 심각

▲

금융개혁 홍보비

금융개혁 홍보비는 정부예산으로 해야 할 일이다. 이것을 금융회사에 부담하도록 하는 것은 금융회사를 정부의 한 부속기관으로 생각한다는 것을 보여주는 일이다. 금융회사를 정부의 부속기관으로 생각하는 것은 선진국에서는 있을 수 없는 일이다.

한 관치이다. 뿐만 아니라 금융위원회는 금융개혁 홍보비가 필요하다며 은행과 보험 등 금융업계에서 돈을 걷고 있다. 심지어 금융위원회는 연 10%대의 중금리 신용대출 활성화 방안을 내놓았다. 정부가 신용도 4~7등급의 '중신용자'들을 위한 대출 방식을 정하고 가이드라인까지 세웠다. 은행권과 저축은행에 5,000억 원씩 재원을 조성하게 하고, 은행상품은 2,000만 원 한도에 연 10%, 저축은행은 1,000만 원 한도에 연 15%라는 영업모델을 제시했다. 정부가 물량한도를 정하고 이자까지 개입한 상품설계를 강제하고 있다. 금융사 영업 전략까지 간섭하고 통제하고 있는 것이다.

이러한 환경에서 금융산업의 선진화란 불가능하다. 관치금융이 지속되는 금융환경에서는 결코 '삼성전자'와 '현대자동차' 같은 세계적인 금융회사가 등장할 수 없다. 그런데도 우리 정치인들과 금융 당국자들은 세계적인 경쟁력을 갖춘 금융기관을 육성하고 금융산업을 선진화하겠다고, 장밋빛 청사진을 남발한다.

오늘날 삼성전자와 현대자동차가 세계적인 기업이 될 수 있었던 이유는, 소유자가 투자와 개발에 대해 관심을 갖고 혼신을 기울여 노력한 기업가정신이 낳은 결과이다. 실질적인 소유자가 없고 수많은 규제를 바탕으로 관치로 이루어지는 금융산업에서 그러한 기업가정신이 발현되기란 불가능하다. 우리나라 금융산업이 정말로 발전하려면 먼저 은행에 실질적인 주인이 서야 한다. 겹겹이 쌓이고 얽혀 있는 수많은 규제를 혁파해야 한다. 정부가 각종 규제와 감독을 명분으로 금융 산업에 개입하는 관치금융을 청산해야만 가능한 발전이다.

한국을 떠나는 외국 금융회사들

최근 3, 4년 사이 수많은 외국계 금융회사들이 한국 시장을 떠났다. 2012년 골드만삭스자산운용이 철수했고, 2013년 HSBC가 소매금융을 접었으며, ING그룹은 ING생명을 매각하고 떠났다. 2014년 SC그룹이 SC저축은행과 SC캐피탈을 매각했으며, 2015년 씨티그룹이 씨티캐피탈을 매각했고 RBS가 한국 지점을 폐쇄하고 철수했다. 그리고 2016년에 들어서서 바클레이스, 골드만삭스 등이 은행업 면허를

표 5 관치금융 사례들

범주	일시	사례
CEO 임면	1998년 12월	한빛은행장 선출과정 개입
	2000년 3월	세 은행의 비상임이사 사퇴 강요 금융위원회 전 부위원장을 국민은행 은행장으로 임명
	2003년 3월	우리은행과 국민은행의 은행장 사퇴하도록 압력
	2007년 4월	재정부 차관을 우리금융지주회사 회장으로 임명
	2009년 12월	지명된 KB 은행장 암묵적으로 사퇴 압력
	2010년 6월	KB금융지주회사 회장 선임에 개입
	2012년 6월	농협금융지주회장 선임에 개입
	2013년 6월	BS금융지주회장의 퇴진, 신용보증기금 이사장 선임 연기 우리금융지주 계열사 임원 인사에 개입
	2014년 4월	하나은행장 사퇴 압력
	2014년 11월	국민은행 이사회 의장 사퇴와 사외이사들의 사임
	2014년 12월	우리은행장 내정
금리결정	1999년 1월	대출금리와 예금금리 차를 줄이도록 지시
	2000년 3월	은행의 수신금리 인상 억제
	2005년 3월	주택대출 금리 인하하지 못하도록 지시
	2010년 1월	예대율 규제를 다시 도입
자율적 경영	1999년 9월	채권안정화 자금 은행들에게 할당
	2000년 1월	파산한 종합금융회사 인수 강요
	2003년 4월	신용카드 회사 구제비용 은행들에게 강제 배분 유동성 문제에 직면한 신탁의 채권 인수 강요
	2003년 8월	파산한 개인들의 부채 조정 촉구
	2006년 3월	주택대출 억제
	2007년 6월	중소기업에 대한 신용카드 회비 대폭 인하 지시
	2009년 11월	미소금융 가입 강요
	2009년 12월	모든 중소기업 대출 만기 연장 요구
	2011년 1월	금융회사 성과보수체계를 개편, 은행장과 임원 등 경영진의 후계자양성 프로그램을 만들어 운영하라는 내용의 모범규준을 하달
	2011년 8월	서민전용은행고금리 수신 상품 강요
	2016년	성과주의 문화 도입 금융개혁 홍보비 은행으로부터 갹출 중금리 신용대출 상품설계 강요

반납했다. 가장 최근에는 알리안츠가 생명보험을 중국의 안방보험에 매각하고 떠났다.

선진국 금융회사들이 한국을 떠나고 있는 이유는 간단하다. 한국 금융시장에서 돈 벌기가 어렵기 때문이다. 예를 들어 씨티가 진출한 아시아 18개국의 총자산이익률ROA이 평균 1.4%이다. 그러나 한국에서는 0.4%에 불과하다. 관치와 규제 탓에 갈수록 수익성이 떨어지고, 설령 수익을 내더라도 금리, 수수료 등 가격규제가 더해지기 일쑤다. 심지어 한국의 관료와 정치인들은 금융을 복지수단으로 여겨, 수시로 금융회사들의 손발을 묶는다.

뒤처져 있는 핀테크 산업

핀테크(Fin Tech)
금융(Financial)과 기술(Technology)의 합성어로서 금융과 IT의 결합을 통한 금융서비스를 말한다. 핀테크 사업영역에는 크라우드 펀딩, P2P 지급결제 및 대출, 자율자산관리 등이 있다.

관치금융으로 인해 자율성과 창의성이 떨어지다 보니 우리나라 금융회사들이 최근 정보통신기술ICT의 발달에 따른 금융환경의 급격한 변화에 효과적으로 대처하지 못하고 있다. ICT가 금융과 결합되어 발달한 것이 '핀테크'이다. 핀테크는 송금, 간편결제, 자금 모집 및 대출중개, 자산관리 등 4개 영역에서 폭발적으로 성장하고 있다. 이에 더해 스타트업신생 벤처을 중심으로 금융 데이터 분석, 금융 소프트웨어, 플랫폼 등의 분야로도 관련 시장이 커지고 있다. 글로벌 컨설팅 기업 엑센추어에 따르면, 전세계 핀테크 시장의 투자 규모는 2008년 기준 9억 2,000만 달러에서 2014년 122억 달러로, 6년 만에 10배 이상 확대되었다.

현재 핀테크의 선두 주자는 미국의 구글, 애플, 페이스북, 아마존과 중국의 바이두, 알리바바, 텐센트 등 거대 정보기술IT 기업들이다. 1995년 미국에서 세계 최초로 인터넷전문은행인 SFNBSecurity First Network Bank가 설립된 이후, 20여 개의 인터넷은행이 영업 중이다. 특히 산업자본인 GM이 설립한 인터넷전문은행 알리뱅크는 오토론 등 자동차금융에 특화해 미국 29위 은행으로 성장했다. 영국에서는 최대 유통기업인 테스코가 설립한 인터넷전문은행인 테스코은행이 고객들에게 매장에서 결제를 위해 줄을 서지 않는 서비스를 제공하고 있다. 스마트폰을 상품 바코드에 갖다 대면 개설해놓은 '테스코 계좌'

에서 돈이 자동으로 출금되는 시스템이기 때문이다. 독일에서는 자동차 회사들이 인터넷전문은행을 설립해 자동차금융에 특화한 서비스를 제공하고 있다. BMW은행, 메르세데스벤츠은행 등이 대표적이다.

미국과 영국, 독일만이 아니다. 일본과 중국에서도 인터넷 전문은행이 활성화되어 있다. 일본에서는 2002년 인터넷전문은행 발전을 위해 은산분리 규제를 완화했다. 그 후 유통업체와 은행이 결합한 세븐뱅크, 이온뱅크, 라쿠텐뱅크 등이 잇달아 설립되었고, 은행과 증권회사가 합작투자 형태로 설립한 sbi스미신넷뱅크, 야후와 스미토모미쓰이은행이 설립한 재팬네트뱅크 등 8개의 인터넷전문은행이 빠르게 성장하고 있다. 8개의 인터넷전문은행 중 산업자본이 최대주주인 곳은 4개나 된다. 중국에서는 IT기업들이 모바일을 통해 금융서비스를 제공하고 있다. 알리바바가 대표적이다. 알리바바는 2004년, 자사 플랫폼을 통해 거래하는 소비자와 판매자 사이의 신뢰를 담보해 주는 알리페이를 출시했고, 이후 은행업 허가를 받아 은행업으로 진출했다.

이러한 세계적인 핀테크 확산에 따라 한국 정부도 인터넷전문은행 도입을 추진하기로 해 카카오카카오뱅크와 KTK뱅크가 인터넷전문은행 설립에 뛰어들었고 2015년 11월 예비 인가를 받았다. 카카오뱅크와 K뱅크는 간편 송금 및 결제 등 혁신적인 상품과 서비스를 준비 중이지만, 국회는 여전히 은산분리 완화를 위해 선행되어야 하는 은행법 개정에 소극적이다. 게다가 최근 KT에 이어 카카오도 대기업 집단으로 지정되면서, 은행법이 개정되더라도 카카오와 KT는 인터넷전문은행 대주주가 될 수 없는 상황에 처했다. 한국의 금융규제가 금융업의 혁신과 앞길을 가로막고 있다.

한국의 금융경쟁력 제고 방안

관치금융 청산과 규제완화

한국 금융회사들의 경쟁력을 강화하고 경영의 효율성을 제고하려면, 관치금융을 반드시 청산해야 한다. 관치금융을 청산하려면, 실질적으로 민간이 은행을 경영할 수 있도록 하는 은행민영화가 필요하다. 은행민영화를 통한 책임경영이 은행의 경쟁력을 강화하고 경영의 효율성을 제고할 수 있다.

은행을 효율적으로 운영하고 책임경영하는 가장 확실한 방법은 무엇일까? 지배주주이다. 지배주주를 위한 필요조건이 소유한도의 철폐이다. 소유한도를 철폐하면, 은행의 지배권을 확보할 수 있는 적정한 수준의 지분율을 대주주가 선택할 수 있다. 물론 은행의 지배권을 확보할 수 있는 개인 소유 지분율이 몇 퍼센트 정도인지는 일률적으로 말할 수 있는 부분이 아니다. 전적으로 경제 환경에 따라 다르다. 국가에 따라 10%도, 25%도, 50% 이상이 될 수도 있다. 일정 지분율의 선택은 전적으로 민간경제주체들이 결정할 일이다. 민간경제주체들의 결정에 따라 지분율이 결정되면, 그 다음으로 최대주주가 직접 경영할지, 전문경영인이 경영할지가 결정된다. 이 또한 민간경제주체들이 결정할 사안이다. 은행의 소유 문제를 전적으로 시장의 기능에 맡기는 것이다. 그래야만 기업의 통제시장과 경영자의 내부통제시장이 발달해, 은행이 효율적으로 운영된다.

은행의 개인소유를 자유로이 하자고 제안하면, 은행업이 소수 대기업 집단에 의해 지배되는 사금고 역할을 하게 되고, 따라서 경제력 집중 현상이 심화된다는 이유로 반대하곤 한다. 그러나 사금고화 문제는, 기업이 소유한 은행이 다른 경쟁기업들에게 신용을 제한해 경쟁 활동을 방해할 수 있는 상황이어야 발생한다. 이러한 행위가 효과를 거두려면, 은행 대출시장과 그 대체시장이 반드시 비경쟁적이어야 한다. 경쟁기업들이 다른 은행들과 회사채 시장과 같은 비은행금융시장을 이용한다면, 기업이 소유한 은행이라 해도 경쟁자들의 신용을 효과적으로 제한할 수 없다.

사금고화와 경제력 집중 등의 문제는 은행의 소유지분보다는, 오히려 진입을 제한하는 각종 금융규제와 보호장치, 규제적 산업 정책에 따른 금융산업과 비금융산업의 독점에서 오는 지대 추구 가능성에 그 원인이 있다. 그러므로 사금고화와 경제력 집중문제에 대한 올바른 해결책은 은행의 소유를 제한하는 것이 아니라, 은행, 산업, 그리고 기업에 대한 정부의 모든 크고 작은, 명시적인 또는 암묵적인 지원과 간섭을 없애는 일이다. 즉 이 문제를 해결하는 방법은 기본적으로 경제를 자유로운 경쟁 아래 두는 것이다. 금융규제를 포함한 각종 정부규제를 철폐하거나 완화해야 한다.

그래도 사금고화 문제와 경제력 집중이 우려된다면, 금융당국은 특정기업 및 특정계열기업군에 대한 편중여신을 방지하는 여신관리제도를 활용할 수 있을 것이다. 은행의 투명한 경영공시를 강화하고 합리적인 회계제도를 도입하여 투자자나 예금자의 감시 기능을 활성화할 수도 있다. 기업의 경제력 집중 문제나 계열사에 대한 불공정 대출 등의 문제는 소유제한과 같은 진입규제로 풀 것이 아니라, 공정거래법에서 다룰 문제다.

그리고 금융산업의 경쟁력을 높이려면 씨줄과 날줄처럼 얽혀 있는 규제를 대폭 완화해야 한다. 꼭 필요한 규제가 있다면 적극적 규제 체계positive regulation system가 아닌 소극적 규제 체계negative regulation system로 만들어야 바람직하다. 그리고 규제 완화를 성공적으로 성취하려면 관료제를 타파해야 한다. 가장 효과적인 방법은 관료조직의 인원 및 조직을 축소하는 것이다. 규제 완화의 성공뿐만 아니라 관치금융의 원천을 제거할 수 있다는 의미에서 매우 중요한 작업이다.

금융시장 안정을 위한 대책

2008년 금융위기를 비롯해 미국의 1930년대 대공황, 1970년대 스태그플레이션, 1990년대 닷컴버블, 서브프라임 모기지 사태 등은 모두 근본적으로는 무분별한 통화팽창 정책에서 시작되었다. 그 일련의 사태들을 통해 알 수 있다. 통화팽창으로 인한 거품과 붕괴로 이어지는 과정이 한번 발생하면 그에 따르는 고통이 매우 클 뿐만 아니라, 그 수습 또한 만만치 않다는 사실을 알 수 있다. 따라서 향후 금융위기가 재발되지 않고 경제적인 혼란을 겪지 않으려면, 지금처럼 정부에 의해 화폐가

프리드만의 통화량 공급준칙과 테일러준칙

중앙은행이 매년 일정률(k%)에 따라 통화량을 공급하게 하는 준칙이다. 테일러준칙은 중앙은행이 인플레이션과 산출량의 변화에 맞춰 기준금리의 목표 수준을 정하는 규칙이다. 테일러준칙은 다음과 같은 방정식에 따른다.

기준금리 목표 = 실제 인플레이션율 + 균형 실질기준금리 + 0.5(GDP 갭) + 0.5(인플레이션 갭)

2015년 12월 미국의 하원에서 Fed의 통호정책을 테일러준칙에 따라야 한다는 법안이 통과되었다.

무분별하게 팽창되는 화폐금융제도를 개혁할 필요가 있다.

무분별한 화폐 발행을 막기 위한 제도에는 금본위제와 민간화폐제도가 있다. 금본위제도에서는 화폐 가치를 금의 가치로 나타낸다. 민간화폐제도는 현재처럼 중앙은행이라는 한 은행이 독점하지 않고 민간은행들 간 경쟁을 통해 화폐가 공급되는 제도를 말한다. 금본위제도에서는 화폐량이 대체로 금의 양에 의해 제한이 된다. 정부가 무분별하게 화폐를 발행할 수 없다. 민간화폐제도에서는 은행들이 발행한 화폐들이 청산과정에서 과잉 발행이나 과소 발행 수준이 점검된다. 화폐량이 화폐수요에 맞게 공급되는 것이다. 이러한 면에서 금본위제도와 민간화폐제도는 화폐가치와 경제를 안정시키는 바람직한 제도이다.[9]

그러나 이러한 제도를 실행하려면 많은 시간이 필요할 것이다. 금본위제와 민간화폐제도에 대한 오해와 그에 따른 반발, 그리고 시행을 위한 제도 개혁에 따르는 수많은 정치적인 과정을 겪어야 하기 때문이다. 금본위제도와 민간화폐제도로 이행하기까지 현 중앙은행체제에서 화폐가치의 안정을 유지하고, 과다한 화폐 발행으로 인한 부작용을 최소화할 방법을 찾는 것이 더 현실적이다. 바로 중앙은행의 독립성과 준칙에 의한 통화정책이다. 중앙은행의 독립성을 유지할 수 있는 제도를 마련해야 하고, 프리드만의 통화량 공급준칙이나 테일러준칙을 시행하는 편이 바람직하다.

---

9) 민간화폐제도에 대한 자세한 것은 안재욱 2008b를 참조.

글로벌 경제시대, 금융산업의 지속적인 발전을 위해

금융이 잘 발달된 국가일수록 잘산다. 한국의 금융산업은 다른 산업에 비해 매우 낙후되어 있고 세계적인 위상 또한 매우 낮다. 한국의 금융산업이 발전하려면 관치금융이 사라져야 한다. 정부가 금융에 개입하면 금융기관이 상업논리가 아닌 정치논리에 의해 운영된다. 금융기관이 정치논리에 의해 운영되면 금융기관의 경쟁력이 떨어지고 경제주체들의 도덕적 해이 문제가 악화된다. 이 모두가 궁극적으로 금융산업을 낙후시키는 결과로 이어진다.

한국의 관치금융은 고질병이다. 이 병을 치유하지 않는 한 한국 금융산업의 미래는 어둡다. 관치금융을 없애기 위해 우선적으로 취해야 할 조치는 은행에 제 주인을 찾아 주는 것이다. 그리고 금산분리, 금융회사 운영에 관한 규제, 경쟁을 제한하는 규제 등을 포함한 수많은 금융규제들을 완화하는 것이다. 이처럼 제도적인 노력이 뒷받침되지 않는 한, 정보통신기술ICT 발달에 따른 금융환경의 급격한 변화에 효과적으로 대처하지 못할 뿐만 아니라 갈수록 격해지는 국제경쟁에서 한국의 금융회사들이 외국의 금융회사들과 경쟁하기 어렵다. 삼성전자와 현대자동차와 비슷한 수준의 세계적 금융회사가 출현하기 어렵다.

홍콩, 싱가포르, 스위스 등이 작지만 세계금융시장의 중심이 되고 금융산업이 발달한 이유는 정부가 최소한으로 개입하기 때문이다. 금융 중심국가가 되려 한다면 적어도 이들과 같은 환경이 조성되어야 경쟁이 가능하다.

또한 금융산업이 안정적으로 발전하려면 금융위기가 발생하지 않도록 하는 제도적 장치가 필요하다. 역사적 경험에 의하면 금융위기는 대부분 과다한 통화발행에서 비롯되었다. 향후 금융위기가 재발하지 않도록 막으려면 화폐가 무분별하게 발행되지 않도록 화폐금융제도를 개혁해야 한다.

끝으로 금융에 관해 올바른 지식을 습득할 필요가 있다. 제대로 알고 있어야 정치적인 목적으로 규제가 만들어질 때 잘못된 점을 알아보고 지적하고 시정을 요구할 수 있다. 경제학자들이 아무리 잘못된 부분을 지적한다 한들, 일반 국민들이 그러한 정책을 지지하거나 침묵해 버린다면 정책을 막을 수 없기 때문이다.

제6장

글로벌 경제 시대를
준비하는 노동과 인적자원

글로벌 경제 시대를 준비하는 노동과 인적자원

4차 산업혁명으로 접어든 시기, 우리는 여전히 경직되고 낡은 노동구조에서 벗어나지 못하고 있다. 점차 더 심각해지는 고용불안과 청년실업의 현재와 대안을 고민해 보자. 정규직과 비정규직, 최저임금 문제도 지나칠 수 없다. 디지털 노동시장과 스마트 경제 시대를 맞아, 노동법과 고용체계를 개선하고 창의적인 인재 육성을 통해 인적자본 경쟁력을 키워야 한다.

#노동시장 #노동문제 #청년실업 #단체교섭 #최저임금 #고용불안 #4차 산업혁명 #인적자원 #글로벌경쟁력 #인재 양성 #인적자원 개발은 더는 미뤄서는 안 되는 과제

01 낮은 노동시장과 높은 실업률, 이유는 무엇일까?

갈수록 심각해지는 청년실업과 경제성장률

2000년대 들어 우리나라 경제성장률은 내리막길을 걷고 있다. 경제성장에 따른 고용 창출 효과도 낮아져 '고용 없는 성장'이 뚜렷해지고 있는 실정이다. 산출액 10억 원의 생산에 직접 필요한 취업자 수를 나타내는 취업계수도 1990년 39.0명에서 2000년 12.2명으로 크게 감소했다. 그러다가 2010년에는 7.0명을 기록, 1990년

일상다반사 경제학

15~24세 청년고용률은 OECD 2015년 기준으로 스위스 61%, 영국 50.0%, 미국 48.6%, 독일 45.3%, 일본 40.7%, 한국 26.9%로 한국은 OECD평균 40.2%보다도 한참 낮은 수준이다.

대 이후 저성장과 일자리 창출력 저하 현상이 지속되고 있다.

청년층 고용 문제는 더 심각한 지경이다. 통계청의 2016년 4월 「고용동향」에 따르면, 청년층15~29세 실업률은 10.9%실업자 수 48만 4천 명로, 전체 실업률3.9%의 2.8 배 수준이다. 실업자와 좋은 일자리가 없어 시간제 아르바이트를 하고 있는 추가 취업 희망자, 그리고 고시 준비생 등 잠재 구직자를 모두 합하면, 청년층 취업애로 계층은 100만 명을 상회할 듯하다. 청년층 고용률은 2000년대 초반과 비교해도 낮 아진 수준이다. 2004년 청년층 고용률은 45.1%였으나 2015년에는 41.3%이다. 지 난 10년간 고용률 추이를 보면 장년층 고용률은 약 2%p 상승한 데 비해 청년층 고 용률은 3.8%p 하락했고, 같은 기간 동안 청년층 실업률은 2.7%p 상승했다. 타 연 령 계층의 고용 사정은 개선되고 있어도 청년층 고용 사정은 더 나빠졌다는 사실 을 알 수 있다.

고용 문제의 원인 분석

이처럼 점점 더 악화하며 나아질 줄 모르는 지지부진한 고용 문제. 원인은 무엇 일까?

먼저 가장 중요한 핵심 원인은 낡은 노동시장 제도와 관행 탓이다. 우리나라 노 동시장은 유동성이 자유롭지 못한 분절적인 구조이다. 대기업-정규직으로 지칭되

그림 1　한국의 이중노동시장 구조

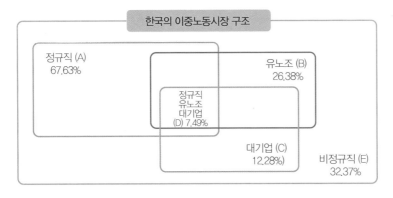

자료: 통계청(2014). 경제활동인구조사 부가조사 2014년 8월.

는 1차 노동시장은 고임금에 과보호를 받고 있으며, 중소기업-비정규직으로 지칭되는 2차 노동시장은 비정규직, 저임금에, 고용불안이라는 불안까지 중첩된다.

[그림 1]에서처럼 D영역은 시장 지배력을 갖고 있으며 노동조합 가입, 고용보호라는 중층 보호를 받고 있는 집단이다. E영역은 시장 지배력도 없고 노동조합이나 고용보호 중 어느 하나의 보호 기제도 받지 못하고 있다. 노동시장에서 가장 취약한 집단이다. 그 밖의 영역은 대기업, 노동조합, 정규직 중 적어도 하나 또는 둘에 속한 근로자 집단이다. D그룹보다 그 정도는 약하지만 일정 수준의 보호를 받고 있다.

핵심부 노동시장에 속할수록 임금 수준이나 근로 조건이 양호한 것으로 나타난

그림 2   임금수준 및 격차

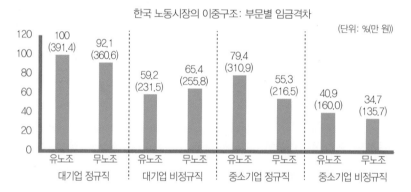

한국 노동시장의 이중구조: 부문별 임금격차

자료: 통계청(2014). 경제활동인구조사 부가조사 2014년 8월

2015년 기업규모별 고용형태별 대졸 초임(임금총액) 평균

자료: 한국경영자총협회(2016). 우리나라 대졸 초임분석 결과: 고용노동부 2014 고용형태별근로실태조사
      원자료 분석

다. [그림 2]에서 보듯 핵심부 노동시장에 속할수록 임금 수준이나 근로 조건이 좋다. 노동조합이 있는 대기업 정규직의 월평균 임금을 100으로 했을 때, 노동조합이 있는 중소기업 정규직의 임금은 79.4이고 비정규직은 40.9이다. 노동조합이 없는 중소기업 정규직은 55.3이고 비정규직은 34.7에 불과하다.

이중노동시장 구조의 더 심각한 문제점은 임금격차를 더욱 고착화한다는 점이다. 2015년 대졸 신입근로자 초임을 보면, 300인 이상 대기업300인 이상 정규직은 평균 4,075만 원인 데 비해, 중소기업 정규직 2,532만 원, 대기업 기간제 2,450만 원, 중소기업 기간제 2,189만 원, 영세기업 정규직 2,055만 원, 영세기업 기간제 1,777만 원 순이다.

〈표 1〉을 보자. 임금 외에도 사회보험 및 부가급여 적용에 있어서도 격차가 크다. 대기업 정규직에 속한 거의 대부분의 근로자가 혜택을 받고 있는 데 비해, 중소기업 정규직이나 비정규직은 그렇지 못한 실정이다. 우리나라의 고용문제를 해결하려면 낡은 노동시장 제도와 관행 개혁이 중요한 이유이다.

표 1 한국 노동시장의 이중구조: 사회보험, 부가급여 격차

	중소기업 비정규직		중소기업 정규직		대기업 비정규직		대기업 정규직	
	무노조	유노조	무노조	유노조	무노조	유노조	무노조	유노조
사회보험								
국민연금	46.6	62.3	79.5	84.7	76.9	98.8	98.9	99.2
건강보험	97.5	98.6	98.9	100.0	99.6	99.9	99.9	100.0
고용보험	38.4	61.2	73.7	76.9	70.7	83.8	83.8	76.7
부가급여								
퇴직금	35.2	51.9	73.4	97.3	76.1	66.0	99.2	99.4
상여금	36.0	51.2	76.4	95.6	69.2	62.9	98.3	98.7
시간외수당	19.9	37.3	44.0	84.7	59.7	53.3	82.9	91.4
유급휴가	26.4	49.4	62.3	92.9	72.0	67.7	96.9	98.6
근로자비율	26.1	4.3	44.1	13.2	0.6	1.4	2.8	7.7

주변부 노동시장   핵심부 노동시장

자료: 통계청(2014). 경제활동인구조사 부가조사 2014년 8월.

02 경직된 노동시장이 격차를 낳는다

우리나라 노동시장의 국가경쟁력

스위스 로잔에 위치한 국제경영개발대학원IMD과 세계경제포럼WEF은 매년 「세계경쟁력연감The World Competitiveness Yearbook」, 「세계경쟁력보고서The Global Competitiveness Report」를 각각 발간해 세계 국가경쟁력을 평가하고 있다.

[그림 3]은 세계경쟁력 평가 분야 중 하나인 노동시장 평가지표를 나타낸다. 노동시장 효율성 평가지표에서 우리나라는 WEF 지표 총 140개국 중 83위, IMD의 총 61개국 중 51위이다. 노동시장 분야가 매우 부진하다는 평가이다.

경직된 노동시장 구조로 인한 부작용

〈표 2〉는 전체 노동시장의 지표이다. 경직성은 대부분 대기업-정규직-유노조

| 그림 3 | WEF, IMD 노동시장 평가 지표 |

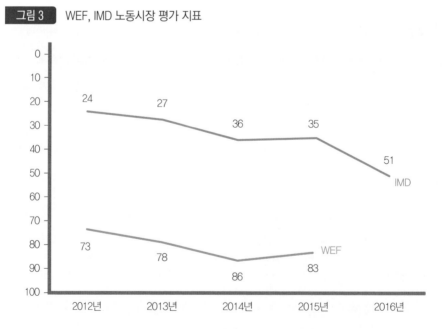

자료: WEF(2015), 2015 The Global Competitiveness Report; IMD(2016), 2016 The World ompetitiveness Yearbook

표 2 WEF, IMD 노동시장 평가 세부지표

WEF 노동시장 효율성 평가	2015 순위	IMD 노동시장 평가	2015 순위
보수 및 생산성	24	숙련노동자 확보	23
노사 간 협력	132	금융 숙련노동자 확보	33
임금결정의 유연성	66	고숙련 외국인 유인 정도	37
고용 및 해고관행	115	직업훈련	33
정리해고비용	117	유능한 경영진	44
조세의 노동 인센티브 효과	99	근로자에 대한 동기부여	54
전문경영진에 대한 신뢰	37	노사관계	57
우수인재 유지 능력	25	–	–
여성 경제활동 참가율	91	–	–

자료: WEF(2015), 2015 The Global Competitiveness Report; IMD(2016), 2016 The World Competitiveness Yearbook

사업장에 집중되어 있다.

이처럼 대기업 인력 운영에서의 경직성이 국내 일자리 창출을 저해한다는 사실은, 한국 굴지의 대기업인 H사와 K사의 국내 생산량과 국외 생산량의 변화를 보아도 확인할 수 있다.

[그림 4]를 보자. 2006년 64.5%이던 H사의 국내 생산 물량은 2015년에 37.6%로 감소한다. K사 또한 2006년 90.5%이던 국내 생산 물량은 2015년에 56.4%로 감소한다. 국내 생산 물량 비중이 감소한다는 것은, 그만큼 국내 일자리의 양이 감소한다는 사실을 의미한다. H사와 K사의 경우 강성노조와 경직적인 단체 협약을 체결하고, 수년간 예외 없이 파업을 해 온 기업들이다. 이들 기업에 채용된다면 동네에 현수막이 붙을 정도로 국내 굴지의 1, 2위를 다투는 기업들이기도 하다.

물론 H사, K사처럼 1차 노동시장에 해당되는 대기업 초봉은 천정부지로 치솟고 있다. 2014년 우리나라 대기업300인 이상 정규직 대졸 신입 근로자 초임임금 총액 기준은 3만 7,756달러로, 일본 대기업1,000인 이상 상용직 대졸 신입 근로자 초임임금 총액 기준 2만 7,105달러보다 39%나 높다. 우리나라와 일본의 경제 규모와 비교하면, 우리나라의 경우 경제 규모 대비 대졸 신입근로자 초임 수준대졸 초임/1인당 GDP은 135.0%이다. 일본74.8%에 비해 60.2%나 높은 수준이다.

그림 4　국내 해외 공장 연도별 생산 물량

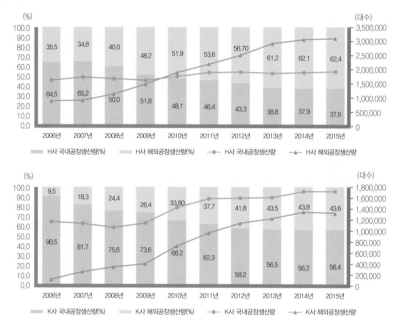

자료: H사, K사 생산실적자료

일상다반사 경제학

초임을 낮춰 고용을 늘리려는 기아자동차 광주

최근 전라남도 광주시에서는 기아자동차가 제2의 광주공장을 신설 투자하고 지나치게 높은 초봉을 낮추는 지역 노사정 협약을 추진하고 있다. 문제는 기아차의 초봉을 현재 6천 5백만 원 수준에서 4천만 원 수준으로 낮추고 고용을 현재의 2배로 늘리는 노사정 협약을 한다 해도, 몇 년 지나면 인근의 제1 광주공장 수준으로 상승하리라는 것이 분명하다는 점이다. 노사정 간 취지에는 공감하지만, 미래에 대한 불신이 잠재된 상황에서 기아차가 일자리 창출을 위해 대대적으로 투자하리라는 기대를 하기는 현실적으로 어렵다. 향후 시장 또는 노사정 구성원이 교체되더라도, 이 같은 노력과 약속이 일시적인 이벤트로 전락하지 않을 수 있도록 제도적인 장치 마련이 필요하다. 예를 들어, 임금-일자리 교환의 안정화를 위해 지역협약 조례를 제정하는 방식, 또는 지방세 면제 등을 통해 이를 계속 이어가려는 의지를 분명히 할 수 있다. 이 외에도 구체적인 계획을 수립해 진행해야 한다. 이러한 노력이 병행될 때 제2, 3의 기아자동차 광주 공장 사례를 기대할 수 있을 것이다.

| 그림 5 | 한·일 대졸 초임 절대적 수준 비교(2014) |

자료: 한국경영자총협회(2016), 우리나라 대졸 초임분석 결과: 고용노동부 2014 고용형태별근로실태조사원자료 분석

03 노동시장 경직성, 어떻게 해소해야 하나?

유연한 노동시장 구축을 위한 다양한 고민과 개선책

경제협력개발기구OECD는 주요 회원국들의 노동시장을 분석해, 이들 국가의 임금과 가격 기구의 경직성이 완화된다면 민간부문에서 더 많은 고용창출이 가능하다고 지적했다. 유연한 임금 및 가격기구는 수요 변화나 기술 변화와 같은 거시적이고 구조적인 여건 변화에 대한 경제의 적응력을 높인다. 장기적으로 고용률을 높이고 실업률을 낮추는 작용을 한다Allard and Lindert, 2006; OECD, 2001; OECD, 2013.

근로자에 대한 손쉬운 해고를 방지하는 고용보장제도는 고용 안정화 장치로서의 순기능을 갖는 반면, 기업의 노동 비용을 높여 신규 고용을 억제하는 작용을 하기도 한다.

그렇다면 유연성을 제고하기 위해 어떤 방안을 찾아야 할까? 그동안 정부가 추진해온 노동시장 유연과 안정성, 이중구조 개혁과 같은 정책 프레임들은 다분히 학술적인 개념에 불과했다. 지하철 문에 붙은 노동계의 쉬운 해고 프레임에 밀려났

고용보장제도와 실업률의 관계

많은 실증 분석 결과에 따르면, 고용 보장제가 엄격할수록 실업률이 높아진다는(Elmeskov et al., 1998; OECD, 2013) 견해가 있는 반면, 큰 관계가 없다는(Nickell, 1997) 상반된 견해가 다수 존재한다. 엄격한 고용 보장제가 신규고용을 제약하는 요인으로 작용할 경우, 주로 피해를 보는 집단은 노동시장의 소외계층인 청년이나 여성, 고령층이 되거나(Bertola et al., 2002; OECD, 2013), 청년-고령자 간 관계에서는 청년층이 될(OECD, 2006) 가능성이 크다고 나타난다. 어느 정도 정형화된 사실들이다.

고, 입법에만 치우치는 바람에 '노사관계 경직'이라는 비용까지 지불하고 말았다. 핵심 노동시장에서 노동조합은 단체협약을 통해 그 경직성을 더욱 강화했다. 유연화 입법 시도는 지금도 고용불안에 시달리는 주변부 노동시장 종사자들을 더욱 불안하게 하고 있다. 법과 노사관계의 질적 변화가 동시에 수반되어야 한다. 노동시장 이중구조를 개혁하려면, 대기업, 정규직, 유노조 사업장에서 단체 협약이 질적으로 변화해야 한다. 그래야만 실질적인 효과를 낳을 수 있다.

정규직 보호를 완화하는 방향으로 진행하려는 노동시장 개혁은 장기적으로는 생산성 향상 및 경제성장에 기여할 수 있으나, 단기적으로는 고용 손실로 이어질 수 있다. 단기적인 고용 손실과 회복은 경기 상황과 노동시장의 이중구조 정도에 따라 다르게 나타난다. [그림 6]을 보면 경기가 호황일수록, 이중구조가 심할수록 노동개혁의 효과가, 즉 일자리 창출이 더욱 많이 이루어진다고 나타난다.

이런 점에서 노동시장 유연화 논의의 핵심을 짚어볼 필요가 있다.

첫째, 우리나라에서 노동시장 유연화가 필요한 그룹은 '대기업＋정규직＋유노조'인 핵심 노동시장이다. 기존 노동시장 유연화 논의는 노동시장 전체를 대상으로 한 유연화 정책이다. 단순히 전체 노동시장의 유연화 메뉴가 주장된다면, 사용자가 교섭력의 우위에 있는 중소기업 근로자에게는 더 큰 고용불안을 야기하리라는 비판에서 자유롭지 못하다. 유연화 논의를 핵심 노동시장에 대한 유연화에 초점을 맞추어 이 부문의 시장 기능을 회복하고, 경제 전체 차원에서 자원 배분의 효율성을

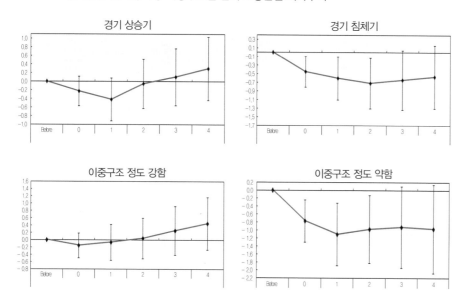

그림 6 고용보호법제 개혁 이후 고용 누적변화율 추정:
경기상황 및 노동시장 이중구조별 단기 고용손실 회복추이

자료: OECD(2016), OECD Employment Outlook 2016

제고하도록 해야 한다.

이런 맥락에서 핵심 노동시장 유연화에 영향을 미칠 수 있는 제도적 변화를 도모하려면, 먼저 해고 제도를 선진국 수준으로 정비해야 한다. 핵심 노동시장 인력 운영이 경직되는 가장 주된 원인은 해고 규제이다. 엄격한 해고 요건, 원직 복직 중심의 해고제도 운영, 징계 해고 중심의 해고제도 운영, 근로자의 업무 능력 부족·부적응 문제에 대한 효과적인 대응방안 부재 등 이 많은 문제들이 핵심 노동시장의 인사 관리 담당자들이 처한 실제 현실이다.

둘째, 주변부 노동시장에 사각지대 없는 사회 안전망을 구축해야 한다. 신규 졸업자 및 새로운 취업 형태 근로자에 대해 촘촘한 사회안전망을 구축해야 한다는 말이다. 이야말로 노동시장 구조개혁의 전제가 되어야 할 것이다. 결과적으로 핵심 노동시장의 유연화와 주변부 노동시장의 고용 안정 강화라는 맞춤형 제도와 정책이 필요하다.

Point 경제학

해고규제 완화를 위한 각국의 노력

근래 스페인, 이탈리아, 프랑스 등 이중노동시장이 고착화된 국가에서도 해고규제를 완화하려고 노력해왔다. 최근 2016년 OECD에서도 정규직 과보호가 비정규직을 유발하고, 정규직 과보호를 해소해야 역설적으로 정규직 일자리를 더 많이 창출할 수 있다는 분석 결과를 제시했다. 우리나라도 현행법에는 없는 통상해고 사유를 정의해, 해고 관련 인사관리 불확실성을 최소화해야 한다. 부당해고 시 근로자뿐만 아니라 사용자의 신청에 의한 금전 보상 가능성과 기준치를 정해, 해고 관련 노동시장의 거래비용을 조금씩 줄여갈 필요가 있다.

이탈리아의 노동개혁 성공 사례

그렇다면 이런 노동 유연화를 위한 개혁의 과정 관리는 어떻게 해야 하는가?

근래 노동개혁에 성공한 국가 사례 유형들을 짚어보자.

첫 번째는 노동시장에서 실업률이 최고조에 달해 온건 합리파가 득세하고 강경파가 몰락하는 경우이다. 독일, 아일랜드, 네덜란드, 덴마크 등 노동개혁에 성공한 국가들이 이에 해당된다. 두 번째 유형은 정부가 온건 합리파와 협력해 국민의 공감대를 형성하며 개혁하는 사례이다. 이탈리아가 이 유형에 속한다. 이탈리아의 렌치 수상은 온건 합리파를 설득하기 위해 노동개혁 입법을 신규 채용에 한해 적용할 수 있게 하고, 사회안전망 비용을 국가가 한시적으로 지원하는 전략을 취했다.

우리나라와 노사관계 토양이 유사한 이탈리아 렌치 정부의 노동개혁은 여러 시사점을 준다. 이탈리아는 글로벌 금융 위기를 맞아 실업률이 상승하고 청년 고용률이 급속도로 하락하는 등 심각한 경제 위기를 맞았다. 그 뒤 청년 고용을 확대하기 위해 해고 유연성을 높이고, 근로 조건을 보다 유연하게 변경할 수 있도록 촉진하는 노동법 개혁을 단행한다. 렌치 정부는 신규 채용 인력과 기존 인력에 적용되는 노동규제를 이중화하고, 기업들이 신규 채용을 더 쉽게 할 수 있도록 유연화된 노동법을 위한 개혁에 결국 성공했다. 개혁 이전에는 부당해고에 대해 원직 복직과 금전 보상을 모두 해야 했다. 2015년부터는 차별 해고 등 특정 사유를 제외하고는 금전 보상만을 하기로 바뀌었다. 새로 도입된 해고 규제 완화는 법 시행 후 채용된 근로자에게만 적용되고 기존 근로자의 기득권은 유지하도록 했다.

이탈리아 렌치 총리 직전 베를루스코니와 몬티 총리 집권 당시에는, 정치권과 노동계가 실핏줄처럼 얽히고설켜 있었다. 정치권이 노동계의 이익에 반하는 개혁에 반대하거나 이런저런 핑계를 들며 개혁 입법을 지연시킬 수밖에 없는 구조였다. 그러나 이런 열악한 정치 구조 안에서도 개혁에 성공한 렌치 총리는, 이전 총리들과는 개혁 전략에 몇 가지 차이를 보인다.

첫째, 정치와 노동개혁을 함께 추진해 국민의 지지를 얻는 동시에 정치권에서 노동개혁을 반대하는 동력을 약화시켰다. 사사건건 딴죽을 걸던 상원의원 의석수를 최근 315석에서 100석으로 줄였고, 해고제도의 개선과 정규직 채용에 대한 재정 지원 제도를 중심으로 한 노동개혁 입법을 통과시킨다. 렌치는 개혁에 실패하면 총리직을 사직하겠다고 할 정도로 사즉생死則生의 배수진을 쳤다. 의원내각제 체제에서 총리가 사퇴하면 연합정부가 무너지고, 연합한 정당들은 총리 사퇴를 막고자 노력할 수밖에 없다. 둘째, 렌치는 개혁의 목표를 청년 일자리 창출로 선명하게 설정했다. 노동개혁 입법을 신규 채용자부터 적용하도록 하고 기존 노조들의 개정 노동법에 대해 동의를 유도하는 유연 전략을 구사했다. 이러한 전략을 통해 전국 단위 3대 주요 노조 중 CGIL을 제외한 주요노조들이 침묵하거나 소극적 동의로 돌아서게 하는 계기를 마련하게 된다.

스페인도 최근 산별 단체교섭에서 기업별 교섭의 분권화를 인정하는 노동개혁 조치를 단행했다. 유럽의 노동개혁 출발점은 이전 노동제도로는 결코 자국의 청년 일자리 창출을 제대로 할 수 없다는 고민에서 출발한다.

근래 한국의 노동개혁은 양쪽의 그 어떤 성공 트랙도 따라가지 못했다. 지나치게 단시간 내에 많은 메뉴를 나열해 성과 조급증인 양상을 나타내며 노사정 강경파에 휘둘려 결국 노동개혁이 어렵게 된 이유는, 노사관계의 구조에 대한 몰이해에서 비롯된 측면도 있다. 결국 노동 대타협이라는 유토피아적 이상주의로 허송세월하는

단체교섭
노동조합이나 기타 근로자 단체와 사용자 간에, 또는 사용자 단체 사이에 근로 조건의 유지 및 개선, 근로자의 경제적·사회적 지위 향상에 대해 이루어지는 집단적인 교섭을 뜻한다. 단체교섭 이후 합의된 사항에 대해 '단체협약'이 확정된다.

틈에 청년실업은 고공행진을 하게 된다. 청년 일자리 창출을 위해 노동개혁을 단행한 독일은 슈뢰더, 메르켈 양대 정부에 걸쳐 이데올로기를 극복하고 국가백년지대계로 지속적으로 추진해 왔다. 노사관계 이상주의에 의존해 실패한 노동개혁이 노동시장 이중구조를 더욱 고착시키는 악순환과 어리석음을 또다시 반복해서는 안될 것이다.

04 단체교섭 구조 개혁 없이는 노동시장 유연화도 없다

우리나라 단체교섭의 문제점

현재 우리나라 노동시장 구조에서 가장 문제가 되는 노동시장 이중구조 문제를 해결하려면 단체교섭의 구조를 개편해야 한다. 아무리 노동 관련법을 유효하게 수정한들 단체교섭과 협약을 고치지 않는 한, 노동시장의 이중구조는 그대로일 수밖에 없다.

1차핵심시장의 유연화를 통해 경쟁력을 강화하기 위한 단협 개혁의 방향은 무엇일까? 우리나라의 1차 노동시장 단체교섭의 문제점은 과도한 비용이 든다는 점이다. 단체교섭 비용은 협의의 비용과 광의의 비용으로 나눌 수 있다. 협의의 단체교섭 비용은 교섭 기간과 횟수, 교섭 위원 수, 교섭 소요시간 등 실제 단체교섭이라는 행위에 대해 소요되는 비용을 의미한다. 광의의 단체교섭 비용은 실제 교섭행위에 따른 비용뿐 아니라, 합의가 되지 못해 쟁의행위가 발생하는 경우까지 합산한 비용이다. 우리나라의 단체교섭은 다른 나라에 비해 교섭 주기가 빠르고 교섭 시간도 길며, 교섭 체제도 취약해 비용이 많이 소요된다는 문제가 있다.

이러한 구조가 사회적 비용을 많이 초래한다는 지적은 어제오늘 일이 아니다. 따라서 현재 1년과 2년인 임·단협 주기를 보다 길게, 회의 시간은 보다 짧게 줄이는 일이 급선무이다. 이와 같은 구조로 가려면 노사 간 합리적이고 생산적인 교섭 태도가 필수적이다. 사측은 회사 사정을 투명하게 공개하고 노측은 무리한

표 3 각국의 단체교섭 제도·관행의 비교

구분	교섭주기(유효기간)	교섭빈도	교섭시간	교섭체제
프랑스	– 법제도: 규정 있음. 5년의 유기협약, 무기협약도 가능. 임금교섭에 한하여 연차 교섭 – 관행: 무기협약이 많음	–	–	난맥상 배제 못하나 그럴 가능성 낮고, 대표적 조합제도, 협약의 효력 확장 제도로 안정적
미국	– 법제도: 규정 없음 – 관행: 4~5년. 임금협약 다년간 유효(4~5년)	–	–	대각선 교섭, 배타적 교섭 대표 제도로 안정적

일본	– 법제도: 최장 3년
	 –관행(포괄협약)
	– ('06년)1년 이하 63.3%,
	– 1년 초과 3년 미만 28.7%,
	  3년 8%
		('04~'07)
		– 20회 이상:
		  8.2%
		– 10~19회:
		  13.2%
		– 5~9회: 29.0%
		– 4회 이하:
		  49.6%
			('04~'07)
			– 4시간 이상:
			  4.5%
			–2~4시간:
			  21.8%
			– 2시간 미만:
			  73.8%
				기업별 교섭, 무분규 관행으로 안정적

독일	– 법제도: 규정 없음 – 관행: 임협은 2년이 많고, 다양한 유형의 단협은 3~5년, 5~10년 등	–	–	중앙집권하의 산별 교섭 체제로서 안정적

한국	– 법제도: 최장 2년
	– 관행: ('06~'07년간)
	– 임협 1년(93.5%),
	  단협 1년(28%), 2년(71.5%)
		('06~'07)
		– 20회 이상:
		  7.4%
		– 10~19회:
		  35.7%
		– 5~9회: 34.8%
		– 1~4회: 17%
			('04~'07)
			– 4시간 이상:
			  12.8%
			– 2~4시간:
			  67.3%
			– 2시간 미만:
			  19.9%
				취약 부문 매년 교섭, 중복 교섭으로 교섭 비용이 높음

자료: 조준모 외(2008), 단체교섭비용 실태분석과 국제비교 연구, 고용노동부

요구를 자제해, 존중과 배려를 통한 양보 교섭으로 지속 가능한 장기적 안목을 가져야 한다.

단체협약은 공익을 고려해야 한다

1차 시장의 단체협약은 물론 노사의 사적 자치의 영역이다. 그러나 사적 자치의 영역이기는 하지만, 불법적이고 반공익적인 단체협약 체결은 지양되어야 한다. 예컨대 대기업 단체협약을 체결할 경우, 노조원의 자녀 채용 시 가산점을 제공한다면

사적 자치와 사회 통념 사이

노사의 사적 자치와 공익 간 부조화의 한 예로 기업의 고용 세습관행을 들 수 있다. 정년퇴직자, 장기근속자의 자녀를 우대 채용하거나, 업무 중 사망 또는 장애를 입은 근로자의 자녀를 우선 채용하는 기업의 고용 세습 관행은 청년들이 일자리를 구하는 공정한 기회조차 박탈하는 것이다. 그러나 이러한 고용 세습관행은 20년 동안 유지된 채 거의 달라지지 않고 있다. 이처럼 노사의 사적 자치와 공익 간 부조화는 지양될 수 있도록 단체협약이 개혁되어야 한다. 또한 일부 대기업의 단체협약에는 유일교섭단체 조항을 두고 있는데, 복수노조 허용제도가 도입된 현재 시점에서 볼 때 맞지 않는 제도이다. 노동조합 중 강성노조가 유일 교섭 단체 조항에 의거 독점권을 가지면, 여러 불합리한 단협 조항들이 동시에 들어오는 폐해가 종종 발생한다. 따라서 조합원들의 의견을 민주적으로 모으기 위한 복수노조 허용과 창구단일화 제도를 유일교섭단체 조항으로 무력화하면 안 된다. 유일교섭단체 조항이 상징적인 데 불과해 실효성이 없다면 그 조항을 법에 맞게 수정하거나 삭제해야 한다.

어떤 문제가 발생할까? 직업 안정법 등 법 위반 문제를 넘어, 수많은 청년들에 상실감을 제공하는 불공정한 것이다.

또한 단체협약 개혁의 방향은 공동체 이익의 조화를 지향해야 한다. 사적 자치와 노사에 의한 자율적 공익 실현의 관행을 확산시킬 수 있는 규율 체계를 마련해야 한다. 유연화를 위한 단순 해고 규제 등, 즉 입법과 단협 간의 불균형은 이중구조를 악화시킬 수 있다.

공공부문은 단협 평가를 통해 노사 스스로 삭제하거나 조정하도록 하되, 이러한 노력에 행정 지원이나 재정 우대를 통해 자율적인 노력을 확산해야 한다. 사용자는 단협교섭 시 문제 조항들을 삭제하도록 노력하고, 당장의 갈등을 회피하기 위한 타결보다는 교섭의 원칙을 정립해야 한다. 상급노조는 기업단위 노조에 비해 공익청년 일자리 등에 대한 배려를 할 때 노동운동에 대한 국민적 공감대 형성이 가능하다. 더 이상 총노동 대 총자본의 이데올로기 투쟁의 창구로 활용해서는 안 된다.

05 임금 체계, 어떻게 바꿔 가야 할까?

다양한 임금체계의 특징과 개선책

임금 체계는 기본급, 부가급인 수당, 상여금 등 여러 종류의 임금 중에서 기본급 액을 정하는 기준에 관한 틀이다. 기본급을 정하는 다양한 기준과 명칭을 살펴보면 '사람 · 일 · 능력'이라는 세 가지로 수렴된다. 즉, 기본급 액수를 정하는 방법을 학력, 연령, 근속 등 외적 조건을 기준으로 할 것인가, 또는 업무가 얼마나 중요한지, 얼마나 값어치가 있는지, 얼마나 필요한지 등으로 정할 것인가, 아니면 얼마나 능력을 갖추고 있는지 등을 기준으로 정할 것인가 등이다.

이 기준하에 실제 사용하는 대표 용어를 보면 사람을 기준으로 한 연공급, 업무를 기준으로 한 직무급, 능력을 기준으로 한 직능급이 있다. 만약 직능급의 기본 급액 결정 기준으로, 자격 및 능력 기준보다 숙련을 더 중요하게 여긴다면 직능급이라기보다는 숙련급이라고 할 수 있다.

한국의 임금은 주로 근속연수에 따라 결정된다. 미국과 같은 선진국에서 임금이 직무_{하는 일}와 직능_{직무 능력}, 그리고 성과에 의해 결정되는 시스템과 대비된다. 문제는 임금이 근속연수에 따라 지나치게 빨리 상승한다는 점이다.

한국에서 제조업 생산직에 종사하는 남성의 임금은 1년차에 비해 근속연수 20년 이상 임금은 2.4배로 높아진다. 이에 비해 일본을 제외한 다른 국가들은 1년차

Point 경제학

한눈에 보는 다양한 임금체계

호봉급	근속연수에 따라 기본급을 정하는 제도 (호봉급 또는 근속급)
직능급	업무 수행을 위해 반드시 필요한 능력을 설정한 후, 그 능력을 보유한 정도를 평가해 능력별로 기본급을 정하는 제도(직능급/자격급/역량급)
직무급	업무 자체에 대한 평가를 실시하여 업무별로 기본급을 정하는 제도
기타 기준	호봉급, 직능급, 직무급 외에 다른 기준으로 기본급을 정하는 경우

05 임금 체계, 어떻게 바꿔 가야 할까? **261**

표 4 임금의 연공성 국제비교(남성, 제조업)

구분	근속연수	한국 (2005)	스웨덴 (1995)	이탈리아 (1995)	프랑스 (1994)	독일 (1995)	영국 (1995)	일본 (2005)
관리 사무 기술직	0~1년	100.0	100.0	100.0	100.0	100.0	100.0	100.0
	2~4년	130.2	110.0	105.7	110.8	105.9	107.0	120.1
	5~9년	152.6	112.3	110.1	124.9	111.3	112.0	127.7
	10~19년	178.8	127.5	118.2	126.1	119.2	113.5	162.6
	20년 이상	218.0	112.9	133.6	131.0	126.9	101.9	214.7
생산직	0~1년	100.0	100.0	100.0	100.0	100.0	100.0	100.0
	2~4년	133.1	111.6	104.2	116.1	105.8	107.7	119.7
	5~9년	163.9	110.6	110.1	122.9	111.7	112.9	135.1
	10~19년	205.6	109.5	117.1	133.5	119.8	118.0	163.9
	20년 이상	241.0	112.4	122.7	150.1	123.9	119.6	210.8

주: 1) 한국 및 일본은 초과급여 제외 총액임금(10인 이상), 다른 국가는 불규칙적인 상여금 및 수당을 제외한 총액임금 기준
2) 일본의 근속연수분류는 자료의 제약상 0~1년 ⇒ 0~2년, 2~4년 ⇒ 3~4년임
자료: 이병희(2008), 통계로 본 노동 20년, 한국노동연구원

에 비해 20년 이상 임금은 최대 1.5배에 그친다. 우리나라는 오랫동안 근무할수록 근로자가 받는 임금이 근로자의 기여도, 즉 생산성보다 높아질 가능성이 크다는 점을 시사한다.

임금 격차는 노사는 물론 국가가 풀어야 할 숙제이며, 임금 및 직무체계 개선만으로 해결이 어렵다. 임금상승 방법 조정, 사회적 대타협 등 다각적이고 광범위한 방법 모색이 필요하다.

임금 유연성이란 기업의 성과와 임금 간 연동성을 강화하는 것이고, 기능적인 유연성은 근로자 전환 배치를 유연하게 할 수 있는 현장의 인사관리 역량을 핵심으로 한다. 대규모 사업장의 임금체계는 호봉제가 지배적이고, 전환 배치는 대립적인 노사관계와 단체협약으로 묶여 매우 경직적이다. 호봉제의 경우 한국에서 산업화가 진행되는 시절 즉, 제조업이 대부분을 차지하고 있는 상황에서 적용한 임금체계로, 근무연수에 따라 정해진 호봉근무연수에 따른 임금 상승분만큼

전환 배치
인사이동, 전보 등 근로자의 업무 위치를 바꿔 주는 것이다. 근로 조건과 신분상 변화는 없지만 업무 내용과 부서 등은 달라질 수 있다.

임금이 자동으로 상승한다. 이 특징으로 사측에서는 근로자 임금체계 관리 및 근로자 평가에 비용이 거의 들지 않고, 근로자 입장에서는 근속연수가 늘어날수록 임금 수령액이 증가해 양측 모두 수긍할 수 있는 임금체계였다.

그러나 현재와 같이 저성장 국면에 들어서면, 근속 증가가 곧 생산성 증가라는 공식이 무너진 상황에서는 문제가 발생한다. 호봉제에서는 근로자의 임금과 생산성 간 괴리가 발생할 수밖에 없고 시간이 지날수록 그 괴리는 더욱 커지게 된다. 타 국가에 비해 한국에서 유독 조기퇴직, 희망퇴직의 형태로 퇴직을 강요받는 원인 중 주요한 요인으로 호봉제가 지적받고 있는 이유이다. 따라서 호봉제 개편을 통한 성과 중심 임금체계로의 전환은, 기업의 지속적인 발전과 근로자의 일자리 안정성을 위해서도 반드시 필요하다. 따라서 임금 유연성과 기능적인 유연성의 제고는 기업 성장, 고용 안정, 생산성 제고, 임금 상승, 정년 연장 등 모든 문제에 있어 선결 과제이기도 하다.

연공 기준 임금체계의 문제점과 대안

현행 임금체계인 연공 기준 임금체계는 여러 한계점이 존재한다.

첫째, 지속 가능성이다. 현 경제의 장기적 저성장 기조에서는, 정년 연장과 승급으로 인해 기업의 인건비 부담이 증가할 수밖에 없다. 결국 장기근속 근로자의 조기 퇴출 압력이 심화될 뿐 아니라, 일자리 창출까지 저해하게 된다. 특히 고령자 고용에는 치명타가 된다.

고령 인력 고용률과 임금 연공성의 관계를 살펴본 [그림 7]을 보면, 임금 연공성은 고령 인력의 고용률과 음(−)의 상관관계를 보이고 있다. 저성장 기조와 임금 노동자의 급속한 고령화시대를 맞이해, 고령 인력의 조기퇴출 압력을 완화하고 새로운 일자리 창출하려면 연공 임금체계를 시급히 개편해야 한다.

임금피크제
근로자가 일정 연령에 도달한 시점부터 임금을 삭감하는 대신, 고용을 보장(정년보장 또는 정년 후 고용연장)하는 제도. 즉 정년보장 또는 정년연장과 임금 삭감을 맞교환하는 제도이다.

두 번째는 경쟁력이다. 1970년대와 1980년대 산업화 시대의 '공장형' 노동제도와 관행에서는, 근속 기간에 따른 생산성과 숙련이 상승한다는 전제의 연공적인 인사체계가 적합했다. 그러나 글로벌 경쟁이 격화되며 한국 제조업의 경쟁력이 위기에

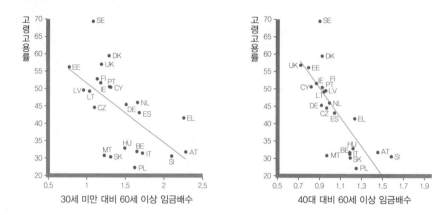

그림 7 고령인력(55~64세) 고용률과 임금 연공성

자료: EU(2007), Employment in Europe을 인용한 김동배(2016), 저성장과 고령화 시대의 임금체계를 재인용

놓인 현 시점에서도 여전히 유효할지는 의문이다.

세 번째는 공정한 보상이 가능한지의 여부이다. 연공 기준 인사체계는 일의 가치 및 생산성을 반영하기 어려워 공정한 보상을 받기 힘든 구조이다. 생산 환경 및 업무방식이 급속히 변화하는 현 시점에서는 근속과 생산성의 상관관계가 성립하지 않는다. 즉 개인의 역량과 성과 보상의 불일치가 발생하게 된다. 결국 구성원들의 가치관 변화에 따라 성장욕구가 큰 젊은 세대의 구성원들 요구에 부응하지 못하는 결과로 이어질 우려가 높다.

이러한 현행 임금 인사체계를 개선하려면 우선 임금 인사체계 전반에 대한 검토가 필요하다. 직위 및 직급체계, 임금체계, 평가 및 보상 및 승·진급제도, 육성체계 등 근로자의 삶의 질과 고용안정, 기업의 생산성 향상을 모두 고려한 임금 인사체계 구축이 마련되어야 한다. 연공적인 요소를 축소해 개인의 성과 및 노력에 따른 차별화된 보상을 통해 역량과 보상을 일치시켜야 할 필요가 있다. 또한 구성원역량 향상을 통한 전문성을 강화시킬 뿐 아니라, 인적자원 개발체계 구축을 통한성장 지원 및 육성 경로 확대를 위한 성과관리 체계 인프라를 구축하는 방안을 검토할 수 있다.

최저임금제의 정의와 현황

최저임금제란 국가가 노사 간 임금 결정 과정에 개입해 임금의 최저 수준을 정하고, 사용자에게 해당 수준 이상의 임금을 지급하도록 법으로 강제하여 저임금 근로자를 보호하는 제도이다. 우리나라에서는 1988년 1월 1일부터 실시하고 있다.

최저임금이 상승하면 기업은 초기에 늘어난 임금 부담을 근로자의 생산성 증가를 통해 해소하며 업무 집중도를 높이고, 훈련을 강화할 수 있다. 이에 대처하며 근로자도 보다 열심히 일하려는 자세를 보일 것이다. 그러나 기업이 생산성 향상으로 감내할 수 있는 범위 이상으로 임금이 높아지면 어떻게 될까? 기업은 고용을 줄이거나, 늘어난 생산비를 소비자에게 전가하게 될 것이다. 고용감소로 인해 직원 수는 줄어들고 근로 시간도 하락할 가능성이 높다. 그 결과 실업자가 증가하거나, 또는 임금은 높아졌지만 근로시간이 감소해 임금 총액은 별다른 변화가 없는 상황이 발생하게 된다. 또한 서비스업 분야를 중심으로 물가가 상승할 수 있다. 따라서 적정 수준의 최저임금을 유지하는 것은 매우 중요한 일이다.

그림 8 OECD 국가의 최저임금 수준(2015)

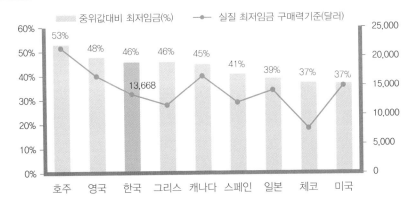

주: 일본은 2014년 자료
자료: OECD(2016), OECD Statistics

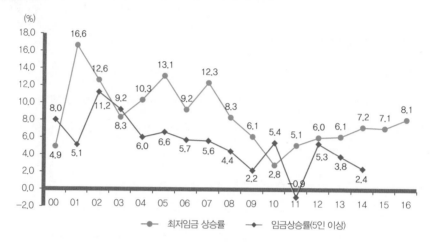

그림 9 최저임금 및 임금상승률(5인 이상 사업체)의 추이

자료: 통계청, 경제활동인구조사 근로형태별 부가조사, 매년 8월

2016년 우리나라의 최저임금은 시간당 6,430원으로, 2010년의 4,000원에서 61%나 증가했다. 한국의 최저임금은 다른 OECD 국가들과 비교할 때 중하위권의 낮은 수준은 아니다. 중위권 임금 대비 최저임금 수준은 2013년 46.0%로 25개국 중 16위이며, 최저임금을 연간으로 환산했을 경우 그 금액은 구매력 평가 기준으로 13,688달러[13위]이다.

글로벌 외환 위기 이후 우리나라의 최저임금 상승률은 평균 임금 상승률을 크게 상회하고 있다. 2014년 평균임금은 2.4%의 상승에 그쳤으나 최저임금은 7.2% 상승했다.[1]

시계열로 보면 2000년 이후 최저 임금 상승률이 5인 이상 사업체의 임금 상승률보다 높았다. 2000년 이후 2000년, 2003년, 2010년 이 3차례만 최저임금 상승률이 임금 상승률을 하회했다. 향후 최저임금이 실질 경제성장률 이상의 큰 폭으로 증가한다면 고용에 부정적인 효과를 미칠 가능성이 높다.

---

1) 금재호, (2015). 「최저임금 어디까지 높여야 하나?」, 보수·진보 대토론회 발제자료를 토대로 정리.

최저임금의 문제점

현재 노사 정위에서 논의되어 왔던 최저임금 관련 핵심 쟁점은 다음과 같다. 산입 범위의 문제이다. 다양한 수당들이 존재하는데, 정기적, 고정적, 일률적인 통상임금에 포함되는 수당을 모두 최저임금에 산입할 경우, 최저임금이 지나치게 높아지는 문제점이 발생한다. 반면 수당을 모조리 뺄 경우 최저임금 인상폭이 지나치게 커지는 문제점이 발생한다. 그래서 한달에 한 번 정기적으로 지급되는 수당만을 포함하는 등, 합리적인 기준을 정해 포함 및 비포함 수당을 명확히 정해야 한다.

현재와 같이 모호한 기준으로는 최저임금 미만율이 5%에 육박하게 된다. 최저임금 미만율이 높은 원인은 사용자가 최저임금을 지불하지 않아서인 경우도 있겠지만, 그보다는 최저임금 기준이 명확치 않아서인 경우가 더 많다. 임금 총액과 근로 시간을 산정해 포괄시급으로 역산하여 최저 임금에 미달하는 경우가 잦기 때문이다. 제도를 명확히 개선하지 않고 최저임금 미만 사용자를 부도덕하게 내세우며 처벌을 강화하자는 주장에 공감대가 적은 이유이다.

또한 최저임금 기준에 의존하는 임금체계를 가진 기업들이 지나치게 많다. 각종 아웃소싱 용역 서비스의 임금 산정 기준, 기본급 산정 기준을 최저임금에 의존한다. 아르바이트 시급을 결정하는 최저임금이 국가 임금 결정 제도로 남용되는 측면이 있다. 매년 최저임금 심의회에서 노사가 집단적으로 갈등을 빚는 이유도 최저임금 제도의 남용에서 비롯된다.

최저임금, 어떻게 결정해야 바람직할까?

최저임금 결정 방식에는 몇 가지 개혁이 불가피하다.

첫째, 최저임금을 현재와 같이 노사정이 결정하는 최저임금위원회 결정 방식은 필연적으로 노사정 갈등을 유발할 수밖에 없다. 노사는 최저임금 인상률에 따라 자사 사업장의 인상률이 연동되어 결정되기 때문에, 최저임금 교섭이 사업장 교섭과 맞물려 있어 한치도 양보할 수 없다. 여기에 공익은 크게 고려되지 못한다. 과학적인 통계치에 기반해 최저임금을 결정하는 데 일조하기란 쉽지 않다. 그렇다고 최저임금을 국회로 넘겨 결정하는 방식도 현재보다 더 나아지리라는 보장이 없다. 따라

영국의 생활 임금제
영국에서 생활 임금제를
최근 도입한 이유는 최저
임금 인상을 억제하고 각
지역 사정에 맞게 생활 임
금을 결정하자는 취지이
다. 우리처럼 최저임금 인
상률에 더해 인기 영합을
꾀하는, 지자체장의 보너
스형 생활임금이 아니라는
사실을 분명히 인식해야
한다.

서 최저임금은 공익 전문가들에 의해 법에 근거, 사회적으로 최적인 수준의 범위를 제안해야 한다. 제안된 범위 내에서 정부가 책임 있게 정하는 방식을 검토할 수 있다. 공익 전문가의 공정성이 문제된다면 대표성 있는 집단의 추천을 받아 공정하게 구성하면 된다. 그러나 공익 전문가로 선출되면 객관적인 통계치와 근거를 제시할 수 있도록 독립성을 확보하는 방안도 동시에 마련해야 할 것이다.

둘째, 최저임금을 매년 정하는 방식에서 2년 또는 3년마다 한 번씩 조정해 갈 수 있다. 현재와 같은 최저임금 국가교섭을 매년하는 실시하는 것은 국가적인 낭비라 판단된다.

셋째, 최저임금 결정 전문가 지배 구조를 국무총리 산하 사회보장위와 연계해, 최저임금을 근로장려 세제 등 여타 사회복지제도와 연계해 정하도록 해야 한다. 지금은 최저임금제도에 사회보장의 책무성이 과도하게 부담되고 있는 상태다.

마지막으로, 지자체에서 실시하는 생활 임금제가 낮은 최저임금에 공공부문 임금 수준을 추가해, 인기 영합 차원에서 일시적으로 높여 주는 수단으로 악용되면 곤란하다. 현재와 같이 지역별 최저임금을 따로 정하지 못하는 상황에서 최저임금과 생활임금 합산을 통해, 지자체장이 통합 임금을 조정할 수 있도록 역량이 보장되어야 한다. 최저임금은 말 그대로 최저 수준을 정하는 것이다. 최저임금은 4인 가구 생활비가 아니라 아르바이트 근로 또는 시간제 근로자들을 보호하기 위한 임금이라는 사실을 인지하고, 그에 걸맞는 수준 설정이 필요하다.

07 건강하고 다양한 고용 형태가 필요하다

정규직과 비정규직의 현상황

우리나라 비정규직 근로자는 2015년 하반기 627만 1천 명으로, 전체 임금 근로

그림 10 비정규직 규모 추이

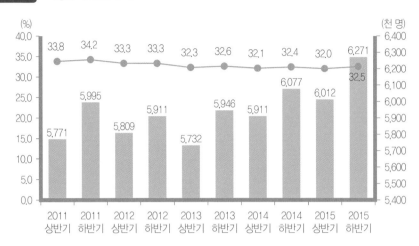

주: 1) 비정규직근로자=한시적근로자(기간제근로자 포함)∪시간제근로자∪비전형근로자
    2) 조사기준월: 상반기는 3월, 하반기는 8월
자료: 통계청(2016)

자 1,931만 2천 명의 32.5%를 차지한다. 비정규직의 개념에 대해 국제적으로 통일
된 기준은 따로 없다. OECD는 통상 임시직근로자temporary worker를 비정규직으로
파악하고 있다통계청, 2016.

　비정규직의 개념과 범위를 짚어 보면, 우리나라에서는 1998년 외환위기 이전에
는 사실상 노동시장에서 정규직과 비정규직의 구분이 없었다. 외환위기 이후 우리
나라 비정규직이 절반을 넘었다는 주장이 수면에 올라오기 시작했고, 정규직과
비정규직의 구분이 뚜렷해졌다. 근로자 스스로도 '나는 정규직인가, 비정규직인
가?'라는 질문을 던지며 고용 형태 구분을 명확히 하게 되었다. 이에 노사정위원
회에서 합의한 새로운 기준에 따라 비정규직을 정의내리고 그 규모를 산정하게
되었다. 이러한 기준의 모순은 정규직은 바람직하고 비정규직은 부정적이라는
이분법적 사고를 고착시켰다.

　그러나 사실 비정규직이어도 정규직보다 훨씬 더 높은 급여를 받는 근로자도 많
다. 연봉 3억 원을 받는 의사를 배우자로 둔 여성 근로자가 시간소일과 자기계발
차원에서 비정규직으로 일한다면, 열악한 '장그래' 집단에 속하게 되는 것이다. 이

하도급

하청이라고도 한다. 경제적·기술적으로 열등한 지위에 있는 중소기업이 특정 대기업에 종속해 통제 아래 주문을 받아 생산하는 일을 말한다.

에 대한 반대논리로 '비정규직도 부정적인 것은 아니다'라는 일부 보수 진영 주장이 제기된다. 그렇게 이분법적인 구조 아래, 비정규직 사이에서도 소수만이 정규직으로 발령되고 대다수는 하도급의 형태로 중소기업으로 재하청되는 경우가 많다. 비정규직 근로자들은 더욱 열악한 중소기업의 정규직이 되는 모순이 발생하게 되는 것이다.

다양한 고용 형태에 대한 고민

이제 이분법적인 고용 형태를 내려놓고 건강한 고용 형태를 다양하게 고민해 보자. 의지나 바람과는 상관없이, 분명 미래의 고용은 더욱 다양한 형태로 변화할 것이다. 고용 형태가 다양해지면, 사주와 근로자가 더욱 다양한 옵션을 통해 노동시장에서 만나 서로 조율하는 효율적인 방안을 찾을 수 있게 될 것이다.

현재 한국은 기간제법에 의해 비정규직을 2년 이상 고용할 경우 정규직으로 전환해야 하는 의무가 있다. 이러한 조항 때문에, 비정규직이 정규직으로 전환되었다는 소식보다는 근무 기간 2년을 앞두고 계약을 종료하고 그 자리를 다른 근로자가 채우는 악순환이 반복되는 현상이 나타나고 있다. 이와 같은 이유로 비정규직 근로자의 근속연수는 더 짧아지고, 근무 기간이 짧아져서 임금도 하락했다는 분석 결과도 있다.

[그림 11]에서처럼, 2009년 8월 정규직 대비 기간제 근로자의 임금 수준은 65.5%로, 2008년 8월의 75.1%에 비해 크게 떨어졌다. 그리고 2015년 3월까지도 이전 수준을 회복하지 못하고 있다. 또한 고용은 더욱 불안해졌고 경력을 쌓아 이직하는 길 또한 멀어진 상황으로 판단된다. 전월세 상한액을 설정하는 바람에 오히려 전월세 물량이 급감했고, 정작 전월세 주택이 필요한 서민들이 피해를 본 예와 유사하다. 깊은 고민 없이 겉보기만 번지르르한 정책이 생각지 못한 부작용을 가져오는 사례를 더는 양산해서는 안 될 것이다. 기간제의 경우, 사용 기간 연장 여부를 본인 희망과 노조 동의를 구할 경우로 한정해 연장하는 방편도 하나의 대안이 될 수 있다.

기간제와 함께 문제가 되고 있는 파견의 경우도, 무조건 반대하는 논리로는 노

그림 11 정규직과 기간제 근로자의 시간당 임금 및 임금비 추이

자료: 금재호(2016), 기간제법의 고용효과에 대한 평가 및 과제, 한국노동경제학회 정책토론회(2016. 2. 18.) 발
제자료.

동시장의 수요와 일자리 창출은 어렵다. 일본과 독일도 제조 업종에 파견을 허용하
지만, 우리나라는 법으로 정한 32개 업무를 제외한 나머지 모든 업무에서 파견을
금지하는 포지티브 리스트positive list 방식을 고집하고 있다. 이
제도를 글로벌 스탠다드에 맞게 점차 네거티브 리스트negative
list 즉, 금지된 업종을 제외한 모든 업종이 허용되는 방식으로
확대할 필요가 있다. 하지만 단기간에 네거티브 방식으로 전환
하면 그에 따라 일자리의 질이 저하된다는 우려가 제기될 수 있
다. 단기간에 네거티브 리스트 방식으로 변경하기가 어렵다면,
당장 시급한 고령자를 대상으로 한 파견 허용 업종에서라도 과
감히 확대해야 한다.

한국은 기대수명이 증가했고 평균수명도 높아졌으나, 타 선
진국에 비해 노후 준비가 미흡하다. 따라서 OECD 가입 국가
중 가장 오래 근로하는 나라이기도 하다. 현재 고령자가 구할
수 있는 일자리는 한정되어 있고 재취업을 하지 못하는 근로자
들은 별다른 철저한 준비 없이 자영업에 뛰어드는 판국이다. 때

positive list
선별 등재를 뜻한다. 정부
가 허용한 항목을 제외하
면 모두 불법이다. 기본적
으로 금지하나 그중 자유
수입 품목을 열거한 리스트.

negative list
금지 목록을 뜻한다. 정부
가 금지한 항목을 제외하
면 모두 합법이다. 기본적
으로 자유롭되 수입 제한
이나 금지품목을 열거한
다. 자유무역, 자본자유화
및 특혜 관세 제도 등에 대
해 쓰이는 용어들이다.

문에 한국은 자영업자 비중이 상당히 높고 게다가 대부분 영세 자영업자이다. 자영업에서 실패하고 빈곤층으로 전락하는 고령자 수가 증가하고 있는 추세이다. 고령자 일자리를 늘리고 영세 자영업자 비중을 줄이기 위해서라도 고령층을 대상으로 한 파견 근무를 허용해 주어야 한다.

우리나라의 파견 제도로는 직업 소개 기능에 가까운 모집형 파견은 금지하되, 상용형 파견은 허락하도록 하는 방식을 고려해 볼 수 있다. 일본의 경우 상용형 파견이 20% 내외이다. 비교적 임금 수준이 높고 파견 회사가 직원을 직접 고용하기 때문에, 파견이 없는 기간 동안 기본급이나 휴업 수당을 제공하기도 한다. 여기에 더해 직업훈련을 제공하므로 특히 고령자 취업에 큰 도움이 되고 있다. 우리도 상용형 파견제도 도입하고 기본급 지급과 직업훈련 제공을 전제로 하여, 상용형 파견의 사용기간과 범위를 확대해 가야 할 것이다.

08 디지털 노동시장과 스마트 경제 시대, 다른 방법이 필요하다

스마트 경제 시대로의 변화

스마트 경제 시대, 노동시장은 더욱 급속히 디지털, 모바일 중심으로 전환될 것이다. 즉 산업4.0 시대, 노동4.0 시대로 들어선다는 말이다. 이러한 4차 산업혁명 시대에 어떤 변화가 일어날지 예측해보자. 디지털 정보통신 기술이 확산되어 경제 활동과 직장 업무 문화가 근본적으로 변화하고, 근무 장소와 시간에서 직장과 사적 영역의 구분이 더더욱 모호해질 것이다. 또한 더 유연한 취업 형태와 근무 방식이 필요한데, 경직된 규율방식과 끊임없이 마찰하며 현실과 제도 간 긴장 관계가 지속될 것이다.

경직 규율 체계의 핵심인 우리나라 노동법은 근대 산업사회에서 국가가 뒷받침하며 보호해야 했던 종속적 단순 노무자들

4차 산업혁명
정보통신기술 및 디지털화를 토대로 한 새로운 산업혁명. 1차 증기기관의 발명, 2차 전기 동력과 대량생산, 3차 컴퓨터 자동화 기술에 이어 산업4.0 또는 4차 산업혁명이라고 한다. 디지털혁명, 유연성과 이동성 등이 산업4.0, 노동4.0 시대의 핵심이다.

독일에서의 변화

독일에서는 산업 구조가 디지털로 재편되면서, 제품 아이디어에서 개발 및 생산을 거쳐 공급과 리사이클링에 이르는 모든 산업 가치 창출의 단계를 연결해 얻게 되는 성장가치를 2025년까지 2,000억에서 4,250억 유로로 추산한다.

자료: 독일연방경제부 BMWi, Industrie 4.0 und digitale Wirtschaft, 2015, pp. 3~4 참고.

에게는 적합한 규율모델이었다. 그러나 산업 구조가 고도화하고 취업 형태가 다양해지고 있는 오늘날에는, 취업자를 보호할 수 있는 보편 타당성을 인정받기 어렵게 되었다.

역사적으로 모든 산업혁명은 노동의 세계에서도 그에 상응하는 변화를 몰고 온다. 즉, 생산과 서비스가 디지털 중심으로 재편되면, 모든 산업의 기술적, 경제적 과정이 네트워크로 연결될 뿐만 아니라 노동의 내용, 노동 수단, 노동조직까지도 변화한다[박지순, 2016].

취업 형태가 다양해지면 우선 근로자들의 고용 형태 또한 다양해질 것이다. 무기계약직 및 기간제, 직접고용 및 파견, 관리직 및 비관리직, 풀타임 및 파트타임 등, 고용 형태의 차이에 따라 법적 과제도 다양해진다. 최근에는 디지털화에 따라 전형과 비전형, 정규와 비정규의 경계가 무너지고 단지 계약상 근로 조건만 다른 근로자들이 발생한다. 한편 지금까지 타율적으로 설정되었던 '노동의 경계'가 무너지는 현상도 나타난다. 근로자[피용자]가 아닌 취업자로서 모종의 취업 활동에 종사하는 사람에 대해서도 보호나 일정한 대응이 필요한 경우도 있다.

노동법, 이렇게 달라져야 한다

보다 촘촘한 사회 안전망 구축을 전제로, 노동법은 다음 세 가지 측면에서 변혁이 요구된다.

첫째, 글로벌화이다. 집단적인 노사관계를 제어하는 노동법은 상당 부분 근로자

권리를 인정하는 방향으로, 세계 표준에 맞추어 변신해 왔다. 그러나 파견, 기간제 등 노동시장 관련 규제는, 보다 글로벌한 시각에 맞추어 변화하지 못했다. 글로벌 시장의 변화에 맞추어 노동 규제를 세계 표준에 맞추어야 한다. 노동 제도가 글로벌 경쟁력을 잃어 기업 투자를 통한 청년 일자리 창출을 저해하면 곤란하다.

둘째, 디지털화이다. 세계 경제는 사물인터넷IOT과 공유 경제를 위한 IT 기반으로 재편되는 상황이다. 그러나 우리 노동법은 공장 근로자를 대상으로 규율하는 공장법의 모습 그대로 우리 노동시장의 발목을 잡아 활성화를 막고 있다. 4차 산업혁명 시대에 노동법이 새롭게 거듭나지 않고서는 후대를 위한 일자리를 기대할 수 없을 것이다.

셋째, 개별 계약화이다. 먼 미래에도 자본주의 제도 아래 강자와 약자는 존재할 것이다. 현재의 노동법처럼 약자를 보호해야 하는 법의 존재의 이유도 따라서 상존할 것이다. 그러나 현재의 노동법으로는 4차 산업혁명 시대를 맞이할 수가 없다. 미국, 일본 등에서 근로 계약을 존중하는 방향으로 노동 관련법이 진화, 발전해 온 배경을 간과하지 말자. 공장에서 일하는 약자인 근로자만을 보호하는 노동법의 모습으로는, 우버, 에어비앤비, 더 나아가 사물인터넷, 공유경제 속에 왕성한 일자리가 창출되는 경제 상황이란 기대하기 어렵다. 다만 이러한 새로운 트랜드 속에서도 새로운 보호 체계에 대한 고민은 지속되어야 할 것이다.

노동4.0의 새로운 트랜드에 맞추어 공장법으로서의 근로 기준법은 재택 근로, 스마트 근로 등 업무 내용과 방식에 따른 다양한 규제 방식과, 탄력적인 규제 방식의 활용이 필요하다. 직접 고용 중심의 보호 체계가 간접적인 노동력을 제공할 가능성을 억제하고, 풀타임 중심의 보호체계가 근로시간, 휴식, 휴일, 휴가 등 다양한 형성 가능성을 질식시키는 상황이다. 이데올로기적인 비판 공세보다는 건강한 고용 창출과 적절한 보호체계

사물인터넷
(IOT, Internet of Things)
가전제품, 컴퓨터뿐 아니라 건강관리, 전기, 자동차, 원격조정 등 일상생활 속 모든 사물들을 유무선 네트워크로 연결해 정보를 공유하는 환경 구축을 말한다.

공유경제
(Sharing Economy)
'나눠쓰기'. 한 번 생산된 제품을 여럿이 공유해 쓰는 협업 소비를 기본으로 한 경제를 말한다. 물품을 소유가 아닌 대여와 차용의 개념으로 접근한다. 2008년 미국 하버드대 법대 로렌스 레식 교수에 의해 처음 사용되기 시작했다.

우버와 에어비앤비
우버(Uber)는 모바일 차량 예약 서비스로, 기존의 택시 개념뿐만 아니라 일반인이 자신의 차량으로 승하차 서비스를 할 수 있도록 연결하는 서비스이다. 에어비앤비(airbnb)는 유사한 개념의 숙박 서비스로, 실제 거주하는 집의 남는 공간을 숙박비를 받고 대여하도록 연결한다.

그림 12　획일화된 규율체계 개선

공장법으로서의 근로기준법

- 생산직 근로자 중심으로 근로감독과 벌칙을 통한 획일적 근로조건 규제
- 업무내용과 방식에 따른 다양한 규제 방식, 탄력적 규제 방식의 활용 필요(재택 근로, 스마트 근로)
- 기업가–근로자, 소비자–근로자, 근로자–자영업자 등 새롭고 다양한 고용형태의 획일적인 규제 지양

직접고용 중심의 보호체계

- 사실상의 고용관계를 중심으로 직접고용, 원직 복직들 전제로 한 보호의 부조화
- 간접적인 노동력제공의 가능성을 인정하되 이들 직군에 맞춤형 보호체계 구축

풀타임 중심의 보호

- 근로시간, 휴게, 휴일, 휴가 등이 풀타임 근로자 중심으로 설계, 다양한 형성 가능성 제한
- 탄력적인 근로시간제도의 운영 확대 필요

근로계약법 도입 검토

- 사회보장제도를 근기법으로부터 절연

종사자 맞춤형 패키지 보호

- 특수고용형태의 다변화, 간접고용 증대에 따른 고용 보호 사각지대 방지
- 고소득 화이트칼라 이그젬션과 같이 획일적 규제에 대해 특성 맞춤형 예외 인정

고용보호제도와 방안에 대한 체계적 연구 및 논의

- 외국에서 논의 중인 기본소득제(Bask Income), 로봇세 등

에 대한 고민과 실행이 더 중요하다. 미래의 노동시장에서는 소비자와 근로자의 경계, 기업가와 근로자 간의 경계가 모호해진다. 따라서 이에 대한 다양한 규율체계의 예외가 필요하되, 보다 보편적인 사회적 보호와 안전망이 구축되어야 할 것이다.

09　4차 산업혁명 시대, 어떤 고용과 직업 훈련이 필요할까?

4차 산업혁명 이후 노동은 어떻게 달라질까?

4차 산업혁명 시대의 노동부문 패러다임 변화의 특성을 살펴보면 다음과 같다.

산업구조와 취업 형태 모두 더 다양하게 변화할 것이다. 산업구조 면에서는 제조업이 축소되는 반면, 서비스 산업이 주도하게 될 것이다. 자영업과 창업, 프리랜

1차 노동시장과 2차 노동시장

1차 노동시장은 고임금, 장기적 고용관계, 우수한 근로조건, 열린 승진의 기회 그리고 합리적인 노무관리로 이루어지는 추상적 노동시장이다. 2차 노동시장은 저임금, 단기적 고용관계, 열악한 근로조건, 승진의 기회 부재 그리고 불합리한 노무관계로 특징지어지는 추상적 노동시장을 말한다.

서 등과 같은 비근로자가 증가하며, 취업 형태도 더욱 다양해질 것이다. 또한 세계화로 인해 기업 경쟁력을 높이는 노동법 질서의 경쟁력 문제가 발생하고, 노동법에 대한 '이용자 편의성'부분을 제고해야 할 것이다. 개인주의 경향은 더욱 확대될 것이다. 사람들은 다양한 사적 활동을 추구하고, 결국 획일적이거나 경직된 규율은 한계를 드러낼 것이다. 저출산 고령화에 따라 인구구조도 변화할 것이다. 인구구조 변화에 맞춰 연령에 따른 차별금지제도가 더욱 강화될 것으로 예상된다. 또한 고령인구 부양 요구에 따라 사회안전망도 더욱 강화되는 방향으로 발전할 것이다. 마지막으로 디지털 및 모바일 중심으로 산업과 경제 구조가 개편될 것이다. 디지털 정보통신 기술이 확산되어 경제활동과 직장 업무 문화가 근본적으로 달라질 것이다. 근무 장소와 근무 시간은 더더욱 의미가 줄고 유연한 취업 형태와 근무 방식의 필요성이 증가할 것이다.

기술혁신이 일자리 창출에 미칠 전망에서 긍정적인 측면은, 정보통신기술ICT 중심의 기술 융합으로 인한 신산업 등장을 들 수 있다. 부정적인 영향으로는 기술 발전과 그 수용 과정에서 노동력 대체를 고민해야 한다는 점이다한국직업능력개발원, 2016. 노동시장 이중구조에 따른 고용 안정성 격차는 기술혁신과 일자리 대체 면에서 중요한 요소이다. 기술혁신은 1차 노동시장을 축소하고 2차 노동시장의 노동력을 더 많이 대체하며, 2차 시장을 더 많이 뒤흔드는 방향으로 진행될 것이다. 그 결과, 특수고용 형태는 더 다양해지고, 관련 직종 종사자 수는 늘어날 확률이 높다. 따라서 1차 노동시장 확대를 통한 양질의 일자리 창출을 위해, 노동 제도가 더 유연하게 달라져야 한다. 2차 노동시장 보호를 위해서는 특수고용 형태 종사자 맞춤형 보호 및 사회안전망 강화가 요구된다.

기술혁신 시대를 대비하려면

이러한 기술혁신 시대에 일자리를 창출하고 보호하려면, 직업능력 개발을 강화하고 고용 서비스 개선 방안을 모색해야 한다. 우리나라 직업훈련 체계는 많이 개선되어왔지만, 여전히 두 가지 큰 문제점을 안고 있다.

첫째는 노동시장 이중구조의 종속 변수이다. 직업훈련 체계가 이중구조를 교정하기보다는, 이중구조의 거울 역할을 하고 있다. 중소기업 근로자, 중·고령자, 경력단절 여성, 비정규직, 저학력자 등 사회적 약자에 대한 직업훈련은 아직도 저조하다. 직업훈련을 대폭적으로 확대하고 재정적으로 뒷받침하려면, 고용보험기금 안에 일정 원칙을 세워 일반회계 예산을 추가해, 전국민 직업훈련 시스템을 구축해야 한다.

두 번째 문제점은, 미래유망 산업 육성을 위한 직업훈련 체계가 미비하다는 점이다. 선진국의 경우 직업훈련 체계가 IT기반에 맞춰 온라인 플랫폼으로 구축되고 있다. 반면 우리는 현재와 같은 오프라인 주도형으로는 신기술 변화에 걸맞는 인력을 공급하는 데 한계가 있다. IT 기반으로 한 온라인 플랫폼 구축을 통해 직업능력 개발을 강화해야 한다. 그 외에도 민간 훈련 기관 참여를 통해 훈련과정을 개발하고, 공공기관은 시범 사업 결과를 바탕으로 표준훈련과정을 개발, 확산할 필요가 있다. 또한 빅데이터를 활용해 노동시장에 대한 평가 및 직업능력 훈련에 적용하고, 노동시장과의 적합성, 적시성을 제고해 직업능력 개발을 강화해야 한다.

고용서비스 체계도 현재로서는 산업4.0 시대를 맞이하기에는 역부족이다. 공공과 민간 사이에 효율적인 조율은 찾아보기 어렵다. 공공복지센터도 수요자 맞춤형인 융복합 서비스라기보다는 행정조직을 결합하는 수준에 멈추어 있다. 오프라인 고용 서비스 기관인 고용센터와 온라인 고용 서비스 기관인 한국고용정보원의 워크넷 등 이원화된 체계도 미래지향적인 온라인 플랫폼과는 거리가 멀다. 인공지능, 사물인터넷과 같은 신기술 변화에 대응해 민간 훈련기관이 교육 콘텐츠를 신속히 개발해야 하는데도 여전히 영세성을 벗어나지 못하고 있는 실정이다. 직업훈련과 고용 서비스 시장이 획기적으로 개선되지 않는다면, 산업4.0 시대를 맞이하기

그림 13 직업훈련체계 개선방안

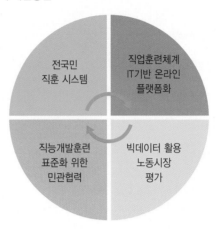

어두운 현실이다. 고용 서비스 개선을 위한 방안으로 IT 기술을 활용한 스마트 고용서비스 환경을 마련해야 한다. 이를 통해 방문 상담 비용 등의 물리적 제약을 최소화하고, 서비스 접근성을 제고해 투자 정체로 인한 인력과 설비의 한계를 극복할 수 있다. 또한 고용 서비스의 온라인웹, 모바일 플랫폼을 정비하고 구축해 불필요한 방문 절차를 줄이면, 기관의 행정 비용과 구직자의 방문 비용을 모두 절감할 수 있다. 마지막으로 빅데이터에 기반을 둔 구직자와 기업 간 맞춤형 매칭 서비스가 구축된다면, 구직자 특성과 기업 특성의 적중률을 높이며 탐색 비용마저 줄일 수 있을 것이다.

역동적인 노동시장과 시장환경 변화에 대비하려면 기존 노동법 체제를 통한 일자리 창출과 보호로는 한계가 있다. 미래의 일자리를 만들고 보호하려면 기술혁신 시대에 걸맞는 기술진보에 따른 직업능력 개발을 강화하는 방안과 더불어, 스마트 고용 서비스의 개발 방안 모색을 통해 일자리 창출에 대응하며 적절한 보호체계로 나아가야 한다.

10 한국 경제의 미래는 창의적인 인재 육성에 달려 있다

창의적 인재는 사회 전체가 만든다

우리 사회는 더욱더 다양해지고 있으며 더욱더 빠르게 변화할 것이다. 앞으로 우리가 무엇을 할지, 어떠한 일자리가 어디서 창출될지 예측하기란 쉽지 않다. 한국 경제의 지속 가능한 발전을 위해, 미래의 빠른 변화를 따라갈 창의적인 인재가 반드시 필요하다. 창의적인 인재 육성은 오늘날 우리에게 매우 중요하고 필수적인 과제이다.

실제 주요 선진국들은 지속적으로 국가경쟁력의 비교우위를 확보하기 위해 인적자원 개발에 우선순위를 두고 교육을 혁신하며 인재를 양성하는 데 집중하고 있다.

그러나 [그림 14] '주요국 창조경제 인적자본 역량지수'를 살펴보면, 우리나라의 현실은 인적자본 역량지수 면에서 OECD 31개국 중 22위로 OECD 평균보다도 낮은 지수를 보이고 있다. 관련 상세지표들을 살펴보면 국제학업성취도평가^{PISA} 점

그림 14 ˙주요국 창조경제 인적자본 역량지수

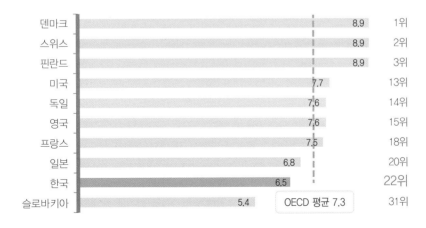

주: GDP 대비 공공교육지출, 고용률, PISA평가, 대학교육 만족도, 학교에서의 과학교육 등 9개의 지표를
    10점으로 지수화한 후 평균값을 산출하여 도출함
자료: 현대경제연구원(2013)

수는 OECD 34개국 중 수학 1위, 읽기 1~2위, 과학 2~4위로 매우 높다. 반대로 우리나라 학생들의 학업 흥미도는 OECD 평균보다도 한참 낮은 수준을 보인다OECD, 2012. 이처럼 우리나라는 학부모들의 높은 교육열로 학업 성취도가 높게 나타나는 반면 학생들의 학업 흥미도는 매우 낮다. 결국 학교 교육은 학생들 개개인의 역량을 키우고 창의적 사고력을 기반으로 한 인재를 양성하는 데 있어 심각한 한계를 드러내고 있다.

역량 개발이 이루어지지 않는다면, 노동시장에 성공적으로 진입했다 하더라도 급속히 변화하는 기술혁신 시대에 적응하지 못하고 도태될 것이다. 미래산업과 노동시장의 변화에 대응하려면 지속적인 역량 개발이 필요하다. 이를 위해 교육훈련 제도를 강화하고, 특히 대기업에 비해 교육훈련이 현저히 열악한 중소기업의 교육훈련 제도를 개선시킬 필요성이 있다장석영, 2014.

과거 과학혁명, 산업혁명 등 세상을 혁신한 사람들도 학력은 낮아도 매우 창의적인 인물이었다Science Times, 2009. 이러한 창의적인 인재를 육성하려면 창의적인 도전에 따른 흥미와 즐거움으로 스스로 동기 부여할 수 있는 환경이 필요하다. 스스로 흥미를 가지고 꿈을 키울 수 있도록, 새로운 것에 도전할 수 있는 환경을 어떻게 조성할지에 대한 고민이 필요한 이유다. 먼저 창의적인 인재 육성을 위해 아이

일상다반사 경제학

애플 창업자 스티브 잡스는 기술과 인문학을 결합한 창의적 융복합 콘셉트디자이너로 볼 수 있다. 인문학을 통해 단순함의 힘을 깨닫고 그 콘셉트를 맥킨토시, 아이폰 외형과 내부에 담아내 애플을 세계적인 기업으로 만들었다.

내셔널 파나소닉의 설립자인 마쓰시다 고노스케는 초등학교 4학년을 중퇴하였으나, 불굴의 기업가 정신으로 570개 기업에 종업원 13만 명을 거느린 대기업의 총수로 일본인이 선정한 1,000년 동안 존경받는 3대 인물 중 1명으로 꼽힌다.

SM엔터테인먼트 대표 이수만은 가수로 출발하여 유망한 유망주들을 발견해 체계적인 창의적 인재 육성시스템을 도입, 소녀시대, 엑소 등의 그룹을 세계적인 스타로 만들었다.

이와 같은 성공은 창의적인 서비스 비지니스모델을 창안해 발전시킨 결과로 볼 수 있다.

디어를 공유하며 토론할 수 있는 사회적인 분위기 조성이 중요하다. 이를 위해 다양한 기술과 지식, 아이디어를 일상생활에서 현실화할 수 있는 공간 등의 인프라 구축이 뒤따라야 할 것이다.

인적자원과 산업 경쟁력의 연결

창의 인재 육성을 통해 미래 경제 성장을 이어가려면 기업가 정신을 발현할 환경이 중요하다. 전통적인 의미의 기업가정신이란 미래를 예측할 수 있는 통찰력과 새로운 분야와 방식에 과감히 도전하는 혁신적이고 창의적인 정신이다Schumpeter, 1965.

[그림 15]를 보면, 우리나라의 기업가정신 지수는 매우 큰 폭으로 하락하고 있으며, 기업의 성장 또한 큰 어려움을 겪고 있다. 우리 경제의 성장 잠재력 확충과 일자리 창출 확대를 위해, 기업가 정신의 제고와 관련된 다양한 정책 추진은 매우 중요한 요소이다산업연구원, 2011. 연구개발을 강화해 지식을 축적하고, 기업가정신을 발휘해 관련 기술 개발을 촉진해야 한다. 법과 제도 면에서는 규제를 완화해 도전과 혁신을 시도할 수 있는 환경 마련이 시급하다. 과감한 도전과 혁신으로, 불확실한 미래 산업 변화와 일자리 변화에 맞추어 지속적인 성장이 가능하도록 하는 노력이 중요하다.

그림 15 기업가 정신 및 기업 성장고리

낮아지는 기업가정신 지수

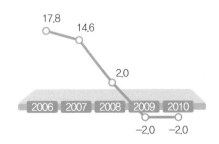

끊어진 기업 성장고리('97~'07)

자료: 한국은행(2010)(좌), 관계부처합동

우리나라는 선진국에 비해 직업 종류의 다양성 또한 부족할 수밖에 없다. 미국과 일본에 각각 3만여 개, 2만여 개 이상의 직업이 있는 반면, 한국의 직업 종류는 미국과 일본과 비교해 많아야 절반, 적게는 3분의 1 수준에 불과하다_{한국고용정보원, 2012}. 창의 인재 육성을 기반으로 구축해 신산업, 신시장, 신직업을 창출할 수 있도록 산업 경쟁력을 키워, 빠르게 변화할 미래에 대응할 필요가 있다.

한국 경제의 미래 변화에 대응할 창의 인재를 육성하고 구축하는 과제는, 아무리 강조해도 지나치지 않을 만큼 중요하다. 이러한 인적자본 구축을 위해 청년들이 패기와 열정을 가지고 다양한 분야에 도전할 수 있는 창업 친화형 교육, 연구 생태계를 조성할 필요가 있다. 또한 100세 시대에 대비해 전 생애에 걸쳐 지속적으로 자기 계발을 하고 기술과 역량을 제고할 수 있도록, 평생학습이 이루어질 수 있는 기반을 구축해야 한다. 마지막으로 다양한 아이디어가 창출되고 활용될 수 있는 생활 속 인프라가 마련되어야 한다. 이를 통해 창의성을 장려하고 존중하는 열린 문화 조성을 구축할 수 있을 것이다.

글로벌 경제 시대, 작은 정부가 최선이다

글로벌 경제 시대, 작은 정부가 최선이다

'보이지 않는 손'에 의해 움직이는 시장경제에 '보이는 손'으로 불리는 정부가 개입하는 것이 바람직한가에 대한 논란이 끊이지 않는다. 글로벌 경제 시대, 정부는 어떤 역할을 해야 하는 것인가? 국가경쟁력과 투명성, 경제 자유도를 중심으로 우리 정부의 건전성을 돌아보자. 재정지출과 세금을 둘러싼 각종 오해, 공무원 보수의 적절성과 공기업 민영화, 지방자치는 우리 일상과도 긴밀한 문제들이다.

#정부개입 #재정지출 #공공재 #복지정책 #국가채무 #세금 #공무원 #공기업과 민영화 #지방자치
#정부만능주의 #정부만능주의에서 정부유능주의로

01 시장경제에서 정부의 역할은 무엇인가?

시장경제에서 정부가 하는 기본 역할

시장 기능이 '보이지 않는 손'이라면, 정부는 기업과 함께 '보이는 손'이라 할 수 있다. 시장은 자율조정 메커니즘에 의해서 움직이는 반면, 정부는 법, 규제, 명령 등 권력 수단으로 시장에 개입해, 조정자, 중재자, 심판자의 역할을 담당한다. 여기서 정부란 행정부만을 의미하는 것이 아니라, 희소한 자원의 배분에 영향을 미치는 모든 권력 개입주체를 총칭한다.

한정된 자원과 재화를 어떻게 배분할 것인지에 대한 집단적 의사결정에 대한 사회적 약속이 사회체제이다. 정부는 법으로 정해진 사회적 약속을 정치과정을 통해 집행한다. 또한 정부는 자유시장 경제가 원활히 작동되도록 권력을 가지고 개입하기도 한다. 치안 등 가장 기본적인 질서를 창출하고, 시장교환 질서를 어지럽힐 경우 재제하며, 재산권 규정이나, 화폐가치 통제 등 시장 거래에 따르는 질서와 규칙을 집행한다. 불공정 거래나 독과점 발생 시 시장에 개입해 조정하거나 규제한다.

특히 사유재산 보호는 시장경제에서 정부가 하는 가장 중요한 의무이다. 원자력 발전소, 군사시설, 송전탑 등 공익을 위해 꼭 필요한 시설이라도 사유재산 가치에 영향을 미칠 경우 주민의 동의 없이는 설치하지 못하는 이유가 여기에 있다.

또한 정부는 의무교육, 행정집행, 법률 적용 등으로 국민을 계도하고 규제하는 역할도 한다. 예를 들면, 소비자가 안심하고 구매할 수 있도록 생산품의 안전검사를 실시하는 등의 일은 정부만이 할 수 있는 일이다.

정부 개입과 자본주의의 발전

사회계약설을 주장한 홉스는 『리바이어던』에서 정부와 개인은 계약관계이며, 사회 질서를 유지하기 위해 정부가 강력한 역할을 해야 한다고 했다. 그러나 자유주의자들은 발전의 원동력인 개인의 자유와 창의를 강조하며, 정부의 개입은 최소화되어야 한다고 주장했다.

역사적으로 자유주의에 기초한 자본주의는 인류를 빈곤과 질병에서 해방시켰다. 그러나 경기변동이 주기적으로 반복되면서, 시장은 불완전하기 때문에 정부가 적극적으로 개입해야 한다는 주장이 계속 제기되었다. 공산주의, 케인즈의 수정자본주의, 유럽의 복지국가론 등 모두 정부의 시장개입이 바람직하다는 주장들이다.

리바이어던
리바이어던은 구약성서 욥기에 나오는 바다 괴물 이름이다. 인간의 힘을 넘는 매우 크고 강인한 힘을 지닌 동물을 뜻한다. 홉스는 국가라는 거대한 창조물을 이 동물에 비유했다.

그러나 20세기 역사를 통해 공산주의는 현실적으로 영속할 수 없다는 사실을 알았다. 이제는 과거의 사회주의나 공산주의 진영의 국가들도 대부분 시장경제를 수용하고 있다. 유럽의 복지국가 이념 또한 후퇴하고 정부개입을 강조하는 목소리도 상당히 줄어들었다. 1980년대 이후 전 세계적으로 규제 완화와 작은 정부론이 대세가 되었다. 그런데 2008년 글로벌 금융위기 이후 다시 정부의 개입이 확대되어야 한다는 주장이 제기되고 있다. 그러나 이는 대부분 변화가 빠른 금융부문에 국한된다. 인류는 그 어느 때보다 작은 정부가 바람직하다고 인식하고 있다.

작은 정부가 바람직한 이유

작은 정부를 선호하는 가장 큰 이유는, 시장이 실패하듯 정부도 실패할 수 있기 때문이다. 정부가 실패하는 이유는 첫째, 서비스 이용자와 비용 부담자가 다르

정부실패

정부가 개입했을 때 시장실패가 교정되기는커녕 오히려 자원배분의 비효율성과 소득 및 부의 불공정 배분을 심화하는 등 사태를 더욱 악화시키기도 한다. 이런 경우를 통틀어 정부실패(government failure)라고 한다. 따라서 정부의 시장 개입은 그 파급효과를 신중히 검토한 후 시행되는 것이 바람직하다.

기 때문이다. 공공서비스에 소요되는 비용은 주로 세금으로 조달한다. 세금을 많이 낸다고 해서 혜택을 더 받는 것이 아니다. 오히려 세금을 적게 내거나 아예 내지 않는 사람이 더 큰 혜택을 보는 경우가 많다. 투자 효율을 따질 유인도 별로 없다. 공금은 공짜라고 생각하기 때문에, 비효율적이고 낭비적으로 지출하게 된다. 둘째, 공직자들은 공공의 목적보다 해당 부서의 예산, 조직, 권한 등을 확대하는 데 더 많은 관심을 기울이기 쉽기 때문이다. 셋째는 공무원들이 충실하려고 하더라도, 능력의 한계로 인해 예상하지 못한 부작용이 발생하는 경우가 많기 때문이다. 마지막으로 공공후생의 증진을 위해 부여된 권력이 특정계층이나 특정지역에만 혜택이 가도록 행사되곤 하기 때문이다.

정부실패는 부정부패와 비효율이라는 형태로 나타난다. 때로는 이익집단의 렌트 추구 행위에 포획되어 사회 전체의 효율성을 떨어뜨리기도 한다. 또한 낡은 관료주의로 인해 국민이 불편을 겪기도 한다.

렌트 추구 행위
렌트 추구의 사회적 비용에 대해 연구한 툴락(Tulloc)은 이익집단이 렌트를 획득하는 비용, 보호하는 비용, 또 상대방이 렌트를 얻지 못하게 하는 비용이 필요한데, 생산활동에 사용되는 비용이 아니므로 사회적인 낭비라고 지적했다.

작은 정부를 선호하는 또 다른 이유는 복지를 위해 세금을 많이 거두는 것은 재산권 보호라는 목표와 상충되기 때문이다. 강제로 세금을 인상해 복지목표를 달성하려 할 경우, 정부는 국민의 재산권을 보호하기 위해 존재한다는 사회계약을 근본적으로 위반하는 것이기 때문이다. 빈부격차는 국민의 자발적인 나눔에 의해 줄어드는 것이 바람직하다. 경제력을 키워 개인소득을 늘리고, 궁극적으로 삶의 질을 높이고자 하는 1·3·5비전을 달성하려면, 정부는 과연 어떤 역할을 해야 할까? 역설적으로, 이 글로벌 경제 시대 정부가 해야 할 일은 가능한 아무것도 하지 않는 것이다. 그 이유와 의미에 대해 우리의 국가 경쟁력과 재정지출, 세금, 지방자치, 공기업 민영화 등의 문제와 더불어 고민해 봐야 할 때이다.

02 정부의 국가 경쟁력, 어디까지 왔을까?

글로벌 경제 시대, 우리나라 정부와 공공부문은 세계적으로 어떤 위상에 놓여 있을까? 선진국 G4 및 스위스와 비교해 어느 정도로 경쟁력이 있을까? 이제는 한국의 소득수준도 많이 올라서, 일본과 큰 차이가 없다. 한국의 구매력평가 1인당 GDP는 2015년에 3만 5,277달러로, 우리가 목표로 하는 스위스5만 8,087달러와는 아직 차이가 크지만, 일본의 3만 7,390달러와 큰 차이가 없다.[1]

그러나 한국의 대외이미지는 아직도 선진국에 비해서 좋은 편이 아니다. '2015 국가브랜드지수'에 따르면 한국은 27위에 그쳤다. 세계경제포럼WEF의 세계경쟁력지수GCI에서 한국의 경쟁력을 하락시킨 주요항목은 '정부정책수립의 비투명성,''비효율적인 관료주의 행정조직,''과도한 노동관련 규제,''자본시장의 낙후성' 등으로, 주로 공공부문의 비효율성과 제도적 후진성 때문이다.

정부의 경쟁력과 관련된 '제도 지수'는 공적제도69위와 사적제도84위로 구분되어 있는데, 이 장에서 분석하는 정부관련 지표는 공적제도 항목들이다. 그중에서도 특히 낮은 점수를 받은 항목은 '정치가들의 대중적 신뢰94위', '정부 규제 부담97위', '테러로 인한 경영비용93위', '정책 결정 투명성123위' 등이었다.

그런데 비교 대상국들과 특히 큰 차이를 보이는 항목은 '정부정책수립 투명성' 지수이다. 한국은 3.3점으로 123위를 차지했는데, 비교 대상국들과 큰 격차를 보이

---

1) Heritage freedom index 2016.

안홀트-GfK 국가브랜드지수(NBI)

국가브랜드 컨설팅 권위자인 사이먼 안홀트와 시장조사 기업 GfK가 발표한다. 이 조사는 세계 50개 주요국을 대상으로 상품 신뢰도를 포함한 수출, 정부 신뢰도를 비롯한 거버넌스, 문화력, 국민 친근감과 역량, 관광 선호도, 투자·이주 매력도 등 6개 범주 23개 분야에 대한 평가로 이루어진다. 2009년 이후 미국이 선두를 지켰으나 2014년에는 독일이 1위를 차지, 2015년에는 다시 미국이 1위를 차지했다. 3~10위는 영국, 프랑스, 캐나다, 일본, 이탈리아, 스위스, 호주, 스웨덴이다.

고 있다. 중국도 4.5점으로 한국보다 훨씬 투명한 것으로 나타났다⟨표 1⟩ 참고.

스위스 국제경영대학원(IMD)의 '2016년 국제경쟁력 평가'에서도 한국은 비슷한 평가를 받고 있다. IMD는 경제성과, 정부와 기업 효율성, 인프라 구축 등 37개 항목을 두고 평가했다. 한국의 GDP 규모는 세계 13위이지만, 국제경쟁력은 25위 내외를 벗어나지 못하고 있다. 2016년에 한국은 이 평가에서 4.2점을 받아 29위를 기록해 2011년의 22위에서 큰 폭으로 하락했다.[2] 우리나라는 2015년에는 일본을 앞섰지만 2016년에는 뒤쳐졌고, 중국에게도 뒤처진 것으로 나타났다. 부문별로 보면, 교육수준이나 노동자들의 숙련도, 경제의 활력, 하부구조의 신뢰성 등은 뛰어

표 1 　한국이 취약한 지표의 국제 비교

	한국	미국	독일	일본	스위스	중국
정치가들의 대중적 신뢰	2.5 94위	3.5 44위	4.7 15위	4.5 21위	5.4 10위	4.0 28위
정부 규제 부담	3.1 97위	3.6 51위	3.9 34위	3.6 54위	4.5 8위	4.0 26위
테러로 인한 경영비용	4.8 93위	4.4 114위	5.1 82위	5.2 77위	6.0 34위	5.0 86위
정부 정책수립 투명성	3.3 123위	5.0 22위	5.1 19위	5.5 12위	5.9 6위	4.5 36위

---

2) http://www.imd.org/wcc/news-wcy-ranking/

IMD의 국제경쟁력 세부지표(2015년)

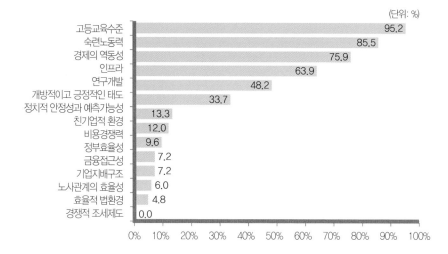

(단위: %)

고등교육수준	95.2
숙련노동력	85.5
경제의 역동성	75.9
인프라	63.9
연구개발	48.2
개방적이고 긍정적인 태도	33.7
정치적 안정성과 예측가능성	13.3
친기업적 환경	12.0
비용경쟁력	9.6
정부효율성	7.2
금융접근성	7.2
기업지배구조	6.0
노사관계의 효율성	4.8
효율적 법환경	0.0
경쟁적 조세제도	

자료: IMD World Competitiveness Yearbook 2015, p. 15.

난 것으로 나타났다. 그러나 정치적 안정성과 예측가능성, 친기업적 환경, 비용경쟁력, 정부효율성, 금융접근성, 기업지배구조, 노사관계의 효율성, 효율적 법환경, 경쟁적 조세제도 등은 매우 취약한 것으로 나타났다[그림 1 참조].

정부효율성과 관련해서 특히 조세회피[59위], 조세장벽[57위], 고령화[55위], 이민법[54위], 불필요한 비용[52위], 규제[48위], 정부의사결정[46위], 공공부문계약[45위] 등의 항목이 취약한 것으로 조사되었다.

03 정부의 투명성과 경제자유도, 어디까지 왔을까?

정부투명성과 부패지수

한 가지 주목할 부분은, WEF의 '정부투명성'지수가 123위로 매우 나쁘다는 점이다. 투명성이 낮을수록 부패가 심해진다. 국제투명성기구[TI]는 국가별 부패인지도지수를 발표한다.[3] 설문조사를 통해 이루어지기 때문에, 부패 수준의 국가 간 절대 비교는 어렵지만, 체험과 분석을 통해 실제적으로 느끼는 부패 수준이라는 데 의미가 있다. 또 매년 발표되기 때문에 특정 국가의 부패 정도가 얼마나 증감했는지 알 수 있는 척도가 된다.

2015년 부패지수에 의하면, 덴마크91점, 핀란드90점, 스웨덴89점, 네덜란드87점와 노르웨이87점 등 북유럽 국가들이 상위에 랭크되었고, 아시아에서는 싱가포르8위, 85점와 홍콩 및 일본18위, 75점이 상위에 랭크되었다. 반면 소말리아8점와 북한8점 최하위를 기록했다. 중국37점은 83위이고, 한국56점은 37위에 머물러 칠레70점, 23위, 보츠와나63점, 28위, 폴란드 및 대만62점, 30위보다 낮았다.

지난 10년간 한국의 부패인식순위는 세계 약 170개국 가운데에서 40위 내외였는데, 그나마 2015년에 순위가 가장 개선된 것이다. 그러나 OECD 국가 34개국 내에서는 여전히 낮은 순위인 27위에 머무르고 있다.

또한 국제투명성기구는 주요 30개 수출국의 '뇌물공여지수'도 발표하는데, 가장 최근 발표된 2011년 지수에 의하면 한국은 13위다. 2008년의 14위, 2006년의 21위에 비하면 점차 개선되고 있음을 알 수 있다. 최근 부정청탁금지법의 실시로 개선될 것으로 기대된다.

부패는 일반적으로 개발도상국에서 심하다. 다국적 기업들이 각종 계약을 따내기 위해 막대한 뇌물을 주기 때문이다. 그리고 규제가 늘고 공공부문의 비중이 커지면 부정부패가 일어나기 쉽다. 이렇게 정부실패의 또 다른 측면은 부패가 늘어나고 지하경제가 커진다는 점이다. 부정부패는 국민의 문화 수준이 낮기 때문에 발생하기도 하지만, 정부 공무원의 기강이 해이할 때도 커진다.

도덕적인 의지만으로는 권력욕을 거부하기 어렵다. 뇌심리학자 이언 로버트슨 Ian Robertson은 『승자의 뇌Winner Effect』에서 권력감에는 코카인과 같은 중독성이 있다고 주장했다. 권력이 강할수록 도파민이 많이 분비되고, 자신의 정당성을 의심하

---

3) http://www.transparency.org/cpi2015

절대 권력의 속성

이언 로버트슨은 개코원숭이를 대상으로 한 실험에서 이를 밝혀냈다. 권력감은 도파민이라는 신경호르몬의 분비를 촉진해 뇌의 중독 중추를 활성화한다는 것이다. 집단의 하위에 있는 개코원숭이는 지위가 올라갈수록 도파민 분비량이 늘었다. 그럴수록 공격적이고 자신감이 넘치는 쪽으로 변모했다. 이는 "절대 권력의 속성을 생물학적으로 보여 주는 것"이라고 말했다.

지 않는 성격이 된다고 한다.

또한 집단주의 성향이 강한 나라일수록 부패가 만연한다는 것은 잘 알려진 사실이다.[4] 캐나다 토론토대학 연구진도 한국을 포함한 21개 국가를 대상으로 국제투명성기구가 발표하는 부패인식지수와 문화의 상관관계를 연구한 결과, 집단주의가 강하면 뇌물을 주고받는 사람들 간 유대감이 죄의식을 희석하기 때문에 부패가 심해진다고 밝혔다.[5] "우리가 남이가"라는 패거리 의식이 강하면 부패가 심해질 수밖에 없다.

경제자유지수

정부의 시장개입에 대한 주요 척도가 경제자유지수이다. 경제자유지수란 한 나라의 자원 배분을 자발적 교환과 시장제도에 어느 정도 의존하고 있는지를 나타내는 지수이다. 미국의 자유주의 싱크탱크인 해리티지재단은 월스트리트 저널과 언계해 경제자유지수를 발표한다. 2016년 발표에서 한국은 71.7로 전체 186개국 중에 27위를 차지했다. 항목별로 보면 우리나라는 부패에서 별로 자유롭지 못하며, 특히 노동부문의 자유지수가 50.6으로 공산주의 국가인 중국보다도 더 낮다. 미국은 91.4로 노동자유지수가 매우 높다.

---

4) 서울시립대학교 반부패행정시스탬 연구소, "부패친화적 연고·온정주의 사회문화 개선방안", 2006.
5) http://biz.chosun.com/site/data/html_dir/2012/07/02/2012070202819.html

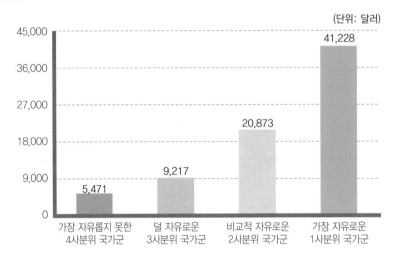

그림 2 경제자유와 1인당 국민소득

(단위: 달러)

- 가장 자유롭지 못한 4사분위 국가군: 5,471
- 덜 자유로운 3사분위 국가군: 9,217
- 비교적 자유로운 2사분위 국가군: 20,873
- 가장 자유로운 1사분위 국가군: 41,228

캐나다의 프레이저연구소Flaser Institute를 포함한 91개국으로 구성된 경제자유네트워크가 발표하는 세계경제자유도Economic Freedom of World, EFW 지수에서는 한국의 자유도가 더 낮게 나타난다. 2016년 보고서는 2014년의 자료에 기초해 159개국의 지수를 발표했다. 한국의 경제자유지수는 7.4점10점 만점으로 세계 157개국 가운데 42위로 나타났다. 특히, 정부 규모 합리성77위, 무역자유57위, 시장규제91위 등이 매우 낮다. 특히 시장규제 분야에서 노동규제 합리성의 지표는 136위로, 157개국 가운데 최하위권으로 나타나, 노동자유도의 경우 한국이 세네갈이나 르완다 등보다 더 낮다.

경제적 자유가 중요한 이유는, 경제적 자유도가 높은 국가일수록 잘살고 경제성장률도 빠르기 때문이다. 대상국들을 경제자유도에 따라 네 부류로 구분한 후 각 국가군 평균 1인당 소득을 계산해본 결과, [그림 2]에서처럼 '가장 자유로운' 국가군의 1인당 국민소득은 4만 1,228달러로 다른 국가군에 비해 월등히 높게 나타났다. 뿐만 아니라 [그림 3]에서처럼 경제성장률도 역시 자유로운 나라가 더 높았다. '가장 자유로운' 국가군의 평균 경제성장률은 3.63%인 반면에 '가장 자유롭지 못한' 국가군의 평균 경제성장률은 1.52%에 불과했다.

또한 이 EFW에 의하면, 지난 30년간 전 세계적으로 경제자유도는 개선되었다.

그림 3   경제적 자유와 경제성장률(GDP, 1990~2014)

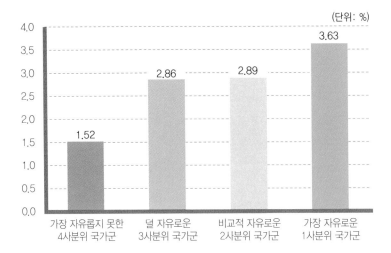

지난 1985년 이후 자료가 가능한 109개 나라를 대상으로, 20개 고소득 국가와 89개 개발도상국 국가의 평균 경제자유도 지수의 변화를 비교해 본 결과, [그림 4]와 같이 지난 10년간 고소득 국가의 경제자유도보다 저소득 국가의 경제자유도가 개선된 것으로 나타났다. 개발도상국의 경우 1985년에 5.0에서 2014년에 6.7로 상당히 개선되었다.

그림 4   평균 EFW 지수(개발도상국(좌)과 고소득국(우), 1985~2014)

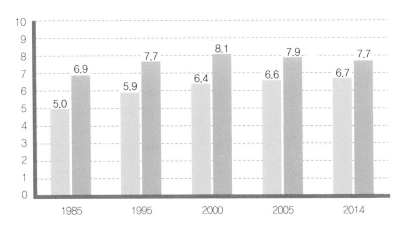

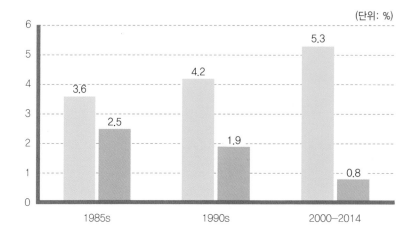

| 그림 5 | 실질1인당 GDP증가율(개발도상국(좌)과 고소득국가(우), 1980-2014) |

이렇게 개발도상국의 경제자유도가 개선된 결과, [그림 5]에서처럼 지난 30년의 평균 1인당 GDP의 증가율을 비교해 보면 개발도상국의 성장률이 고소득 국가들에 비해 훨씬 빠르게 증가했다.

04 우리나라는 복지 후진국인가?

선거철만 되면 각종 복지공약이 난무한다. 한국에서는 2010년에 교육감 선거에서 무상급식 논란이 일어나, 보편적 복지와 선별적 복지라는 논쟁으로 확대되었다. 이제 의료, 보육, 노후 등 다양한 분야로 복지 논쟁이 확대되고 있다. 일부에서는 한국이 아직 복지 후진국이므로 복지를 더 늘려야 한다고 주장한다.

한국 정부의 재정지출 규모

한국의 2017년 예산은 400조 7천억 원 규모로 전년도에 비해 5.7% 증가되었다. 경제성장률보다 재정지출 증가율이 더 빠르다. 이 중 130조 원32.2%이 보건, 복

그림 6 2017년 예산 분야별 재원 배분

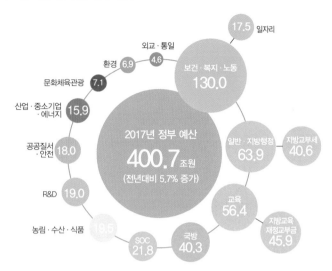

지, 노동 부문에 집행된다. 전년 대비 5.3% 증가해 역시 경제성장율보다 높다. [그림 6]에서처럼 2010년 이후 정부 총지출은 비교적 경제성장율보다 빠르게 증가해 왔다. 부문별로 볼 때 사회간접자본예산은 가장 큰 폭으로 줄었고, 산업중소기업 에너지 예산과 외교통일 예산도 줄었다. 반면에 일반지방행정비가 7.4%로 가장 큰 폭으로 늘었다. 그리고 문화체육관광 및 교육 예산도 크게 늘었다그림 7 참고.

그림 7 2017년 예산 전년 대비 분야별 증감률

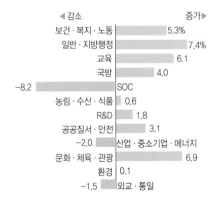

자료: 기획재정부

국내총생산 가운데 가계와 기업의 소비를 민간부문 지출이라고 하고, 정부가 집행하는 부분을 정부지출이라고 하여, 주로 공공부문에서 사용한 것이라 인식한다. 그런데 공공재公共財, public goods란 무엇일까? [그림 8]에서 예산의 주요 분야별 재원 배분을 보면 교육이나 고용 등의 분야가 속해 있음을 알 수 있다. 그런데 이 또한 공공재라 할 수 있을까?

사유재private goods의 특징인 소비의 '경합성'과 '배재성'이라는 특징을 갖지 않는 재화를 공공재라고 한다. 이처럼 경제학에서는 재화의 성격에 따라 공공재

그림 8 총지출 및 주요 분야별 재원배분 추이

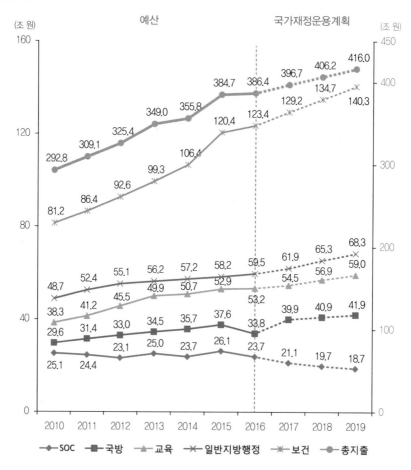

주: 2010~2016년은 예산(추경)기준, 2017~2019년은 「2015~2019년 국가재정운용계획」 기준
자료: 국회예산정책처, 기획재정부 http://www.nabo.go.kr/Sub/01Report

경합성? 배재성?

경합성이란 한 사람이 사용하면 다른 사람이 사용할 수 없다는 의미이다. 배재성이란 그 재화의 비용을 치른 사람만 그 효용을 향유할 수 있고, 비용을 치르지 않은 사람은 소비에서 배재된다는 의미이다.

이러한 두 가지 성질을 갖지 않은 재화를 공공재라고 한다. 방송이나 국방, 치안 등은 소비에 참여하는 사람이 아무리 많아도 한 사람이 소비할 수 있는 양에는 변함이 없고, 또 그 비용을 치르지 않았다고 그 서비스를 향유하지 못하도록 배제시킬 수 없다. 이 두 가지 성격 중 하나만 갖고 있어도 광의로 공공재로 분류한다. 요금을 징수하는 고속도로의 경우 비용을 치르지 않으면 달릴 수 없으므로 배재성은 있지만, 아주 정체가 심하지 않는 한, 한 대가 더 달린다고 해서 다른 차량이 달리지 못하는 것은 아니니 경합성은 없다. 이런 것을 준공공재(quasi public goods)라고도 한다.

를 정의하지만, 현실적으로는 정부가 제공하는 재화나 서비스를 공공재라고도 한다. 교육이나 보육 서비스 등은 정부가 제공할 경우 공공재라고 부르지만, 재화의 성질로 보면 사실 사유재이다. 특히 복지 서비스의 경우 대부분 사유재의 성격을 지닌다. 한 사람이 복지 혜택을 받으면 다른 사람이 그 혜택을 누릴 수 없으므로 경합성을 지니고, 선별적으로 제공할 수 있기 때문에 배재성도 지닌다. 따라서 사유재와 특성이 같다. 교육도 역시 배재성과 경합성을 모두 지니는 사유재의 성격을 지니고 있다. 입시 지옥은 사교육 때문에 생기는 것이 아니라, 사유재인 교육을 공공재처럼 정부가 관리하기 때문에 발생하는 것이다. 급식이나 보육 서비스와 같은 사회서비스도 정부에서 무상으로 제공할 경우, 사유재에서 협의의 공공재로 바뀌는 것이다.

이와 같은 사유재의 성격을 지닌 서비스를 협의의 공공재로 만들 경우에 그 비용을 충분히 조달할 수 있는 경우에는 문제가 없다. 그러나 많은 경우 조세저항이 발생하기 때문에 비용을 지불하는 측과 혜택을 보는 측 사이에 갈등이 생긴다. 지금까지 국민이 각자 해결했던 사유재 성격의 서비스를 국가가 개입해서 모든 비용을 세금으로 조달함으로써 국민에게 부담시키는 것은 효율적이지 않다.

정부재정, 어느 정도 지출이 적정할까?

세금만으로 감당할 수 있는 '지속 가능한 복지'가 가장 바람직하다는 것은 두말할 필요가 없다. 유럽의 재정 위기는 재정 능력을 고려하지 않고 과도하게 복지지출을 계속했기 때문에 발생했다. 복지비 지출을 늘리려면 경제성장이 지속되어야 한다. 복지는 다시 되돌릴 수 없는 비가역적 특성이 있다. 최근 복지를 줄이는 유럽 국가에서 일고 있는 국민적 저항을 보면 쉽게 알 수 있다. 따라서 복지를 늘리려면 신중해야 한다. 한국의 경우 현재 복지혜택수준만 유지해도 2030년 예산 가운데 절반은 복지부문에 써야 할 것으로 추정된다. 고령화가 진행되어 생산가능연령층 인구비중이 낮아질수록 복지비용은 저절로 증가하기 때문이다. 복지국가를 이룩하자는 열망은 매우 바람직하지만, 도달할 수 없는 이상에 불과하다면, 잘못된 목표를 추구함으로써 파국에 이를 수 있다는 점에서 복지는 치명적인 유혹일 수 있다.

국민에게 자율성을 주고 경제 효율을 높이려면 저부담, 저복지 형태가 바람직하다. 그러나 빈부격차에 민감하고 형평성을 중요하게 여기는 사회에서는 국민이 고부담, 고복지 형태를 원할 수도 있다. 이는 국민적인 합의를 통해 선택할 문제이다. 문제는 고복지를 요구하면서 부담을 지지 않으려고 하는 국민의 태도이다.

◤ 복지정책의 유형

복지정책은 크게 공공부조, 사회보험, 사회서비스의 세 가지로 구분된다. '공공부조'란 국민기초생활보장제도 등과 같이, 생계비를 벌지 못하는 계층에 대한 보조를 말한다. '사회보험'은 국민연금, 건강보험, 고용보험, 산재보험 등 사회적 필요에 따라 강제 가입하게 한 보험들을 의미한다. 2017년 예산에서는 사회보험예산이 국방예산보다 더 많다. '사회서비스'란 교육, 보육, 고령층 돌봄 등 개인 소비영역이지만, 사회적으로 중요하기 때문에 정부가 개입하는 분야를 일컫는다.

이에 필요한 복지비를 누가 부담할 것인가에 대한 원칙에는 두 가지가 있다. 복지 수혜자가 비용을 부담하는 '수혜자부담원칙'과 수혜여부와 관계 없이 경제적 능력에 따라 비용을 분담하는 '능력자부담원칙'이 있다. 공공부조의 경우에는 가난한 계층은 경제능력이 없으므로 능력자부담원칙에 따라 재원이 마련된다. 사회보험의 경우에는 일종의 보험이기 때문에 수혜자가 부담하는 원칙을 바탕으로 한다.

그런데 사회서비스의 경우에는 이 두 원칙이 섞여서 운영된다. 사회서비스도 대부분 사적 서비스와 마찬가지로 서비스이기 때문에 수혜자부담원칙이 적용되어야 하지만, 빈곤층에 제공되는 서비스에 대해서는 능력자부담원칙이 적용되어야 한다. 사회적으로 문제가 되는 복지논쟁은 대부분 이 사회서비스 분야에서 발생한다. 예를 들면, 보편적 복지냐 선택적 복지냐의 논란이 일어나고 있는 무상급식도 사회서비스 분야이다. 그리고 반값 등록금이나 반값 아파트 논쟁을 둘러싼 갈등이 일어나는 교육이나 주거복지 역시 사회서비스 분야이다.

▌대중영합주의(populism)의 유혹

정치가나 공무원들이라면 공익을 위해 일해야 하지만, 그들도 사익을 추구하는 인간이기 때문에 자신의 이익을 우선시하기 쉽다. 물론 개인의 영달보다 국가의 미래를 더 고민하는 독일의 슈뢰더 총리 같은 정치가들도 있지만, 대부분의 정치가는 자신의 이익을 우선시한다. 미국의 공공경제학자들은 공무원이나 정치가도 민간부문과 마찬가지로 개인의 사적 이익을 추구한다고 전제하고 공공경제학 이론을 전개한다. 1986년 노벨경제학상을 수상한 제임스 뷰캐넌James M. Buchanan은 "공익을 위한 정부는 헛된 희망사항"이라고 말했다. 공직자들도 이해관계에 따라 행동할 경우, 세금에서 지불되는 공짜 복지 상품들을 이용하고 싶은 유혹에 빠질 수밖에 없다. 이렇게 정치실패가 발생하는 것이다. 복지도 효율적으로 운영되어야 한다는 관점에서 볼 때, 보편적 복지는 옳지 않다. 특정 소외계층을 위한 맞춤형 복지를 선택해야

Point 경제학

개인보다 국가

독일 사민당의 슈뢰더 총리는 2003년 자신의 지지기반인 노동자들의 반대를 무릅쓰고 정치적으로 인기없는 하르츠 개혁을 실시해서 "유럽의 병자"라고 불리던 독일을 가장 모범적인 성장국가로 변화시켰다. 그러나 이로 인해 자신은 선거에서 패배했다.

효율적인 복지정책이란

- 우리나라는 2006년, 5세 이하 영유아의 병원 입원비를 건강보험으로 전액 지원하도록 했다. 저출산 대책의 일환이었다. 그런데 입원환자가 급격히 늘어서 결국 2008년에 입원비의 10%를 환자가 부담하도록 제도를 바꾸어 적자재정을 줄였다. 무상정책은 함부로 실시할 수 없다.

- 서울시는 1989년에 하루 448만 톤의 수돗물을 공급했는데, 2011년에는 327만 톤으로 공급량을 줄였다. 그런데도 서울의 물 사정은 훨씬 더 나아졌다. 1984년부터 26년에 걸쳐 7조 원을 들여 새 수도관으로 교체해, 40%가 넘던 누수율을 4%로 낮추었기 때문이다. 복지비가 새지 않도록 제도를 정비하는 일도 중요하다.

자료: 조선일보 2011. 7. 9.

한다. 보편적 복지는 소득분배를 개선하는 효과도 거의 없다.

복지의 효율성을 높이려면 민간부문의 참여를 더 늘려야 한다. 예를 들면, 요양시설 등을 정부가 도맡기보다는, 민간시장을 활용할 경우 복지의 효율성을 더 높일 수 있다. 능력이 안 되는 저소득층은 공공부문에서 지원하고, 경제적 능력이 있는 계층은 자기 힘으로 복지를 해결하는 편이 효율적이다.

세상에 완벽한 공짜는 없다. '반값 등록금', '무상급식', '무상의료'는 달콤하게 들리지만, 실현하려면 누군가는 그 비용을 부담해야 한다. 복지비를 늘리기 전에 낭비되는 재정지출이 없는지 먼저 확인해야 한다. 2017년에 보건 · 복지 · 고용예산은 130조 원이다. 선진국에 비해 복지비 비율이 낮다고 하지만, 이는 1천만 가정에 일 년에 1,300만 원씩 나누어 줄 수 있을 정도의 큰 금액이다. 이런 막대한 금액이 적절하게 지출되고 있는지 꼼꼼하게 점검해야 한다. 국민권익위원회 자료에 따르면 정부보조금 부정수급센터가 출범한 2013년 이후 부정한 방법으로 보조금을 받아갔다가 환수된 액수만도 430여 억 원이라고 한다. 환수된 금액이 이 정도이면 실제 국고보조금이 얼마나 낭비되는지 모를 일이다. 민간이나 지방자치단체가 벌이는 사업에 쓰라고 정부가 예산에서 떼어주는 국고보조금이 자그만치 60조 원이다. 그런데 이를 관리하는 전산망도 아직 없는 실정이다.

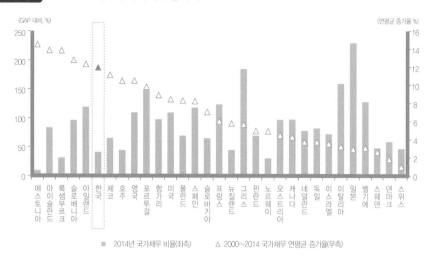

그림 9 OECD 34개국의 국가채무 증가속도

(GAP 대비, %) / (연평균 증가율 %)

에스토니아 / 아이슬란드 / 룩셈부르크 / 슬로베니아 / 아일랜드 / 한국 / 체코 / 호주 / 영국 / 포르투갈 / 헝가리 / 미국 / 폴란드 / 스페인 / 슬로바키아 / 프랑스 / 뉴질랜드 / 그리스 / 핀란드 / 노르웨이 / 오스트리아 / 캐나다 / 네덜란드 / 독일 / 이스라엘 / 이탈리아 / 일본 / 벨기에 / 스웨덴 / 덴마크 / 스위스

■ 2014년 국가채무 비율(좌측)   △ 2000~2014 국가채무 연평균 증가율(우측)

자료: IMF 자료를 바탕으로 국회예산정책처에서 계산

한국의 재정건전성과 국가채무

우리나라의 재정건전성은 아주 나쁜 편은 아니다. 2015년에 IMD가 평가하는 한국의 공공재정건전성 순위는 25위였으며, WEF가 발표한 정부재정수지 순위는 19위를 기록했다. 2016년 현재 우리나라의 국가채무는 645조 원 규모로 국내총생산 대비 국가채무 비율은 40.1%이다.[6] 이는 OECD 평균115.2%보다는 크게 낮은 수준이다.

그러나 국가채무의 증가속도를 고려할 때 안심할 수 없다. [그림 9]에서 보는 바와 같이 2000~2014년 동안 우리나라의 국가채무 증가속도12.0%는 OECD 34개국 중에서 여섯 번째로 높은 증가율을 기록하고 있다. 재정위기를 겪고 있는 국가 중 아일랜드12.5%를 제외한 포르투갈9.7%, 스페인7.5%, 그리스6.0%, 이탈리아3.6%보다 빠른 증가추세이다.

특히 한국의 빠른 고령화 속도와 통일 후 복지수요를 고려할 때, 안심할 수 없다. 이대로 가면 2030년경 나랏빚이 국내총생산GDP을 넘어설 수 있다고 한국은행은 경고했다. 고령화로 인한 사회보장성 지출만 따져도 정부 부채는 2030년 GDP

---

6) 중앙정부채무와 지방정부 순채무를 합한 금액이다. 기획재정부, 국가채무 추이. http://www.index.go.kr/potal/main/EachDtlPageDetail.do?idx_cd=1106

그림 10 GDP 대비 국가채무 비율의 연도별 추이과 전망

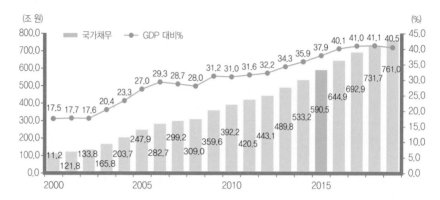

주: 2000~2015년은 결산기준, 2016년은 예산기준, 2017~2019년은 정부전망기준

대비 72.3%로 늘어나는데, 여기에 공기업 부실 보전, 공공주택 공급 지원 등을 합하면 2030년, 국가부채가 GDP의 106%에 달할 것이라 분석됐다.[7]

통일이 어떤 식으로 이루어질지도 예측하기 어려운 상황이다. 현재 한국의 기초생활보장 수급자는 국민의 2.6%에 해당하는 132만 9천 명2014년 기준이다.[8] 그런데 갑자기 통일이 될 경우 수혜 대상자가 대폭 올라갈 것이다. 복지를 낮추기 어렵다는 점을 고려할 때, 통일을 대비해서도 함부로 복지 대상을 크게 늘릴 수 없다.

북유럽은 평균적으로 소득의 1/3을 세금으로 납부한다. 특히 복지가 잘 되어있다고 하는 스웨덴은 우리보다 세금을 두 배나 더 낸다. 스웨덴의 GDP 대비 국민부담율은 48.3% 2007년인 반면 한국은 26.5%에 불과하다. 그리고 스웨덴은 국민연금을 1903년에 도입해 공적연금 지출규모가 매우 높은 데 비해, 한국은 국민연금을 1986년에 도입했으므로 약 80년이 뒤졌다. 따라서 앞으로 국민연금이 본격적으로 지급되는 시기가 되면 한국의 복지비도 지금보다 훨씬 높아진다.[9]

미국도 국가채무가 많지만, 미국은 기축통화국이기 때문에 달러를 찍어 내기만 하면 얼마든지 빚을 갚을 수 있다. 그리고 국가부채를 비교하려면 순자산도 고려해

---

7) 한국은행 박양수 계량모형부장 등 13명, 「부채경제학과 한국의 가계 및 정부부채 보고서」
8) 보건복지부가 2016년 9월에 발표한 최신 자료.
   http://www.index.go.kr/potal/main/EachDtlPageDetail.do?idx_cd=2760
9) 현진권, 「복지 논쟁: 무엇이 문제이고 어디로 가야 하나」, 자유기업원, pp. 49-50.

야 한다. 일본의 국가채무는 우리나라보다 훨씬 많지만, 일본은 한국에 비해 해외 자산이 엄청나게 많다. 한국은 국내총생산 규모로 보면 세계 13위 경제 대국이지만, 한 해 동안 국민이 번 소득이 그렇다는 뜻이다. 즉 현금 흐름이 나쁘지 않다는 의미일 뿐 재산 자체가 많다는 의미는 아니다.[10]

복지 정책의 목표는 양극화 해소와 소득분배 개선이 아니라, 빈곤율을 낮추는 것이어야 한다. 즉 정부가 강제로 세금을 거두어 실시하는 복지정책은 가난한 사람들의 절대적 빈곤을 없애는 것이다. 최빈층의 생활수준이 적어도 인간의 존엄성을 유지할 수 있는 수준이 되도록 정부에서 보장하는 것이다. 우리나라의 경우 아무 소득이 없고 돌볼 가족이 없으면 기초생활수급자에게 정부에서 월 30만 원을 지급한다. 이 금액을 어느 수준으로 올릴 수 있을지는 우리 국민이 세금을 낼 수 있는 경제적 능력에 달렸다.

소득분배 개선은 저소득층에게 노동할 기회를 제공하고 부자들이 자발적으로 기부를 하게 함으로써 해소해야 한다. 국민들의 상대적 생활수준은 정부 힘으로 좁힐 수 없다. 지난 20세기에 공산주의 실험에서 얻은 교훈이다. 정부 개입은 하향평준화의 결과만을 가져올 뿐이다.

05 우리나라는 세금을 적게 거두나?

정부의 재정정책은 세입과 세출로 나눌 수 있는데, 지금까지 세출에 대해서 살펴보았다. 이번에는 세입정책을 살펴보자. 세금을 적게 거두어서 복지비 지출을 못하는 것인가? 더 거둘 수 있는가? 국가에 세금을 제대로 내는 것이 가장 손쉬운 사회적 기여다. 그런데 세금 납부를 자랑스럽게 여기지 않는 경우가 많다. 왜 그럴까? 세금을 징벌의 수단으로 여기기 때문일 것이다. 모든 사람이 세금을 내고, 납세를 통해 사회적으로 기여하면 그만큼 대우하는 것이 진정한 경제 민주화이다. 세

---

10) 김홍수의 경제포커스, 프리미엄 조선, 2014. 10. 22.

금에 대한 잘못된 통념과 바람직한 세입정책에 대해 더 자세히 들여다보자.

우리나라는 세금을 얼마나 거두나? –조세부담률

정부가 일을 하려면 세금을 거두어야 한다. 한국의 조세정책과 관련해 잘못된 통념 중 하나는, 세금을 적게 거두기 때문에 복지 등 정부지출을 많이 하지 않는다는 것이다. 부자들에게서 세금을 더 많이 거두어 정부가 가난한 사람들에게 나누어주어야 정의가 실현된다고 생각한다. 국제적 기준에서 한국은 세금을 어느 정도 거두는 나라일까?

'조세부담률'은 국민들의 조세부담 정도를 측정하는 지표로, 사회보장기여금을 제외한 국세 및 지방세를 합한 조세수입이 경상 GDP에서 차지하는 비중을 뜻한다. '국민부담률'은 사회보장기여금을 포함한 총조세가 경상 GDP에서 차지하는 비중을 뜻한다. 국민부담률에는 사회보장기여금이 포함되기 때문에 조세부담률보다 더 포괄적으로 국민부담 수준을 측정하는 지표이다. 사회보장기여금이란 4대 공적연금인 국민연금, 공무원연금, 군인연금, 사학연금과 고용보험, 산업재해보상보험, 건강보험 등 사회보험의 기여금 등이다. 국민부담률지표가 조세부담률지표보다 더 포괄적이기는 하지만, 정확히 산출되기 어렵다. 정부수입 가운데 각종 부담금, 강제로 매수되는 국공채 등은 강제성, 비대가성, 비상환성이 있지만, 조세로 구분되지 않기 때문이다.[11] 조세부담률의 경우 아직 OECD 평균이나 독일에 비하

일상다반사 경제학

징벌적 세금, 양도소득세

노무현 정부가 2005년에 도입한, 다주택 보유자에게 양도소득세를 중과세하는 것도 일종의 징벌적 조치이다. 주거 공간인 집으로 돈을 벌려는 것은 옳지 않다고 생각하기 때문에 집을 두 채 이상 보유한 사람에게는 양도소득세를 중과세하는 것이다. 합산 주택 가격이 6억 원이 넘으면 내야 하는 종합부동산세도 징벌적 세금이다. 이와 같이 부자를 표적으로 한 '한풀이식' 증세는 세금을 징벌이라고 느끼게 만드는 요인이다.

---

11) 한국조세재정연구원, http://info.kipf.re.kr/Kor/oecdtaxburdenratio.aspx

면 낮은 수준이지만, 일본이나 미국과는 비슷한 수준까지는 올라갔다. 국민부담률도 과거에 비해 많이 늘어서 미국, 스위스와 비슷한 수준이다. 중국보다는 훨씬 높게 나타나고 있다.

한국의 조세체계는 정의롭지 않은가? -간접세와 부가가치세

세금을 부담할 능력이 많은 부자들의 세금부담을 늘리고 가난한 사람의 세금부담을 줄여야 정의로운 조세체제라고 여긴다. 따라서 소득에 따라 누진적으로 부과하는 직접세의 비중을 높이고 소득 수준과 관계없이 세금을 부담하는 간접세의 비중을 낮추어야 바람직하다고 한다. 우리나라의 경우 간접세를 너무 많이 거두고, 부자들이 상속세를 회피하는 경우가 많아 정의롭지 못하다고 주장하는 사람들이 많다. 우리나라 국세 수입 비중을 보면 [그림 11]에서 보는 바와 같이 부가가치세, 소득세, 법인세가 각각 약 1/4 정도를 차지하고, 나머지가 기타 세금이다. 간접세 비중을 낮추고 직접세의 비중을 높이는 것이 바람직하지만, 직접세는 거두기 쉽지 않다. 직접세를 정확하게 거두려면 개인의 소득 및 재산에 대한 정확한 정보가 필

그림 11 2016년 세입 예산

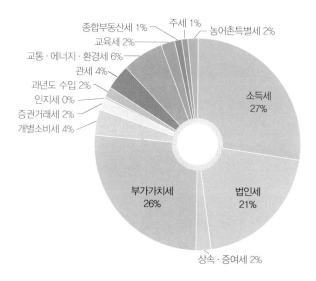

자료: 디지털예산회계시스템(www.dbrain.go.kr) 및 기획재정부 발표 「2015 회계연도 세입·세출 마감 결과」
    (2016. 2. 5.)

요한데, 그런 정보들을 갖추기가 쉽지 않기 때문이다. 따라서 개발도상국들은 직접세 비중이 낮고 간접세 비중이 높은 것이 일반적이다. 2011년 우리나라 국세 수입에서 간접세 비중은 49.7%로 OECD 회원국 평균보다 약 10%p 이상 높다. 그러나 과거에 비해 간접세 비중이 계속 낮아지고 있다.

▲

부가가치세
부가가치세는 제품이나 용역이 생산, 유통되는 모든 단계에서 새롭게 창출되는 '부가가치'에 대해 부과하는 세금이다. 우리나라에서는 1977년부터 실시했다. 일본에서는 '소비세'라고 불리고 미국에서는 '판매세'라고 한다. 우리나라나 유럽 국가들은 생산 단계에서 늘어나는 부분의 가치에 대해서 세금이 부과되지만, 미국에서는 소비자에게 최종적으로 판매되는 단계에서만 부과되며 세율도 주마다 다르다.

대표적인 간접세는 부가가치세이다. 우리나라의 부가가치세율은 10%이다. 세계에서 가장 낮은 수준이다. 우리보다 낮은 나라는 스위스와 일본, 대만, 태국, 말레이시아 정도뿐이다. 유럽 국가들은 대부분 20% 내외로 우리나라에 비해 매우 높다.

[그림 12]에서 보는 바와 같이 세계는 대부분 간접세를 높이고 있다. 우리나라는 자영업자들의 반발과 정치적 부담 등으로 인해 부가가치세를 높이지 못하고 있다. 간접세가 올라가면 물가에 미치는 충격이 매우 크기 때문이기도 하다.

우리나라의 간접세로는 부가가치세 외에는 개별소비세, 주세, 인지세, 증권거래세 등이 있다. 교통세, 주세 등은 저소득층과 고소득층이 동일하게 부담한다. 개별소비세의 경우 보석, 귀금속, 모피, 오락용품, 고급사진기, 자동차, 휘발유 등 유류에 부과되는 세금이다. 간접세이기는 하지만 주로 부유층이 소비하는 물품에 부과되기 때문에, 누진세가 아니어도 어느 정도 형평성을 높일 수 있다.

미국의 애플이나 구글 등은 삼성보다 더 많은 현금 자산을 쌓아 두고 있는데, 대부분 조세회피 지역에 있다. 따라서 소득세나 법인세 등 직접세의 비중은 점차 낮아질 수밖에 없고 간접세 비중이 높아지고 있다.

우리나라에서는 간접세에 속하는 주세와 담뱃세 등의 비중이 높다. 외부효과를 줄이기 위해서 부과하는 것이기 때문에 형평성을 높이는 목적까지 염두에 두기란 어렵다. 세계적인 추세는 점차 간접세를 높이고 직접세를 낮추는 것이다. 그 이유는 글로벌화하면서 조세회피가 더 수월해졌기 때문이다.

세금의 경제적 비용

세금을 거두는 데도 비용이 많이 소요된다. 세금을 제대로 거두려면 세무 공무

그림 12 주요국 2010년 이후 부가가치세율 동향

주: 일본은 2015년 10월까지 계획
자료: 조세연구원

원도 늘려야 하고 세무소 운영에도 비용이 들기 때문이다. 그리고 탈세자를 찾아
내려면 세무사찰도 해야 한다. 어느 정도 비용이 소요될까? 우리나라의 경우 국세
청에 약 2만 명의 공무원이 있다. 5월 말에 개인납세자들이 세금 신고를 해야 하는
데, 이때 발생하는 비용을 납세순응비용 또는 납세협력비용이라고 한다. 세액의 약
10~20% 정도가 소요된다. 그리고 각종 협회 등 이해집단에서 조세특례를 받기 위
해 각종 로비를 하게 되므로 비용이 발생한다. 이런 비용을 다 합하면 징세액의 약
30~40%가 세금으로 인한 경제적 비용이 된다.

따라서 앞서 설명한 사회서비스를 정부가 세금을 거두어 무상으로 제공하려
면 늘어나는 세금만큼 비용도 비례해서 늘어나게 되므로, 매우 비효율적이다. 게
다가 보편복지의 형태로 할 경우 소득분배 효과도 사라지기 때문에 더욱 바람직
하지 않다.

세금의 종류에 따라 소비과세의 효율비용도 다르다. 부자에게 과세하는 자본과
세는 효율비용이 약 30% 정도 소요된다. 즉 10억 원을 거두려면 약 3억 원 정도가
비용으로 소요된다는 뜻이다. 반면 노동과세는 20%, 소비과세는 약 10%가 소요된
다. 즉 소비세를 높이면 가장 낮은 비용으로 세금을 거둘 수 있다는 의미이다. 이
런 여러 가지 이유로 세계는 간접세를 높이는 추세이다.

한국은 법인세가 너무 낮은가?

조세를 둘러싼 또 하나의 비판은 우리나라의 경우 기업이 부담하는 법인세가 너무 낮다는 것이다. 우리나라는 1990년대 후반 이후 법인세를 계속 낮추었다. 그 이유는 세계적으로 현재 법인세 인하 경쟁을 하고 있기 때문이다. 글로벌 경제 시대에 글로벌 기업들은 기업환경에 따라 옮겨 다닌다. 그 기업환경 중 가장 중요한 항목이 법인세율이다. 따라서 각국은 글로벌 기업을 유치하기 위해 법인세 인하 경쟁을 하고 있다. 법인세 인하 경쟁이 소득세 인하 경쟁보다 더 치열하다.

한국의 법인세율이 22%이지만, 기업들이 이런저런 이유로 다 빠져나가고 실제로 내는 법인세율은 매우 낮다는 비판이 많다. 각종 이유로 면제받은 부분을 제외한 실효세율이 16%로 낮아졌다. 그러나 한국의 경우 전체 세수에서 법인세가 차지하는 비중은 14%로 OECD 평균8.5%보다 훨씬 높다. 미국은 법인세 최고 세율이 35%로 우리나라보다 높지만, 법인세가 전체 세수에서 차지하는 비중은 8.5%로 우리보다 낮다. 미국의 트럼프 대통령 당선자는 법인세를 15%로 낮추겠다고 공언했다. 또한 한국은 상위 1% 기업이 80%의 법인세를 부담하고 있다.

법인세는 누진으로 적용하지 않는 게 일반적이다. 세계 대부분의 나라는 법인세의

Point 경제학

구멍난 법인세

경제개혁연구소가 2008~2015년 국세통계연보를 분석해 발표한 '최근 연도 법인세 실효세율 분석과 시사점'에 따르면, 2014년 법인세 신고 의무가 있는 55만 개 법인 가운데 실제 법인세를 납부한 곳은 29만 290곳으로 전체의 52.7%였다. 법인들도 영업손실을 봤다면 세금을 내지 않아도 된다. 2014년 기준 전체 법인 가운데 세전 손실을 본 19만 904곳(34.7%)은 법인세를 면제받았다. 나머지 6만 9,278곳(12.6%)은 영업이익을 내고도 법인세를 한 푼도 내지 않았다. 최근 조세연구원의 발표에 의하면 상위 0.5%의 기업이 법인세의 78%를 부담한다.

자료: 김학수(한국조세재정연구원), 2016. 8. 25 대한상공회의소 정책토론회 발표자료.

경우 과표가 단일화되어 전혀 누진적이지 않거나, 누진적으로 하더라도 과표가 두 단계이다. 그런데 우리나라는 법인세의 경우 세 단계 누진율을 적용해 누진성이 강하다.

세금 한 푼도 안 내는 사람이 얼마나 되나?

소득세의 경우에도 우리나라는 누진율은 높다. 선진국과 비교해도 최저세율과 최고세율 간 차이가 큰 편이다. 형평성을 가장 중요시하는 사회주의 국가들은 최근 단일세율을 도입하고 있다. 복지국가 스웨덴의 조세정책은 형평성 면에서도 매우 불공평하다. 예를 들면 자본소득에 대해서는 매우 낮은 세율을 적용하고 근로소득의 세율은 매우 높다. 그 이유는 자본소득은 이동성이 높아 세율을 높일 경우 글로벌 기업들이 빠져나가기 때문이다. 반면에 이민가는 것은 쉽지 않기 때문에 근로소득의 세율을 높이는 것이다.[12]

한국의 근로소득세율은 10%대이지만, 독일은 34%이다. 독일국민은 전체적으로 소득의 63%를 세금으로 납부해야 해서 1월 1일부터 7월 14일까지 1년의 반 이상을 세금을 납부하기 위해서 일하고 그 이후에야 세금에서 해방된다.[13] 반면에 한국은 3월 20일에 세금에서 해방된다.[14]

또한 세금은 가능한 모든 사람이 부담해야 바람직하다. 선진국의 경우 국민의 80%가 소득세를 부담하고 나머지 20% 정도만 면제받는다. 이런 사회가 건강한 사회이다. 그런데 한국은 2014년 귀속분 기준, 근로소득자 중 48%가 소득세를 한 푼도 내지 않았다. 결국 소득세를 절반의 소득자들만 부담하는 셈이다. 이는 헌법에 명시된 국민개세皆稅주의 정신을 훼손하는 것이다. 우리나라의 근로자 면세 비율은 OECD 회원국 평균20%보다 2배 이상 높다.[15]

저소득층의 세금부담을 줄여 준다는 취지도 좋고, 최저생계비에 못 미치는 빈곤층 24%에게 면세 혜택을 주는 것은 불가피하지만, 중산층까지 세금을 한 푼도 안 내도록 하는 것은 바람직하지 않다. 사실 소득세의 과세표준은 각종 소득공제를 제한 금액이기 때문에, 실제 소득이 4,000만 원이 넘는 근로자들도 세금을 거의 내지

---

12) 현진권, 『복지논쟁』, p. 103.
13) Hanno Beck & Aloys Prinz, Zahlungsbefehl: Von Mord-Steuern, Karussell-Geschaften und Millionars-Oasen, 2010.; 이지윤 역 『세금전쟁-걷으려는 자와 숨기려는 자』, 재승출판, 2016.
14) 자유경제원 보도자료 "2016년 세금해방일은 3월 20일," 2016.
15) 김재진, "현안보고서" 「재정포럼」 2016. 7. 31. 한국조세재정연구원.

근로장려세제

근로장려세제는 저소득 층에게도 더 도움이 된 다. 미국, 영국, 프랑스 외 에도 뉴질랜드, 캐나다 등 에서 시행하고 있다. 우리 나라는 2016년에 연소득 2,500만 원 이하인 근로자 가 최고 200만 원까지 지 원을 받을 수 있다. 2015 년 근로장려세제 수혜계층 은 110만 가구로 500만을 넘긴 면세자 규모에 비해 그 숫자가 적다.

않는 상황이다. 세금은 가능한 한 많은 국민이 내게 하고, 대신 세율은 낮추는 '넓은 세원税源, 낮은 세율' 제도가 바람직하다. 조금이라도 세금을 내야 복지비용이 결국 자신의 호주머니에서 나간다는 생각을 가지고, 방만한 국정운영에 대해 책임감 있는 태도를 취하게 된다.

그 대신 일하는 사람에게 더 많은 복지혜택을 주어 근로의 욕을 높이는 것이 바람직하다. 이를 위해서 최저임금을 올리 는 것보다 '근로장려세제'를 활용하는 방법이 더 효과적이다. 이 제도는 미국에서 1975년에 도입된 이후 계속 확대되어 지금 은 미연방정부의 저소득지원 정책 중에 가장 규모가 크다. 영국 Working Tax Credit, WTC과 프랑스Prime pour l'Emploi, PPE 등의 나라들도 이와 유사한 제 도를 도입했다. 우리나라는 2008년에 이 제도를 도입했는데, 더 확대적용할 필요 가 있다. 우리나라의 경우 연간 총소득이 1,700만 원 미만인 근로자 가정의 18세 미만 자녀를 2인 이상 부양하고 있는 가구가 수혜대상이다. 근로소득이 증가하면 소득의 일정비율, 예를 들면 15%를 추가로 정부가 더 지불하는 식으로 근로를 장 려하는 제도이다. 근로자에게 마이너스 세금, 즉 보조금을 지급해서 근로를 장려하 는 것이다. 기존 복지제도와 달리 일정 소득구간에서는 열심히 일할수록 급여를 많 이 지급하도록 설계되어, 근로의욕을 높이는 효과가 있다. 이 혜택을 받으려면 소 득신고를 정확히 해야 하므로 소득 파악이 획기적으로 개선되고, 각종 사회복지 행 정의 효율성이 크게 높아질 수 있다.

상속세의 딜레마

한국에서 반기업 정서가 높은 이유 중 하나가 편법상속 때문일 것이다. 그러나 상속세에 대해 잘 알려지지 않은 점이 있다. 상속세 자체가 아예 없는 나라도 많다 는 사실이다. GlobalPropertyGuide.com에 등재된 123개국 중 58%에 해당하는 캐나 다, 뉴질랜드, 러시아, 말레이시아, 스웨덴, 홍콩 등 71개국은 상속세가 없다. 이들 국 가들이 상속세를 거두지 않는 이유는, 이미 소득을 형성하는 과정에서 취득세나 소 득세를 내고 남은 것이니 상속세를 부과한다는 것은 동일한 재산에 대해서 이중적

뿌리기술 가로막는 상속세

금형과 주조, 용접, 표면처리까지의 기초공정 기술을 제조업의 근간이 된다고 해서 '뿌리기술'이라고 하는데, 우리나라에서는 이런 기술을 계승하기 어렵다. 뿌리산업의 최강국인 독일의 경쟁력을 100이라고 할 때 일본은 93으로 독일과 큰 차이가 없는데, 우리나라는 72에 불과하다. 일본은 우리보다 앞서 초고령사회로 접어들었지만 뿌리기술을 성공적으로 전수해가며 세계 최고 수준의 경쟁력을 유지하고 있다. 일본 기업은 전체 직원의 70%가 40대 이하이다. 이러한 뿌리기술을 계승시키려면 중소기업을 상속할 수 있어야 한다. 현행 상속세 체계에서는 이것이 현실적으로 불가능하다.

으로 과세하는 것이어서, 조세원칙에 위배되기 때문이다. 재산에 대한 이중과세이기 때문이다. 상속을 하는 사람의 입장에서 볼 때는 상속세를 부과하지 않는 것이 옳다.

그렇다면 왜 상속세가 존재할까? 그 이유는 대상을 바꾸어서 상속받는 사람의 입장에서 본다면, 상속이란 일종의 소득이 발생한 것이기 때문이다. 또 하나의 조세 원칙은 소득이 있는 곳에 세금이 있다는 것이다. 따라서 상속세란 상속을 주는 사람을 기준으로 할 것인가, 아니면 상속받는 사람을 기준으로 할 것인가에 따라 부과해도 되고, 부과하지 않아도 된다. 세계적으로 볼 때 상속세를 부과하는 나라가 부과하지 않는 나라보다 적다.

한국은 상속세를 부과하는 나라군에 속할 뿐만 아니라, 상속세율이 세계에서 가장 높다. 상속세를 부과하는 나라들의 상속세 최고세율 평균은 21%이다. 한국의 상속세 최고세율은 50%이다. 일본, 대만, 미국과 함께 가장 높은 나라에 속한다. 게다가 한국의 경우 경영권을 상속하면 30% 할증이 되어 65%가 된다. 세계에서 가장 상속세율이 높은 셈이다. 다른 나라에서는 경영권 상속을 미덕이라고 인식하고 오히려 우대하는 데 비해 한국은 상속세를 할증한다. 따라서 경영권을 상속하고자 하는 기업의 입장에서는, 상속세를 규정대로 다 내고 경영권을 승계할 가능성은 매우 희박하다. 선진국들은 경영승계를 할 경우 상속세를 깎아준다. 예를 들면 연간 10%씩 인하해, 10년간 후손이 직접 경영할 경우 상속세를 완전히 면제한다.

세계는 조세정책도 고용을 늘리는 데 초점을 두고 있다. 우리나라의 조세 정책

상속세 폐지

2001년 278명의 경제학자들이 미국 의회에 상속세를 폐지하라는 공개서한을 보냈다. 1976년 노벨경제학상 수상자 밀튼 프리드먼, 2002년 노벨경제학상 수상자 버넌 스미스 등이 포함되어 있었다. 뿐만 아니라 진보진영에 속하는 스티글리츠(2001년 노벨경제학상 수상) 역시 상속세의 기능에 대해 회의적인 견해를 표했다. 세금을 많이 거두어 복지가 잘되어 있다는 스웨덴은 2005년에 상속세제를 폐지했다. 뿐만 아니라 부유세제도 2007년에 폐지했다.

도 고용을 높이고 일자리를 늘리는 데 역점을 두어야 한다. 그러기 위해서는 근로소득에 대한 조세 부담을 줄이고 자산 소득에 대한 조세부담율은 높여야 한다. 그러나 하루 아침에 그렇게 할 수 없는 이유는 아직 국민 대다수가 자산이 부동산에 묶여 있어 자산에서 소득이 발생하지 않아 담세능력이 없기 때문이다.

07 공무원, 신이 내린 직업, 신도 부러워하는 직업?

우리나라 젊은이들은 최근 가장 선호하는 직업으로 공공부문의 일자리를 택하고 있다. 과거와 달리 공무원이 직업 안정성이 높을 뿐만 아니라 처우도 좋아졌기 때문이다. 중요한 나라의 일을 처리하는 일에 우수한 젊은이들이 몰려오는 것은 바람직하지만, 적정한 규모의 숫자를 넘을 정도로 공무원이 많아지면 세금이 낭비될 수 있고, 정부실패의 한 요인이 될수 있다.

공무원 규모는 적절한가?

'우리나라 공무원의 국제비교'라는 연구에 의하면, 홍콩이나 싱가포르에 비해 공무원 숫자가 적지는 않지만 대부분의 OECD 국가나 비OECD 국가에 비해 공무원의 숫자가 적다고 나타난다.[16] 그러나 공무원의 숫자를 국제적으로 정확히 비교하기란 쉽지 않다. 나라마다 공무원의 범주가 다르기 때문이다. 따라서 먼저 공무원의 범주에 속하는 직업이 어디까지인지를 정해야 한다.

우리나라의 공식적인 공무원 규모는 공무원법상의 공무원 기준을 사용하는데, 여기에는 군인은 포함되지 않는다. 그러나 OECD 등 국제기구에서는 한국과 달리 군인, 사회보장기금 종사자 및 공공비영리기관 종사자를 공무원에 포함시킨다. 사회보장기금종사자의 경우 국민연금관리공단이나 건강보험공단 등의 종사자를 포함하면 되니 논란의 여지가 별로 없지만, 공공비영리기관의 종사자를 어디까지 포함할 것인가는 논란의 여지가 많다. 또한 국민 개병제를 운영하는 우리나라는 군인의 숫자를 어디까지 포함시킬 것인가도 문제다.

국제비교를 위해서 군인 규모로 22만 6,000명을 포함시키고, 국방 이외의 행정 업무에 종사하는 의무복무자전투경찰, 의무경찰, 공익근무요원 규모를 공무원에 포함시켜 계산하니, 2004년의 국제비교가 가능한 공무원의 규모를 계산한 결과 136만 7천 명에서 140만 7천 명 사이로 추정되었다. 이에 따라 인구 1,000명당 공무원 규모를 28.0명으로 추계했다.[17] OECD나 IMF 등 국제기관은 인건비를 정부가 부담하는 경우 공무원으로 보고 있기 때문에, 임시직도 공무원 수에 포함해야 한다. 또한 지방공사, 지방공단 등에 종사하는 공무원과 사립학교 교사도 국제비교를 위해 포함해야 한다. 이렇게 재산정한 공무원 수는 2006년 말 기준으로 약 190만 9,925명에 달한다.[18] 이는 정부 통계치의 거의 두 배 수준이다. 최근 김영란 법 적용 대상 공무원 185만 명과 비슷한 숫자다. 이를 근거로 계산하면 한국의 경우 인구 1천 명당 공무원이 39.4명이라는 계산이 나오는데, 이는 일본41.2%, 2001년과 비슷한 수준이다. 독일은 51.5%2003년로 한국보다 약간 높은 수준이지만, 미국73.2%, 2004년, 스위스 63.7%, 2001 OECD 평균75.2%에 비해서는 한국의 공무원 숫자가 적은 편이다. 그러나 최근에 정부경쟁력이 높다는 홍콩31.9%, 2004이나 싱가포르26.9%, 1999년에 비하면 한국은 공무원 숫자가 많은 편이다.

16) 김태일·장덕희, "우리나라 공무원규모의 국제비교" 「한국행정연구」, 제15권, 제4호(2006 겨울호), pp. 3-26.
17) 김태일·장덕희(2006, 12), (공식적 공무원규모 91만 5,945명) + (사회보장기금과 공공비영리기관 종사자 규모 8만 5천 명 −12만 5천 명) + (추정 군인 규모 32만 6천 명)
18) http://www.cfe.org/20081007_112744

공무원의 보수는 높은가?

이렇게 공무원의 숫자를 비교하기 어렵기 때문에, 이들의 처우나 인건비에 대한 국제 비교는 더욱 어렵고 공식적인 통계도 현재로서는 없다. 한국의 국가 통계에 게시된 공무원 인건비는 공무원법상에 규정된 공무원에 한정된 것이므로 정확하지 않으며, 특히 국제 비교에도 활용할 수 없다. 젊은이들이 가장 선호하는 직업 중 하나가 공무원이 되었다는 것은 그만큼 처우가 좋아졌다는 사실을 반증한다. 싱가포르와 홍콩 등은 공무원 숫자는 적지만 공무원 처우가 가장 좋다. 그래서 우리나라도 공무원 수를 절반으로 줄이고, 보수를 두 배로 늘리자는 주장도 있다.

공무원의 처우를 평가할 때 급여수준, 직업의 안전성, 퇴임 후 연금수준, 현직에 있을 때 영향력 등을 종합적으로 평가해서 비교해야 한다. 다른 직업에 비해 안정성이 높고, 공무원 연금이 국민연금에 비해 높기 때문에 그리고 정시퇴근과 엄격한 주5일제 근무 등 근무여건이 상대적으로 좋다는 점 등을 고려할 때, 공무원의 현금 보수가 다른 직종에 비해 떨어지더라도 더 선호된다는 사실은 쉽게 이해할 수 있다. 특히 평균수명이 길어져 연금액이 평가에 매우 중요한 요소가 되었다. 국가가 불입하는 연금보험료도 공무원연금8.5%이 국민연금4.5%의 두 배 정도 된다. 이러한 것을 모두 고려한 '평생소득'을 기준으로 하면 공무원의 보수가 유리하다. 게다가 고도성장기와 달리 저성장기에 접어들면서 직업안정성이 크게 떨어졌으므로, 공무원들이 누리는 직업안정성은 더 큰 매력이 되고 있다. 특히 공무원의 정년이 늘어나고 있고, 양성평등이 엄격히 지켜지는 점 등을 고려할 때 공무원 직업은 더욱 선

Point 경제학

공무원 보수

한국의 공무원들의 보수는 9급 초임도 연봉 2천 500만~2천 700만 원 수준이다. 한국경영자총협회가 414개 기업을 대상으로 조사한 4년제 대졸 신입사원의 초임은 평균 3천 491만 원이었고, 300인 미만 중소기업의 기간제 초임은 2천 189만 원이었다. 즉 공무원 중 가장 낮은 9급의 급여는 4년제 대졸 신입사원 평균보다는 조금 낮지만, 중소기업 초임보다는 높은 수준이다.

호될 수밖에 없다.

공무원 처우의 국제 비교가 어렵기 때문에, 이를 위해 흔히 택하는 방법이 교원 보수를 비교하는 것이다. OECD에서 발표된 「*Education at a Glance*」의 자료에 의하면, 한국의 평균 교사 연봉은 1인당 GDP의 1.75배이다. 유럽에서 이 비율이 높은 나라가 독일과 포르투갈인데, 한국은 가장 높은 편에 속한다. 우리와 학제가 다르기는 하지만 독일은 1.74배였다. 일본은 1.48배, 미국은 0.97배이다.[19] 이를 보면 오늘날 한국의 젊은이들이 공무원 직업을 선호하는 이유를 알 수 있다.

적정한 공무원 처우는 어느 수준인가?

공무원의 처우가 어느 수준이되어야 바람직한지의 여부는 쉽게 단정하기 어렵다. 특히 나라가 처음 세워지고 민간부문이 발달하기 전에는 우수한 공무원의 역할이 매우 중요하다. 그러나 한국과 같이 이제 어느 정도 선진국에 들어선 나라는 민간부문이 공공부문을 선도하게 되므로, 민간부문에 우수한 인력이 집중되어야 하기 때문에, 우수한 인력이 공무원으로 몰리는 현상은 바람직하지 않다. 적성이 아니라 처우만을 보고 공무원이 된다면 개인적으로도 바람직하지 않다. 공무원은 정의감 있고, 법과 규정을 잘 지키는 성실한 유형의 사람이 선택해야 바람직하다. 이런 측면에서 본다면 공무원의 처우가 너무 높아서는 안 된다.

반면 공무원의 처우가 나쁘면 부패가 늘어난다. 부정부패를 줄이기 위해 부패방지법이나 부정청탁방지법 등을 제정하고, 사정을 강화하는 것도 방법일 수 있지만, 그보다는 공무원 스스로 긍지를 가지고 일할 수 있도록 하는 편이 더 바람직하다. 부정부패가 발견되면 공직에서 물러나게 함으로써 자발적으로 규정을 잘 지키도록 하는 것이 더 효과석이다. 이런 면에서는 공무원 처우가 너무 낮은 것은 바람직하지 않다.

민간부문은 시장의 수요와 공급에 의해 임금수준과 근로여건이 결정되지만, 공무원은 국가에서 결정한다. 따라서 공무원 처우에 대한 객관적 평가가 중요하다. 지나치지도 부족하지도 않은 적절한 공무원 처우는 어느 수준이 되어야 할까?

---

19) 김기원 추모사업회 편, 『개혁적 진보의 메아리: 경제학자 김기원 유고집』, 창비. 2015.

첫째, 공무원 처우는 시장에서 결정되는 민간부문의 처우를 항상 벤치마킹해서 결정해야 한다. 젊은이들이 공무원을 선택할 때 처우 때문이 아니라, 재능과 적성에 따라 선택하게 하기 위해서 민간부문과 비슷해야 한다.

두 번째로 공무원은 특성상 민간부문에 비해 남에게 아쉬운 소리를 해야 할 가능성이 낮다. 따라서 처우가 민간부문에 비해 좀 낮더라도 공직을 더 선호할 수 있다. 또한 정시 퇴근, 주말 보장, 야근 수당 등이 민간부문보다 더 잘 되어 있다. 야근은 초과근무수당을 노린 생계형 야근, 습관형 야근, 일 중독형 야근, 눈치형 야근 등 다양하다. 수당 때문에 일이 없어도 일부러 야근을 하기도 한다. 이러한 점이 개선되어야 하지만, 강조하고자 하는 점은 공직이 민간부문과 다른 유리한 점이 고려되어야 공정한 비교가 된다는 것이다.

세 번째로 고려해야 할 점은 연금수준이다. 장기적으로는 공무원 연금 수준과 국민 연금 수준을 비슷하게 해야 한다. 고령화 사회에 들어서면서 이제 연금수령기간이 근무기간보다 더 길어지는 사람도 많다. 그 어느 때보다 높은 연금수준은 매우 큰 혜택이다. 현재처럼 공무원연금이 국민연금보다 두 배의 국가 지원을 받는다면, 이 또한 보수비교에서 고려해야 한다.

마지막으로, 공무원의 직업안정성도 민간부문과 유사한 수준으로 맞추어야 한다. 공무원의 대명사가 철밥통이다. 승진보다 자리보전을 더 우선시하다 보니, 소신을 위해 직책을 거는 공무원을 보기 힘들다. 공무원 사회에도 승진 등을 둘러싸고 경쟁이 없는 바는 아니지만 민간부문에 비하면 경쟁이 약하다. 또한 외환위기

Point 경제학

공무원의 문제점

인사혁신처가 2014년에 월드리서치에 의뢰해 일반국민 500명과 공무원 500명을 대상으로 실시한 공무원의 문제점에 대한 여론조사 결과, 일반국민 응답자 중 35.2%가 무사안일, 철밥통, 29.8%가 부정부패 등 공직윤리 결여, 19.4%가 폐쇄성 등이라고 응답했다. 그러나 공무원 중 무사안일, 철밥통정신 등을 자신의 문제점으로 지적한 비율은 11.4%에 불과했다.

이후 민간부문의 직업안정성이 크게 떨어졌다. 성장과 고용이 확대되던 시대에는 대기업의 경우 종신고용이 일반적이었지만, 이제는 옛말이 되어가고 있다. 주요 상장사조차 평균 근속연가가 갈수록 줄어들고 있다. 그러니 정년이 보장되는 교원이나 공무원 선호도가 높아진다. 이 점 또한 고려해 민간부문과 비교해야 한다.

공무원의 처우와 관련해 불리한 점이 있다면 순환보직에 대한 부분이다. 지방으로 순환하면서 근무해야 하는 것이 공무원 직업의 특성이다. 물론 대기업도 지방근무나 해외 근무가 있지만, 공무원들은 순환보직으로 인해 가족과 떨어져 생활하거나 잦은 이사를 하는 경우도 많다. 한 자리에 오래 있게 하면 부정부패 발생 가능성이 높아지기 때문에 순환보직제를 운영하고 있다. 부서 간 협력을 위해서도 여러 부서에서 골고루 경험을 쌓아야 고위 공직자가 되었을 때 부서이기주의에서 벗어나 전체를 볼 수 있는 능력을 지닐 수 있다. 이런 이유들로 순환보직제를 실시하는데, 부서에 따라 그 피해가 너무 크다.

순환보직제도로 인해 공무원들의 전문성이 민간부문에 비해 떨어지는 경우가 많다. 특히 외국과 상대할 경우에 그렇다. 그런데 공무원들에게 결정권이 있는 경우가 많아서 더 큰 문제가 된다. 전문성이 더 필요한 부문은 순환보직제를 줄이고, 부정부패의 가능성이 높은 부서에 한해 순환보직제를 유지하는 편이 바람직하다.

08 우리나라 지방자치, 무엇이 문제인가?

'하얀 코끼리'를 쏟아내는 우리나라 지방정부

우리나라는 1949년에 지방자치법이 제정되었으나 유명무실했다. 1987년 민주화 열망에 따라 헌법이 개정되면서 1988년 지방자치법이 전면 개정되었고, 1995년 처음으로 지방자치단체장 선거를 했다. 지난 2004년에 '지방자치단체권한이양촉진법'도 제정해 많은 권한을 지방으로 이전하고 있지만, 재정자립도가 너무 낮아 현재 한국의 지방자치제는 무늬만 지방자치일 뿐이다. 서울은 자립도가 90%에 이르

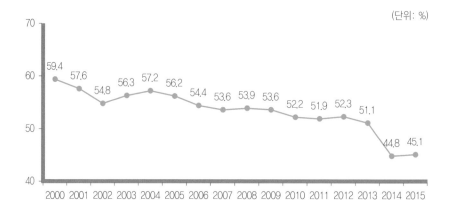

그림 13 연도별 전국평균 재정자립도

(단위: %)

지만 대부분의 지자체는 자립도가 매우 낮다. 특히 전라남도의 경우 자립도가 20%에 불과하다.[20] 연도별 전국 평균 재정 자립도를 보면 지난 2000년 이후 계속 하락하고 있다[그림 13] 참조.

하얀 코끼리
태국에서 왕의 특별 하사품인 하얀 코끼리는 신성한 존재로, 일을 시키면 불경죄에 걸린다. 그런데 이 하얀 코끼리는 엄청나게 많이 먹고 수명도 길다. 큰돈을 들였지만 수익성이 없고 아무짝에도 쓸모없는 골치 아픈 투자 건을 '하얀 코끼리'에 비유한다.

이렇게 재정자립도가 낮아 중앙정부에서 내려오는 예산 교부금으로 운영하다 보니 도덕적 해이가 심하다. 중앙정부를 믿고 낭비적으로 운영해 각 지방마다 '하얀 코끼리'가 넘쳐난다.

대표적인 것이 지자체들의 호화 청사이다. 호화 시청은 2003년 광주광역시청이 1,516억 원짜리 시청을 건축하면서 시작되었다. 이에 질세라 용인시청은 2005년 1,974억 원의 '용인궁'이라고 불린 청사를 지었다. 용인시청 본관 로비는 농구 코트보다 2.8배 넓고, 3층까지 에스컬레이터로 연결됐다. 1~3층까지 바닥과 벽은 수입 대리석과 화강석으로 깔았다. 2010년에는 성남시청이 3,222억 원을 들여 청사를 지어 '성남궁전'이라는 별명이 붙었다. 온통 유리로 쌓여 여름에는 '찜통청사'로 유명하다. 100년을 보고 지은 건물이라고들 하지만, 우리보다 훨씬 잘 사는 나라에서도 보기 힘든 지방정부 청사들이다.

---

20) 김성호, "한국의 지방자치단체 현황과 과제," 2010.

우리나라의 하얀코끼리

인천 월미도의 은하레일은 850억 원을 들여 건설했으나, 부실시공으로 정상운행이 불가능해 철거하려 하니 철거비용에 또 300억 원이 소요된다고 했다. 우여곡절 끝에 60인승 대신 8인승 소형으로 전환한다. 그 과정에서 사용이 불가능해진 기존 시설은 고철로 폐기하기로 했다.

인천광역시는 영종하늘도시에 밀라노디자인시티를 세워 54억 원을 들여 전시회를 열었지만, 하루 평균 관람객은 10여 명뿐이었다. 2년 9개월 만에 자본금 60억 원이 다 잠식되었고 83억 원의 채무가 발생했다.

뿐만 아니라 많은 지자체들이 전시행정으로 돈을 낭비한다. 서울의 각 구청은 잘 다니지도 않는 육교에 예산을 쏟아붓는다. 또한 지방자치 단체들은 저마다 자기 마을을 홍보한다며 경쟁력 없는 각종 축제 등을 만들어 예산을 낭비하기도 한다. 물론 지역색에 맞는 축제를 열어 성공한 사례도 많이 있지만, 낭비되는 요소 또한 적지 않다. 경남 산청박물관은 20억 원의 세금을 들여 박물관을 지어놓고 전시할 유물이 없어 5년째 휴관 중이다. 이 밖에도 고속도로, 종합운동장, 공연장 등 한두 가지가 아니다.

또 지자체들이 각 도시에 자랑거리를 세운다며 수억 들여 만든 '기네스북용 조형물'들이 애물단지로 전락했다. 충북 괴산군이 만든 초대형 주철 가마솥, 충북 제천시가 만든 초대형 술병, 영동군이 만든 세계 최대 북 '천고,' 울산 울주군이 만든 세계 최대의 옹기, 8억여 원을 들인 강원도 양구군의 세계 최대 해시계, 1억여 원을 들여 만든 광주광역시 광산구 세계 최대 우체통 등도 세계 최대라는 영예를 안기는 했지만, 그 명성은 빠르게 퇴색해 쏟아부은 돈에 견주면 별로 쓸모가 없다.

지방공사들도 지방정부의 지원을 기대하고 차입에 나서 빚이 너무 많다. 인천도시공사는 빚을 갚는 데 464년이 걸릴 것이라고 한다. 울산공사는 282년 걸린다는 보도도 나왔다. 지방공사들의 절반이 이자도 못 벌고 있다.

지방자치단체의 도덕적 해이를 방지하려면

어떻게 하면 지방자치단체들의 도덕적 해이를 없앨 수 있을까? 지방자치를 실시하는 이유는 분권화를 이루기 위해서이다. 많은 사람들이 지방자치를 하는 이유가 지역균형발전을 위해서라고 오해한다. 그래서 중앙정부가 지방에 골고루 교부금을 내려 형평을 달성하는 것이 목표라고 생각하는데, 이는 잘못된 이해이다. 형평을 위해서가 아니라 분권을 위해 지방자치를 하는 것이다.

지방자치단체들이 중앙정부보다 자신들의 필요를 잘 알고 있다. 그리고 권한을 이행해줄 때 불필요한 오해를 벗을 수 있다. 지난 권위주의 정부 당시 특정 지역이 발전에서 제외되었다는 불만이 많았다. 그런 불만을 없애기 위해 지방정부가 스스로 재정을 꾸려나가게 하는 것이다. 지방정부에 권한을 대폭 위임하고, 중앙정부는 꼭 필요한 국방과 외교 등 지방정부가 할 수 없는 부분을 맡아야 한다.

지방정부가 자율적으로 운영을 하려면 지방정부의 세원이 확보되어야 한다. 지방세는 광역시세, 도세, 구세 등에 따라 달라지는데, 일반적으로 취득세, 등록면허세, 주민세 재산분, 주행세, 담배소비세, 지방소득세, 지역자원시설세 등이 지방세에 포함된다. 다른 나라의 경우 지방정부의 가장 중요한 세원은 부동산세이고, 가장 큰 지출은 교육비 지출이다. 그런데 우리나라는 이 두 가지 모두 중앙정부가 쥐고 있다. 교육 자치를 보장해야 주민들이 학교와 유리되지 않는다. 모든 OECD 국가들은 기초지방자치 수준에서 교육자치를 실시한다. 독일이나 스위스 등 많은 나라들이 중앙정부에 교육부가 없다.

일상다반사 경제학

스스로 책임지는 지방자치

1994년 12월 미국 캘리포니아주에서 세 번째로 큰 오렌지 카운티는 투자를 잘못해 파산했다. 그 뒤 세금을 올리고 대규모 공무원 감원 등 혹독한 구조조정을 거치고 나서야 재정이 정상화됐다.
일본 홋카이도의 유바리시는 관광산업을 일으킨다고 마구잡이로 공기업을 세워 잘못된 투자를 반복한 끝에 2007년에 파산했다.

우리나라는 중앙정부가 주요 세원을 국세로 거두고 있으니, 근본적으로 지방정부가 독립하기 어렵다. 중앙정부가 교부금에 의존하다 보니 책임도 지지 않는다.

분권화의 목적은 스스로 지방자치단체의 운명을 결정할 수 있는 권리를 주는 대신 책임도 묻는 것이다. 즉 잘못되면 파산할 수 있어야 한다. 파산하면 그 부담을 해당 지자체 주민들이 감당해야 하고, 그렇게 함으로써 대표를 뽑을 때 최선을 다해 자기 지역을 잘 운영할 사람을 선택한다. 그리고 지방정부가 낭비적인 지출을 하면 지역주민들이 막아야 한다. 지방자치의 기본 목적은 권한 이양이고, 책임을 스스로 지는 것이다.

그런데 우리나라는 지방자치의 근본 목적을 잊었다. 지방자치단체의 재정을 중앙정부가 간섭해 건전하게 만들려고 한다. 재정위기가 심각하다고 판단되는 지자체가 지방채 발행이나 신규 투자, 융자 사업을 하지 못하게 중앙정부가 막는 방식으로 문제를 해결하려고 한다. 기본적으로 지방자치제에 역행하는 태도이다. 예산도 중앙정부에서 나누어 주고, 잘못하면 규제하는 것은 하나마나한 지방자치제이다. 이런 일이 계속되는 한 지방정부의 '하얀 코끼리'양산은 계속될 것이다.

지방자치제를 제대로 운영하려면 지역균형발전이라는 우상을 버리고, 반대로 지역별로 잘 운영하는 지역과 파산하는 지역이 발생해서, 지역민 스스로 올바른 정부를 선택하도록 해야 한다. 각 지역은 좋은 기업을 많이 유치할 수 있도록 각종 인센티브를 제공하고 지방세의 세수를 높여야 한다.

이를 위해 현재 세분화된 지방자치단체의 숫자를 대폭 줄이고 광역화해야 한다. 지방자치단체들은 규모가 적어 혈연, 학연, 지연 등으로 얽혀 공정한 운영이 어렵다. 이를 개선하기 위해 현행 지방자치단체의 숫자를 대폭 줄일 필요가 있다. 우리나라의 지방자치단체 중 광역자치단체는 16개 1개 특별시, 6개 광역시, 9개 도이고, 기초자치단체는 총 234개이다. 광역자치단체를 5~6개 정도로 통합해 진정한 자치가 되도록 해야 한다.

한국의 국토는 작아도 GDP 규모가 세계 13위에 달하고, 예산이 400조 원을 넘을 정도로 큰 규모이다. 이를 한 개의 정부가 중앙에서 대부분 결정하는 것은 너무 위험도가 높다. 스위스의 인구가 800만 명에 불과하니, 우리나라 5천만 명의 인구로는 스위스와 같은 나라를 6개 이상 만들 수 있다. 스위스처럼 경쟁력 있는 분권

바람직한 지방 분권을 이루기 위해서

스위스는 작은 나라이지만 연방제 국가이다. 연방의회에서 4년 임기로 선출된 7명의 각료로 연방 각의를 구성하며, 이 가운데 한 명을 의회에서 대통령으로 선출한다. 임기 1년으로 대통령이 되어도 맡은 부서의 일만 수행한다. 대통령은 연방각의를 주재하고 대외적으로 국가를 대표할 뿐이다. 그러니 누가 대통령이 되든 큰 영향이 없고, 국민들도 누가 대통령인지도 잘 모른다. 우리는 대통령이 누구이며 어느 정당에서 나오는가에 따라 너무 큰 변화가 뒤따른다. 선거 때 신세진 사람에게 자리도 만들어 주어야 하고, 온 나라가 떠들썩하다. 이를 막기 위해서라도 일정 규모 이상의 지역으로 나누어 진정한 지방 분권을 이루는 것이 바람직하다.

화된 정치단위가 서로 경쟁하면서 각종 경제정책을 구사하면, 기업들도 유리한 제안을 하는 지역으로 이전할 수도 있다. 각 지방자치단체 간 진정한 경쟁도 되고, 잘못 운영해 한두 지자체가 파산하더라도 나라 전체가 곤경에 빠지는 사태를 막을 수도 있다. 전국을 5~6개 정도 지역으로 나눌 경우 각 지역이 약 1천만 명 정도의 인구가 된다. 스위스보다 더 큰 정치단위인 것이다. 따라서 연고에 의한 비리와 비효율도 어느 정도 막을 수 있을 것이다.

ⓞⓞ 공기업 민영화, 필수인가 선택인가?

한국의 공기업

공기업 또는 공사公社란 공익을 위한 기업이 아니라, 국가나 공공기관이 소유한 기업, 즉 정부의 투자나 지출 재정지원 등으로 설립, 운영되는 기관을 뜻한다. 우리

1960~1970년대의 민영화 사례

1960년대에는 한국기계공업주식회사, 대한통운주식회사, 대한해운공사, 대한조선공사, 인천중공업주식회사, 대한철광개발주식회사, 대한항공공사 등 7개 공기업이 민영화되었고, 1970년대에는 한국광업제련공사, 대한염업주식회사, 한국상업은행, 한국수산개발공사, 대한재보험공사 등 5개의 공기업이 민영화되었다.

나라는 민간기업이 성장하기 전에, 급속한 경제발전을 이룩하기 위해 민간기업의 자본력으로 감당할 수 없는 기간산업을 정부가 직접 세워 공기업의 형태로 운영했는데, 포항제철, 대한항공, 한국통신 등이 대표적인 경우이다. 따라서 공기업이 국민경제에서 차지하는 비중이 높았다. 공기업의 예산 규모는 한때 중앙정부 일반회계의 두 배를 넘었다. 국내총생산에서 차지하는 공기업 부문 부가가치의 비중을 보아도 1970년대 이후 1990년에 이르기까지 거의 9%대를 유지했다. 고도성장기에 한국전력과 포항제철 등 공기업이 10대 기업집단에는 포함될 정도였다.

특히 투자 후에 이윤이 발생할 때까지의 자본의 회임 기간이 너무 길어 민간기업이 선뜻 나서지 못하는 경우에도 공기업의 형태로 시작했다. 전력, 가스 등과 같은 사회간접자본에 속하는 산업이 그 사례다. 산업 분야에 따라, 민간기업에 맡기기에는 경제에 미치는 영향이 너무 크기 때문에 정부가 운영하는 경우도 있었다. 대표적으로 금융산업이다. 1960년대 초 이후 은행을 민간에 맡기는 것은 곧 대기업 집단에게 은행산업을 맡기는 것과 같다는 인식에서 정부가 직접 통제했다.

마지막으로 재화나 서비스의 성격상 공공재의 성격이 강하기 때문에 정부가 직접 기업을 설립하는 경우도 있다. 농어촌개발공사, 무역진흥공사 등 공사가 이에 해당된다.

공기업, 무엇이 문제인가

최근 공기업을 민영화해야 한다는 주장과 반대하는 주장간의 논란이 끊이지 않고 있다. 먼저 공기업의 문제를 본질적 문제와 파생적 문제로 나누어 살펴보자.

▌ 공기업의 본질적 문제: 손실/적자 기업

공기업이 제공하는 재화나 서비스는 정부가 공급하기 때문에 시장가격이 형성되지 않는다. 그래서 정부가 가격을 책정할 때 이를 공급하는 데 든 비용을 어느 정도 보전할 것인가 하는 문제로 고민한다. 국민들을 위해서 원가에도 미치지 못하는 낮은 가격을 책정하면, 공기업으로서는 불가피하게 손실을 떠안게 되어 재정에 부담을 준다.

반면 평균비용을 기준으로 가격을 책정하면 가격과 단가^{평균비용}가 같아지므로 공기업이 손해는 보지 않는다. 그러나 이렇게 하면, 사기업이 운영하는 경우와 비슷한 가격이 되기 때문에, 가격이 너무 높다고 국민이 반발하게 된다. 예를 들어 고속도로건설비를 모두 국민들에게 부담시키면 통행료가 비싸지기 때문에 반발이 커져 정치적 부담도 높아진다.

결과적으로 공기업은 본질적으로 적자기업이고, 따라서 정부로부터 보조금을 지원받지 않고는 존속할 수 없다는 것이 본질적인 문제의 원천이다.

▌ 공기업의 파생적 문제

그런데 문제는 이 본질적인 문제를 바탕으로 파생되는 비효율성이다. 공기업은 본질적으로 적자기업인데다 이윤을 대신할 마땅한 경영 성과에 대한 측정 잣대가 없다. 생산을 많이 할수록 적자가 많이 나므로 자칫 적자가 많이 날수록 일을 많이 했다고 비쳐질 수 있다.

투자효율성이 별로 없어 민간기업이라면 결코 용납될 수 없는 경우라도 약간의 사회적 필요라도 있다면 이런저런 구실로 새로운 조직을 만들거나, 기존조직을 확대하고자 한다. 전문성 없는 사람이 낙하산 인사를 통해 경영책임자가 되기도 한다. 별다른 과업 없이 빈둥대는 사람이 있어도 충원은 계속된다. 이 비용은 국민이 부담하며 조직 비대화에 따른 권한 확대 등은 당사자들이 향유한다. 더 많은 적자가 나야 경영성과가 좋고 또 더 많은 보조금^{예산}을 받을 수 있다. 이러한 문제들로 인해 공기업을 민영화해야 한다는 주장이 나오는 것이다.

공기업을 민영화하는 이유

공기업 민영화의 목적은 다양하지만, 가장 중요한 것은 국민경제에 대한 정부 개입을 줄이는 것이다. 정부가 지나치게 시장에 개입하면 시장의 자기조절 기능을 약화시켜 시장의 왜곡이 발생하기 때문이다.

그 다음으로는 앞에서 언급한 경제적 효율성을 제고하기 위해서이다. 여러 가지 빌미로 파생된 조직 비대화, 방만한 경영 등에 따른 과도한 비효율을 제거하는 방안으로 민영화를 주장하는 것이다. 공기업을 민영화해 시장의 기능에 맡기면 효율성이 높아진다. 공기업이 일반적으로 사기업보다 비능률적이며 기업성이 낮기 때문이다. 공기업은 정책금융의 혜택을 받기 때문에 자금조달을 위해 경쟁을 하지 않아도 된다. 또 공공기관이 소유하기 때문에 파산이나 합병의 우려가 없고, 이윤 추구가 목적이 아니어서 적자가 나도 큰 문제가 되지 않는다. 따라서 공기업의 관리자들은 자원을 효율적으로 사용할 유인이 적다. 이로 인해 공기업은 조직의 비대화, 방만한 경영 등의 비효율성을 보이는 경우가 많다.

공기업 민영화의 또 다른 목적은 세입 증대이다. 재정적으로 어려움을 겪고 있는 나라들은 공기업의 민영화를 통해 세입을 늘려 재정적자를 모면하고자 한다. 예를 들면, 우리나라는 1988년부터 1992년까지 국민주 방식에 의해 포항제철과 한국전력 등 7개 공기업을 민영화해, 12조 3,715억 원의 수입을 올려 재정적자를 메우려고 했었다. 그러나 증시 침체로 소기와 성과를 거두지는 못했다.

또한 종업원 지주제의 방식과 같이 종업원들의 역할을 증대하는 방향으로 민영화를 할 경우, 기업에 대한 애착심을 강화하는 효과를 얻을 수 있다. 그리고 대기업의 주식이 분산되는 긍정적인 효과를 기대할 수도 있다. 이 밖에도 정치적인 이해관세에 의한 민영화 정책도 있다. 그러나 무엇보다도 민간부문의 성장과 기술개발로 '시장실패'의 영역이 축소되고 있을 뿐 아니라, 통신이나 전력 등의 네트워크 산업까지 관련 기술이 발달해 민영화가 가능하게 되었다는 점이 민영화를 추진하게 하는 근본 요인이다.

민영화의 추진 과정에서 발생하는 긍정적인 효과도 있다. 우선 외국인 투자를 유치하는 과정에서 첨단 기술을 이전받을 수 있다. 선진 경영 기법을 도입할 수도 있고 아울러 우량 공기업의 주식을 매각해 국내 자본 시장의 확대와 선진화에 기

영국 대처 정부의 민영화 사례

당시 영국에서 가장 강하고 전투적인 노조는 탄광노조였다. 석탄의 비중이 감소함에 따라 대처 정부는 1984년에 석탄생산 감축 계획안을 발표했다. 이로 인해 전국 광산노조는 총파업을 시작해 무려 12개월 동안 파업을 했다. 당시 탄광의 75%가 손실을 보고 있었고, 이 손실을 메우기 위해 30억 달러에 이르는 정부 보조금이 지원되고 있었다. 이러한 비효율을 없애려고 대처 정부는 174개 국영탄광 중 20개를 폐쇄하고, 2만 명의 광부를 해고한다고 발표했다. 탄광노조 지도자 아서 스카길(Arthur Scargill)은 화력발전소에 석탄 공급을 차단하려고 시도하며 1년 넘게 파업을 벌였다. 그들은 "석탄이 다 떨어지기 전에는 단 하나의 광산도 문을 닫으면 안 된다"고 주장했다.

이에 대해 대처수상은 치밀하게 발전소 석탄재고를 미리 확보해 파업을 견뎌나갔다. 무노동 무임금 원칙으로 인해 파업근로자들이 임금을 받을 수 없었고, 결국 파업에 따른 손실을 견디지 못한 노조가 먼저 항복했다. 이 탄광노조와 전쟁에 승리하여 1995년 모든 국영탄광을 민영화할 수 있었다. 노조를 제압하자 파업으로 인한 노동손실일수가 1970년대의 약 1,300만 일에서 1980년대에는 650만 일로 절반으로 줄었고, 대처 수상은 '철의 여인(The Iron Lady)'이라고 불리게 되었다.

대처는 민영화라는 개념을 만들어 냈다. 민영화란 국가가 소유한 기업이나 국영산업의 주식을 민간에 파는 것을 의미하는데, 대처 정부는 핵심 산업 분야를 모두 시장에 내놓았다. 그리하여 전기, 전화, 석유, 가스, 석탄, 철강, 항공, 수도 등 사회의 기간산업들까지 모두 민영화 대상으로 삼아 국영기업의 3분의 2가 민영화되었다.

여할 수도 있다. 이와 같은 이유로 1980년대 이후 각국에서는 공기업의 민영화에 대한 논의가 활발히 전개되었다.

한국의 공기업 민영화 역사[21]

우리나라는 앞에서 설명한 이유들로 인해서 여러 차례에 걸쳐 공기업들이 민영화되었는데, 각 시기마다 목적이 달랐다. 1968년부터 약 10년간 추진된 제1차 민영화 당시에는 부실기업을 정리하고 민간기업을 육성하기 위해서 민영화를 추진했다. 이때 대한항공공사, 대한통운, 대한해운, 인천중공업, 대한재보험 등 12개 기

---

21) 김승욱 외 3인, 『시장인가 정부인가』, 부키, 2004.

업이 민영화되었는데, 특혜 시비는 있었지만, 최초의 본격적인 민영화로 평가되며, 특히 대한항공KAR은 성공적으로 민영화된 사례로 꼽힌다.

제2차 민영화는 1980년부터 1986년까지 추진되었는데, 이때는 은행의 경쟁력을 높이기 위해서 한일은행을 비롯해 서울은행, 제일은행, 조흥은행 등을 민영화했다. 그리고 특혜 시비를 없애기 위해서 공개경쟁입찰 방식으로 민영화를 했는데, 그 결과 소유 지분이 너무 분산되어 정부가 은행 경영에 대해 계속 간섭함으로써 IMF 경제 위기의 원인이 되었다는 비판이 제기되기도 했다. 또한 당시에 은행을 제외한 다른 공기업들의 경우에는 주식을 매각함으로써 민간 경제의 자율성을 높이는 데 목표를 두었다. 따라서 민영화 후 특정 기업집단이 민영화된 기업을 중심으로 크게 성장한 경우도 있었다.[22] 이 시기에 대한석유공사를 비롯해 7개의 공기업이 민영화되었다. 대한석유공사는 SK에서 인수하여 SK이노베이션이 되어 한국의 정유업계 1위 기업이 되었다.

1987년부터 1992년까지 시행된 제3차 민영화에서는 정부가 경영권을 유지하면서, 분배의 형평성을 높이기 위해서 국민주를 매각하는 방식으로 이루어졌다. 대상 기업은 규모가 크고 경영성적이 우수한 공기업인 한국전력, 한국통신, 담배인삼공사, 포항제철, 외환은행, 기업은행, 국민은행 등의 주식을 국민에게 매각했다. 이를 통해 중산층의 재산형성을 돕고, 나아가 정부의 재원을 마련하는 것이 주된 목적이었다. 그러나 1990년대 이후 증권시장의 불황 등으로 인해 포항제철과 한국전력의 주식 매각 이후에는 중단되었다.

경영권 확보

국민주 방식은 일반 대중의 참여를 제한한 반면 종업원에게는 상대적으로 많은 물량을 배정했다. 그러나 1인당 배정 주식과 할인 매각 비중이 낮아 주식시장에 대한 신규 수요 창출과 장기 보유를 유도하는 데 한계가 있었다.

1993년부터 시작된 제4차 민영화는 2차 민영화와 같이 '주인 있는 경영'으로 전환하는 데 중점을 두고 가스공사, 담배공사, 국정교과서, 국민은행, 기업은행, 주택은행, 외환은행과 공기업 자회사 등 58개 기업의 민영화와 10개 기업의 통폐합이 추진되었다. 그러나 이해 당사자들의 반발과 경제력 집중 우려, 증시 불안 등으로, 대한중석, 한국비료 등 자회사 중심으로 22개 기업의 민영화와 5개 기업의 통폐합이 이루어졌을 뿐 한국전력, 한국통신, 포철 등 민영화 효과가 큰 대규모 공기업이

---

22) 정갑영 외, 『민영화와 기업구조』, p. 62.

공공부문에서 민간부문으로

과거 공공부문이라고 인식되던 분야를 이제는 민간부문에서 주도하는 경우가 많다. 해당 사례로, 여주에 민간 교도소인 소망교도소가 설립되어 매우 좋은 평가를 받고 있다. 격리가 아니라 교화가 중요한 교도소는 민간부문이 더 잘할 수도 일이다. 미국에서는 달나라 여행도 이제는 민간부문에서 맡는다. 이미 한국에서도 치안의 상당 부분을 민간경비회사들이 맡고 있다. 물도 수자원공사에서 공급되지만, 생수시장이 발전하고 있다. 생수의 상당량을 프랑스에서 수입하다가 이제는 중국에서도 많이 수입한다. 14억의 중국은 대표적인 물 부족 국가이다. 우리 수도사업이 민영화되면 생수도 수출할 수 있는 상품이다. 세계 최고의 생수시장인 중국을 곁에 두고 있는데, 우리는 중국으로부터 물을 수입해서 먹는다. 우리나라 물 수출량은 수입량의 1/4밖에 안 된다. 민영화 또한 자유 시장경에 논리에 따라 고민하고, 통합과 합의를 거쳐 효율성을 제고해야 하는 대표적인 문제이다.

민영화 대상에서 제외되었다.[23]

제5차 민영화는 1996년부터 1997년까지 추진되었는데, 우선 민영화 여건을 조성하기 위해 정부 소유권을 유지하고 경영 자율성을 높이는 방식이었다. 그러나 정부가 최대 주주로 소유권을 갖고 있어 자율성 확보에 한계가 있었다.

1997년의 외환위기 이후 공기업에 대한 평가가 달라지기 시작했다. 국제통화기금IMF의 융자조건으로 제시된 금융, 기업, 정부, 노동 등의 4대 부문의 개혁과제의 하나로 '작지만 봉사하는 효율적인 정부'로 바꾸려고 했다. 그래서 공기업 민영화도 강조되었는데, 이때의 주된 이유는 비효율성 극복이었다.[24] 따라서 기업성이 강한 공기업은 소유권을 민간에 이양하고, 공공성이 강한 기업은 민영화 대신 조직 및 인력 감축 등을 통해 수익성을 높이는 방법을 채택했다.[25]

이러한 민영화 과정을 거쳐서 2016년 현재 30개가 공기업의 형태로 운영되고 있다. 최근에 공기업의 분류를 바꾸어서 시장형과 준시장형으로 구분한다. 시장형이란 자산규모가 2조 원 이상이고, 총 수입액 중 자체 수입액이 85% 이상인 공기업을 의미하고, 이 조건에 맞지 않는 것을 준시장형이라고 분류한다〈표 2〉 참조. 공

---

23) 기획예산처, 「공공개혁백서」, pp. 85~86.
24) 재정경제부, 「경제백서」, 1999년판, p. 199.
25) 한국개발연구원 외 역, 「OECD 한국경제보고서」, 2000, p. 31.

표 2　공공기관의 유형 분류

구분		(주무기관) 기관명
시장형 공기업 (14)	(산자부)	한국가스공사, 한국광물자원공사, 한국남동발전(주), 한국남부발전(주), 한국동서발전(주), 한국서부발전(주), 한국석유공사, 한국수력원자력(주), 한국전력공사, 한국중부발전(주), 한국지역난방공사
	(국토부)	인천국제공항공사, 한국공항공사
	(해수부)	부산항만공사
준시장형 공기업 (16)	(재정부)	한국조폐공사
	(문화부)	한국관광공사
	(농식품부)	한국마사회
	(산자부)	대한석탄공사
	(국토부)	제주국제자유도시개발센터, 주택도시보증공사, 한국감정원, 한국도로공사, 한국수자원공사, 한국철도공사, 한국토지주택공사
	(방통위)	한국방송광고진흥공사
	(해수부)	여수광양항만공사, 울산항만공사, 인천항만공사, 해양환경관리공단

자료: 기획재정부, 공공기관 경영정보 공개시스템 ALIO http://www.alio.go.kr/alioPresent.do

기업에 근무하는 임직원은 총 10만 5,604명이다.[26]

10 정부 만능주의에서 작은 정부로

한국의 특수한 문화와 정부 역할

중앙집권적 문화의 영향

한국 사회는 경제영역도 시장 자율에 맡기기보다는 정부 개입을 선호하는 경향이 있다. 그 이유는 오랜 중앙집권의 역사 때문이다. 조선은 과거를 통해 선발된 엘리트들이 선발해 왕명에 따라 나라를 통치했다. 경제 영역도 주요 상업물품은 육의전 등 일부 특권상인들이 독점했고, 수공업도 관영의 형태로 발전했다. 일제시대에 자본주의가 도입되었지만 여전히 강력한 경찰국가의 모습이 유지되었다. 해방

---

26) http://www.alio.go.kr/alioPresent.do

이후에도 개발 독재와 정부 주도적 경제성장 모형을 선택했기 때문에 경제 영역에도 여전히 정부의 영향력이 매우 컸으며 시중은행을 소유하고 통제했다. 규모의 경제를 실현하기 위해 새 산업에 진입하는 기업 수를 제한했고, 무엇을 얼마나 생산할 것인지를 정부가 결정하기도 했다. 중화학공업 부문 과잉투자가 사회 문제가 되었을 때 합리화라는 명목으로 중화학공업의 기업통폐합을 정부가 주도했다. 외환위기 이후 부채비율을 낮추기 위해 정부가 대기업들 간에 기업을 맞교환하는 빅딜을 주도하기도 했다. 그리고 독과점 기업들의 가격담합을 막기 위해 '시장지배 기업'에 통제력을 가했다. 한국은 이렇게 경제발전을 위해 강력한 중앙권력이 시장에 개입해왔다.

그래서 외환위기 등 경제위기가 도래해 구조조정의 필요성이 제기되어도 정부가 주도해야 한다는 인식이 국민들 사이에 팽배했다. 또한 조선시대에 과거를 통해 중앙관리가 되어서 국민을 통제하는 인식이 여전히 남아, 공무원 시험을 통해 공무원이 되는 것을 선호한다. 공무원들도 스스로 엘리트 의식을 가지고 국민을 통제하는 것을 당연시하는 경향도 있다. 오늘날 공무원의 꿈을 안고 공무원 시험에 몰리는 소위 공시족이 많은 이유는 물론 안정적인 직업을 추구해서이기도 하지만, 공무원에 대한 인식이 서구와 다르기 때문이기도 하다.

한국인의 빈부 격차와 평등에 대한 인식

세계적으로 1980년대 이후 빈부격차가 확대되어, 2016년 다보스 포럼에서 양극화 문제가 논의되기도 했다. 양극화가 자본주의의 문제점으로 대두되고, 세습 자본주의화를 염려하며 양극화를 우려하는 목소리가 더 높아졌다.

한국에서도 비슷한 현상이 발생했다. 최근 중산층 비율이 낮아지고, 빈곤층과 부유층이 늘어나고 있다. 비정규직이 늘어나고, 청년 실업이 확산되면서 이 모두가 시장 실패의 결과라는 인식이 확산됨에 따라, 정부가 해결에 나서야 한다는 인식이 팽배하다.

더구나 한국은 세계적으로 평등의식이 높은 나라이다. 지니계수를 비롯한 분배에 대한 각종 통계지수에 의하면, 불평등도가 비교적 낮은 수준인데도 불구하고 한국인들은 불평등이 심각한 수준이라고 생각한다. 평등의식이 높아 극빈층도 자기 자녀는 반드시 대학에 가야 한다고 생각한다. 이러한 평등의식이 발전의 원동력이 되기도 했다.

한국이 이렇게 평등의식이 높아진 이유는 일제시대에 강제적으로 신분제가 철폐되고, 농지개혁으로 지배계층의 물적 기반이 되는 농지가 평등하게 분배되었을 뿐만 아니라, 6.25 전쟁과 그에 따른 물가급등으로 지배계층이 가진 자산이 대부분 파괴되었기 때문이다. 그러다 보니 서구와 같은 교양 있는 부르주아계층이 형성되지 못했다.[27] 게다가 고도성장기에 빠른 속도로 신흥 부유층이 형성되었는데, 군부 출신 정치가들은 쿠데타가 있을 때마다 재계 지도자들에 대해 부정 축재자라는 낙인을 찍었다. 5.16 쿠데타가 일어난 뒤 5월 29일에 경제인 11명을 부정축재 혐의로 구속시켰고, 삼성 이병철 회장을 부정축재 1호로 낙인찍기도 했다.[28]

이러한 역사가 있었기 때문에, 최근에도 정부가 나서서 세금을 많이 거두어 가난한 사람을 위해 지출하고, 복지를 늘려야 한다는 주장에 대해서 저항감이 적다. 한국은 아직 서구 선진국에 비해 복지수준이 낮기 때문에 더 높여야 한다고 믿는 이들이 많고, 이에 따라 보수 진영의 정치가들도 복지예산을 늘리려고 하고 있다. 이러한 분위기에서 모두 큰 정부를 지향하게 되고, 결국 우리나라는 앞으로 민간부문이 위축될 수밖에 없는 것으로 보인다.

▎한국의 개인주의와 자유주의

그리고 한국에는 역사적으로 개인주의와 자유주의가 존재하지 않았다. 서구에서 발전된 개인주의는 가톨릭을 통해 수입되었는데, 수천 년간 형성된 공동체주의적인 사회 문화를 극복하기란 쉽지 않다.[29] 따라서 여전히 우리나라에서는 개인의 문제까지도 공동체가 함께 책임을 져야 한다는 인식이 더 보편적이다.

개인주의와 마찬가지로 자유주의도 해방 이후에야 급속히 확산되었다. 한국에서는 자유주의를 그저 반공주의와 비슷하다고 인식했다. 물론 개화기에 박영효, 윤치호, 서재필 등 개화파 지식인들에 의해 자유주의가 수용되었지만, 자유가 철학이나 관념체계라기보다는 민주정치라는 제도적 차원에서, 윤리, 도덕적인 차

---

27) 송호근, 『한국의 평등주의, 그 마음의 습관: 한국인의 마음속에 내재된 평등의식에 대한 보고서』, 삼성경제연구소, 2006, pp. 102~115.
28) 이병철, 『호암 자전』, 1985, 나남.
29) 박성현, 『개인이라 불리는 기적』, 들녘, 2011.

원으로 이해되었다. 그나마 소수 지식인층에 국한되어, 자유주의 확산에 오랜 시간이 걸렸다.[30]

그러므로 개인주의와 자유주의에 기초한 시장경제 원리를 수용하기보다는 정부가 경제에 간섭하는 국가간섭주의가 한국인의 체질에 더 익숙하다. 그래서 1948년에 제정된 제헌헌법에도 주요자원을 국유화한다거나, 무역을 국가가 통제할 수 있고, 사기업을 국가로 이전할 수 있다는 등의 조항이 들어갔다. 이후 9차례에 걸친 헌법 개정을 통해 이러한 사회민주주의적인 요소들이 줄어들고 오늘날과 같은 자유민주주의에 기초한 헌법이 만들어졌다. 그러나 여전히 우리의 인식에는 정부의 강압적인 조치가 공공의 복리를 위한다는 명분으로 수용되고 있다.

국가란 정의의 사도인가?

이러한 역사적인 이유들로 인해 한국에서는 정부가, 빈부격차를 양산하는 시장의 부작용을 해결해주는 정의의 사도라고 인식하고 있다. 자본주의는 필연적으로 빈부격차를 낳고 불공정한 경쟁이 따르기 때문에, 정부가 나서서 문제를 해결해야 한다고 생각한다. 홉스가 자연 상태에서 인간들은 서로 갈등하고 투쟁하기 때문에, 리바이어든과 같은 정부가 필요하다고 했던 것과 비슷한 생각이다.

반면 정부가 개인의 사유재산권을 지켜 주기 위해서 존재한다는 인식은 매우 미약하다. 오늘날 한국 사회에서 정부와 관련해 꼭 명심해야 할 점은 두 가지다. 첫째로, 정부가 모든 것을 다 할 수 있다는 정부만능주의에서 벗어나야 한다. 경제발전도, 경제안정도, 구조조정도, 실업자 구제도, 낙후 산업 발전도, 소비자 보호도, 중소기업 육성도, 국민을 행복하게 만드는 일도 모두 국가가 할 수 있다는 것은 착각이다. 이를 달성하기 위해 정부가 무소불위의 권력을 휘두르고, 국민의 재산을 강탈하는 것을 정당화해서는 안 된다. 정부는 기본 질서를 세우는 데 주력해야 하고 나머지는 국민과 기업, 자유 시장경제의 흐름에 맡겨야 한다.

둘째로 정부가 정의의 사도라는 인식을 버려야 한다. 정치가 국민의 뜻을 모으는 기능을 할 수는 있지만, 무엇이 정의인지 스스로 결정할 수는 없다. 역사를 바로 세우는 것은 정치가가 아니라 역사가의 몫이다. 우리 편의 주장이 관철되면 정

---

30) 문지영, "한국의 자유주의 사상" 김한원 외 편 『자유주의: 시장과 정치』, 부키, 2006, pp. 479-511.

의가 살아있는 것이고, 그렇지 않으면 민주주의가 죽었다는 식의 편협된 정의관에
지배당해서는 안 된다. 애매모호한 정의관을 가지고 국민을 인도하려 해서는 안 된
다. 정부는 국민의 재산권을 지켜주는 의무를 넘어서는 일을 하면 안 된다.

글로벌 경제 시대, 정부가 해야 할 일

21세기 글로벌 시대를 맞이하여 정부가 해야 할 일은 무엇인
가? 무엇보다 시대에 맞는 질서와 제도를 바로 세우는 일이다.
앞으로 도래할 세계는 더욱 급속도로 세계화가 전개되며, 기술
의 융합이 더욱 빠르게 진행될 것이다. 소위 제4차 산업혁명 시
대를 맞이하여 디지털 세계와 물리적 영역, 생물학적 영역의 경
계가 사라지고, 고령화는 더 빠르게 진전될 것이다. 인공지능,
사물인터넷, 빅데이터, 자율주행 자동차, 네트워크 기반의 정보
혁명, 생명과학기술 등 현기증 날 정도로 빠르게 변화하는 세계
속에서 정부가 이 모든 변화에 주도적으로 대처하려 하기보다
는, 시장과 민간에 맡기고 시장규율을 확립하는 일에 전념해야
한다. 인간이 가진 정보의 불완전성과 사회의 구조적 무지는 해
소될 수 없다. 오직 시장에서 형성되는 가격만이 가장 합리적이
고 종합적인 정보를 반영할 수 있다. 그리고 정부가 이를 대신할 수는 없다.

네거티브, 포지티브 규제
네거티브(negative) 규제란
원칙적으로 모두 허용하
고, 예외적으로 금지하는
방식의 규제를 의미한다.
포지티브(positive) 규제란
반대로 원칙적으로 모두
금지하고, 예외적으로 허
용하는 방식을 말한다. 예
를 들면 교통신호의 경우
우리나라에서는 포지티브
규제 방식을 택하고 있어
서 좌회전 표시가 되어 있
는 곳에서만 허용된다. 반
면에 미국은 일반적으로는
다 허용되며 안 되는 곳만
특별히 안 된다고 표시되
어 있다.

정부는 경쟁을 보장해야 한다. 신규 기업의 시장 진입에 방해가 되는 요인을 제
거해야 한다. 규제를 통해 경쟁을 제한해서는 안 된다. 인간 이성의 한계를 인정하
고, 질서 유지를 위해 꼭 필요한 규제만 네거티브 방식으로 해야 한다. 포지티브
방식의 규제를 최소화해 새로운 분야에서 자유롭게 기업이 활동할 수 있도록 해서
민간의 자율성과 창의력을 극대화해야 한다. 이를 위해 정부부문의 비중을 줄이고
작지만 강하고 효율적인 정부를 이룩해야 한다.

글로벌 경제 시대, 정부가 하지 말아야 할 일

자본주의라는 새는 시장과 정부에 의해 날아가는 것이 아니다. 시장과 자발성이
라는 두 날개로 날아간다. 자본주의의 가장 큰 장점이 효율성을 달성하는 데 효과

적이라면, 가장 큰 약점은 형평성이 보장되지 않는다는 점이다. 공산주의는 형평성은 달성하기 쉽지만 효율적이지 못하다. 물론 북한과 같은 사회는 효율성뿐만 아니라 형평성도 달성하지 못했다. 소련 등 공산권 국가들은 하향평준화를 이루었을 뿐이다. 자본주의가 경제 현실에서 공산주의에 대해 승리하기는 했지만, 자본주의의 본질상 형평성에 취약한 것은 사실이다. 이 약점을 보완하고자 복지국가 이념도 등장했지만 고령화현상으로 유지되기 어려운 상황이다.

좋은 자동차는 엔진도 좋아야 하지만, 브레이크도 역시 좋아야 하듯이, 좋은 사회경제 시스템은 효율적이어야 하는 동시에 형평성도 달성할 수 있어야 한다.

자본주의 시장경제 시스템에서 효율성을 보장하는 것이 바로 시장의 보이지 않는 손, 즉 가격기능이다. 사적 소유권과 경쟁이 허용되는 상황에서 자발적 선택을 통해 자원이 가장 효율적으로 배분된다.

그런데 형평성은 어떻게 달성되는가? 공산주의는 엔진과 브레이크 역할 모두를 정부가 하려고 했다. 복지국가는 경제성장이라는 엔진은 시장에 맡기더라도, 분배라고 하는 브레이크 기능은 정부의 힘으로 하려고 했다. 그러나 사실 자유주의 시장경제에서는 이 분배기능도 역시 국민들의 자발성에 맡기는 것이 바람직하다. 정부가 조세로 사회복지비용을 조달할 경우 비용이 너무 많이 들어 비효율적이다. 그리고 정부의 힘만 너무 거대해진다. 종교단체나 시민단체에 의한 자발적 방법이 더 효과적이다. 수재의연금을 정부가 기업의 팔을 비틀어 준조세처럼 거두어서는 안된다. 자발적으로 이루어져야 하는 부문에 정부가 개입하면 오히려 역효과가 난다. 국가에 세금으로 빼앗기면 기분 나쁘지만, 자발적으로 베풀면 기쁨을 느끼는 존재가 인간이다.

시장경제가 자발성을 통해 효율성을 이룩하듯, 국민의 자발적인 나눔으로 형성평도 이룩할 수 있다. 시민들이 스스로 자신의 부를 가지고 나누도록 격려하는 것이 시장경제적인 방법이다. 개인의 자발적 헌신은 부자여야만 하는 것이 아니라, 나보다 힘든 사람을 위해 누구나 할 수 있다. 개인의 헌신은 작아 보이지만 뭉치면 큰 힘이 된다.

한국에서는 개인의 재산을 나누지 않고 기업에게 나누라고 한다. 그리고 자선을 많이 하는 기업을 좋은 기업이라고 한다. 정부에게 기업이나 부자에게 세금을 많

자발적인 나눔의 경제

로마시대에도 정복전쟁으로 부자가 된 유력자가 자신의 비용으로 공공건물을 건축해 국가에 헌납하는 전통이 세워졌다. 정복전쟁에 승리하면 그 속주의 재산의 상당부분을 가질 수 있었던 개선장군들은, 공공건물을 세워 국가에 기증하는 것을 자랑으로 여겼다.

미국의 강철왕 카네기는 일부에서는 독점자본가라는 비판도 받았지만, 자선사업가로도 유명하다. "부자로 사는 것은 죄가 아니다. 그러나 부자로 죽는 이는 실로 불명예스럽게 죽는 것이다." 이런 말을 남긴 그는 평생 2,811개의 자유 공공도서관을 기증했고, 7,689개 교회에 오르간을 기증했으며, 카네기 공과대학, 카네기 연구소, 카네기재단 등에 수많은 기부를 해서 죽을 때 정말 무일푼이었다.

역사상 최고의 부자였다고 평가받는 록펠러 역시 못지않게 기부를 많이 했다.

오늘날 미국의 부자들은 이러한 전통을 계승해, 빌 게이츠나 워렌 버핏, 마크 저커버그 등도 자선가로 유명하다.

이 거두어 가난한 이들에게 나누어 주라고 강조한다. 그러나 기업이 자선을 하면 안 된다. 그 기업의 경쟁력을 떨어뜨리고 결국 소비자에게 그 비용이 전가되기 때문이다. 자선은 개인의 재산으로 해야 하는 것이다. 정부가 세금을 거두어 형평성을 달성하려고 하면 효율성이 희생된다. 따라서 사회공헌 '기업'이 아니라, 사회공헌하는 '기업인'이나 '자산가'에게 상을 주어야 한다. 상의 명칭도 '존경받는 사회공헌기업 대상'이 아니라, '존경받는 사회공헌기업인(人)대상'이 되어야 한다. 물론 여기에는 재단들도 포함된다. 세금을 많이 내는 사람들에게 자부심을 가지게 하고, 나아가 자선하는 사람들이 더 많이 기쁘게 자선할 길을 열어 주어야 한다.

결론적으로 정부는 정부만능주의에 빠져 큰 정부를 추구해서는 안 된다. 형평성을 달성하는 주체가 정부가 되려고 해서는 안 된다. 자원의 배분과 분배도 정부가 직접 할 일이 아니다. 형평성의 달성도 개인의 자발성에 맡겨야 한다.

EPILOGUE

"세계 최대 회사인 미국 월마트의 종업원은 230만 명인 반면, 한국은 종업원 300명 이상의 대규모사업체가 3,456개, 전체 종업원은 270여 만 명이다."

한국경제는 눈부시게 발전하고 평균적인 삶의 질도 분명 높아졌다. 그러나 일상에서 정말로 그렇게 느끼는 사람은 많지 않다. 여전히 온갖 문제들이 쌓여 있다. 청년 실업도 심각하다. 최근까지 매년 전문대 이상 졸업자 중 취업가능자 수는 거의 60만 명에 이르지만, 늘어나는 일자리 수는 터무니없이 적었다. 공무원 수는 포화 상태에 이르렀으니 앞으로 일자리는 대부분 기업이 만들어야 한다. 물론 기업의 경영환경도 만만치 않다. 인공지능, 드론, 로봇 등 신기술은 하루가 다르게 발전하고, 국경이 사라지면서 더더욱 치열해가는 글로벌 경쟁으로 인해 쉴 틈이 없다. 각종 취업자들의 취업전쟁, 기업들의 글로벌 경쟁도 마찬가지이다. 다가오는 제4차 산업혁명은 또한 기업, 산업, 정부의 경쟁 판도를 혁명적으로 뒤바꿀 것이다. 우리 국민, 노동자, 기업가, 정책담당자의 경제관, 경제지식 그리고 경제 전략 모두혁신적인 변화가 필요하다. 이 변화가 뒷받침되지 않는 한 삶의 질 또한 담보할 수 없다.

우리가 지향하는 선진국 정부가 하는 주된 일은 무엇일까? 국익보호이다. 이는 곧 자국기업의 보호로 이어진다. 선진국일수록 영세기업, 소기업, 중기업, 대기업, 글로벌기업 등 각종 다양한 기업이 일하고 있다. 영세기업이 성장해 소기업이, 소기업이 성장해 중기업, 대기업, 글로벌 기업이 된다. 그런데, 한국에서는 잘못된 기업관으로 인해 대기업이 성장하면 중소기업 성장이 어렵다는 인식이 팽배하다. 그 결과 대기업의 성장을 억제하려 하고 있다.

국가경쟁력 8년 연속 세계 1위인 스위스를 보자. 인구 808만여 명인 스위스는 포춘 선정 500대 기업 즉 글로벌 대기업 수는 15개로 인구가 6배 이상인 한국과 같다. 한국이 스위스와 동일한 수준이 되려면, 그 수가 무려 90개로, 즉 6배 이상 증가해야 한다. 포춘이 분류하는 산업의 수는 53개에 달한다. 그러나 한국의 글로벌 대기업이 속한 산업군은 9개에 불과하다. 44개 산업군에는 아예 한 개도 포함되지 않는다. 다양한 분야에서 활약하는 글로벌 대기업이 있을 때, 그 소속 산업도 글로벌 수준으로 발전할 수 있다.

한국에는 또한 장수기업이 별로 없다. 200년 이상 된 기업은 일본에 3천 개가 넘고 독일도 1500개를 넘어간다. 그러나 한국에는 단 한 곳도 없다. 100년 이상 된 장수기업이 가장 많은 나라도 일본이다. 우리에게는 손으로 꼽을 정도뿐이다. 과연 그 이유는 무엇인가? 어디에서 차이가 시작된 것일까? 〈제4장 글로벌 시대 가로막는 규제 공화국〉의 한 부분을 보자.

"가업승계야말로 장수기업으로 가는 필연적인 과정인데도 불구하고, 큰 기업일수록 가업승계를 '부의 대물림'이라는 곱지 않는 시각으로 바라보는 사회적 풍토가 만연하다. 뿐만 아니라 기업규모가 커지면 커질수록 상속세나 증여세가 지나칠 정도로 과중하게 지워지는 등, 우리나라에서는 장수기업으로 가는 길이 실질적으로 거의 차단되어 있다 해도 과언이 아니다."

우리나라에서는 중소기업이 성장해 중견기업이 되면 일하기가 더 힘들어진다.

"중소기업에서 중견기업으로 성장하면 중단되는 지원 정책은 57개에 달하는데다 새로 적용받는 규제는 16개나 되었다. (중략) 중소기업에서 중견기업이 되면 새로운 규제를 받고, 나아가 대기업으로 성장하면 또 다른 새로운 규제에 치일 수밖에 없는 상황에서는 중소기업, 중견기업, 대기업으로 이어지는 성장 고리가 단절될 수밖에 없다. 기업이 작아야만 행복한 게 우리의 현실이다."

다른 나라에는 없고 우리나라에만 있는 갈라파고스규제는 "수도권 규제, 금산분리·은산분리, 대기업집단 규제, 중소기업 적합업종 규제, 진입·퇴출 규제, 경영권보호 미흡, 기업상속·경영권승계규제" 등 모두 7가지나 된다.

이중 늘 심각한 문제로 인식되는 금산분리를 잠시 들여다보자.

"금산분리는 금융산업의 발전을 가로막는 장애물이다. 산업자본이 금융산업으로 진입하지 못하게 함으로써, 경쟁력 있는 잠재적 기업의 진입을 막아 경쟁을 제한한다. 결국 금융산업의 경쟁력을 약화시킨다. 뿐만 아니라 금산분리는 국내자본이 외국자본과 공정하게 경쟁하지 못하도록 막는 역차별 규제다. 이런 역차별로 인해 외국자본이 우리나라

은행의 대부분을 소유 지배하고 있다."(〈제5장 다시 보는 금융상식과 한국 금융경쟁력〉 참조).

금융과 실물은 시장경제라는 수레의 두 바퀴이다. 균형에 맞게 성장해야 나라경제가 지속적으로 발전할 수 있다. 그러나 한국의 금융산업은 실물 부문에 비하면 크게 낙후되어 있다. 그 이유는 무엇인가? 〈제5장 다시 보는 금융상식과 한국 금융경쟁력〉에서는 그 주범이 관치금융이라는 사실을 밝힌다.

"관치금융은 정부가 은행의 소유를 제한하고 금융에 대해 전반적인 규제를 가하는 데서 비롯된다. / 관치금융이 쉽게 사라지지 않는 가장 중요한 이유는 은행에 주인이 없기 때문이다. / 외국과는 달리 우리나라 은행은 동일인 주식소유가 10%로 제한되어 있고, 비금융주력자는 4% 이상을 보유할 수 없다. / 돈을 만지고 경제의 최전선에 우뚝 서야 하는 은행에 이처럼 상업논리가 아닌 정치논리가 들어와 운영하고 있으니, 생산성은 하락하고 금융산업의 경쟁력은 약해질 수밖에 없다. / 관치금융 아래 금융산업의 발전을 기대하는 건, 주인 없는 집 앞에서 저녁상을 차리라고 호통 치는 것과 다를 바 없이 어리석은 일이다."(〈제5장 다시 보는 금융상식과 한국 금융경쟁력〉 참조).

한국기업의 경쟁력을 약화시키는 다른 중요한 이유는 노동관계 규제이다. 〈제6장 글로벌 경제 시대를 준비하는 노동과 인적자원〉 부분을 보자.

"1998년 외환위기 이전에는 사실상 노동시장에서 정규직과 비정규직의 구분이 없었다. 외환위기 이후 진보학자들을 중심으로 우리나라 비정규직이 절반을 넘었다는 주장이 수면에 올라오기 시작했고, 정규직과 비정규직의 구분이 뚜렷해졌다. / 이제 이분법적인 고용 형태를 내려놓고 건강한 고용 형태를 다양하게 고민해보자. 의지나 바람과는 상관없이, 분명 미래의 고용은 더욱 다양한 형태로 변화할 것이다. / 스마트 경제 시대, 노동시장은 더욱 급속히 디지털, 모바일 중심으로 전환될 것이다. 즉 산업4.0 시대, 노동4.0 시대로 들어선다는 말이다. / 우리나라 노동법은 근대 산업사회에서 국가가 뒷받침하며 보호해야 했던 종속적 단순 노무자들에게는 적합한 규율모델이었다. 그러나 산업 구조가 고도화하고 취업 형태가 다양해지고 있는 오늘날에는, 취업자를 보호할 수 있는 보편 타당성을 인정받기 어렵게 되었다." (〈제6장 글로벌 경제 시대를 준비하는 노동과 인적자원〉 참조).

노동자를 제대로 보호하는 것은 현재의 정규직, 비정규직 문제 해결에 있어 기초일 뿐만 아니라, 더 많은 기업을 더 잘 성장시켜 다양한 일자리를 창출하기 위한 필수 조건이다. 현재 문제 해결뿐만 아니라 미래의 노동자 전체를 고려하고, 그에 따라 경제 활성화와 경제 발전의 길을 닦는 작업이다.

시장경제의 기본 정신은 자율이다. '보이지 않는 손'에 시장과 사유재산과 인간의 욕망을 맡겨, 더 자유롭게 자연스럽게 질서를 확립하는 것이다. 이 책에서 7가지 다양한 경제 주제를 통해 우리가 1, 3, 5비전을 달성하려면 필요한 노력을 돌아보았다. 다양한 주제는 결국 규제 완화와 시장 경제 확립이라는 과제로 모아졌다.

선진국으로 가는 길은 노동시장의 수요와 공급을 유연하게 하고, 각종 규제를 철폐해 근로자나 기업 모두에게 이득이 될 수 있도록 하는 것이다. 우리가 기본으로 삼았던 시장 경제를 제대로 알고 다시 바로 세우는 작업. 경제발전과 삶의 질 상승이라는 목표를 향해 멀리 돌아가는 게 아니라, 가장 빠른 길이라는 사실을 이 책을 통해 다시 한 번 확인하길 바란다.

"모든 기업집단은 해산해야 하는가, 모든 기업은 집단으로 만들어야 하는가? 모든 기업경영은 오너경영을 해야 하는가? 모든 기업경영은 전문경영인이 해야 하는가?" "흐르는 물에는 하나의 고정된 형태가 없듯이 전쟁이나 경영방법에도 하나의 정답이 없다. 하나의 정답이 없다는 것이 정답이고, 유일한 규칙은 규칙이 없다는 것으로, 이것은 손자병법 핵심 중 하나이다(수무상형 병무상세 水無常形 兵無常勢). 정답이 없는 문제에 정답을 안다는 사람들이 많은 나라는 후진국이다."

찾아보기

참고문헌

제1장

국제무역연구원(2016), "주요국 2015년 FTA 추진 현황과 2016년 전망"

_____(2016), "한국무역 70년의 발자취"

김경준(2016), 『지성과 실천을 길러주는 인문학 이야기』, 원앤원북스.

김용기(2006), 『각국 기업지배구조의 결정요인 비교』, 한국경제연구원.

딜로이트 컨설팅(2016), 『경계의 종말』, 원앤원북스.

헤르만 지몬(2008), 『히든챔피언』, 흐름출판.

2016 The Social Progress Imperative.

World Economic Forum(2015), 「The Global Competitiveness Report 2015-2016」

제2장

Acemoglu, Daron and James A. Robinson(2012), *Why Nations Fail*, New York: Crown Business.

Cho, Jang-Ok and Kim Sookyoung(2016), "The Rise and Fall of Miracles," *Journal of Economic Theory and Econometrics* 27, 1-38.

Diamond, Jared(1999), *Guns, Germs, and Steel*, W.W. Norton and Company: New York.

Gordon, John S.(2004), *An Empire of Wealth*, New York: Harper Perennial.

Heilbroner, Robert L.(1986), *The Essential Adam Smith*, New York: W. W. Norton.

Ifo Institute for Economic Research and Sakura Institute of Research (1997), *A Comparative Analysis of Japanese and German Economic Success*, Tokyo: Springer.

La Porta, Rafael, Florencio Lopez-de-ilanes, Andrei Shleifer and Robert Vishny (1998), "Law andFinance," *Journal of Political Economy* v. 106.

Levine, Ross and Robert G. King (1993), "Finance and Growth: Schumpeter Might Be Right," *Quarterly Journal of Economics* v. 108.

Nakamura, Takafusa(1995), *The Postwar Japanese Economy*, 2nd ed., Tokyo: University of Tokyo Press.

Porter, Michael E.(1996), *On Competition*, Cambridge, MA: HBS Press.

_____(1998), *The Competitive Advantage of Nations*, New York: The Free Press.

Smith, Adam(1759), *The Theory of Moral Sentiment*, Oxford: Oxford University Press.

제3장

김승욱(2015), 『제도의 힘』, 프리이코노미스쿨.

김영용(2014), 『기업』, 프리이코노미스쿨.

김정호(2012), "대기업 집단, 외국에도 많다." 『다시 경제를 생각한다』, 21세기북스.

민경국(2012), "기업가정신 이론의 개척자 커즈너," 한국경제신문, 2012. 12. 7.

_____(2016), "기업가적 경쟁의 혜택," 한국경제신문 2016. 5. 25.

오승환(2016), "중기 '9988'의 불편한 진실," 문화일보, 2016. 4. 14.

전국경제인연합회(2015) "9989말고 9976?" 자유광장.

황인학(2013), "한국의 반기업정서, 특징과 원인진단," KERI Insight, 한국경제연구원.

_____(2016), "제도개혁의 성장률 기여효과 분석: GCI 제도지수를 중심으로," 「제도와 경제」, 제10월 제2호.

_____(2016), "한국 기업가정신의 장기 변화 추이 분석," KERI Insight, 한국경제연구원.

_____·송용주(2014. 11), "기업 및 경제 현안에 대한 국민 인식 조사 보고서: 2014," 한국 경제연구원, 「정책연구」.

Forbes(2006, 2015), "The World's Largest Companies"

Fortune(2015), Global 500.

GEI(2016), Global Entrepreneurship Index.

Heritage Foundation(2015), Index of Economic Freedom.

Herman Simon(2015), 'Hidden Champions'. Simon Kucher & Partners.

OECD(2013), 'Employees by Business Size. OECD Data.

https://data.oecd.org/entrepreneur/employees-by-business-size.htm

IMF(2016), World Economic Outlook 2016.

Koske, I. et al.(2015), "The 2013 update of the OECD's database on product market regulation: Policy insights for OECD and non-OECD countries," OECD Economics Department Working Papers, No. 1200.

OECD(2014), Strictness of Employment Protection individual dismissals.

Transparency International(2015), Corruption Perceptions Index.

World Bank(2016), Doing Business 2017.

World Economic Forum(2016), The Global Competitiveness Index.

제4장

경제관계장관회의(2015), "제1차(2015~2019) 중견기업 성장촉진 기본계획"

공병호(1993), "한국기업흥망사"

김미애(2015), "금융과 ICT기술 융합을 위한 무(無)규제 원칙," 한국경제연구원.

김병률 외(2015), "대형마트 휴무제에 따른 농업분야 파급영향과 대응방안," 한국농촌경제연구원.

김수연(2016), "게임산업 규제정책의 전환 필요성 및 개선방향," 한국경제연구원.

김종년(2005) 외, "한국기업 성장 50년의 재조명," 삼성경제연구소.

농식품신유통연구원(2014), "대형마트 영업규제가 산지유통조직에 미치는 영향"

대한상공회의소(2009), "장수기업에서 배우는 위기극복전략"

동아일보(2016), "中선 샤오미도 뛰어드는데… 국내 인터넷銀, 반쪽 출범 신세"

문병기·강내영(2015), "세계 수출시장 1위 품목으로 본 우리 수출경쟁력," 한국무역협회.

민태욱(2007), "도시 토지이용 통제수단으로서의 용도지역제,"「부동산학연구」13집 1호.

신석훈(2009), "기업형 슈퍼마켓(SSM) 규제 입법논리의 문제점," 한국경제연구원.

브릿지경제(2015), "금산분리 원칙 완화 없이 인터넷전문은행도 없다"

삼성전자(2015), "기업보고서"

상장사협의회(2015), "엘리엇 덕에 부각되는 경영권 방어제도," 매경이코노미.

세계일보(2015), "게임 셧다운제 시행 2년의 명암"

소상공인진흥원(2009), "외국의 대형소매점 출점 규제"

양금승(2016), "글로벌 경쟁력 강화를 위한 민간기업의 차별규제 개혁과제," 한국경제연구원.

_____(2016), "국내 민간기업의 차별규제 현황분석 및 정책적 시사점," 한국경제연구원.

이덕주(2015), "섯다운제 규제의 경제적 효과분석," 한국경제연구원.

이성봉(2016), "해외 대기업의 승계사례 분석과 문제점," 한국경제연구원.

이우종 외(2014), "경인대도시권 미래발전전략 및 추진대책 수립연구," 대한국토·도시계획학회, 경기개발연구원.

이진국(2015), "중소기업 적합업종 지정제도의 경제적 효과에 관한 연구: 두부산업을 중심으로," 한국개발연구원

이창무(2010), "저출산·고령화 시대 수도권규제에 대한 재평가와 개선방향," 수도권규제, 쟁점과 정책과제 세미나.

전국경제인연합회(2010), "현행 지주회사제도의 문제점과 개선방안"

전국경제인연합회(2011), "글로벌 스탠더드에 어긋나는 경제규제 개선방향," 규제개혁 시리즈 11-13, p. 70.

전국경제인연합회(2011), "외국자본의 파괴적 M&A 방지를 위한 제도 개선방안"

_____(2016), "7대 갈라파고스 규제개혁 시 경제적 기대 효과"

_____(2016), "진입규제와 일자리 창출"

정민지·정채은(2014), "소비자의 대형유통업체 영업규제에 대한 인식과 전통시장으로의 전환의도에 관한 연구," 소비자연구 25권 5호, pp. 117~146.

정재영(2010), "글로벌 메가시티의 미래지형도," LG경제연구원.

정진섭(2015), "우리나라 외국인직접투자 유치 성공·실패 사례의 시사점과 정책제언," 한국경제연구원.

정진욱·최윤정(2013), "대형소매점 영업제한의 경제적 효과," 한국경제학회.

조경엽(2015), "합리적인 상속세제 개편방향," 한국경제연구원.

주창돈(2008), "주요국의 금산분리 규제현황과 사례," 전국경제인연합회, 금융산업 규제개혁 시리즈 3.

주하연·최윤정(2015), "대형마트 진입규제 및 영업규제 정책에 대한 고찰: OECD국가들의 연구를 바탕으로," 한국산업조직학회.

중앙일보(2015), "제과·외식 '피라미' 돕는다더니 살찐 건 '피라니아'"

파이낸셜뉴스(2014), "韓 게임산업 규제에 뒷걸음질, 中은 전폭 지원에 뜀박질"

하은영(2011), "해외 게임 산업 보호 정책 vs 국내 게임 성장 저해 정책," 경향게임스.

한국경제신문(2016), "[흔들리는 '경제 허리' 중견기업] 매출 1,500억 땐 새 규제 70개, 중견기업 30% 중소기업으로 돌아갈래"

한국은행(2011), "일본의 기업승계 현황 및 시사점"

한국일보(2014), "中 게임은 정부 지원에 훨훨… 한국은 규제에 발목"

한국체인스토어협회(2015), "2015 유통업체연감"

한국콘텐츠진흥원(2014), "글로벌 게임산업 트렌드"

한국콘텐츠진흥원(2015), '2014 대한민국 게임백서'

한정미(2013), "EU의 중소기업 패자부활제도 연구," 한국법제연구원.

행정자치부(2012), "해외 장수기업 현황 및 시사점 연구"

Bertrnad, M. and F. Kramarz(2002), "Does entry regulation hinder job creation? Evidence from the French retail industry," *Quarterly Journal of Economics*, 107(4), pp. 1369~1413.

Charles R., T. O'Kelly, and R. Thompson(2006), "Corporations and Other Business Associations," *Aspen*, pp. 779~780.

Fortune(2016), "2016 Fortune Global 500"

Kathuria, V. et. al.(2013), "The Effects of Economic Reforms on Manufacturing Dualism: Evidence from India," *Journal of Comparative Economics* 41, pp. 1240~1262.

UN Comtrade(2016), "UN Commodity Trade Statistics"

Williamson, B., J. Hargreaves, J. Bond, and H. Lay(2006), "The economic costs and benefits of easing Sunday shopping restrictions on large stores in England and Wales," Department of Trade and Industry, U.K.

가업승계지원센터, www.successbiz.or.kr.

http://www.heritage.org/index/ranking

http://www.oecd.org/eco/growth/indicatorsofproductmarketregulationhomepage.htm#indicators

http://www.oecd.org/eco/growth/indicatorsofproductmarketregulationhomepage.htm

제5장

김영용(2009), 『생활 속 경제』, 자유기업원.

안재욱(2002), 『은행민영화방안: 은행소유자유화』, 자유기업원.

_____(2008a), "화폐금융제도의 변천과 최근의 금융위기," 한국하이에크소사이어티 월

례발표회 논문, 10월 31일.

_____(2008b),『시장경제와 화폐금융제도』,” 나남출판사.

_____(2009), “최근의 금융위기와 화폐금융제도,” 한국하이에크소사이어티 학회 발표 논문.

_____(2012a), “금산분리원칙이라는 것은 없다,” 한국경제신문 2012. 8. 22.

_____(2012b), “이자에 대한 올바른 이해,” 한국경제신문 2012. 10. 22.

_____(2015a), “오스트리안 경이순환이론과 다른 학파이론과의 비교,” 자유경제원 세미나.

_____(2015b), “금리 인하, 누구를 위한 것인가,” 한국경제신문 2015. 3. 27.

_____(2015c), “자본주의 오해와 진실〈38〉 투기자의 역할과 부정적 시선,” 한국경제신문 2015. 11. 20.

_____(2016), “다시 하이에크를 생각한다,” 하이에크 서거 24주년 기념 세미나, 자유경제원.

_____ · 김영용 · 김우택 · 송원근(2012),『새경제학원론』, 교보문고.

유정석 · 김용기 · 정영식 · 박현수, · 양오석 · 이은미(2009), “글로벌 금융위기 1년: 회고와 전망” CEO Information(제721호 9. 9.), 삼성경제연구소.

이은미(2009), “해외자본 유입과 국내 유동성,” SERI 경제 포커스(제262호 10. 6), 삼성경제연구소.

제임스 리카즈(2011),『커런시 워』(신승미 옮김), 더난출판.

현석 · 이상헌(2013),『통화국제화의 결정요인에 관한 연구: 원화 국제화의 가능성에 관한 시사점』, 자본시장연구원.

Callahan, Gene and Roger W. Garrison(2003) “Does Austrian Business Cycle Theory Help Explain the Dot-Com Boom and Bust?,” *The Quarterly Journal of Austrian Economics*, vol. 6(2), pp. 67-98.

Ely, Bert(2009), “Bad Rules Produces Bad Outcomes: Underlying Public-Policy Causes of the U. S. Financial Crisis,” *Cato Journal* vol. 29(1), Winter, pp. 93-114.

Hellebrandt, Tomas and Paolo Mauro(2015), “The Future of Worldwide Income Distribution,” Working Paper, Peterson Institute for Internatinal Economics.

Rothbard, Murray N.(1996[1978]), “Economic Depressions: Their Cause and Cure,” in *The Austrian Theory of the Trade Cycle and Other Essays*(compiled by Richard M. Ebeling), Auburn: Ludwig von Mises Institute.

Powell, Benjamin(2003), “Explaining Japan's Recession,” *The Quarterly Journal of*

Austrian Economics, vol. 5(2), pp. 35-50.

Schwartz, Anna J.(2009), "Origins of the Financial Crisis of 2008," *Cato Journal* vol. 29(1), Winter, pp. 19-23.

White, Lawrence(2009), "Federal Reserve Policy and the Housing Bubble," *Cato Journal* vol. 29(1), Winter, pp. 115-125.

제6장

고용노동부(2014), 고용형태별근로실태조사 2014년, 고용노동부.

금재호(2015), "최저임금 어디까지 높여야 하나?," 보수·진보 대토론회(2015. 4. 7) 발제자료.

_____(2016), "기간제법의 고용효과에 대한 평가 및 과제", 한국노동경제학회 정책토론회(2016. 2. 18.) 발제자료.

김동배(2016), "저성장과 고령화시대의 임금체계," 노사공 포럼 저성장과 고령화시대의 임금체계 토론회(2016. 9. 20) 발제자료.

독일연방경제부(BMWi)(2015), Industrie 4.0 und digitale Wirtschaft.

박지순(2016), "노동시장의 구조 변화와 노동법의 미래," 노동법 하계학술대회 발표논문.

산업연구원(2011), 지식, 기업가정신, 경제성장 간의 관계분석, 「KIET 산업경제」 2011년 10월호.

이병희(2008), "통계로 본 노동 20년," 한국노동연구원.

장석영(2014), 창의적 인재 양성을 위한 정책 현황 및 향후 방향, The HRD Review.

전국경제인연합회(2013), 창조경제 달성전략, 전국경제인연합회 창조경제특별위원회.

조준모(2016), "9.15 대타협 이후 노동개혁 실패 진단과 향후과제: 이탈리아 노동개혁과 비교평가," 「노사공포럼」.

_____·이상희·이강국(2008), "단체교섭비용 실태분석과 국제비교 연구," 고용노동부.

중앙일보(2016), "정규직 과보호 해소, 경제성장에 기여," 중앙일보 2016. 7. 8.

통계청(2000~2015), 경제활동인구조사 부가조사 매년 8월, 통계청.

통계청(2016), "고용동향," 통계청.

한국경영자총협회(2016), "우리나라 대졸 초임 분석 결과," 한국경영자총협회.

한국고용정보원(2012), 한국직업사전, 한국고용정보원.

_____(2013), 고용보험 데이터 2013. 한국고용정보원.

한국직업능력개발원(2016), 인공지능 시대의 교육훈련·일자리 미래 전망. 「KRIVET Issue Brief」 2016년 100호.

현대경제연구원(2013), 지속가능 성장을 위한 경제주평: 한국의 창조경제역량지수 개발과 평가, 현대경제연구원 2013. 3. 22.

Allard, G. & Lindert, P. H.(2006), *Euro–Productivity and Euro–Jobs since the 1960s: Which Institutions Really Mattered?*(No. w12460), National Bureau of Economic Research.

Bertola, G., Blau, F. D., & Kahn, L. M.(2002), Comparative analysis of employment outcomes: lessons for the United States from international labor market evidence. *The roaring nineties: can full employment be sustained*, 159-218.

Elmeskov, J., Martin, J. P., & Scarpetta, S.(1998), Key lessons for labour market reforms: Evidence from OECD countries' experience. *Swedish economic policy review*, 5(2).

EU(2007), Employment in Europe, EU.

IMD(2016), 2016 The World Competitiveness Yearbook, IMD

Nickell, S.(1997), Unemployment and labor market rigidities: Europe versus North America. *The Journal of Economic Perspectives*, 11(3), 55-74.

OECD(1994), The OECD Jobs Study: Facts, Analysis, Strategies, OECD publishing.

OECD(2001). "Technology, Productivity and Job Creation: Best Policy Practices," OECD publishing, mimeo.

OECD(2006), OECD Employment Outlook, OECD publishing.

OECD(2012), PISA 2012 Results: What Students Know and Can Do, OECD publishing.

OECD(2013), OECD Employment Outlook 2013: Protecting Jobs, Enhancing Flexibility: A New Look at Employment Protection Legislation, OECD publishing.

OECD(2016), OECD statistics. OECD.

OECD(2016), OECD Employment Outlook 2016.

Schumpeter J. A.(1965), Economic Theory and Entrepreneurial History. In: Aitken HG (ed) Explorations in enterprise. Harvard University Press, Cambridge, MA.

WEF(2015), 2015 The Global Competitiveness Report, WEF.

통계청 http://www.index.go.kr/potal/main/EachDtlPageDetail.do?idx_cd = 2477.

한국상장사협의회 http://www.klca.or.kr.

Science Times http://www.sciencetimes.co.kr/?p = 69184&cat = 28&post_

type＝news&paged＝394.

제7장

기획재정부(2016), 「2015회계연도 세입·세출 마감 결과」

기획예산처(2012), 「공공개혁백서」

김기원 추모사업회(2015), 「개혁적 진보의 메아리: 경제학자 김기원 유고집」

김성호(2010), "한국의 지방자치단체 현황과 과제"

김승욱(2016), 『제도의 힘』, 프리이코노미스쿨.

김승욱·백훈·허식·이정희(2015), 『알짬 시장경제』 제3판, 박영사.

김승욱 외 3인(2004), 『시장인가 정부인가』, 부키.

김재진(2016), "현안보고서"「재정포럼」 2016. 7. 31. 한국조세재정연구원.

김태일·장덕희(2006), "우리나라 공무원규모의 국제비교", 「한국행정연구」 제15권 제4호
(2006 겨울호), pp. 3-26.

김학수(2016), 국민경제자문회의 정책토론회 발표자료.

김홍수의 경제포커스, 프리미엄 조선 2014. 10. 22.

문지영(2006), "한국의 자유주의 사상," 김한원 외 편『자유주의: 시장과 정치』, pp. 479-
511, 부키.

박성현(2011), 『개인이라 불리는 기적』, 들녘.

서울시립대학교 반부패행정시스템 연구소(2006), "부패친화적 연고·온정주의 사회문화
개선방안"

송호근(2006), 『한국의 평등주의, 그 마음의 습관: 한국인의 마음속에 내재된 평등의식
에 대한 보고서』, 삼성경제연구소.

안전행정부, "지방자치단체 통합재정개요"

이병철(1985), 『호암 자전』, 나남.

이지윤 역(2016), 『세금전쟁-걷으려는 자와 숨기려는 자』, 재승출판.

재정경제부(1999), 「경제백서」 1999년판.

정갑영 외(1996), 『민영화와 기업구조』, 나남출판.

정기현, "우리나라 근로장려세제의 현황과 정책과제", 「조세연구」 9-1집.

조선일보 2011. 7. 9.

한국개발연구원 외(2000), 「OECD 한국경제보고서」

한국은행(2012), 「부채경제학과 한국의 가계 및 정부부채 보고서」

현진권(2011), 「복지논쟁: 무엇이 문제이고 어디로 가야 하나」, 자유기업원.

OECD(2015) *Economic Outlook* No. 98.

Robertson, Ian(2012), 『승자의 뇌(Winner Effect)』, 이경식 옮김(2013), 알에이치코리아.

국회예산정책처, 기획재정부 http://www.nabo.go.kr/Sub/01Report

디지털예산회계시스템 www.dbrain.go.kr

자유경제원, http://www.cfe.org

한국조세재정연구원, http://info.kipf.re.kr/Kor/oecdtaxburdenratio.aspx

Economic Freedom Network, *Economic Freedom of the World 2016*. http://www.freetheworld.com

Freedom House, *Freedom in the World 2016*.

Heritage Foundation, *Index of Economic Freedom 2016*

http://biz.chosun.com/site/data/html_dir/2012/07/02/2012070202819.html

http://nation-brands.gfk.com/

http://www.ajunews.com/view/20160508102030678

http://www.alio.go.kr/alioPresent.do

http://www.asiae.co.kr/news/view.htm?idxno=2011050415354476965.

http://www.cfe.org/20081007_112744

http://www.imd.org/wcc/news-wcy-ranking/

http://www.index.go.kr/potal/main/EachDtlPageDetail.do?idx_cd=1106

http://www.index.go.kr/potal/main/EachDtlPageDetail.do?idx_cd=2760

http://www.transparency.org/cpi2015

IMD, *World Competitiveness Scoreboard 2016*, http://www.imd.org/wcc/news-wcy-ranking/

Transparency International, *Corruption Perceptions Index 2015*, http://www.transparency.org/cpi2015#results-table

World Economic Forum, *The Global Competitiveness Report 2016*.

공저자 약력

김경준

서울대학교 농경제학과(경제학사)와 동대학원(경제학 석사)을 졸업했다. 쌍용투자증권, 쌍용경제연구원, 딜로이트 투쉬 기업금융을 거쳐 딜로이트 컨설팅 대표이사를 역임하였다. 현재 딜로이트 안진경영연구원장으로 재직 중이다. 서울대학교 세계경제최고전략과정(ASP), 과학기술산업융합 최고전략과정(SPARC)을 수료하였으며, 21세기 글로벌 기업과 산업의 변화를 이해하면서 인문학에 대한 조예가 깊어 이론과 경험을 겸비한 융합형 경영전문가로 평가받고 있다. 주요 저서로는 『김경준의 미래경영 지식사전』, 『기업의 미래를 바꾸는 모바일 빅뱅』, 『통찰로 경영하라』, 『팀장이라면 어떻게 일해야 하는가』, 『소니는 왜 삼성전자와 손을 잡았나?』, 『위대한 기업, 로마에서 배운다』, 『단숨에 이해하는 군주론』, 『위기를 지배하라』 등이 있다.

김승욱

미국 조지아대학(Univ. of Georgia)에서 경제학박사 학위를 취득하고 현재 중앙대 경영경제대학 경제학부 교수로 재직중이다. 경제사학회 회장, 노사정위원회 제조업발전특별위원회 위원, 국민연금의결권행사자문위원회 위원, 시민 운동단체 "사회적 책임" 정책위원장, UNDP 국제전문가 등을 역임했으며 자유경제원 이사 및 월간지 〈월드뷰〉 발행인을 맡고 있다. 주요 저서로는 『자유주의 자본론』(공저), 『제도의 힘: 신제도주의 경제사 시각에서 본 국가의 흥망』, 『알짬 시장경제』(공저), 『시장인가 정부인가?』(공저), 『자본주의 사회를 보는 두 시각』(공저), 『자유주의: 시장과 정치』(공저) 등이 있다.

배상근

연세대학교를 졸업하고 미국 미주리주립대학교에서 석사과정을 마친 후 경제학 박사를 취득하고 산업연구원(KIET) 연구위원, 한국경제연구원(KERI) 연구위원으로 근무하다가 전국경제인연합회 경제본부장을 역임했다. 최저임금위원회 위원, 국민연금 기금운영위원회 위원, 금융감독원 금융감독자문위원회 위원 등으로 활동했으며, 현재 한국경제연구원 부원장으로 관리운영과 연구활동을 병행하면서, 정부와 공공부문에서 자문활동을 하고 있다. 주요 저서로는 『선진경제로의 도약 방안 모색』, 『조세부담률과 국가채무에 대한 국제비교분석』, 『국책사업표류와 정책혼선』, 『정책금리에 대한 의견개진의 효과분석』, 『국내은행의 소유형태에 따른 정치적 영향과 경영성과』 등이 있다.

손정식

서강대학교 경제학과를 졸업하고 한국은행에 입행 한 후 미국 하와이 주립대학에 유학해서 동대학원에서 석사과정을 마친 후, 미국 텍사스주에 있는 Southerm Methodist University(SMU) 대학원에서 경제학박사 학위를 취득했다. 귀국 후 한국은행에 복직해서 특수연구실 과장직을 역임했다. 한양대학교 상경대학 경제학과 교수로 이직하여 학생을 가르치면서 상경대학장, 대학원장 보직을 맡았다. 사회공헌 활동으로는 한국경제학회 총무, 한국경제교육학회 고문, 금융발전심의위원회 위원을 역임했다. 현재는 한양대학교 경제금융대학 명예교수로 정부 공직자, 초중고등학교 교사, 대학생 및 일반인들을 대상으로 '시장경제의 오해와 이해'라는 강의를 통해 시장경제원리를 전파하는 일을 수행하고 있다. 주요저서로는 『스토리텔링 강의를 위한 소프트 경제원론』, 『화폐금융론』, 『국제경제학』, 『국제금융론』 등이 있다.

송병락

서울대학교 경제학과 졸업, 동 대학 경영대학원 수료, 미국 남캘리포니아 대학원 경제학 박사학위 취득 후 서울대학교 경제학교수, 부총장을 역임했다. 하버드대 케네디스쿨 리서치 펠로우, 하버드대 경제학과 초빙교수(동아시아경제 강의), 한국개발연구원(KDI)산업정책실장, 세계은행·아시아개발은행·국제연합 등의 자문위원, 공정거래위원, KBS해설위원(비상임), 국민연금위원장, 에너지경제연구원 이사장, 한국과학기술연구원 대우교수, 말레이시아 경제 자문위원 등을 역임했다. 저서에는『The Rise of the Korean Economy』,『Urbanization and Urban Problems』,『전략의 신』,『한국경제론』,『기업을 위한 변병』, 이원복 교수와『자본주의 공산주의』등 4권의 만화책을 포함하여 모두 17권의 책을 출판했다.

안재욱

경희대학교 경제학과를 졸업하고 미국 오하이오 주립대학교에서 경제학 박사 학위를 취득하였다. 현재 경희대학교 경제학과 교수로 재직 중이다. 경희대학교 부총장과 한국하이에크소사이어티 회장을 역임했으며, 현재 한국제도경제학회 회장직을 맡고 있다. 주요 저서로는『흐름으로 읽는 자본주의 역사』,『새경제학원론』(공저),『시장경제와 화폐금융제도』,『응답하라! 자유주의』,『얽힌 실타래는 당기지 않는다－시장경제와 정부의 역할』,『피케티의〈21세기 자본〉바로읽기』(공저) 등이 있다.

조장옥

University of Rochester에서 경제학 박사 학위를 취득하고, 현재 서강대 경제학과 교수로 재직중이다. 서강대학교 경제학부장 겸 경제대학원장, 한국경제학회국제학술대회조직위원장, 한국계량경제학회 회장 등을 역임하였고, 현재 한국경제학회 회장을 맡고 있다. 주요 저서로는『거시경제학』,『새 통계학』(공저),『현대사회와인문학적상상력』(공저),『한국경제의현황과문제』(공저),『한국기업의자본비용과국제비교』(공저) 등이 있다.

조준모

연세대학교 경제학과를 졸업하고 University of Chicago에서 경제학 박사를 취득했다. 성균관대학교 교무처장을 역임하고 동 대학 경제대학장을 지내고 있다. 현재 성균관대학교 경제대학 교수로서 후학을 양성하면서, 한국노사관계학회장을 역임히였고 2017년부터 한국노동경제학회장으로 봉사한다. 한편 정부에도 여러 면에서 자문을 주고 있어서, 국무총리실 산하 규제개혁위원회, 최저임금심의회 공익위원으로 활동한 바 있으며, 현재 노동부 산하 고용보험위원회, 노사정위원회 공익위원, 중앙노동위원회 공익위원으로 활동하고 있다. 주요 저서로는『고용과 성장』,『통상임금 소송에 관한 법경제학적 이해』,『특수형태근로종사자보호에 관한 경제학적 이해』,『신산별교섭』,『한미 FTA의 노동시장 파급효과와 노동제도 변화』등이 있다.

SMART 시장경제-세계로 가는 한국경제

초판 1쇄	2016년 11월 30일
지은이	김경준 · 김승욱 · 배상근 · 송병락 · 손정식 · 안재욱 · 조장옥 · 조준모
펴낸곳	자유와창의교육원
	서울특별시 영등포구 여의대로 24
전 화	경제교육팀 02)3771-0290
등록번호	제2016-000138호
제작 및	(주) 박영사
총판대행	서울특별시 종로구 새문안로3길 36, 1601
	등록 1959. 3. 11. 제300-1959-1호(倫)
전 화	02)733-6771
f a x	02)736-4818
homepage	www.pybook.co.kr
ISBN	979-11-959134-0-4 03323

정 가   23,000원